| 本书得到 | 河南大学黄河文明与可持续发展研究中心
黄河文明省部共建协同创新中心
河南省濮阳市社会科学界联合会
河南省鹤壁市文化广电和旅游局
河南大学历史文化学院 | 资助出版 |

卫国史

郭 霞◎著

中国社会科学出版社

图书在版编目（CIP）数据

卫国史／郭霞著．—北京：中国社会科学出版社，2024.6（2025.3 重印）
（中原诸侯国史研究丛书）
ISBN 978－7－5227－3166－7

Ⅰ.①卫⋯　Ⅱ.①郭⋯　Ⅲ.①中国历史—卫国（前 11 世纪－前 209）—通俗读物　Ⅳ.①K225.09

中国国家版本馆 CIP 数据核字（2024）第 044254 号

出 版 人	赵剑英
责任编辑	安　芳
特约编辑	刘中平
责任校对	张爱华
责任印制	李寡寡

出　　版	中国社会科学出版社
社　　址	北京鼓楼西大街甲 158 号
邮　　编	100720
网　　址	http://www.csspw.cn
发 行 部	010－84083685
门 市 部	010－84029450
经　　销	新华书店及其他书店
印　　刷	北京君升印刷有限公司
装　　订	廊坊市广阳区广增装订厂
版　　次	2024 年 6 月第 1 版
印　　次	2025 年 3 月第 2 次印刷
开　　本	710×1000　1/16
印　　张	24.5
插　　页	2
字　　数	398 千字
定　　价	128.00 元

凡购买中国社会科学出版社图书，如有质量问题请与本社营销中心联系调换
电话：010－84083683
版权所有　侵权必究

丛书编委会

学术顾问：张锦印　蔡洪峰　吕宝岭　李　军　劭七一
　　　　　李小莉　熊发禄
策　　划：岳春青　董玉清　刘乡英　刘炳强
编委会主任：苗长虹
主　　编：李玉洁
编　　委：宋润华　赵利华　吕登森　吕家铮　吕广东
　　　　　贾凌宇　贾　楠　王山青　马媛媛　吴爱琴
　　　　　李麦产　姜　鹏　李玉洁　宋军令　陈方圆
　　　　　杨小召　郭　霞　周保平　武思梦　李　暖

丛书序

中原又称中土、中州、中夏、华夏等。"中原"在狭义上指今河南省，即以洛阳至开封为中心的黄河中下游地区；广义上的"中原"则包括今河南、山西、陕西、河北、山东、安徽北部、江苏北部等区域。远古时期，中原活跃着许多大大小小的部落，之后形成一个个的方国。夏、商、周三代皆建都在中原。西周王朝在中原地区分封了许多诸侯国，如宋国、卫国、陈国、蔡国、晋国、齐国、郑国等，以及战国时期的魏国、韩国、赵国、秦国、齐国、楚国等。中原诸侯国是创造中华古代文明的实体。中国古代最早的文字、铜器、第一部诗歌总集——《诗经》、最早的成文法、中国古代最值得骄傲的先秦诸子思想及其鼻祖，皆产生在中原诸侯国。虽然说中国古代文明是满天星斗式的出现，中原当是最灿烂、最辉煌的地区之一。"中原诸侯国史研究丛书"以狭义上的中原地区的诸侯国文化研究为主，兼及广义的中原诸侯国文化的研究。我们编纂这套丛书的目的在于研究中原诸侯国的历史、文化、特点、兴衰原因等，以及其在中华文明发展进程中的重要奠基作用，从而弘扬中原地区的古代文化。

一 "中原"概念产生与中原文明的形成

"中原"一词，其原意是"原野之中"，最早见于西周宣王时期的《诗经·小雅·吉日》。诗云：

瞻彼中原，其祁孔有。儦儦俟俟，或群或友。悉率左右，以燕天子。

既张我弓，既挟我矢。发彼小豝，殪此大兕，以御宾客，且以酌醴。

《毛诗》① 云：

> 祁，大也。趋则儦儦，行则俟俟。兽三曰群，二曰友，悉率左右，以燕天子。驱禽之左右，以安待天子。

这段诗歌的意思是，看那中原多么辽阔广平，一些野兽三三两两，或跑或行，张弓射箭，驱赶射猎，并以酒宴飨天子；而一些小的野兽可用来宴飨宾客。

这段诗歌描述了周人在广大平坦的原野之中打猎的情况。由于这是周人的诗歌，所以"中原"当是指黄河中游一带的原野。

西周幽王时期的《诗经·小雅·小宛》云："中原有菽，庶民采之。"汉《毛诗》云："中原，原中也。"这里的"中原"与《小雅·吉日》中所指的一样，也是指黄河中游一带广平的原野。

黄河中游地区四季分明，土地肥沃，原野广大而平坦，是庶民的宜居之地，许多的族群活动在这广袤的原野之上。随着人类的体质、智力和生产力的发展，社会财富迅速地增加，争夺财富和权力的斗争日益激烈。部族之间爆发了频繁的战争和冲突，胜利者取得了领袖的地位。黄帝在对炎帝、蚩尤的战争中均取得了胜利，从而成为华夏民族的正统帝王。胜利的部族把失败的部族赶到边地和山区，自己占据最好的、最宜居的中原地区。于是，中原逐渐成为政治、军事、经济的文明中心。

中原是我国远古文明形成最早、最集中的地区。学术界所认可的文明要素——城堡、文字和金属，最早皆是在中原地区出现和形成。中原在仰韶文化晚期已出现古城堡。郑州西山古城址是仰韶文化的遗存，距今约5300—4800年。中原地区已发现龙山文化时期的古城堡数百座，如河南淮阳平粮台、登封王城岗、郾城郝家台、安阳后岗、淅川下王岗等古城址普遍出现。

文字的起源应追溯到新石器时代器物上的刻划符号。河南舞阳贾湖遗址发现的龟甲和石柄上带有的契刻符号，具有原始文字的性质，距今8000年左右。西安半坡、临潼、邰阳、铜川、宝鸡和甘肃秦安等遗址出

---

① 《诗经》是周代至春秋时期诗歌的总集，由汉代毛亨作传的版本称为《毛诗》。

土的大批陶器上均有刻划符号，莒县陵阳河的陶尊上发现了刻文古文字。这些都与中国古甲骨文具有一脉相承的渊源。

铜器，在龙山文化期的遗址中多有发现，郑州牛寨遗址、淮阳平粮台、登封王城岗四期H617内出土了青铜块、铜渣、青铜残片，临汝煤山遗址中出土了铜坩埚、熔铜炉残壁及铜液痕迹等。因此可以说中原是最早、最集中出现文明的地区。

中原也是古代最重要的战场。《左传·僖公二十三年》云："晋楚治兵，遇于中原，其辟君三舍。"《国语·越语上》曰："寡人不知其力之不足也，而又与大国执仇，以暴露百姓之骨于中原。"《国语·晋语三》："耻大国之士于中原。"战国的《荀子·王制》："兵革器械者，彼将日日暴露毁折之中原。"汉末诸葛亮《出师表》云："当奖率三军，北定中原。"如此等等。"得中原者得天下，失中原者失天下"，中原是部族争夺的焦点，是历代兵家必争之地，也是古代文明最发达、最辉煌的地区。

二 中原诸侯国文化源远流长，极富特色

中原自古就是部族方国聚集的地区，夏、商、周皆是在中原建都的王朝。夏商时期，中原的部族方国主要有昆吾、祝融八姓、葛天氏、有莘氏、有扈氏、伯益、有崇氏，等等。西周春秋时期，中原地区又分封了许许多多的诸侯国，如卫国、宋国、陈国、蔡国、晋国、齐国、鲁国、郑国、秦国等。战国时期有魏国、韩国、赵国、齐国，还有东周王朝，楚国的一大部分辖地也在中原地区。

中原诸侯国创造了非常辉煌的文化，对黄河文明的形成与发展起到了非常重要的奠基作用，是中华文明的主体部分。正因为有中原诸侯国文化的奠基，中华文明才源远流长、光彩夺目。

陈文化是我国最古老的文化源头之一。陈是太暤、伏羲的都城，具有远古英雄时代的淳朴风俗。伏羲氏制嫁娶、画八卦、造书契、河图洛书的传说皆与此地此国有密切的关系。陈国又是虞舜之后胡公满的封国，妫姓，国都宛丘（在今河南淮阳县）。《左传·襄公二十五年》记载：周武王"以元女大姬配胡公而封诸陈，以备三恪"。陈胡公娶了周武王之长女大姬，又是帝舜之后裔，西周王朝封之为公侯级的诸侯，以备三恪。恪，客也，陈国于周为客，而不是周王朝的臣服国。《诗经·陈风》展现了古

老的陈国风情。例如，《东门之池》表现了陈国平民男女在沤麻、沤纻、沤菅的劳动中，用歌声、语言，表达爱情的生活场景。《宛丘》描写了陈国人用土鼓、缶奏乐，举着白鹭羽毛做成的华盖和旄旗跳舞的欢快场景。《衡门》是说，人皆自足而无求则安，即人们可以志在天地四方，如果志向不能满足，不要强求。这些诗歌都表现出陈国人民的生活、爱情和思想境界。陈国是道家鼻祖老子的母国（后文将详述）。

宋国是殷商后裔的封国，保留着许多远古的传统和习俗。例如，宋楚泓水之战中，宋襄公认为不能乘人半渡而击，认为"君子不重伤，不禽二毛，古之为军也，不以阻隘也，寡人虽亡国之余，不鼓不成列"① 故宋国在楚军半渡及既渡而未成列时，放弃进攻，失去有利的战机，导致大败。这在春秋时期被人所笑为愚蠢，但确是远古战争的礼仪。《淮南子·氾论训》云："古之伐国，不杀黄口，不获二毛。于古为义，于今为笑。古之所以为荣者，今之所以为辱也；古之所以为治者，今之所以为乱也。"不乘人之危，不伐无备之军，不伐丧，不伐凶（即凶荒年不伐），不薄人于险，灭国不绝祀。战争是为了"以战止战"，宋襄公在战争中表现的道德信义是继承了三代时期淳朴的古风。

卫国是武王少弟康叔的封国，封国在殷商故地，国都定在殷旧都朝歌（今河南淇县）。《汉书·地理志》云："周既灭殷，分其畿内为三国，《诗·风》邶、庸、卫国是也。邶，以封纣子武庚；庸，管叔尹之；卫，蔡叔尹之；以监殷民，谓之三监。故《书序》曰：'武王崩，三监畔'，周公诛之，尽以其地封康叔，号曰孟侯。"孟侯，就是诸侯之长。卫国是西周王朝分封在殷商故地的最大的诸侯国，故称"诸侯之长"。《诗经·国风》中的《邶风》《鄘风》《卫风》都是产自卫国的诗篇。卫国是封在殷商故地是诸侯国，继承了殷商王朝的手工业与青铜冶炼业的基础，又地处中原，是交通中心，故工商业特别发达，工匠也很多，曾发生过两次工匠起义。"苟卫国有难，工商未尝不为患，使皆行而后可。"② 工匠起义赶走了国君，这种情况在春秋时代是很少见的。卫国有深厚的文化积淀和发展的土壤。例如，春秋时期齐桓公任命的"大田"宁戚，是管理农业的

---

① 杨伯峻编著：《春秋左传注·僖公二十二年》，中华书局1981年版，第397—398页。
② 杨伯峻编著：《春秋左传注·定公八年》，中华书局1981年版，第1567页。

官员，负责垦田、辟土、艺粟，尽地力之利，是齐桓公称霸时期的重要人才。战国初年有名的政治家、军事家吴起、商鞅等，皆是卫国人。能培养出来这样的人才，说明卫国是文化素质很高的诸侯国。卫国在西周至春秋文明的发展中有重要的作用。

春秋时期，郑国是第一个与商人订立盟约的诸侯国。《左传·昭公十六年》记载：郑国与商人"世有盟誓，以相信也；曰：'尔无我叛，我无强贾，毋或匄夺。尔有利市宝贿，我勿与知。'恃此质誓，故能相保以至于今"。郑国商人弦高在秦国的进攻面前，不计个人得失保护了郑国的利益，也表现出对郑国的热爱和很高的政治素质。郑国一带的风俗也是比较开放的。《史记·货殖列传》中记载："今夫赵女郑姬，设形容，揳鸣琴，揄长袂，蹑利屣，目挑心招，出不远千里，不择老少者，奔富厚也。"① 郑国风俗的开放，与其春秋时期经济文化的繁荣有密切的关系。公元前536年，郑国子产"铸刑书"，把法律条文公布出来，让民众皆知，违者有罪，这是我国最早的成文法。邓析是我国最早的"律师"，为当事人进行狱讼辩护，在中国司法诉讼史上有重要的地位。

中原诸侯国有源远流长的文化，并根据历史、地域的特点形成了自己的文化特色，构成了中华文明形成的重要基础。

三　诸子百家思想主要在中原诸侯国形成

春秋战国时期出现了诸子百家争鸣的局面，道家、儒家、墨家、法家、阴阳家、名家、兵家、工商等学术流派纷纷形成，这是我国思想史上最活跃、最辉煌的时期。先秦思想家们探讨治国治民的理论，研究国家的产生与形成，探索宇宙、人类的起源，对世界、社会和人生都进行了深刻的研究。先秦诸子的思想充满了民本主义精神，闪耀着理性的、尚思辨的光辉，对中国社会产生了深远的、永久的影响，是中国人民宝贵的精神财富。先秦诸子与同时期的希腊哲学、印度佛学构成了世界历史上的"轴心时代"。

诸子百家学派及各学派的奠基人皆产生在中原诸侯国。道家学派的奠基人老子和庄子分别是陈国人和宋国人，二人的思想精粹合称为老庄思

---

① 司马迁撰：《史记·货殖列传》，中华书局1982年版，第3271页。

想。道家学派是先秦时期代表小国贵族的重要思想流派，在中国历史上的影响仅次于儒家。历史上当大的战乱过去，封建统治者一般会采取道家"无为而治"的思想去治理国家，让饱受战争苦难的人民有一个喘息的机会。如在西汉初年、唐朝初年、北宋初年等，封建政权皆以"黄老"思想作为统治的思想依据和国策。道家学说中朴素的辩证法思想、小国寡民的社会理想对我国历代都有重要的影响。道家学说同时也是古代道教的理论基础，道家在中国历史上有深远的影响和作用。

儒家思想是自汉武帝之后我国封建社会最重要的治国治民的理论，影响了中国两千多年，直至今日。儒家学派的先驱当是周公，主要活动在镐京（今西安）、雒邑（今洛阳）一带。之后，鲁国的孔子继承了周公的思想，成为儒家学说的奠基人。孔子祖籍在先秦时期的宋国（今河南省夏邑县），其先祖在宋国受到迫害逃到鲁国。孔子后因在鲁国受到排挤，出外周游列国14年，曾到郑国、卫国、陈国、蔡国、宋国等。孔子周游列国主要是在中原范围内进行，所以说中原地区是儒家思想形成的深厚土壤。

墨家学派的奠基人墨子在宋国为大夫，被认为是宋国人；有人又根据墨子在鲁国求学，在鲁国做事，认为墨子是鲁人；亦有人提出墨子是鲁阳人、鲁山人等。墨子是小生产者和小手工业者知识分子的代表，他要求人们"兼相爱、交相利""非攻""尚贤"等。他作为新兴的商人和手工业者的代表走上政治舞台。《墨子·非命上》云："虽在农与工肆之人，有能则举之，高予之爵，重予之禄，任之以事，断予之令。"墨子认为，天子、三公、卿宰、诸侯等王公贵族并不神秘，皆是古代从平民百姓中选出的贤者，他们被推选出来是为了治理国家，而不应该搜刮人民。墨子提出"三表法"的认识论，《墨子·非命上》云："上本之于古者圣王之事""下原察百姓耳目之实""发以为刑政，观其中国家百姓人民之利"。他的认识论和方法论，在中国哲学史上有极其重要的地位。墨子的思想放射出可贵的平等思想的火花。

魏国的李悝是法家学派的鼻祖。韩非子是法家学说的集大成者。法家是在中原形成的重要学派。春秋时期，以晋、齐为主的诸侯国的贵族利用军功、事功专擅国权，尾大不掉，最后对国君取而代之，如三家分晋、田氏代齐等。战国时期，李悝变法，"夺淫民之禄"，废除"一世有功为官、万世皆荣"的世袭制度，摒弃军功世袭大族对政权的把持，大大加强了国君的权力，从此形成了战国时期的君主专制制度。可以说，李悝变法，是分散的君主权力形成君主专制的转折点。商鞅曾在魏国为宦，不得志，西走秦国；吴起曾为将于魏国，被谗害，奔楚。后来，商鞅和吴起分别用李悝变法的内容在秦、楚进行变法。之后，战国各诸侯国皆效仿李悝进行变法，这对中国封建专制制度的形成产生了非常重要的作用。

名家学派的奠基人是宋国的惠施和赵国的公孙龙。名家对名、实关系进行探讨，公孙龙提出的"白马非马论""离坚白论"等，在逻辑学上是相当重要的哲学命题；惠施提出了"至大无外""至小无内""日方中方睨，物方生方死"等辉煌的哲学理论，他还发现事物的共同规律"大同异"与"小同异"，并找出它们的差别。这是当时人们对世界认识深化的结果，大大丰富了中国古代的哲学思想理论。

阴阳学说的奠基人是齐国人邹衍。他"大小九州说"的揣测有一定的科学性，反映出邹衍知识的渊博。邹衍把水、火、金、木、土演绎成五德，以附会历史上的各个王朝，把所谓的"五德"与朝代的兴衰更替相附会，然后用五行相生相克的理论去解释王朝更替的必然性。阴阳学说是中华民族最重要的哲学思维之一，对我国有极其深远的影响。

兵家鼻祖是春秋时期的齐国人孙武。孙武将自己的战争经验、思想、战略、战术写成兵学著作十三篇，即《孙子兵法》，是世界上最早的兵学著作。孙子主张正义的有道之战，他认为，发动战争者应"非危而战""唯民是保"，战争的最终目的是保护人民。《孙子兵法·谋攻篇》云："不战而屈人之兵，善之善者也。"孙子提出"兵不厌诈"，《计篇》云："兵者，诡道也。故能而示之不能，用而示之不用……攻其无备，出其不意。"这就是所谓的诈术之道。孙子的军事思想对我国后代有深远的影响。《孙子兵法》是我国历代将领，如韩信、曹操、诸葛亮、李世民、岳飞、戚继光、曾国藩等人的必读之书。《孙子兵法》影响远及海外。英国元帅蒙哥马利曾说过，世界上所有的军事学院都应把《孙子兵法》列为必修课程。美国人约翰·柯林斯在《大战略》中指出："孙子是古代第一个形成战略思想的伟大人物。"孙子是我国古代值得骄傲的军事家和学者。

从以上论述可以看出，先秦诸子各流派思想的奠基人主要产生在中原诸侯国。先秦诸子思想对我国数千年的社会有着深远的影响，是我国人民宝贵的精神财富。由此可见中原诸侯国思想的前瞻性和文化的先进性。

"中原诸侯国史研究丛书"对中原诸侯国的历史、政治、军事、经济、制度、兴衰、思想、文化进行全面的分国研究，并着重研究诸侯国的地域、历史对思想文化的影响。如前所述，本套丛书以狭义的中原地区诸侯国史研究为主，但广义上的中原诸侯国史也是本套丛书研究的对象。研究中原诸侯国历史的辉煌及其对中华文明的贡献是本套丛书的宗旨。

李玉洁
于河南大学闲云斋
2016 年 6 月 26 日

目 录

自 序 …………………………………………………………… (1)

第一章 康叔受封之前的卫地 …………………………………… (1)
  第一节 石器时代卫地的古人类活动 …………………………… (1)
    一 卫康叔封卫之前卫地遗存的古人类文化 ………………… (1)
    二 古史传说记载的卫地古代部族 …………………………… (4)
  第二节 夏商时期卫地的古国与部族 …………………………… (6)
    一 夏代卫地氏族、部落的活动 ……………………………… (6)
    二 商代卫地古国古部族的活动 ……………………………… (9)

第二章 卫国的疆域与都城 ……………………………………… (14)
  一 卫国封国的时间与疆域 ……………………………………… (14)
  二 卫国首建国都——朝歌 ……………………………………… (15)
  三 卫戴公以楚丘为都 …………………………………………… (17)
  四 卫国四百多年的古都——帝丘 ……………………………… (18)
  五 卫国君的最后徙居地野王 …………………………………… (19)

第三章 康叔封卫 ………………………………………………… (20)
  第一节 周部族东进翦商 ………………………………………… (20)
    一 周族兴起 …………………………………………………… (20)
    二 翦商之战 …………………………………………………… (21)
  第二节 "三监"及其封域 ………………………………………… (22)
    一 "三监"设立 ………………………………………………… (23)

  二　"三监"人物 …………………………………………… (24)
  三　"三监"职责 …………………………………………… (26)
  四　"三监"地望 …………………………………………… (27)
 第三节　周公东征与康叔封卫 ………………………………… (30)
  一　周公摄政 ……………………………………………… (30)
  二　东征"三监之乱" ……………………………………… (31)
  三　康叔就封于卫 ………………………………………… (32)

第四章　西周时期卫国的强盛 …………………………………… (35)
 第一节　战功累累卫康叔 ……………………………………… (35)
  一　屡建军功 ……………………………………………… (35)
  二　王室司寇 ……………………………………………… (36)
 第二节　顾命之臣康伯髦 ……………………………………… (38)
  一　世袭司寇之位 ………………………………………… (38)
  二　战功卓著 ……………………………………………… (39)
 第三节　鼎盛国君共伯和与卫武公 …………………………… (40)
  一　"共和行政"并非联合行政 …………………………… (41)
  二　"共和行政"当是共伯和行政 ………………………… (41)
  三　卫武公将兵辅佐周王朝平戎 ………………………… (42)

第五章　春秋初期的动荡 ………………………………………… (45)
 第一节　公孙滑奔卫与桓公伐郑 ……………………………… (47)
  一　郑国内乱 ……………………………………………… (47)
  二　桓公伐郑 ……………………………………………… (51)
 第二节　石碏定卫 ……………………………………………… (52)
  一　州吁弑君飞蛾扑火 …………………………………… (52)
  二　石碏定卫大义灭亲 …………………………………… (55)
 第三节　宣公夺媳及谋杀太子 ………………………………… (57)
  一　宣公时的卫郑战争 …………………………………… (57)
  二　宣公夺媳 ……………………………………………… (59)
  三　设计杀子 ……………………………………………… (61)

第四节　惠公奔齐及借齐复位 (61)
　　一　惠公奔齐 (62)
　　二　借齐复位 (63)
　　三　涉足周乱 (66)

第五节　懿公好鹤失国及战死 (67)
　　一　鹤食卿禄 (67)
　　二　狄伐邢卫 (68)
　　三　亡国于狄 (68)
　　四　复国迁都 (70)

第六章　春秋中期的中兴 (72)

第一节　诸侯存卫及卫都楚丘 (72)
　　一　齐国施援 (72)
　　二　营建楚丘 (73)

第二节　卫文公与卫国中兴 (76)
　　一　对内轻赋休养 (76)
　　二　对外多次会盟 (77)
　　三　卫文公与入齐为患的卫公子开方不是一人 (78)
　　四　无礼于流亡者重耳 (81)

第三节　狄卫矛盾 (82)
　　一　春秋狄族 (83)
　　二　狄卫战争 (85)

第四节　邢卫战争 (86)
　　一　邢狄交恶 (86)
　　二　卫国灭邢 (90)

第七章　春秋晚期的衰微 (93)

第一节　春秋晚期卫与晋楚关系 (93)
　　一　城濮之战前附楚拒晋 (93)
　　二　城濮之战后君臣之讼 (98)
　　三　晋国连续攻伐下外交转向 (100)

第二节　孙氏宁氏等权臣执政 ……………………………（108）
  一　君权与卿权的力量演变 ………………………………（108）
  二　孙氏卿族 ………………………………………………（109）
  三　宁氏卿族 ………………………………………………（111）
  四　献公被逐与复位 ………………………………………（112）

第三节　少年国君与四大夫之乱 ……………………………（116）
  一　6岁即位 ………………………………………………（116）
  二　孔子称贤 ………………………………………………（117）
  三　四大夫之乱 ……………………………………………（118）
  四　私德争议 ………………………………………………（120）

第四节　父子争国及匠人起义 ………………………………（122）
  一　父子争国 ………………………………………………（122）
  二　第一次匠人起义 ………………………………………（126）
  三　第二次匠人起义 ………………………………………（127）

第五节　春秋晚期卫国的邦交 ………………………………（130）
  一　弭兵之会 ………………………………………………（130）
  二　事晋政策的调整和终结 ………………………………（133）

第八章　战国时期的小侯 ……………………………………（137）
第一节　大国环伺 ……………………………………………（137）
  一　卫国与赵国的关系 ……………………………………（138）
  二　卫国与魏国的关系 ……………………………………（140）
  三　卫国与齐国的关系 ……………………………………（143）

第二节　卫国徙居野王与灭国 ………………………………（144）

第九章　两周时期卫国的经济 ………………………………（146）
第一节　卫国的农业 …………………………………………（146）
  一　受封前卫地的农业生产 ………………………………（147）
  二　两周时期卫国农业的发展与变化 ……………………（168）
  三　农业发展对手工业、商业的影响 ……………………（184）

第二节　卫国的手工业 ………………………………………（190）

一　受封前卫地的手工业 ……………………………… (191)
　　二　两周时期手工业的发展与变化 …………………… (208)
　　三　手工业生产的地位与作用 ………………………… (235)
　第三节　卫国的商业 ……………………………………… (241)
　　一　源远流长的商贾遗风 ……………………………… (241)
　　二　商品贸易与货币 …………………………………… (245)
　　三　城市与交通 ………………………………………… (251)

第十章　卫国文化 …………………………………………… (256)
　第一节　诗歌文化之卫风 ………………………………… (256)
　　一　卫风的成因 ………………………………………… (257)
　　二　卫风的主题 ………………………………………… (259)
　　三　卫风的艺术特色 …………………………………… (264)
　第二节　民俗文化 ………………………………………… (267)
　　一　尚武风俗 …………………………………………… (268)
　　二　祭祀文化 …………………………………………… (270)
　　三　婚恋风俗 …………………………………………… (271)
　　四　审美风俗 …………………………………………… (276)
　　五　宴饮文化 …………………………………………… (279)
　　六　服饰习俗 …………………………………………… (280)
　第三节　卿族政治 ………………………………………… (281)
　　一　石氏 ………………………………………………… (282)
　　二　宁氏 ………………………………………………… (282)
　　三　孙氏 ………………………………………………… (283)
　　四　北宫氏 ……………………………………………… (283)
　　五　太叔氏 ……………………………………………… (284)
　　六　公叔氏 ……………………………………………… (284)
　　七　孔氏 ………………………………………………… (284)

第十一章　卫国文化名人 …………………………………… (291)
　第一节　名臣君子 ………………………………………… (291)

一　纯臣石碏 …………………………………………（292）
　　二　为官有方宁武子 ………………………………（294）
　　三　贤德君子蘧伯玉 ………………………………（297）
　　四　刚直不阿的史鱼 ………………………………（301）
第二节　知名女性 ………………………………………（304）
　　一　许穆夫人 ………………………………………（304）
　　二　南子 ……………………………………………（309）
第三节　生于卫地的名人 ………………………………（317）
　　一　端木赐 …………………………………………（317）
　　二　吴起 ……………………………………………（327）
　　三　商鞅 ……………………………………………（335）
　　四　吕不韦 …………………………………………（351）

参考文献 ……………………………………………（360）

自　序

2003年，笔者考入河南大学李玉洁先生门下，开启学术生涯，此后一直投身于先秦史尤其是卫国史研究，至2023年，刚好二十年。其间，笔者对卫国的地望变迁、贤君名臣、社会经济、诗歌创作等史料进行了细致的整理，一直渴望将其集纳成书，作为二十年治史小结。

卫国在先秦特别是西周时期，是一个非常重要、很有特征、相当强盛的诸侯国。周公东征之后，卫国获封于殷商故地，至秦二世时灭国，存国八百多年（约公元前1041—前209年），是同时期立国时间最长的诸侯国。西周时期"卫为诸侯之长"，号曰"孟侯"。春秋以降，卫国逐渐衰落，成为大国侵伐和兼并对象。秦二世胡亥废卫君角为庶人，卫国灭亡。

卫国从强盛到衰落的历史和原因很是值得研究。作为西周王朝"亲亲尊尊"制度的受益者，其封国之始即成为相当强势的诸侯，康叔是周武王的少弟，深受王室信任，获封殷商故地，继承了殷商王朝先进的手工业、青铜制造业，一度执东方诸侯之牛耳。

进入春秋时期，齐、晋、楚、秦等诸侯，纷纷通过改革实现富国强兵，寻求区域霸权。彼时卫国统治者怠于国政，境内的智能之士大量流失，加上外交上屡屡失误，国力逐渐衰微，不断受到邻近大国和异族的侵伐，多次被迫迁都，沦为争霸战争的仆从。卫国的兴衰为后世提供了深刻的经验和教训。

卫国获封的殷商故地，是当时经济最发达的河内地区，也是"天下之中"。其农业、手工业、商业，均在两周时期的社会生活中占有很重要地位。

这里是黄河冲积的华北平原，土地肥美，是最好的农耕之地。受封之地的"殷民七族"，皆以从事职事为族名，是世袭的手工业家族，技术水平高，为卫国手工业打下了良好的基础。加之交通便利，地处中原，是南北交通要塞，水陆交通便利，为其商业的发展提供了有利条件。

经济的发展带来卫文化的繁荣。我国现实主义诗歌鼻祖——《诗经》，是先秦文化的辉煌之作。《诗经》共收录305篇作品，包括风、雅、颂。160篇国风中，《邶风》《鄘风》《卫风》[①]记载的皆是卫国诗歌，共39首，占国风诗歌的近四分之一。如《泉水》《竹竿》《桑中》《淇奥》《硕人》等，题材多样，有爱国诗、恋爱诗、弃妇诗、悼亡诗、送别诗等，展现了卫国发达的文化。

古代诗乐相通，卫国音乐同样非常耀眼。《吕氏春秋·季夏纪》："郑卫之声，桑间之音，此乱国之所好，衰德之所说。"[②]春秋"郑卫之声"，是当时的流行音乐，轻快优美，但是与儒家的雅乐不相符，而被称为淫靡之声、乱国之乐。

卫国文化滋养了许多贤能之士，如中国第一位爱国女诗人许穆夫人、著名的军事家吴起、改革家商鞅、政治家兼大商人吕不韦等。这些人在春秋战国时期，对历史的演进发挥了极其独到的作用。

近年来考古学蓬勃发展，学者发现了卫地许多重要的遗址，出版《浚县辛村》《山彪镇与琉璃阁》《辉县琉璃阁甲乙二墓》等考古学著作，为研究卫国史提供了重要的资料。

虎年春节，探望李玉洁先生时，其告知正陆续出版《中原诸侯国史研究丛书》，询问我可否撰写《卫国史》，作为丛书的一个单元，于是感激加上恐慌，用了一个整年，赶在兔年到来之前完工。虽然治史二十年，然而从事工作却是离史学颇远，加上史迹考察有限，史料整理难免疏漏，其间心得抑或有谬误之处，敬请读者与方家发现后，不吝赐教，在此先行谢过。

[①] 本书所说卫风包括邶风、鄘风、卫风，是歌咏淇河及淇河流域风土人情的诗歌。
[②] 张双棣、张万彬、殷国光、陈涛：《吕氏春秋译注》，北京大学出版社2009年版，第138页。

第 一 章

康叔受封之前的卫地

第一节 石器时代卫地的古人类活动

这里将重点介绍卫国统治的"核心地区"——殷墟及其周围数百里的地方（大体包括今河南北部和河北南部地区），古人类、古部族和古国的活动情况。通过对这些文化背景的了解，可以使我们对卫地的人文环境有一个深刻认识，同时能对卫地经济发展的渊源作总体把握。

一 卫康叔封卫之前卫地遗存的古人类文化

河南省北部、河北省南部属于华北平原的一部分，很早以前就有人类居住生活。早在旧石器时代晚期，河南省北部的安阳地区就有猿人穴居野处。如已发掘的小南海洞穴遗址，位于安阳市西南25公里的北楼顶山之腰，坐西朝东距小南海仅一华里，是一溶岩洞穴。洞深约50米，宽2—3米，高2.5—3米，洞穴内堆积有旧石器时代的石器，大多由燧石制成，石片石器较为丰富，有菱形或三角形尖状器、圆刮器、长刮器、复刃刮削器、双边刮器和多边刮削器，还有少量的砍砸器和柱状石核等[1]，这些简单的石器是早期人类制造和使用的主要工具。洞穴中还有烧骨、烧土块、炭粒等用火痕迹，说明山洞是时人抵御寒冷和休憩的场所。据碳十四测定，人类在小南海洞穴居住的时间前后延续一万多年。[2]

新石器时代早期的文化遗存，豫北、冀南等地也有重要发现。如

---

[1] 王星光：《生态环境变迁与夏代的兴起探索》，科学出版社2004年版，第37页。
[2] 王星光：《生态环境变迁与夏代的兴起探索》，科学出版社2004年版，第37页。

1976—1977年河北省武安县磁山村发现的磁山文化遗址,位于磁山村东约1公里处的南洺河北岸台地上,东北依鼓山,距武安城17公里。其年代在公元前6000—前5600年间,早于仰韶文化,考古学上定名为"磁山文化",其发现填补了我国新石器时代早期文化的缺环。考古专家夏鼐先生曾指出,磁山文化遗址的发现是我国新石器时代考古的重大突破。为研究和探索我国新石器时代早期文化提供了丰富、宝贵的地下实物资料。遗址总面积近14万平方米,共发掘灰坑468个,发现大量的手制陶器,烧制温度较低,质地粗糙,以夹砂红褐陶为主,器表多素面。石器有石铲、石斧、石锛、石凿、石镰等,最引人注目的是琢制磨盘,长约半米,端部稍尖,底部有四足或三足,也有无足的,有与之相配的磨棒。① 另有骨质的渔猎工具镞、倒刺鱼镖等制品。部分灰坑中有农作物粟的痕迹和猪、狗、牛、鸡等家畜骨骼,尤其是粟标本的堆积较厚,很可能是储藏粮食的窖穴,这在我国发掘的新石器时代文化遗存中是不多见的,引起了国内外专家的极大重视。同时也修正了以往认为粟起源于埃及、印度的记录,提供了我国粟种植年代最早的证据。还有一些灰坑口外沿有柱洞,有上下台阶,底部硬面,并置有陶盂等生活用具,可能是居穴。② 从磁山遗址的遗迹看,这可能是一个农业定居聚落。磁山文化在农业、手工业方面虽然表现出了浓厚的原始性,却是原始居民迈向文明时代的重要标志。

新石器时代中晚期,我国进入铜石并用时代,文明的标志和要素在我国大多数地区出现,多元文明产生。豫北、冀南地区文明曙光的代表是以"彩陶文化"著称的仰韶文化,这里是仰韶文化的主要分布区。如豫北地区分布在洹河两岸的仰韶文化有后岗类型和大司空村类型两种,目前考古学界对这两种类型的划分认识一致。后岗类型发现的文化遗存并不丰富,只有几座房基、不多的灰坑和10多座墓葬,获得的陶器、石器、骨器亦不多。③ 大司空村类型于20世纪50年代初发现于安阳大司空村,其后在

---

① 李玉洁:《先秦史稿》,新华出版社2002年版,第19页。
② 中国社会科学院考古研究所:《新中国的考古发现和研究》,文物出版社1984年版,第35页。
③ 梁思永:《后岗发掘小记》,《梁思永考古论文集》,科学出版社1959年版;中国社会科学院考古研究所安阳发掘队:《1958—1959年殷墟发掘简报》,《考古》1961年第2期;中国社会科学院考古所安阳发掘队:《1971年安阳后冈发掘简报》,《考古》1972年第3期;中国社会科学院考古所安阳发掘队:《1972年春安阳后冈发掘简报》,《考古》1972年第5期。

大正集老磨冈、鲍家堂、大寒南冈相继有所发现。这些遗址均只经过试掘，文化层较厚，有的分两层。发现的遗存不多，房基少见，破坏严重。灰坑亦不多。墓葬未发现。陶器特征与后岗类型不同。[①] 后岗类型向安阳以东地区延伸，发现了陶器特征与之接近的濮阳西水坡仰韶文化遗址。此遗址中有三组蚌砌图案，其中M45（龙虎墓）[②] 出土右龙左虎蚌砌图案，龙"长1.78米，高0.67米。龙昂首，曲颈，弓身，长尾，前爪扒，后爪蹬，状似腾飞"[③]。这些蚌龙图被誉为"中华第一龙"，是龙的最早雏形，此地应是一祭祀遗址。[④] 冀南地区是河北境内发现仰韶文化遗址最多的地区，主要有磁县下潘汪、界段营，武安赵窑、西万年、东万年，永年台口、西阳城、石北口，临漳西太平，涉县鹿头，邯郸市郊百家村等遗址。这些遗址多经试掘，发掘规模较大的不多，文化遗存亦不丰富，房基少见，灰坑亦不多，墓葬发现更少。出土的一些陶器特征与安阳后岗类型有较大不同，虽同属于仰韶文化，但不宜归属于同一类型。[⑤]

龙山文化时期文明的曙光已经出现。豫北、冀南地区发现很多龙山文化遗存。如豫北地区的安阳后岗，濮阳戚城，汤阴白营等地均有发现。如安阳后岗遗址发现一段宽2—4米，长70余米的龙山文化城墙。该遗址面积约5万平方米，分布着直径3—5米的圆形白灰面房基和木板地面房基，房基下面有用小孩作奠基的牺牲。[⑥] 濮阳戚城遗址一处龙山文化时期的灰坑，编号06HPQCH1（简称H1），分为两层，第二层包含有龙山、商、东周遗物，为东周时期扰层。[⑦] 遗物很丰富，其中泥质陶占85％，其余为夹砂和羼大砂粒陶。陶色以灰陶为主，还有少量的红陶、褐陶、黑陶。陶器纹饰以方格纹为主，篮纹、绳纹也占有一定比例，少量为素面或素面磨

[①] 李友谋：《试论豫北冀南地区的仰韶文化》，《中原文物》1998年第2期，第28—33页。
[②] 因出土蚌砌图案中有龙有虎，而被称为"龙虎墓"。
[③] 濮阳市文物管理委员会、濮阳市博物馆、濮阳市文物工作队：《河南濮阳西水坡遗址发掘简报》1988年第3期，第1—6页。
[④] 李玉洁：《先秦史稿》，新华出版社2002年版，第26页。
[⑤] 李友谋：《试论豫北冀南地区的仰韶文化》，《中原文物》1998年第2期，第28—33页。
[⑥] 李玉洁：《先秦史稿》，新华出版社2002年版，第27页。
[⑦] 濮阳文物景区管理处：《濮阳戚城遗址龙山文化灰坑清理简报》，《中原文物》2007年第5期，第4—7页。

光。骨器和蚌器也有出土，但未发现石器。① 汤阴白营发现一处龙山文化晚期的聚落遗址，遗址的主要堆积是龙山文化层，厚3—5米，上面压有较薄的西周早期文化层和零星的北朝堆积。② 龙山文化层中，已发现40余座分布密集，排列大致规则、纵横成行的房基，这应是一处规模较大的聚落遗址，出土有大量的陶、石、骨、蚌、角、玉器，以及大量的猪、狗、牛、羊、鹿等的骨骼，反映出当时人们从事农、牧、渔、猎业以及制陶、制骨等手工业生产活动。冀南地区的龙山文化遗存也很多，主要分布在漳河、洺河、滏阳河、滹沱河流域，遗址有邯郸涧沟、磁县下潘汪、永年台口村、龟台寺等。这些遗址中发现较仰韶文化更多的石制生产工具、陶窑、墓葬、房屋基址等，比较重要的当属邯郸涧沟遗址发现的水井。水井的发明除表明与农业有一定的关系外，还标志着龙山文化在社会组织及生产方面将不再过多地受地域的限制，人们可向更广阔的地区聚居，并为发展生产创造条件。③

这些龙山文化遗址的发掘证明，新石器时代中晚期的豫北、冀南地区在农业、手工业、畜牧业等方面有了长足发展，为文明社会的到来打下了坚实基础。

二 古史传说记载的卫地古代部族

夏代建立前，我国的历史多与神话相杂糅，属于古史上的传说时代。这些神话传说中的古部族，很多活动在今豫北、冀南地区。

黄帝族、炎帝族。有关黄帝和炎帝的传说很多，《国语·晋语四》载："昔少典娶于有蟜氏，生黄帝、炎帝。黄帝以姬水成，炎帝以姜水成。"黄、炎二族最早活动在陕西姬水、姜水一带。《史记·五帝本纪》载："炎帝欲侵陵诸侯，诸侯咸归轩辕。轩辕乃修德振兵，治五气，艺五种，抚万民，度四方，教熊罴貔貅䝙虎，以与炎帝战于阪泉之野。三战，

---

① 濮阳文物景区管理处：《濮阳戚城遗址龙山文化灰坑清理简报》，《中原文物》2007年第5期，第4—7页。

② 安阳地区文物管理委员会：《汤阴白营发现一处龙山文化晚期聚落遗址》，《中原文物》1977年第4期，第37—39页。

③ 文物编辑委员会编：《文物考古工作十年（1979—1989）》，文物出版社1991年版，第40页。

然后得其志。"阪泉,《集解》引服虔曰:"阪泉,地名。"又引黄甫谧曰:"在上谷。"《正义》引《括地志》云:"阪泉,今名黄帝泉,在妫州怀戎县东五十六里。出五里至涿鹿东北,与涿水合。又有涿鹿故城,在妫州东南五十里,本黄帝所都也。"案:阪泉之野则平野之地也。李民先生根据《括地志》的记载,认为阪泉并不在今河北保定、易州、宣化一带,而是在"今河南北部山南河北的平原地带"[1]。从陕西到豫北、冀南,说明发祥于陕西黄土高原的黄帝族和炎帝族,曾经有过迁徙。徐旭生先生说:"炎帝及黄帝的氏族居住陕西,也不知道历几何年月。此后也不知道因为什么缘故一部分逐渐东移。"[2] 李民先生考证了黄帝部落的迁徙路线,从晋南往东南方向,"沿着黄河北岸,穿过中条、王屋、析城诸山,到达太行山东南麓、黄河以北被春秋战国人称为'南阳'的豫北平原,然后从豫北沿太行山东麓往河北,最后到达北京附近"[3]。炎帝部族向东移的过程中建立许多小国,如申、吕、齐、许等,"炎帝氏族,除上述国家外,还有一个在古代很重要的国家,就是共工氏"[4]。据徐旭生先生考证,《汉书·地理志》河内郡共县,班固自注"古国",即《庄子·让王篇》的共首,《荀子·儒效篇》的共头,地在今河南辉县。共工部应是炎帝族东迁过程中在豫北平原发展较快的一支,成为当地的一个著名部落。《淮南子·兵略训》云:"颛顼尝与共工争矣……共工为水害,故颛顼诛之。"共工部与颛顼部曾发生过战争。颛顼部在今河南濮阳市,如果共工氏不是在豫北地区的话,就不会同颛顼部发生关系,所以,共国在今河南辉县极有可能。豫北地区炎黄时期被称作冀州,"自炎帝族和黄帝族在河北进行了涿鹿之战和阪泉之战后,豫北也成为争夺天下的重点"[5]。

颛顼高阳氏。《左传·昭公十七年》云:"卫,颛顼之虚也,故为帝

---

[1] 李民、王健:《略论黄河流域东西部落集团融合及其意义》,《中州学刊》1990年第2期,第102—107页。
[2] 徐旭生:《中国古史的传说时代》(增订本),文物出版社1985年版,第44页。
[3] 李民、王健:《略论黄河流域东西部落集团融合及其意义》,《中州学刊》1990年第2期,第102—107页。
[4] 徐旭生:《中国古史的传说时代》(增订本),文物出版社1985年版,第47页。
[5] 李民:《中原文化大典·总论》,中州古籍出版社2008年版,第126页。

丘。"《史记·集解》引皇甫谧曰："都帝丘，今东郡濮阳是也。"即今河南省濮阳市。《史记·五帝本纪》记载，颛顼是黄帝之孙，继黄帝之后华夏族的又一领袖。此记载表明，高阳氏的主要活动区域是在河南省北部。

帝舜。《史记·五帝本纪》载，舜曾"耕历山，渔雷泽，陶河滨，作什器于寿丘，就时于负夏"。历山，《正义》引《括地志》云："蒲州河东县雷首山，一名中条山，亦名历山。……历山南有舜井。"又云："越州余姚县有历山舜井，濮州雷泽县有历山舜井，二所又有姚墟，云生舜处也。及妫州历山舜井，皆云舜所耕处，未详也。"雷泽，《集解》引郑玄曰："雷夏，兖州泽，今属济阴。"河滨，《集解》引皇甫谧曰："济阴定陶西南陶丘亭是也。"《正义》云："于曹州滨河作瓦器也。"寿丘，《集解》引皇甫谧曰："在鲁东门之北。"负夏，《集解》引郑玄曰："负夏，卫地。"帝舜的活动区域主要在今豫北、冀南和鲁西地区。

从这些传说可知，豫北、冀南地区是华夏族祖先长期活动的地方，这里曾建立了许许多多、大大小小的氏族部落，加速了该地区的开发，推动了文明国家的形成和发展。

第二节 夏商时期卫地的古国与部族

一 夏代卫地氏族、部落的活动

夏代长时间以来都是我国历史上的传说时代。自夏商周断代工程启动后，学界对夏代有了更多理性的认识。2000年，夏商周断代工程前期成果发表，其主要结论之一，就是对夏代的基本年代框架有所估定。包括两点：一是夏商分界；二是夏代始年。夏商分界已估定为公元前1600年。夏文化的上限，暂以公元前2070年作为夏的始年。[①] 这一成果得出的主要依据：文献资料对夏代积年的记载，天象推算的结果，碳十四测年的数据及考古发掘的遗迹和遗物。

夏代的政治中心在今豫西、晋南地区，文献记载及考古发掘均表明这是夏文化的集中存在区域。夏初，社会正处于古代国家逐步形成的时期，

---

① 夏商周断代工程专家组：《夏商周断代工程1996—2000年阶段成果报告》（简本），世界图书出版社2000年版，第81—82页。

社会发展很不平衡，除了夏朝的政治统治中心外，今豫北、冀南地区也分布着很多氏族、部落或部落联盟。谭其骧先生主编的《中国历史地图集·夏时期》中显示，有缗氏、有虞氏、有穷氏、斟灌氏、斟寻氏等都曾在此活动，这些氏族、部落与夏王朝有着紧密联系。它们之间为了争夺地盘不断进行着争夺，甚至发生战争，战败者要流转迁徙，史籍中记载颇多。如《古本竹书纪年》中记载的夏后有多位与这些部族发生过关系，"太康居斟寻""后相即位，居商（帝）邱""相居斟灌""帝宁（杼）居原，自原迁于老邱""胤甲即位，居西河""桀居斟寻"等。这些以地名命名的氏族或部落与夏王朝联系紧密，它们极有可能是夏的与国或族属。

斟寻，雷学淇《竹书纪年义证》释为"斟寻古国名字，本作寻，以为国邑故作鄩，祝融后斟姓居之，故曰斟寻。斟寻无后，夏人以封同姓，故《世本》谓斟寻氏，姒姓"。并对斟寻地望的种种说法进行了排比，指出："明斟寻非一居矣。"其中的一种说法就是斟寻在今豫北地区，"《史记·正义》引《世纪》云：相徙商丘依同姓诸侯斟寻，此谓寻近帝丘，在东周时之卫地者也"。这与《水经·巨洋水注》的记载相合，"薛瓒《汉书集注》云：按汲郡古文，相居斟灌东郡灌是也。明帝以封周，后改曰卫斟寻，在河南"。

颛顼，《史记·五帝本纪》载其为黄帝孙，曾继承黄帝当帝王，在帝丘居住，死后葬在濮阳广阳里。现在濮阳尚有颛顼儿子的坟墓"太子墓"，颛顼女儿的坟墓"皇姑坟"。夏代时，夏后相也曾在此居住，《左传·僖公三十一年》载有卫成公梦康叔的一段话，卫成公："相夺予享。"注曰："相为夏后帝启之孙，帝中康之子，其所居当在帝丘。"[①] 春秋时期帝丘为卫国都城，周襄王二十三年（公元前629年），卫国为狄人所迫从楚丘迁都于帝丘，此后的四百多年帝丘一直是卫国的政治、经济、文化中心。

斟灌，也简称灌。《水经·河水注》载："浮水故渎又东南径卫国邑城北，故卫公国也……又东径卫国县故城南古斟灌，应劭曰：'夏有灌扈，即此城也。'《竹书纪年》：'梁惠成王二年，齐田寿率师伐我，围观，

[①] 杨伯峻：《春秋左传注》，中华书局2000年版，第487页。

观降。'"卫公国即卫国都城，卫国县为东汉所置县名，西汉称"畔观"，即以后的观城县，在今河南范县境内，与濮阳东北相连。两地如此之近，相曾居于此极有可能。

原，《左传·隐公十一年》苏忿生所封之地中有原，"原，今河南省济源县北而稍西有原乡，当即其地。"①谭其骧《中国历史地图集》列其为夏代都城之一。而从《竹书纪年》的记载看，夏后少康的主要活动区域在今河南东北部而非河南西部，（少康）"既长，为仍牧正"，"少康逃奔有虞，为之庖正，以除其害。虞思于是妻之以二姚，而邑诸纶。十八年，迁于原。"有仍、有虞是河南东北部的两个氏族部落，夏后少康曾在这两个部族中生活并担任过牧正、庖正职务。这些记载表明，夏后少康发迹于河南东北部，羽翼丰满后重新回到夏的发源地西方，定居于原。

西河，夏都城之一。《古本竹书纪年》：胤甲"元年己未，帝即位，居西河"，今河南省内黄东南，西河曾是夏后胤甲的都城所在地。春秋时期西河属于卫国。《史记·孔子世家》载，卫灵公问孔子："蒲可伐乎？"对曰："可。其男子有死之志，妇人有保西河之志，吾所伐者，不过四五人。"蒲，《集解》徐广曰："长垣县有匡城、蒲乡。"《正义·括地志》云："故蒲城在滑州匡城县北十五里。匡城本汉长垣县。"是时，卫公叔氏欲以蒲叛，而其男子皆无战意，妇人则欲保守西河。可知，蒲在春秋时期属卫，为卫国的西部边境。

豫北、冀南地区还保留有先商部族的活动足迹，如商、昆吾、豕韦等。《史记·殷本纪》载，"契兴于唐、虞、大禹之际"，并"佐禹治水有功"，可知夏商两族兴起的时间基本平行。商族活动区域大致在今冀、鲁、豫三省交界及其附近地区，向西与夏王朝毗邻。有人主张以昆吾（今河南濮阳）为界，作为夏商二族活动地域的分野。②分野并非绝对的泾渭分明，互不相关。与之相反，夏商两族间族源较近，地域毗邻，长期杂处和交往，相互之间影响交流很深。据王国维先生考证，"自太康以后以讫后桀，其都邑及他地名之见于经典者，率在东土，与商人错处河、济

---

① 杨伯峻：《春秋左传注》，中华书局2000年版，第77页。
② 丁山：《商周史料考证》，中华书局1988年版，第25页。

间盖数百岁。"①继而又得出了"夏、商二代文化略同"②的结论。

从史籍考察，先商时期商王冥的主要活动地在冀南地区，即今河北邢台、邯郸一带。《国语·周语上》：冥"勤其官而水死"；《竹书纪年》夏后宁十三年云："商侯冥死于河。"《史记·殷本纪》《集解》引宋忠曰："冥为司空，勤其官事，死于水中，殷人郊之。"冥可能死于治理黄河，而古黄河流经邯郸、邢台、衡水一带。且邯郸、邢台地区发现有先商文化遗存，邢台地区尤为密集，仅市郊就有贾村、尹郭、曹演庄等十余处。③冥以后的商代先王也多活动在冀南一带，如王亥、上甲微等。《今本竹书纪年》夏后泄十二年载："殷侯子亥宾于有易，有易杀而放之。"十六年又载："殷侯微以河伯之师伐有易，杀其君绵臣。"有易，活动于古易水一带的部族。古易水有南北之分，北易水为《汉书·地理志》所载"东至范阳（今北京）入濡"的易水，南易水即古漳水。《中国历史地图集》标识的有易族活动于南易水流域即今邯郸南部一带。

二 商代卫地古国古部族的活动

"殷人屡迁"是商代历史的一个重要特点。东汉张衡《西京赋》云："殷人之屡迁，前八而后五，居相圮耿，不常厥土。""前八"是指商部族从始祖契至成汤建立商王朝之前的八次迁徙。《史记·殷本纪》云："自契至汤八迁。"《集解》引孔安国云："十四世凡八徙国都。"《尚书·书序》云："自契至于成汤八迁，汤始居亳，从先王居。"对于这"八迁"，史籍均语焉不详。皇甫谧《帝王世纪》云：自契至汤八迁"史失其传，故不得详，是八迁地名不可知也"。

近代史学家王国维先生认为"八迁"指："契居蕃，昭明居砥石，由砥石又迁商，相土东徙泰山下后复归商邱，上甲微迁于殷，复归于商邱，成汤居亳，从先王居。"④虽有了八迁之数，但王国维先生同时说："上古之事若存若亡。《世本》《纪年》亦未可尽信，然要不失为古之经说

---

① 王国维：《观堂集林（外二种）》，河北教育出版社2001年版，第287页。
② 王国维：《观堂集林（外二种）》，河北教育出版社2001年版，第288页。
③ 李民：《祖乙迁邢与卜辞井方》，《郑州大学学报》1989年第6期，第13—19页。
④ 王国维：《观堂集林（外二种）》，河北教育出版社2001年版，第326—327页。

也。"① 实是不能十分肯定这个结论是否完全正确,只是作为一种参考。直至现在,"八迁"的具体所在地还存有争论,但"豫北地区是商族早期活动的历史舞台"②,已被学界所普遍接受。商族的先王在豫北地区的长期活动,为后世商王朝多把都城建在豫北、冀南地区奠定了基础,商代卫地成为商族活动的集中区域。特别是豫北地区,殷商文化发展得最为灿烂,商代后期最大的文化遗址殷墟是其代表。

从成汤建国定都在亳开始,商王朝又有过五次迁徙,但多不出河南、河北、山东西部等地。特别是最后一次迁都,即盘庚迁殷,《竹书纪年》载:"自盘庚徙殷至纣之灭二百七十三年更不徙都。"殷,即今河南安阳殷墟。殷墟的考古发掘显示,商朝晚期中央王朝在此地做了很大经营。与商王朝同时,豫北、冀南地区也有一些小部族在活动,它们已不能与强大的商王朝相抗衡,如活动于河北邢台的井方。武丁卜辞记载,井方只是商的诸侯国,臣属于商王,首领被商王封为方伯。《甲骨文合集》1339:"癸卯卜,宁贞,井方于唐宗冢。"善斋旧藏甲骨拓本:"勿呼从井伯。"可知,井为商之方伯,也即文献中的邢侯。《史记·项羽本纪·正义》引《帝王世纪》云:"邢侯为纣之三公,以忠谏被诛。"邢侯在商王室担任三公之职,说明邢商关系非同一般。

下面从商朝的五迁之地看商人的活动区域。史籍记载的"五迁"指:汤居亳,仲丁迁隞、河亶甲迁相,祖乙迁耿,③ 南庚迁奄,盘庚迁殷。

商汤灭夏桀后建都于亳,这是史家的一致看法。但对于亳的地望,历来颇多争论。东汉班固首次明确指出偃师,尸乡,殷汤所都。④《尚书·胤征》孔疏引郑玄注则云:"亳,今河南偃师县,有汤亭。"西晋皇甫谧《帝王世纪》提出"三亳"说:"殷有三亳,二亳在梁国,一在河南。亳,偃师,即汤都也。"唐代以后,说法更多。如杜陵说、山阳薄县说、内黄说、郑州郑亳说,等等。其中,郑亳说是著名考古学专家邹衡先生的观点,他主要依据20世纪50年代中期郑州市区发现的规模大、规格高、延

---

① 王国维:《观堂集林(外二种)》,河北教育出版社2001年版,第327页。
② 李民:《豫北是商族早期活动的历史舞台》,《殷都学刊》1984年第2期,第1—5页。
③ 《尚书·书序》作"耿",而《史记》作"邢",《竹书纪年》作"庇"。
④ 班固:《汉书》,中华书局1962年版,第1555页。

续时间长的郑州商城遗址，列举了四条证据：一、古代文献所见东周时期郑地有亳；二、郑州商城出土的陶文证明东周时期郑州商城名亳、亳城或亳丘；三、汤都亳的邻国及其地望与郑州商城相合；四、郑州商城文化遗址发现的情况与成汤居郑地之亳相合。① 这一观点提出后得到学术界的认可。夏商周断代工程的结论是："郑州商城和偃师商城基本同时或略有先后，是商代最早的两处具有都邑规模的遗址，推断其分别为汤所居之亳和汤灭夏后在下洛之阳所建之'宫邑'亦即'西亳'的意见具有较强的说服力。"②

商代的第二个都城仲丁所迁之"隞"，《古本竹书纪年》载，商代第十位国王仲丁即位后"自亳迁于嚣"。《史记·殷本纪·索隐》云："'隞'亦作'嚣'，并音敖字。"可知，"嚣""隞"二字相通。仲丁之后，商王外壬也曾居隞。《古本竹书纪年》云："外壬居嚣。"又云："河亶甲整即位，自嚣迁于相。"从仲丁到外壬，再到河亶甲迁相，隞作为商朝都城的时间很短。隞都，《帝王世纪》云："仲丁自亳迁嚣于河上者也，或曰敖矣。秦置仓于其中，故亦曰敖仓城也。"敖，《括地志》载在古荥泽西南，"荥阳故城，在荥泽西南十七里，殷时敖地也。"过去有郑州商城是隞都的说法，但从古籍记载及郑州商城的考古规模看，隞都不会在郑州市区。而荥阳地区发现的小双桥商代遗址，遗址面积、文化遗存等显示它不是一般的聚落遗址，如小双桥遗址发现有多座宫殿建筑基址，这是其成为都邑遗址的最重要条件。小双桥遗址的出土地点与史籍记载的"隞"都所在相合，且遗址规模不及郑州商城。基于此，有专家认为小双桥遗址的考古实际与隞都的历史实际相符合。③

河亶甲所都之"相"，《史记·殷本纪·集解》孔安国曰："地名，在河北。"《正义·括地志》云："故殷城在相州内黄县东南十三里，即河亶甲所筑都之，故名殷城也。"《元和郡县图志》卷十六河北道一相州内黄："故殷城，在县东南十里，殷王河亶甲居相，因筑此城。"《太平寰宇记》

---

① 邹衡：《郑州商城即汤都亳说》，《文物》1978年第2期，第69—71页；《论汤都郑亳及其前后的迁徙》，《夏商周考古学论文集》，文物出版社1980年版，第183—218页。
② 夏商周断代工程专家组：《夏商周断代工程1996—2000年阶段成果报告》（简本），世界图书出版公司2000年版，第72页。
③ 陈旭：《商代隞都探寻》，《郑州大学学报》1991年第5期，第85—89页。

有类似记载。史家对相地在今河南省内黄县境内无甚异议。

商王祖乙所都之地，古籍有如下记载：《太平御览》卷八三皇王部引《竹书纪年》："祖乙胜即位，是为中宗，居庇。"《史记·殷本纪》："祖乙迁于邢。"《尚书·书序》："祖乙圮于耿。"《孔疏》："河亶甲居相，祖乙即河亶甲之子，故以为圮于相地乃迁都于耿。"古籍记载祖乙所迁处已有邢、耿、庇三个地方。《史记索隐》："邢音耿，近代本亦作耿。"又云："邢即耿也。"《集韵》"三十九·耿"韵部，有"邢"字，云："地名，通作耿。"《路史·国名纪》亦云耿即邢。近人丁山先生考证说："邢耿可以说音近字通。"① 由此可知，邢、耿实为一地也。而邢的地望，有河东皮氏说、河内平皋说、河北邢台说等。李民先生在对各说进行分析后，认为河北邢台说较符合史实，"河北南部与河南北部，是商族长期经略之地，甚至商族在王亥时期其足迹已达今河北的易水流域，所以祖乙将都城迁于邢台，则仍在商王朝的王畿之内，并不像河东说那样令人感到意外。"② 且邢台地区发现多处商代遗址，"从已发掘的曹演庄遗址看，其下层属河北商代文化前期的后段，其年代与商代二里岗上层文化相当，增添了二里岗上层与殷墟文化之间相连接的一环"③。邹衡先生有相同的看法："就其时代而言，邢台及其周围的商文化遗址的下层大都属于早商文化第四段，绝对年代约在武丁之前，与祖乙至祖丁居邢的年代并不矛盾。"④ 从古史记载及诸位专家的考证中，可以看出祖乙所迁之邢应在今河北南部邢台一带。

南庚所迁之奄，古籍有如下记载：《左传·定公四年》"因商奄之民，命以伯禽"；《续汉书·郡国志》"鲁国，（古）奄国"；《史记·周本纪·正义》引《括地志》："兖州曲阜县奄里，即奄国之地也。"由此，李玉洁先生认为："南庚所迁之'奄'城，在今山东曲阜。"⑤ 谭其骧《中国历史地图集》也把奄标注在今山东曲阜附近。由于史料记载的缺乏，又没有确凿的考古资料，对于奄在何地本文暂不探讨。

---

① 丁山：《商周史料考证》，国家图书馆出版社2008年版，第30页。
② 李民：《祖乙迁邢与卜辞井方》，《郑州大学学报》1989年第6期，第13—19页。
③ 李民：《祖乙迁邢与卜辞井方》，《郑州大学学报》1989年第6期，第13—19页。
④ 邹衡：《夏商周考古学论文集》，文物出版社1980年版，第207页。
⑤ 李玉洁：《先秦史稿》，新华出版社2002年版，第75页。

盘庚迁殷的地望，文献资料和考古材料都证实其地应在今安阳西北郊小屯村一带，即洹水南的殷墟。《竹书纪年》载：盘庚十四年"自奄迁于北蒙，曰殷"。《括地志》："（洹水）南岸三里有安阳城，西有城名殷墟。"《尚书正义·盘庚》孔疏引《汲冢古文》云："盘庚自奄迁于殷。殷在邺南三十里。"《史记·殷本纪》云："（盘庚）乃遂涉河南，治亳。"《集解》引郑玄曰："治于亳之殷地，商家自此徙，而改号曰殷亳。"由此可知，殷在今河南安阳。考古发现也印证了这些记载。1928—1937年，考古学家对殷墟先后进行了15次发掘，取得巨大成果。如安阳西北郊小屯村发现53座宫殿宗庙建筑基址，侯家庄西北冈发现了王陵，并获得一批甲骨文、青铜器和玉器等珍贵文物。新中国成立后，党和政府十分关心保护古代文化遗产，1950年成立了中国科学院考古研究所，随后即在殷墟展开发掘工作。1950—1958年、1958—1961年、1962—1966年、1969—1974年、1975—1985年，[①] 考古工作者对殷墟先后进行了40余次发掘，发掘地点17处，分别在小屯村附近、武官北地、侯家庄北地、四盘磨、万金渠两岸、五道沟、大司空村、后岗、薛家庄、高楼庄、北辛庄、范家庄、孝民屯、苗圃北地、刘家庄、侯家庄南地、三家庄等。共发现殷代铸铜作坊二处，制骨作坊二处、制玉石场所一处、烧陶窑址五座，还发现殷代道路二条、陶排水管道两处以及大型防御沟一条。[②] 这些考古材料的出土，表明安阳确是商代后期王都所在地，也即盘庚所迁之殷。

综上所述，商朝建立后的主要活动地应在今河南、河北及山东的部分地区，而以豫北、冀南为主。这一区域内，同时还存在着一些小的部族，它们已没有实力与强大的商王朝对抗，只能是商朝的属国或被统领者。商朝在豫北、冀南地区长达数百年的经营，为西周时期分封于此的卫国强盛奠定了基础。

[①] 中国社会科学院考古研究所编著：《殷墟的发现与研究》，科学出版社1994年版，第15—23页。

[②] 中国社会科学院考古研究所编著：《殷墟的发现与研究》，科学出版社1994年版，第23页。

第 二 章

卫国的疆域与都城

卫国的封地主要在今河南省境内。初封之时，疆域西起太行山脚下的沁阳、济源，东至山东省的西界，北到河北省的南部，南至今河南省的开封、兰考、杞县，是西周初年疆域较大的诸侯国。

春秋时期卫国逐渐衰落，先后迁都四次：首建之都在朝歌（今河南省的鹤壁之南部），其次相继在漕邑（今河南滑县）、楚丘（今山东省成武县）、帝丘（今河南省濮阳市境）、野王（今河南省沁阳县）。

一 卫国封国的时间与疆域

卫国封国时间，《左传·定公四年》《逸周书·作雒》《史记·周本纪》《史记·鲁周公世家》《史记·管蔡世家》《史记·卫康叔世家》《尚书序》《汉书·地理志》《毛诗谱·邶鄘卫谱》等史籍有明确记载，是在周公相成王伐三监之后。根据"夏商周断代工程"对武王克商起始年的界定，克商年为公元前1046年。[1] 周克殷后二年即公元前1044年，周武王死，三监及淮夷叛。《史记·周本纪》："初，管、蔡叛周，周公讨之，三年而毕定。"随后，周公"以武庚殷余民封康叔为卫君，居河、淇间故商虚"[2]。所以卫国封国时间应在周公东征胜利后，即公元前1041年前后。

康叔是西周初年辖地较大的诸侯国君。《左传·定公四年》记载康叔所封地域包括："自武父以南及圃田之北竟，取于有阎之土以共王职；取

---

[1] 夏商周断代工程专家组：《夏商周断代工程1996—2000年阶段成果报告》（简本），世界图书出版公司2001年版，第49页。

[2] 司马迁：《史记》，中华书局2008年版，第1589页。

于相土之东都以会于王之东蒐。""武父",其地不详,从武父以南看应是在卫国北部边境。而不是《左传·桓公十二年》公会"郑伯盟于武父"之"武父"。"武父",杨伯峻先生认为是郑地,在今山东省东明县西南。①"圃田",《水经·渠水注》:"渠水自河与济乱流,东径荥泽北,东南分济,历中牟县之圃田泽。"圃田,今郑州与开封之间的中牟县境。

西周初年今河南省开封市,直至杞县、兰考,皆属于卫国的东南部。《论语·八佾》云:"仪封人请见,曰:君子之至于斯也,吾未尝不得见也,从者见之。"郑玄曰:"仪,盖卫下邑也;封人,官名也。"(宋)邢昺疏:"《周礼》封人掌为畿封而树之,郑玄云:畿上有封,若今时界也。天子封人,职典封疆。则知诸侯封人亦然也。……此云仪封人,皆以地名;封人,盖职典封疆,居在边邑。"

清阎若璩《四书释地续·仪》云:"卫仪邑城在今开封府兰阳县西北二十里,乃卫西南境,距其国五百余里。"

西周分封时,"卫为诸侯之长"。由于开封处在卫国的西南边境,故卫设"封人"之官以掌仪地之封疆。

"有阎之土",杜注:有阎,卫所受朝宿邑,盖近京畿。杨伯峻先生认为当在今河南省洛阳市附近。②"相土之东都",相土,殷商之祖,《太平御览》八十二引《竹书纪年》云:"后相即位,居商丘。"《通鉴地理通释·四》云:"商丘当作帝丘。"帝丘,在今河南省濮阳县。"三监"之地,包括邶、鄘、卫等地,即今焦作、沁阳、获嘉等。这里当是卫国的西境。康叔受封时卫国的疆域也与上文论证的"西起太行山,东及今山东地区,北到河北南部,南达河南省中部"大体相当。

二 卫国首建国都——朝歌

康叔受封,所得封地为殷墟故地。康叔既得殷墟故地,以殷商故都为都,是很自然的。殷商王朝在殷墟经营270余年,而且能够制造出著名的、达到当时世界巅峰的司母戊大方鼎,可以看出殷人的工商业的发达和盛况。殷商故都当是一个非常繁华的大都市。

---

① 杨伯峻:《春秋左传注》,中华书局2000年版,第133页。
② 杨伯峻:《春秋左传注》,中华书局2000年版,第1538页。

《史记·卫康叔世家》记载，"周公旦……以武庚殷余民封康叔为卫君，居河、淇间故商墟。"周公东征之后，杀管叔而流放蔡叔，即杀管叔于商，囚蔡叔于郭，杀武庚，分封康叔于卫。卫康叔被封在"河、淇间故商墟"。

《水经注·淇水》云："朝歌……今城内有殷鹿台，纣昔自投于火处也。《竹书纪年》云：'武王亲禽帝受辛于南单之台。'遂分天之明南单之台盖鹿台之异名也。武王以殷之遗民封纣子武庚于兹邑。分其地为三：曰邶、墉、卫，使管叔、蔡叔、霍叔辅之，为三监。叛周讨平以封康叔。"

《汉书·地理志》卷二十八上"朝歌"条下云："纣所都，周武王弟康叔所封，更名卫。"《地理志》明确记载卫康叔首建都处在朝歌，即纣王所都之处。

卫康叔首建都于朝歌（今河南省鹤壁市淇县）是历史之实。

朝歌，是商朝国都，当是商朝武丁所建。商朝盘庚迁殷之后，武丁、武乙、帝乙、帝辛四个帝王以朝歌为都。商纣王时期大修离宫别馆，称为朝歌。历史记载朝歌非常繁华，"朝歌夜弦五十里，八百诸侯朝灵山"。

1998年夏商周断代工程考古调查认为朝歌在淇水边的鹿台遗址一带，即今鹤壁市区南，否定了历史上曾认为朝歌在淇县城（卫国都城）的观点。

卫康叔被封在殷商故地，并首建都于朝歌。由于这个地方太重要了，卫康叔就封之时，周公并作"《康诰》《酒诰》《梓材》以命之。康叔之国，既以此命"。周公对卫康叔谆谆告诫，希望康叔到殷商故地后，要敬德保民。

《尚书·康诰》记载，周公对康叔及侯、甸、男邦、采卫四方诸侯说："惟乃丕显考文王，克明德慎罚，不敢侮鳏寡，庸庸祗祗，威威显民，用肇造我区夏，越我一二邦以修。"即我们英明无比的文王就是因为明德慎罚，才战胜殷王朝，成其美政，闻于上帝。上帝受文王以大命。文王惠恤其民，不敢侮鳏寡，换来我们今日以王天下的荣耀，我们都要像文王那样勤于政务，才能永王天下。

周公教导康叔，要记住文王的教诲，学习殷朝的先哲王，用康保民，使天帝知晓。《尚书·康诰》周公认为："今民将在祇遹乃文考，绍闻衣德言，往敷求于殷先哲王，用保乂民。汝丕远惟商耇成人，宅心知训，别求闻由古先哲王，用康保民，弘于天，若德裕乃身，不废在王命。"周公希望康叔不要贪图安逸，不杀无辜，这样上帝才能保佑周王朝。

《尚书·康诰》表明了周公对卫康叔的殷切期望，以及周王室对卫国的重视。

三 卫戴公以楚丘为都

楚丘成为卫国国都，是卫国衰落的一个重要节点。卫懿公不理国政，玩物丧志。他喜欢鹤，把鹤封为大夫。是时，中原地区混乱，少数民族蛮夷戎狄相继进入中原。卫懿公得罪了狄人，遭到狄人的进攻。在强悍的狄族进攻下，卫国被攻灭。卫国逃出730人，再加上卫国的共邑、滕邑之民共有5000人，拥立戴公在曹地即位。

春秋霸主齐桓公打着"尊王攘夷"的大旗，立灭国，继绝世，复立卫国，"封卫于楚丘"。在齐国的帮助下，已经破灭的卫国在楚丘再立国都。《毛诗正义》卷四卜商《序》云："卫为狄所灭，东徙渡河，野处曹邑。齐桓公攘戎狄而封之。文公徙居楚丘，始建城市而营宫室，得其时制，百姓说之，国家殷富焉。"郑玄《笺》云："鲁僖公二年，齐桓公城楚丘而封卫，于是文公立而建国焉。"曹邑，今河南省安阳地区滑县。

楚丘，《左传·隐公七年》云："冬，王使凡伯来聘。还，戎伐之于楚丘以归。"杜预注："楚丘，卫地。在济阴城武县西南"，即今山东省成武县。

《左传·僖公十二年》云："春，诸侯城卫楚丘之郛，惧狄难也。"杜预注："楚丘，卫都；郛，郭也。"

《汉书·地理志》卷二十八下云："卫地，营室、东壁之分壄也，今之东郡及魏郡、黎阳、河内之野王、朝歌，皆卫分也。"

卫国在被狄人攻灭之后，在齐桓公的帮助下，以楚丘为都。虽然史书上说："邢迁如归，卫国忘亡。"但实际上这是卫国进入春秋之后第一次国殇，也是卫国衰亡的开始。从此卫国失去了西周时期大国的地位，沦为一个小国。卫国在被狄人攻灭，又复国之后，文公以楚丘为都整整三十余年。

《史记·卫康叔世家》云："齐桓公以卫数乱，乃率诸侯伐翟为卫筑楚邱，立戴公弟燬为卫君，是为文公。"《正义》引《括地志》云："城武县有楚邱亭。"

四 卫国四百多年的古都——帝丘

公元前629年,《左传·僖公三十一年》载:"冬,狄围卫,卫迁于帝丘。"杜预注:"辟狄难也。帝丘今东郡濮阳县,故帝颛顼之虚,故曰帝丘。"[1]

卫国迁于帝丘,以颛顼之都为都的史实,古籍多有记载。如《左传·昭公十七年》云:"卫,颛顼之虚也,故为帝丘。"《史记集解》引皇甫谧曰:"都帝丘,今东郡濮阳是也。"卫国为了躲避狄人的进攻,被迫再次迁都帝丘。帝丘,即今河南省濮阳市境,曾是古帝王颛顼之都。

《春秋左传注疏·隐公元年》孔颖达疏引《正义》云:"卫国,侯爵。谱云:姬姓,文王子康叔封之后也。周公既诛禄父,以其地封康叔为卫侯,居殷虚,今朝歌是也。狄灭卫。文公居楚丘,成公徙帝丘,今东郡濮阳是也。"

以上资料说明,卫国是在卫成公时期迁往帝丘的。其原因是晋文公重耳在外流亡时,途经卫国,卫国国君卫文公对其不礼。晋文公回国即位后,成为春秋时期的第二大霸主,对不礼于己的诸侯国展开报复,卫国未能幸免。卫文公死后,其子卫成公迁都帝丘,希望离晋国更远一点。

唐李吉甫《元和郡县志》卷九"滑州"条下引《左传》曰:"狄灭卫。卫立戴公以庐于曹,卫文公自曹邑迁于楚丘,卫成公又迁于帝丘。战国时其地属魏。"滑州城东北五里白马故城,即卫之曹邑也。

帝丘,最早是古帝王颛顼的都城。《史记·五帝本纪》载,颛顼是黄帝之孙,继黄帝之后华夏族的又一领袖,高阳氏的主要活动区域在今河南省北部。颛顼在帝丘居住,死后葬在濮阳广阳里。现在濮阳尚有颛顼儿子的坟墓"太子墓",颛顼女儿的坟墓"皇姑坟"。夏代时,夏后相也曾在此居住,《左传·僖公三十一年》载有卫成公梦康叔的一句话:(卫成公)"相夺予享。"注曰:"相为夏后帝启之孙,帝中康之子,其所居当在帝丘。"[2] 春秋时期帝丘为卫国都城,周襄王二十三年(公元前629年),卫

---

[1] 杨伯峻:《春秋左传注》,中华书局2000年版,第487页。
[2] 杨伯峻:《春秋左传注》,中华书局2000年版,第487页。

国为狄人所迫从楚丘迁都于帝丘，此后的四百多年帝丘一直是卫国的政治、经济、文化中心。清顾炎武《日知录》卷四云："（鲁）僖（公）三十一年，狄围卫。卫迁于帝丘。卜曰三百年。而卫至秦二世元年始废，历四百二十一年。"帝丘是卫国421年的都城。

清人胡渭在《禹贡锥指》中认为，"兖少山而丘颇多。其见于经传者曰楚丘（在今河南滑县东北），帝丘（今开州）……皆在濮水之滨"。意思是兖州地区山少而丘陵多，很多地方是以丘命名的，如楚丘（今河南滑县东）、帝丘（今河南濮阳县西南）、清丘（今河南濮阳县东南七十里）、桃丘（今山东省东阿县安平镇东八十里）、平丘（今河南封丘县东四十里）等。从《禹贡锥指》作者自注中可知，豫北、冀南、山东等地多丘陵，如位于开州的帝丘，即在今河南省濮阳县。

五　卫国君的最后徙居地野王

战国后期，卫国更为衰落，其称号与居所均受到大国左右。卫国君最初是"公"一级的诸侯，三晋（韩、赵、魏）把卫国贬为"侯"级国君。"是时，三晋强，卫如小侯属之。"这个时期，卫国从属于赵国。

之后，卫国君又被贬为"君"。如卫平侯八年而卒，他的儿子称为"嗣君"。《史记·卫康叔世家》云："（嗣）君独有濮阳，四十二年卒。子怀君立，怀君三十一年朝魏。魏囚杀怀君，更立嗣君弟，是为元君。元君为魏婿，故魏立之。元君十四年，秦拔魏东地。秦初置东郡，更徙卫野王县，而并濮阳为东郡。二十五年元君卒，子君角立。君角九年，秦并天下，立为始皇帝。二十一年，二世废君角为庶人，卫绝祀。"《集解》云："骃案：《年表》云：元君十一年，秦置东郡。十二年，徙野王。"《索隐》云："魏都大梁，濮阳、黎阳并是魏之东地，故立郡名东郡也。"

《史记·秦始皇本纪》云：秦王政六年"韩、魏、赵、卫、楚，共击秦，取寿陵。秦出兵，五国兵罢，拔卫，迫东郡。其君角率其支属徙居野王，阻其山以保魏之河内"。

卫成公后十余世，卫国为韩魏所侵，尽亡其旁邑，独有濮阳。之后，秦灭濮阳，置东郡，徙卫国君角于野王。其实，卫国君角率其支属徙居野王，及至亡国，野王都只是卫国君角的一个落脚之处。至于野王能否称得上完整意义的国都，有待多方进一步考证。

第 三 章

康叔封卫

卫国的建立者康叔,为周文王之子,周武王之弟。而在康叔受封于卫之前,周武王已对卫地进行过一次分封,并设置"三监"以便控制。东汉学者班固认为,三监所辖的地域,邶在北,鄘在东,卫即殷。另一位东汉学者郑玄《邶、鄘、卫谱》中认为,"邶、鄘、卫者,商纣畿内方千里之地……自纣城西北谓之邶,南谓之鄘,东谓之卫"。学者关于卫地的区域虽有争议,但均认为康叔之前的卫地已为"三监"所辖。及至三监在武王崩殂后作乱,周公东征并对区域权力进行重组,历史的车轮最终将康叔送到卫地统治者的位置。

第一节 周部族东进翦商

作为姬姓诸侯,卫国统治者来自周部族。周部族是尧、舜之际兴起于我国西部黄土高原上的一个古老部族,因其所居地为周原,故号为"周"。周人经过数代努力,于周武王时东进伐商成功,卫地自此直至秦二世废卫君角为止,均为姬姓家族所掌控。

一 周族兴起

周人始祖名弃,号后稷,姓姬氏。

《史记·周本纪》载:"(弃)好耕农,相地之宜,宜谷者稼穑焉,民皆法则之。帝尧闻之,举弃为农师,天下得其利,有功。……在陶唐、虞、夏之际,皆有令德。"

周人是一个农业部族,弃的后代子孙也多以农业为生。如公刘时期,周人所居之邠，属黄土高原，宜于农耕。"虽在戎狄之间，复修后稷之业，务耕种，行地宜，自漆、沮度渭，取材用，行者有资，居者有畜积，民赖其庆。百姓怀之，多徙而保归焉。周道之兴自此始。"①

古公亶父时期，周人自邠地迁于岐山脚下，发现这里土地肥沃，于是卜居于此，《诗经·大雅·绵》曰："爰始爰谋，爰契我龟，曰止曰时，筑室于兹。"周部族已逐渐具备国家雏形，古公亶父被周人尊称为大王。

季历（古公亶父之子，史称公季、王季、周王季等）时期，周部族继续处于发展时期，向外征讨且屡屡建功。《竹书纪年》载："周公季历伐西落鬼戎，俘二十翟王。""周公季历伐余无之戎，克之，命为牧师。"周公季历因助商王讨伐鬼方有功，而被商王赏赐，命为牧师。牧师是对当时诸侯之长的一种称呼，《周礼·春官·大宗伯》"七命赐国，八命作牧，九命作伯。"七命、八命、九命，是后人增饰之词，"国"诸侯也，由此可知"牧"与"伯"是高于诸侯的称呼。

季历为了加深与商王的关系，曾娶殷女为妻。《诗·大雅·大明》载："挚仲氏任，自彼殷商，来嫁于周。"挚仲氏是殷之臣属方国，任姓，周文王即是挚仲氏所生。

周文王时期，周部族更加注重积聚力量，周人在诸侯中已拥有较强的影响力，曾调解虞、芮两国纠纷。《史记·周本纪》载：文王"礼下贤者，日中不暇食以待士，士以此多归之。"《诗·大雅·生民》载："济济多士，文王以宁。"周原甲骨中还有"楚子来告"的记录。相对商王朝来说，周此时仍属小邦，仍要受命于商王朝。直至西周初年，周人甚至仍自称"小邦周"②。但在军事力量方面，在文王和武王时期，周人已具备与商人一较高下的能力。

二 弱商之战

周人的持续壮大，引起殷人的疑忌。商周两族执政者随即展开控制与反控制的争斗。

《晋书·束皙传》引《竹书纪年》曰："文丁杀季历"；《史记·周本

---

① 司马迁：《史记》，中华书局2008年版，第112页。
② 李民、王健：《尚书译注》，上海古籍出版社2004年版，第246页。

纪》载，"纣乃囚西伯于羑里"，西伯即文王。两代商王对两代周族首领一杀一囚，最大的目的即是震慑和控制。

周人的反控制则是着手翦商。《史记·周本纪》载："西伯阴行善，诸侯皆来决平。"周文王先后讨伐忠于商王的邘国、耆国、崇国。

至周武王时期，先是东观兵于孟津（今河南孟津西南十多里），进行军事演习，以向商王朝示威。《史记·周本纪》载："九年，武王上祭于毕，东观兵至于盟津。"观兵孟津两年后，武王率"西土之人"伐商，抵达商都朝歌附近的牧野，双方军队在清晨发生战斗，商军战败。商周之间完成王朝更替。

周武王在牧野之战的动员讲话《牧誓》中列举了商纣王的罪状："惟妇言是用，昏弃厥肆祀，弗答；昏弃厥遗王父母弟，不迪；乃惟四方之多罪逋逃，是崇是长，是信是使，是以为大夫卿士，俾暴虐于百姓，以奸宄于商邑。"认为正是纣王的罪行，使得"亿兆夷人，离心离德"[1]，以致牧野之战时"纣师皆倒兵以战"[2]。1976年，陕西临潼出土的青铜器利簋，其铭曰："武王征商，佳（唯）甲子朝，岁鼎，克闻（昏）夙又（有）商。辛未，王才（在）阑师，易（锡）又（有）事（司）利金。用乍（作）檀公宝尊彝。"[3] 武王率军在甲子这天早晨打败了商军。

但就整体实力对比，即便周武王时期，周族仍弱于商族。周军人数仍逊于商军。商纣王和周武王战于牧野之时，双方军队数量方面仍是商军占优，但商军最终不敌周军，在于周军上下齐心，商军人数虽多，但军心不稳。所以春秋时期楚将斗廉曾评论："师克在和，不在众。商、周之不敌，君之所闻也。"[4]

第二节 "三监"及其封域

武王翦商后，分封诸侯以拱卫王室。《尚书·分器·书序》曰："武

---

[1] 李民、王健：《尚书译注》，上海古籍出版社2004年版，第198页。
[2] 司马迁：《史记》，中华书局2008年版，第124页。
[3] 张政烺：《〈利簋〉释文》，《考古》1978年第1期，第58—59页。
[4] 杨伯峻：《春秋左传注》，中华书局2000年版，第131页。

王既胜殷，邦诸侯，班宗彝，作《分器》。"《史记·周本纪》载：（武王）"封诸侯，班赐宗彝，作《分殷之器物》。"古文字中，"邦""封"为同一字，"邦诸侯"即是"封诸侯"。卫国前身的卫地，本为殷商王畿，最初设置为"三监"之地。

一 "三监"设立

武王的分封对象包括异姓和同宗。分封目的是巩固周朝统治，达到"兴灭国，继绝世，举逸民，天下之民归心焉"[1] 的政治目的。

分封的异姓诸侯主要有两种：先代之后和功臣之后。《乐记》载："武王克殷及商，未及下车，而封黄帝之后于蓟，封帝尧之后于祝，封帝后之后于陈。下车而封夏后氏之后于杞；投殷之后于宋。"《吕氏春秋·慎大览》有类似记载，只是把黄帝和帝尧的封邑对调，作"封黄帝之后于铸，封帝尧之后于黎"。异姓功臣受封的，如姜尚封于齐等。

分封的同宗即是周王室成员。《史记·管蔡世家》载："武王已克殷纣，平天下，封功臣昆弟。于是封叔鲜于管，封叔度于蔡：二人相纣子武庚禄父，治殷遗民。封叔旦于鲁而相周，为周公。封叔振铎于曹，封叔武于成，封叔处于霍。"武王有同母兄弟十人，克殷后六人得到了封国。武王异母弟八人，也得到了分封，《左传·僖公二十四年》载："故封建亲戚以蕃屏周。管、蔡、郕、霍、鲁、卫、毛、聃、郜、雍、曹、滕、毕、原、酆、郇，文之昭也。"其中毛、郜、雍、滕、毕、原、酆、郇是武王的异母弟。其他同姓宗族得到封国的有："邘、晋、应、韩，武之穆也。凡、蒋、邢、茅、胙、祭，周公之胤也。"[2] 武王分封的这些同姓亲属，封地要么是在王畿之内（周的祖先早先开发的地区）；要么是十分重要的战略要地。如"三监"的分封，是为了对新占有的殷商王畿以及周围的方国加强统治，防止殷贵族的叛乱和四周夷戎的侵扰。

周武王依据当时"灭国不绝祀"的原则，保留了殷人的祭祀，让纣的儿子武庚统治殷商故地，以此安抚笼络当时势力仍很强大的殷商贵族。同时，设置"三监"以加强对殷商故地的控制。由于史料缺乏，关于武

---

[1] 张燕婴：《论语》，中华书局2007年版，第304页。
[2] 杨伯峻：《春秋左传注》，中华书局2000年版，第420—421页。

王设置的"三监",后世争议颇多,问题主要集中在"三监"所指何人、有何分工,"三监"所封邶、鄘、卫三地的位置何在等几个方面。

二 "三监"人物

"三监",最早见于《逸周书·作雒》,"武王克殷,乃立王子禄父,俾守商祀,建管叔东,建蔡叔、霍叔于殷,俾监殷臣"。又曰:"周公立相天子,三叔及殷东徐奄及熊盈以略……殷大震溃,降辟三叔,王子禄父北奔。"这里首先提到三叔"俾监殷臣",当为"三监";而又说"降辟三叔,王子禄父北奔",三叔职责未尽到,故获罪,后禄父北奔。而不像有的学者提出的"三监"到东汉时期才出现,"'三监'之说不见于先秦文献,是汉人对周初周武王分封在原殷地(一般称商王畿),主要是汉河内郡的商代后期都城安阳、朝歌及其周围地区内的三个诸侯的特称"[①]。现史学界多已认同《逸周书》为可信的西周史料,认为"其书所记,多确可信"[②]。

"三监"所指何人,主要有以下三种观点:

第一种观点认为,"三监"指管叔、蔡叔、霍叔。如《逸周书·作雒》云:"武王克殷,乃立王子禄父,俾守商祀。建管叔于东,建蔡叔、霍叔于殷,俾监殷臣。"所谓殷臣,当然包括武庚禄父。郑玄《诗谱·邶鄘卫谱》亦云:"庶殷顽民被纣化日久,未可以建诸侯,乃三分其地置'三监',使管叔、蔡叔、霍叔尹而教之。"《尚书·金縢》云:"武王既丧,管叔及其群弟乃流言于国。"群弟应包括蔡叔、霍叔。《商君书·赏刑》曰:"昔者周公旦杀管叔,流霍叔,曰犯禁者也。"是说管叔、霍叔同为犯禁之人,霍叔为三叔之一。

第二种观点认为,"三监"即管叔、蔡叔、武庚三人。《汉书·地理志下》谓:"河内本殷之旧都。周既灭殷,分其畿内为三国,《诗·风》邶、鄘、卫国是也。邶,以封纣子武庚;鄘,管叔尹之;卫,蔡叔尹之;以监殷民,谓之三监。"《史记·卫康叔世家》云:"为武庚未集,恐其有贼心,武王乃令其弟管叔、蔡叔傅相武庚禄父,以和其民。"

---

① 王健:《周初"三监"性质新探》,《殷都学刊》2003年第4期,第45—54页。

② 黄怀信:《逸周书校补注译》,西北大学出版社1996年版,第4页。

第三种观点认为,"三监"指武庚、管叔、蔡叔或霍叔。如《经义述闻》卷三云:"武庚及三叔皆有监殷臣民之责,故谓之'三监'。或以武庚、管、蔡为'三监',或以武庚、管、霍为'三监',则传闻不同也。然蔡与霍不得并举,言蔡则不言霍,言霍则不言蔡矣。"即是说"三监"中有武庚、管叔,而另一监是蔡叔或霍叔中的一个,二人不能同举。

后世学者各有所本而论证不一。如皇甫谧赞成郑玄之说,《帝王世纪》:"自殷都以东为卫,管叔监之;殷都以西为鄘,蔡叔监之;殷都以北为邶,霍叔监之。是为'三监'。"可是《逸周书·作雒》孔晁注同意班固的说法,谓:"封(禄父)以邶、祭成","东谓卫、殷,霍叔相禄父也"。孔颖达在《毛诗谱·疏》曰:"《地理志》云邶以封纣子武庚、鄘管叔尹之、卫蔡叔尹之,以监殷民谓之'三监',则'三监'者,武庚为其一,无霍叔矣。"《元和郡县图志》曰:"周武王灭殷,分其畿内为三国,《诗·国风》邶、鄘、卫是也。邶封纣子武庚、管叔尹之,卫蔡叔尹之,以监殷人,谓之'三监'。"孙诒让、顾颉刚、刘起釪等先生也都认为"三监"为武庚、管叔、蔡叔。王玉哲先生所著《周初的"三监"及其地望问题》一文,虽然也认同霍叔参与了监殷的重任,但"霍叔监殷的方式与管叔、蔡叔不同。邶是武庚的封地,霍叔在这里并无封邑,只是以武庚为'相'的身份监殷而已,管叔封鄘、蔡叔封卫,'三监'叛周时管、蔡自可以据地作乱,其力大,惟霍叔因无根据地,最多是附从而已。"

综合历代学者探讨,对第一种观点的支持者较多。即"三监"为管叔、蔡叔、霍叔。监,从人从皿,《说文》曰:"监,临下也。"古代无镜,用器皿盛水以照面。商代虽说已有铜镜,但是极为珍贵之物,普通平民仍用器皿盛水照脸。正如唐兰先生所说:"监字本像一人立于盆侧,有自监其容之意。"[①] 因此,"监"有监视、监督、监护、监管之意。《左传·闵公二年》载:"君行则守,有守则从。从曰抚军,守曰监国,古之制也。"监又有监领之意。由此可知,"三监"的职责在于监视武庚及其臣属,而不是仅仅监视殷民,武庚也应是被监管的对象。关于这一点,杨宽先生的总结相当明确,"把武庚连同管叔、蔡叔一起作为'三监','以

---

① 唐兰:《殷虚文字记》,中华书局1981年版,第101页。

监殷民'，显然和当时政治斗争的形势不合"[1]。当时殷商贵族中反周的势力仍相当强大，对于立足未稳的周人来说是潜在的威胁，依据当时的政治背景，武庚不应是"三监"之一，而应是被监管、控制的对象。《史记》的《周本纪》《管蔡世家》《卫康叔世家》《鲁周公世家》中记载的"相禄父""傅相武庚禄父""傅之"等，均有监护、监督武庚之意。

三 "三监"职责

与"三监"的主体人物所指不同，相应延伸出"三监"分工的争议。

观点之一：最早的说法是周代遗留史料《逸周书·作雒》的记载，"三监"分工管叔主东，蔡叔、霍叔主殷。记载比较笼统，只提到"东""殷"两个地方名。"殷"指的是纣都朝歌（今河南省淇县），蔡、霍二叔临近"殷"地，对武庚实行监控。而管叔监于朝歌之东，不但对武庚实施监控，同时也监控殷属东方诸侯，管叔的权力最大。《逸周书·大匡》云："惟十有三祀，王在管。管叔自作殷之监，东隅之侯咸受赐于王。王乃旅之，以上东隅。"也就是说，武王以管叔的监控作为桥梁，实行对东方诸侯的控制。

观点之二：管主鄘，蔡主卫，武庚主邶。《汉书·地理志下》主此说，且明确指出"三监"所领之地。这是现今所见以邶、鄘、卫三地具体指配"三监"地望的最早文献记载。但是其所论存在两个问题，一是将武庚作为一监，关于这一点，与多数学者观点相左。二是所谓"邶以封纣子武庚"的说法，与古文献记载不同。上文所引《逸周书·作雒》，先言立王子禄父，接着言建"三监"。言建"三监"皆有地方名，而言立禄父只谓"俾守商祀"。

观点之三：管主卫，蔡主鄘，霍主邶。《帝王世纪》云："自殷都以东为卫，管叔监之；殷都以西为鄘，蔡叔监之；殷都以北为邶，霍叔监之。"这与《汉书·地理志》记载不同，而与《逸周书》所记实质相同。晋代孔晁《逸周书注》："东，谓卫。殷，邶、鄘，霍叔相禄父也。""东，谓卫"，与管叔监卫之说一致。禄父守于朝歌，"霍叔相禄父"，必就近为相，当是邶近于朝歌，故与霍叔监邶之说一致。"三监"之地已知其二，

---

[1] 杨宽：《西周史》，上海人民出版社2003年版，第130页。

那么蔡叔所监之地必是鄘了。也符合蔡叔监鄘的说法。

四 "三监"地望

关于邶、鄘、卫三地的具体地望问题，汉代以来存在两种不同的说法。

第一种观点以郑玄为代表。郑玄《邶、鄘、卫谱》云："邶、鄘、卫者，商纣畿内方千里之地，其封域在《禹贡》冀州太行东北，逾衡漳，东及兖州桑土之野，周武王伐纣以其京师封纣子武庚，为殷后庶。殷顽民被纣化日久，未可以建诸侯，乃三分其地置'三监'，使管叔、蔡叔、霍叔尹而教之，自纣城西北谓之邶，南谓之鄘，东谓之卫。"后晋孔晁、皇甫谧，唐朝颜师古，宋朝朱熹都赞同这一说法。

第二种观点以班固为代表。班固在其所著《汉书·地理志》中认定的"三监"及其地望，主张邶在北，鄘在东，卫即殷。王国维、陈梦家、顾颉刚、刘起釪主此说，并且认为邶、鄘、卫的地理范围应更加扩大。如王国维先生《观堂集林》中认为："彝器中多北伯、北子器，不知出于何所。光绪庚寅（公元1890年），直隶涞水县张家洼又出北伯器数种。余所见拓本有鼎一、卣一，鼎文云：'北伯作鼎。'卣文云：'北伯残作宝尊彝。''北'盖古之邶国也。自来说邶国者，虽以为在殷之北，然皆于朝歌左右求之。今则殷之故虚得于洹水，大且（祖）大父，大兄三戈出于易州，则邶之故地自不得不更于其北求之。余谓'邶'即燕，鄘即鲁也。邶之为燕，则鄘亦不当求诸殷之境内。余谓鄘与奄声相近。《书·洛诰》无若火始焰焰，《汉书·梅福传》引作'毋若火始庸庸'。《左》文十八年《传》阎职。《史记·齐太公世家》《说苑·复恩篇》作庸职。奄之为鄘，犹焰阎之为庸矣。奄地在鲁，《左》襄公二十五年《传》，鲁地有弇中。汉初《古文礼经》出于鲁奄中，皆其证也。邶鄘去殷虽稍远，然皆殷之故地。……武庚之叛，奄助之尤力。及成王克殷践奄，乃封康叔于卫，封周公子伯禽于鲁，封召公子于燕；而太师采诗之目尚仍其故名，谓之邶、鄘，让皆有目无诗。季札观鲁乐，为之歌《邶鄘卫》，时犹未分三。后人以《卫》诗独多，遂分隶于《邶》《鄘》，因于殷地求邶、鄘二国，斯失之矣。"

陈梦家先生对王国维先生的观点作了进一步阐述。"《说文》，'邶'，故商邑，自河内朝歌以北是也。北白（伯）铜器于一八九〇年出土于涞水县张家洼，王国维据以考究，'北'即'邶'……若此说可信，则邶国当在今易水，涞水流域，是商王亥曾居之地，后来之北燕即包括此地。《左传》昭廿一'六月庚午，宋城旧鄘及桑林之门而守之'，杜注云：'旧鄘'，故城也。'桑林'，城门名。'旧鄘'之'鄘'，应是鄘国。《淇水》注引《纪年》'淇绝于旧卫'，《左传》昭十二，'旧许是宅'，襄十一'东侵旧许'，凡此'旧卫'、'旧许'犹'旧鄘'之例，皆谓许、卫、鄘的故地。《吕氏春秋·慎大览》武王胜殷，立成汤后于宋以奉桑林，《路史·余论》六云'桑林者，社也'，是宋、鄘一地，其地有商社。……据上所述，则周武王灭纣以后，分殷国为三，即鄘、邶、殷。及管、蔡叛周，成王、周公讨之，于是邶入于燕，鄘封微子开为宋，殷封康叔封为卫。"①按此说法，"三监"之地，邶入燕，在今河北省中部及南部；鄘为宋，在今河南省东部，跨有今江苏省西北部；殷当卫，在今河南省北部，范围可谓大矣。

  从论证逻辑上推演，带有"邶"字的青铜器出土于河北省涞水县，并不能证明邶国就在河北涞水。1961年湖北江陵万城发掘到一座西周墓，墓中发现青铜器17件，种类有簋、鼎、戈、觚、爵、觯、卣、尊等，其中带铭文的9件，铭文中有"北子"字样，年代不晚于西周中期。②所以，不能因为河北涞水出土有带"邶"字的器物，就确定邶国在河北涞水。陈昌远先生认为河北涞水出土的邶国器，是"武庚北奔时留下的邶国青铜器遗物，或邶国灭亡后，其子孙北逃时留下的遗物"③。还有，今河南省汤阴县有邶城镇，恰在纣都朝歌（今河南省淇县）的北面，也许是西周初期所封邶国的都邑。陈梦家先生把"旧卫""旧许""旧鄘"同列，认为鄘就是后来的宋地证据不足。"宋城旧鄘"，杨伯峻先生解释为："当在宋都郊外，作外城据点以守之。"④鄘为外城，而非鄘国。

  综合来看，邶、鄘、卫的具体地望应如郑玄《邶、鄘、卫谱》所说：

---

  ① 陈梦家：《西周铜器断代》（一），《考古学报》1955年第9期，第137—175页。
  ② 李健：《湖北江陵万城出土西周铜器》，《考古》1963年第4期，第224—225页。
  ③ 陈昌远、陈隆文：《"三监"人物疆地及其地望辨析——兼论康叔的始封地问题》，《河南大学学报》2004年第2期，第30—37页。
  ④ 杨伯峻：《春秋左传注》，中华书局2000年版，第1426页。

"邶、鄘、卫者商纣畿内方千里之地，其封域在《禹贡》冀州太行东北，逾衡漳，东及兖州桑土之野，周武王伐纣以其京师封纣子武庚为殷后庶，殷顽民被纣化日久，未可以建诸侯，乃三分其地置'三监'，使管叔、蔡叔、霍叔尹而教之，自纣城西北谓之邶，南谓之鄘，东谓之卫。"即在殷商王畿内方千里之地，西起太行山，东及今山东地区，北到河北省南部，南达河南省中部。

从《诗经》中《邶风》《鄘风》《卫风》所涉及的地名，可知三地应在一个整体区域内，如三风中均有淇水的记载。《邶风·泉水》"彼彼泉水，亦流于淇。"《鄘风·桑中》"期我乎桑中，要我乎上官，送我乎淇之上矣。"《卫风·竹竿》"藋藋竹竿，以钓于淇。"《卫风·氓》有"送子涉淇，至于顿丘""淇水汤汤，渐车帷裳"。且三风的地名多分布在豫北地区，如《鄘风·桑中》"爰采唐矣，沫之乡矣。"沫，又作妹，《括地志》卷二云："纣都朝歌在卫州东北七十三里朝歌故城是也，本妹邑，殷王武丁始都之。"《卫风·氓》"送子涉淇，至于顿丘"，"顿"作两层的土陵讲。《释名》曰："丘一成曰顿。"成，重叠义，就是丘上又有一丘。"丘"有两个含义：《说文解字注》"丘，土之高也，非人所为也"，解释为自然形成的土陵。《释名》曰："四邑为丘，丘，聚也。"人们集体居住的区域。顿丘，顾名思义是人们居住的较高土陵。《古本竹书纪年》：（晋定公）"三十一年（公元前481年），城顿丘"。在顿丘设置城镇。《水经注·淇水》曰："淇水又北经顿丘县故城西。"《括地志》卷二："顿丘故城在魏州顿丘县东北二十里。"而顿丘故城在今清丰县西北10公里古城村东北，为方形，周长约3公里，现仅存西南角3米高残垣，因积沙湮没，仅见城内中部有面积300平方米的土台，传说中的点将台。三风描写的政治大背景以卫国为主，如三风均有描述卫国王公嫔妃的诗篇。卫顷公《邶风·柏舟》；卫庄公夫人庄姜《邶风·燕燕》《邶风·终风》《卫风·硕人》等；卫宣公及其夫人宣姜《邶风·新台》《鄘风·墙有茨》《鄘风·君子偕老》《鄘风·鹑之奔奔》；卫文公《鄘风·定之方中》；卫戴公妹妹许穆夫人有《鄘风·载驰》；卫武公有《卫风·淇奥》等。而《风》是按地域性质划分的，三风描述了相同的政治背景，应是一个地区的音乐，但其范围不可能达到王国维、陈梦家诸先生所考证的那么大，北到今河北省中部，南到河南省东部，跨有今江苏省西北部。

第三节　周公东征与康叔封卫

周武王设置的"三监",不仅未能起到稳定殷商故地的作用,反而在周朝中央政局不稳之时,成为祸乱的源头。武王去世后,奄人劝纣王之子武庚叛乱,认为"此百世之时也,请举事"①。随后管叔、蔡叔、武庚等联合反叛,东夷中的徐、奄、薄姑、熊、盈等方国、部族参与。周公果断率军东征,历经三年攻伐,殷商故地复归于平静,康叔也因在东征中立下战功,而被周公委以重用。

一　周公摄政

武王克商后,仍以"未定天保"为忧。其认为周公旦勤于政务,又充满智慧,一度意图传位给周公,但周公惶恐不敢接受。

《逸周书·度邑解》载:"王□□传于后。王曰:'旦,汝维朕达弟,予有使汝,汝播食,不遑暇食……汝维幼子大有知。……维天不嘉,于降来省,汝其可瘳于兹。乃今我兄弟相后,我筮龟其何所即,今用建庶建。'叔旦恐,泣涕共手。"

武王克殷两年后病重,《史记·周本纪》载:"武王病。天下未集,群公惧,穆卜,周公乃祓斋,自为质,欲代武王,武王有瘳。后而崩。"

病重期间的武王试图传位于周公旦,或是对商王朝兄终弟及继承制的借鉴,"商之继统法,以弟及为主而以子继辅之,无弟然后传子。自成汤至于帝辛三十帝中,以弟继兄者凡十四帝;其以子继父者,亦非兄之子,而多为弟之子"②。从后来的发展观察,周公旦摄政确实有利于应对武王去世后的乱局。

《度邑解》还记载,武王有在洛汭、伊汭建立新都的打算。汭,水之北为汭。武王告诉周公旦,可以在雒汭、伊汭之间建立新都,把殷商贵族迁移到这一地区,"居易无固"能更好地对他们进行监督控制。

周公旦拒绝继承大位,于是武王死后,年幼的成王继位。此时的周政

---

① 司马迁:《史记》,中华书局2008年版,第1518页。
② 王国维:《观堂集林(外二种)》,河北教育出版社2001年版,第289页。

权相当不稳定,殷商故地的商人贵族仍有叛周的动机和实力,同时东方许多夷族方国尚未归属于周。周公于是"践阼代成王摄行政当国"①。《史记·周本纪》《礼记·文王世子》《荀子·儒效》等典籍有类似记载,如"成王少,周初定天下,周公恐诸侯畔周,公乃摄行政当国。"②"周公相,践阼而治。"③《荀子·儒效》曰:"武王崩,成王幼,周公屏成王而及武王以属天下,恶天下之倍周也。履天子之籍,听天下之断,偃然如固有之,而天下不称贪焉。"

二 东征"三监之乱"

周公摄政当国,引起不少疑忌,成为"三监之乱"的重要诱因。武庚、管叔、蔡叔以及东方淮夷等族的殷人残余势力参加,西周王朝在东方的统治岌岌可危。

管蔡二叔疑心周公篡国的史料较多。《尚书·金縢》:"武王既丧,管叔及其群弟,乃流言于国曰:'公将不利于孺子。'"《史记·管蔡世家》:"武王既崩,成王少,周公旦专王室。管叔、蔡叔疑周公之为不利于成王,乃挟武庚以作乱。"《左传·定公四年》载:"管、蔡启商,惎间王室。"惎,谋也;间,犯也;谓谋犯王室也。④ 而此时,东方夷族势力也在撺掇武庚发动叛乱,《尚书大传》曰:"奄君薄姑,谓禄父曰:武王既矣,今王尚幼矣,周公见疑矣,此百世之时也,请举事。"最终,"管、蔡、武庚等果率淮夷而反。"⑤《竹书纪年》载:"武庚以殷叛……二年,奄人、徐人及淮夷人入于邶以叛。"《逸周书·作雒》:"周公立,相天子,三叔及殷、东、徐、奄及熊盈以叛。"《史记·周本纪》:"周公乃摄行政当国,管叔、蔡叔群弟疑周公,与武庚作乱叛周。"

周公的应对很简单,以武力平复叛乱。其在《尚书·大诰》中表达了对"三监之乱"的严正态度:"殷小腆诞敢纪其叙。天降威,知我国有疵,民不康,曰:'予复',反鄙我周邦。"并预告在十位明哲之臣的帮助

---

① 司马迁:《史记》,中华书局2008年版,第1518页。
② 司马迁:《史记》,中华书局2008年版,第132页。
③ 杨天宇:《礼记译注》,上海古籍出版社2004年版,第248页。
④ 杨伯峻:《春秋左传注》,中华书局2000年版,第1540页。
⑤ 司马迁:《史记》,中华书局2008年版,第1518页。

下,东征必会取得胜利,"呜呼!肆哉,而庶邦君越尔御事。爽邦由哲。亦惟十人迪知上帝命"①。为确保东征之时的后方安定,周公向周人声明其摄政当国的原因,"武王早终,成王少,将以成周"②。

周公东征历时三年。《尚书大传》曰:"周公摄政,一年救乱,二年克殷,三年践奄。"《逸周书·作雒》载:"二年,又作师旅,临卫征殷。殷大震溃,降辟三叔,王子禄父北奔,管叔经而卒,乃囚蔡叔于郭凌。凡所征熊、盈族十有七国,俘维九邑。"所谓"十有七国"是指东夷的大小方国,"九邑"指东夷的许多部落。东征范围甚至达到江南地区。《吕氏春秋》载:"成王立,殷民反,王命周公践伐之。商人服象,为虐于东夷,周公遂以师逐之江南。"江苏镇江烟墩山曾出土一件俎侯簋,铭曰:"王省(查看)武王成王伐商图,遂省东国图。王入于俎,王令虞侯夨曰:□侯于俎。"徐中舒先生认为:"俎与鉏铻同音(俎是鉏铻二字的合音),俎侯即吴侯,他可能是周朝最初封到吴国的诸侯。"③ 这件青铜器的出土说明当时周人的声威可能已达到江南地区。周公东征的胜利,对周王朝的巩固意义重大。

东征取胜,立下战功的康叔获得周公赏识。周公采取了正反两方面的举措巩固对殷商故地的控制。一是分化瓦解殷族,迁徙殷遗民,摧毁其族群的中心力量;二是将周族的血缘关系尽量扩散到各地,进一步推行同姓同宗的分封。康叔随即赴任卫地。

三 康叔就封于卫

康叔姬姓,史称卫康叔,侯爵,铭文均称"康侯",其名为封,一作丰。现藏于台北故宫博物院的西周康侯丰方鼎,内壁铸有铭文:康侯丰乍宝尊。史学界普遍认为康侯丰即卫康叔。

周公东征后,封殷墟给康叔。《尚书·康诰》载,周公摄政以诰康叔,称呼康叔为"孟侯"。孟,长也。"孟侯"即诸侯之长。《汉书·地理志》载:"武王崩,三监叛,周公诛之,尽以其地封康叔,号曰孟侯,以

---

① 李民、王健:《尚书译注》,上海古籍出版社2004年版,第250页。
② 司马迁:《史记·鲁周公世家》,中华书局2008年版,第1518页。
③ 徐中舒:《吴越兴亡》,《四川大学学报》2006年第4期,第17—21页。

夹辅周室。"颜师古注："孟，长也，言为诸侯之长。"陈槃《春秋大事表列国爵姓及存灭表譔异》认为："康叔为'孟侯'，孟侯即伯。""伯者方伯。"

关于康叔封于卫，史籍中多有记载。如《逸周书·作雒》："俾康叔宇于殷，俾中旄父宇于东。"《史记·周本纪》载："以微子开代殷后，国于宋，颇收殷余民以封武王少弟封，为卫康叔。"《鲁周公世家》："收殷余民以封康叔于卫，封微子于宋以奉殷祀。"《卫康叔世家》云："以武庚殷余民封康叔为卫君，居河淇间故商虚。"《左传·定公四年》记载更详，"……分康叔以……殷民七族；……封畛土略，自武父以南，及圃田之北竟，取于有阎之土，以共王职。取于相土之东都，以会王之东蒐。聃季授土，陶叔授民，命以《康诰》，而封于殷虚"。《毛诗谱·邶鄘卫谱》："三监导武庚叛，成王既黜殷命，杀武庚，复伐三监，更于此三国建诸侯，以殷余民封康叔于卫，使为之长。后世子孙稍并彼二国，混而名之。"

作为周王宗室的重要成员，康叔与王室执政者关系密切。《左传·定公六年》载："大姒之子，唯周公、康叔为相睦也。"《尚书·康诰》载："朕心朕德惟乃知。"周的执政者公开宣示，其治国理念只有康叔知晓，可见执政者对康叔的信任。

作为周武王同母弟弟，康叔年龄小于周公旦。《史记·卫康叔世家》载："卫康叔名封，周武王同母少弟也。其次尚有冉季，冉季最少。"

康叔之所以被后世尊称为康叔，史学界有两种观点。

其一，传统史学认为，武王伐纣后，康叔因封于周王畿内的"康"地而得名，之后周公东征，把康叔转封至卫地，史书习惯以初封之地而谓之"康叔封"。

其二，依《清华大学藏战国竹简（贰）·系年》所载：周成王、周公既迁殷民于洛邑，乃追念夏商之亡由，方（旁）执（设）出宗子，以作周厚屏，乃先建卫叔封于康丘，以侯殷之余民。卫人自康丘迁于淇卫。

清华简认为，康叔初封之地即是卫地康丘，是前朝商的王畿之地，这与传统观点中康叔由周的王畿之地"康"转封卫地，存在较大差异。

因年代过于久远，有关康叔的初封之地，究竟是商之王畿，还是周之王畿，有待于进一步考证。但康叔作为宗室子弟，在商周之际的一系列重大事件中，多有参与，却是不争的史实。著名的牧野之战，康叔即在军中。周军攻入商都朝歌后，《史记·周本纪》载："毛叔郑奉明水，卫康叔封布兹，召公奭赞采，师尚父牵牲。"《逸周书·克殷》中亦有涉及康叔的记载："毛叔郑奉明水，卫叔傅礼。"晋孔晁注曰："群臣尽从王而康叔傅礼。"后又记载："乃命召公释箕子之囚，命毕公、卫叔出百姓之囚。"此处卫康叔、卫叔，所指均为康叔。

　　后世认为，康叔是一位德才兼备的国君。《史记·三王世家》记载："康叔亲属有十而独尊者，襃有德也。……康叔后扞禄父之难。"禄父即三监之乱中的武庚禄父，康叔在平乱中因战功而获封卫地，成为周王朝的重要藩屏。

第四章

西周时期卫国的强盛

周公东征之后，为了更好地巩固对新得到的东方包括殷商故地广大辖区的统治，西周王室采取封土殖民的方式，把自己的同姓子弟、异姓姻亲、功臣故旧分封到新得到的土地上建立诸侯国，成为周王室的藩屏，即"以藩屏周"。康叔是周武王的"同母少弟"，是周王室血缘的核心，周天子对之非常信任，因此将康叔分封在殷商故地，建立诸侯国——卫国。卫国在诸侯国中的面积较大、地位颇高，长期处于东方大方伯的位置。西周卫康叔、康伯髦、卫武公时期，是卫国的鼎盛时期。卫国对于稳定周王朝的政治局势，起到了举足轻重的作用。据《史记·卫康叔世家》所载，西周时期卫国国君世系如下：

卫康叔$_1$——康伯$_2$——考伯$_3$——嗣伯$_4$——疌伯$_5$——靖伯$_6$——贞伯$_7$——顷侯$_8$——釐侯$_9$——卫武公$_{10}$

第一节 战功累累卫康叔

作为卫国首封之君，翦商之战、平叛"三监"及征伐东夷，康叔均有参加，其对于周初的政局稳定，贡献巨大。可以说战功累累。

一 屡建军功

部分西周时期的青铜器铭文，记载了康叔参与的军事活动。

其一为《乍册𩛛鼎》，铭文载："康侯在朽（柯）师，锡乍册𩛛贝，用乍宝彝。"据唐兰先生考证，柯师是殷八师之一，为柯邑之师。柯邑在今河南内黄县东北，西距安阳殷墟甚近。① 此铭文显示康叔在其所辖柯邑之师的一次活动。

其二为《沬司徒疑簋》（又称康侯簋），现藏于英国伦敦大英博物馆，铭文载："王来伐商邑，诞，令康侯啚（鄙）于卫。沬司土（徒）疑眔鄙。作厥考尊彝。"铭文中的"沬"，通"妹"，即商都朝歌。《尚书·酒诰》载"明大命于妹邦"，郑玄注："妹邦，纣之都所处也。"王健先生认为，沬司徒当是原沬地的官员，向军事占领者康叔述职。② 李学勤先生认为，"诞"是虚词，其意同于今天的"于是"，成王在征伐商邑、平定叛乱之后，分封康侯，确定其边鄙，因为卫地是商邑的一部分，于是"命康侯鄙于卫"。杨树达先生则是引《广雅·释诂》以解释铭文中的"鄙"字，"鄙，国也"，认为铭文所指是周王封卫国于康叔。

综合各位史学先进的观点，可知康叔在平乱中已显示出较强的军事能力和治理能力，否则不会被周的执政者委以如此重任。

二　王室司寇

因为在卫地治理有方，周成王委任康叔担任周的"司寇"一职。

《史记·卫康叔世家》载："成王长，用事，举康叔为周司寇，赐卫宝祭器，以章有德。"成王继位后，把康叔调到王朝中担任司寇一职，掌管刑法，主持官员之间的诉讼之事。《左传·定公四年》载："周公为大宰，康叔为司寇，聃季为司空。"杨宽先生认为"司寇在西周初期也是重要的朝廷大臣"③；"西周朝廷确有公、卿两级的大臣，并有公、伯两等的爵位"④ "卿一级的，早期有司徒、司马、司工、司寇、太宰、公族"⑤。另据林之奇《尚书全解·顾命》载："卫侯乃康叔之子康伯。《左传》谓王孙牟，继其父为司寇，犹郑武公父子为周司徒也。"康叔的儿子也在周王朝担任司寇职务。

关于康叔掌刑，在其赴任卫地时，周公即有规划。《尚书·康诰》

---

① 唐兰：《西周青铜器铭文分代史徵》，上海古籍出版社2016年版，第34页。
② 王健：《西周卫国为方伯考》，《商丘师范学院学报》2004年第4期，第72—76页。
③ 杨宽：《西周史》，上海人民出版社2003年版，第360页。
④ 杨宽：《西周史》，上海人民出版社2003年版，第356页。
⑤ 杨宽：《西周史》，上海人民出版社2003年版，第361页。

中，周公要求康叔认真学习殷人刑法，"王曰：'汝陈时臬，事罚，蔽殷彝，用其义刑义杀，勿庸以次汝封。乃汝尽逊，曰时叙，惟曰未有逊事。'"义刑义杀就是要康叔按照适当的刑律条款处理刑狱。《尚书·康诰》还记载了周公对康叔的告诫和建议，"呜呼！封，汝念哉！今民将在祗遹乃文考，绍闻衣德言。往敷求于殷先哲王用保乂民，汝丕远惟商耇成人宅心知训。别求闻由古先哲王用康保民。宏于天，若德，裕乃身不废在王命！"① 意思是，王说：啊！封呀，你要深思啊！现在殷民都将考察你是否恭敬地遵循文王的传统，继续以文王的德教来治理国家。前往殷人的故土，要广泛地访求殷商圣明先王的治国之道，以此来安定治理民众。你要大大地奖赏年长的圣贤者，考虑如何教导殷民。此外，还应该寻求并了解古代圣明君王的治国之道，利用它们安定殷民。弘扬了上帝的旨意，自己实行德政，我们统治天下的大命就不会被废弃了。②

封于卫地并且担任王室司寇，足以说明康叔在西周王朝的政治地位。《左传·定公四年》记载周初分封时，只点明了卫国疆域，而且还特别指出把"相土之东都"作为周王巡狩东方，威慑和大会东方诸侯的要地。这点与《汉书·地理志》康叔为诸侯之长的记载相一致。

康叔的政治地位，从周公对其的态度也可管窥一二。

《尚书·康诰》载："肆汝小子封在兹东土。"周公指示康叔要统治整个殷地的人民，包括许多小的诸侯国。《酒诰》中，周公告诫康叔："汝劼毖殷献臣，侯甸男卫，矧太史友、内史友，越献臣百宗工。"李民、王健先生认为："殷献臣指叛乱后又归附的殷民。侯甸男卫指归附的东方诸侯国。"③ 他们都处在卫康叔的监视控制下。周公还对康叔提出："呜呼！小子封，恫瘝乃身，敬哉！天畏棐忱，民情大可见。小人难保，往尽乃心，无康好逸豫，乃其乂民。"④ "王曰：'封，爽惟民迪吉康。我时其惟殷先哲王德，用康乂民作求，矧今民罔迪不适，不迪则罔政在厥邦。'"⑤

康叔的业绩，其后人也引以为傲。《左传·哀公二年》载，卫国太子

---

① 李民、王健：《尚书译注》，上海古籍出版社2004年版，第259—260页。
② 李民、王健：《尚书译注》，上海古籍出版社2004年版，第261页。
③ 李民、王健：《尚书译注》，上海古籍出版社2004年版，第277页。
④ 李民、王健：《尚书译注》，上海古籍出版社2004年版，第260页。
⑤ 李民、王健：《尚书译注》，上海古籍出版社2004年版，第267页。

蒯聩在祈祷时称"皇祖文王,烈祖康叔,文祖襄公",尊称康叔为烈祖,可见康叔地位之崇高。《左传·襄公二十九年》载,吴公子季札观乐时说:"美哉渊乎!……吾闻卫康叔、武公之德如是,是其《卫风》乎!"

第二节　顾命之臣康伯髦

康伯是康叔之子,卫国第二代国君,其统治时期卫国继续维持在诸侯中的方伯地位。康伯曾率殷八师东征、北伐、南讨,代周王实行赏罚。成王临终之际,委任顾命大臣时,康伯以卫侯的身份,与召太保奭、芮伯、彤伯、毕公、毛公同列。

一　世袭司寇之位

关于康伯,传世文献、金文资料中均有其事迹的记载。如康伯曾统帅"殷八师"东征、北伐、南讨,为西周王朝的巩固立下较多军功。在周王室任职方面,康伯继其父康叔之职为司寇。

《史记·卫康叔世家》载:"康叔卒,子康伯代立",《索隐》曰:"《系(世)本》曰:'康伯名髠'。宋忠曰:'即王孙牟也,事周康王为大夫'。按《左传》所称王孙牟父是也。'牟'、'髠(髦)'声相近,故不同尔。谯周《古史考》无康伯而云'子牟伯立',盖以不宜父子俱谥康,故因其名云牟伯也。"梁玉绳《史记质疑·人表考》引杜预《世族谱》载,"髦""牟"声相近,校订"髠"为"髦"之误。其提出的观点是:康伯名髦,与王孙牟、牟伯为同一人。《左传·昭公十二年》记载有楚灵王的话:"昔我先王熊绎与吕伋、王孙牟、燮父、禽父并事康王,四国皆有分,我独无有。"杜预注:"楚始封君。齐大公之子丁公。卫康叔子康伯。晋康叔之子。周公子伯禽。"此条文献证明卫与齐、鲁、晋等诸侯国一样,是西周初年的大诸侯国,康伯是其中之一。《史记·楚世家》中有类似记载:"楚子熊绎与鲁公伯禽、卫康叔子牟、晋侯燮、齐太公子吕伋俱事成王。"《尚书全解》:"卫侯乃康叔之子康伯。《左传》谓王孙牟,继其父为司寇,犹郑武公父子为周司徒也。"

由以上文献记载可知,康伯,名髦,因同声假借,又有牟伯之称,而髠则是髦字的错讹。之所以称为王孙牟,可能因他是文王之孙。康伯髦作为卫国第二代国君，曾在康王时担任过司寇要职，与太公望之子丁公吕伋、周公之子伯禽、唐叔之子晋侯燮父、楚王熊绎等地位相当，所以后人并列五人。

二 战功卓著

金文中记载有不少康伯髦的事迹。成康时期的青铜器，如《小臣𫊣簋》《吕行壶》《小臣宅簋》《师𣄦鼎》《召尊》《召卣》等，都能见到"伯懋父"三字。陈梦家先生根据铭文，认为伯懋父可能是康伯髦。[①] 文献和金文中的康伯髦、王孙牟、康伯髡、伯懋父应是同一人。杨宽先生则明确认定："伯懋父是卫康叔之子康伯髦，亦称王孙牟，'懋'、'髦'、'牟'音同通用。当在康王时。"[②] 郭沫若[③]、唐兰[④]、刘起釪[⑤]、马承源[⑥]等先生均持相同观点。

青铜器铭文记载的康伯髦，为西周初期一位战功卓著的统帅。

《小臣𫊣簋》铭文："东夷大叛，伯懋父以殷八师征东夷，唯十又一月，遣自师，述东伐海眉，雩厥复归，在牧，伯懋父承王令，赐征自五贝，小臣𫊣蔑曆，众赐贝，用作宝尊彝。"

《吕行壶》："唯三月，伯懋父北征，唯还，吕行捷孚兕，用作宝尊彝。"

《小臣宅簋》："惟五月壬辰，同公在丰，令宅事伯懋父。白赐小臣宅画毌、戈九、锡金车、马两。扬公、白休，用乍乙公尊彝，子子孙孙永宝，其万年用飨王出入。"

成康之世，伯懋父率领殷八师东征、北征、南讨，战后"复归在牧师"，军事活动范围较广。

铭文还载有康伯代王实行赏罚的记载。如《师旂鼎》："唯三月丁卯，师旂众仆不从王征于方雷，使厥友引以告于伯懋父，在艿，伯懋父乃罚得

[①] 陈梦家：《西周铜器断代》，中华书局2004年版，第34页。
[②] 杨宽：《西周史》，上海人民出版社2003年版，第552页。
[③] 郭沫若：《两周金文辞大系图录考释》，科学出版社1957年版。
[④] 唐兰：《西周青铜器铭文分代史徵》，上海古籍出版社2016年版。
[⑤] 刘起釪：《古史续辨》，中国社会科学出版社1991年版。
[⑥] 马承源：《中国青铜器研究》，上海古籍出版社2002年版。

(兹)古三百孚。"《御正卫簋》："五月初吉甲申，懋父赏御正卫马匹自王，用作父戊宝尊彝。"能代王实施赏罚，说明卫国国君康伯髦的政治地位相当高。

善战的康伯深得周成王器重。《尚书·顾命》记载了成王临终前托以治国重任的大臣，举其名者有召太保奭、芮伯、彤伯、毕公、卫侯、毛公六人。这六人地位很高，超过同为方伯的吕伋。卫侯即康伯髦，既是东方的大方伯，又为周室治国重臣。

康伯以后的五代国君也都以方伯为号。《史记·卫康叔世家》记载，康伯之后的五伯分别是孝伯、嗣伯、㚣伯、靖伯、贞伯。西周前中期，卫国"六代世袭称伯，为一方之长，代天子出征"①。能代天子出征，说明彼时卫国的政治实力和军事力量都非常强。

贞伯的继任者卫顷侯时期，卫国实力已不足以支撑其方伯地位。《毛诗·邶风·旄丘序》："旄丘，责卫伯也。卫不能修方伯连率之职，黎之臣子以责于卫也。"此卫伯指的是卫顷侯。《史记·卫康叔世家》载："贞伯卒，子顷侯立。""顷侯厚赂周夷王，夷王命卫为侯。"对照康叔为周之孟侯，至卫顷侯时，却要贿赂夷王以获侯爵之位，可见卫国政治地位的下降。顷侯在位十二年去世，其子釐侯继位。釐侯时，卫国在诸侯国中的影响力持续下滑。釐侯之后，子卫武公继位，卫国一改颓势，在周王室和诸侯中的影响力达到历史高点。

第三节　鼎盛国君共伯和与卫武公

共伯和与卫武公皆是西周末年的卫国君主，也是卫国鼎盛时期的国君。共伯和在位时期，西周王朝曾经发生了"国人暴动"、厉王奔彘事件，一时间周王朝没有了国君，朝廷因无王而混乱。于是朝廷推出有威信、有能力之人出来主持朝政，史称"共和行政"。关于"共和行政"我国历史上有两种说法：一、周公、召公联合执政。二、西周时期的"诸侯之长"卫国国君共伯和主持西周王朝政权十四年，为西周王朝做出了重要贡献。

---

① 唐嘉弘：《先秦史新探》，河南大学出版社1988年版，第234页。

卫武公，我国古文献亦有两种说法：一、有人认为卫武公，就是共伯和。二、卫武公是西周幽王戎狄之乱佐周平戎的卫国国君。这两个问题，由于年代久远，先秦史籍与《史记》记载完全不同。今就此问题进行探讨。

一 "共和行政"并非联合行政

西周厉王时期，周厉王实行专利政策，影响了西周王朝国人的生活，也影响了一些大贵族的利益。西周国人在大贵族的支持下，发起了"国人暴动"，赶走了周厉王。周厉王逃到彘地，周厉王的儿子被召公保护起来。周厉王奔彘后，西周王朝出现了"共和行政"。

这个时期是谁在主持"共和行政"。我国古文献上有两种说法：

司马迁在《史记·周本纪》云："（国人）乃相与畔，袭厉王。厉王出奔于彘。厉王太子静匿召公之家……（召公）乃以其子代王太子。太子竟得脱。召公、周公二相行政，号曰共和。"《周本纪》所载：召公、周公二相行政，号曰"共和"。"共和行政"是召、周二公主持。

吕振羽先生《简明中国通史》认为："彘之乱是没落的小领主联合农民的一次大叛乱，并以没落的小领主共伯和为叛乱的首领。叛党占领西周的首都，并组织人民联合政权的共和政府，以共伯和为共和政府的首领。厉王逃亡于彘地，最后死于彘地。厉王的太子子靖在彘地即位号曰宣王。周公、召公二相辅政。"①

笔者认为，"共和"是现代语境中联合执政之意，在古代语境中并不如此解释。中国古代典籍中，"共和"一词及其延伸释义，皆无"联合执政"的含义。召、周二公联合主持"共和行政"的论证均缺少史料支撑。依据多数史籍记载，共伯和是人名，或人名的别称，并非联合执政，此一认知更符合历史实际。

二 "共和行政"当是共伯和行政

卫国共地（今河南省辉县），因在共山脚下而得名。《左传·闵公二年》"益之以共、滕之民为五千人"，杜注云："共及滕，卫别邑。"共邑

---

① 吕振羽：《简明中国通史》，生活·读书·新知三联书店2012年版，第108页。

在卫国境内,与卫都相近。卫国国君自康叔以降多称伯,故卫君可称为共伯。

《左传·昭公二十六年》云:"至于厉王,王心戾虐,万民弗忍,居王于彘。诸侯释位,以间王政。"即周厉王治国无道,专山林渔泽之利,最终导致了"国人暴动"。厉王出奔于彘(今山西省霍县)。这里说,一个诸侯暂时离开了国君之位,以主王室之政。

又《竹书纪年》载:周厉王十三年,"王在彘,共伯和摄行天子事"。二十六年,"大旱,王陟于彘。周定公、召穆公立太子靖为王。共伯和归其国,遂大雨。……和有至德,尊之不喜,废之不怒,逍遥得志于共山之首"。

把《竹书纪年》与《左传》相对照,《左传》记载的"诸侯释位,以间王政"的"诸侯",很明显就是《竹书纪年》中"摄行天子事"的共伯和。

《史记·周本纪》《正义》引《鲁连子》说的更是明白,云:"卫州共城县本周共伯之国也。共伯名和,好行仁义,诸侯贤之。周厉王无道,国人作难,王奔于彘。诸侯奉和以行天子事。号曰'共和'元年。十四年,厉王死于彘,共伯使诸侯奉王子靖为宣王,而共伯复归国于卫也。"

《吕氏春秋·开春论》云:"共伯和修其行,好贤仁,而海内皆以为来稽矣。周厉之难,天子旷绝,而天下皆来谓矣。"

《庄子·让王》云:"许由娱乎颍阳,共伯得乎共首。"

《竹书纪年》《鲁连子》《吕氏春秋·开春论》皆认为,共伯,名和。当"居王于彘"之时,"摄行天子事"。而且"共伯和修其行",把天下管理得很好。《竹书纪年》和《庄子·让王》更进一步记述,当厉王之子周宣王即位后,共伯和"归其国",将西周政权交付给周宣王,"逍遥得志于共山之首",不再过问王朝政事。

是时,卫国达到了其历史上的鼎盛时期。史籍记载,共伯和主持西周王朝的政权十四年。

三 卫武公将兵辅佐周王朝平戎

最早记载卫武公佐平戎的古文献是司马迁《史记·卫康叔世家》。《史记·卫康叔世家》云:"武公即位,修康叔之政,百姓和集。四十二年，犬戎杀周幽王。武公将兵往，佐周平戎甚有功。周平王命武公为公，五十五年卒。子庄公扬立。"

但是这个卫武公的名字也为"和"。《史记·卫康叔世家》载："二十八年周宣王立，四十二年釐侯卒。太子共伯余立为君。共伯弟和有宠于釐侯，多予之赂，和以其赂赂士，以袭攻共伯于墓上。共伯入釐侯羡，自杀。卫人因葬之釐侯旁。谥曰：'共伯而立和为卫侯，是为武公。'"① 羡，墓道之意。

依《卫康叔世家》记载，在西周末年周幽王被戎狄所杀之后，武公将兵以佐西周王朝扫平戎狄之乱，有功；又护送周平王东迁，故"周平王命武公为公"，并把卫国国君从伯爵级别升为公爵级别。

司马迁此处记载卫武公的名字为和，然而西周末年的戎狄之乱距离"厉王奔彘"71年。两相印证这个"共伯和"不太可能是主持周厉王时期"共和行政"的共伯和。

有人认为，卫国国君中，只有卫武公的名字为"和"。卫伯和与卫武公就是一人，即上文所说的，周厉王奔彘时，主持"共和行政"，在周王朝主持国政的卫武公。

我国古文献记载，主持"共和行政"的卫国君是共伯和，而护送周平王东迁的卫国君主则是卫武公，即共伯和与卫武公和，当是两个皆名为"和"的卫国国君。这样就可以理解了。《国语·楚语上》韦昭注曰："武公，卫僖公之子，共伯之弟，武公和也。"如前所述，《竹书纪年》《吕氏春秋·开春论》等史籍皆提到。

历史考证需要多方辨析，因年代久远，卫武公的事迹在史料中多有矛盾之处应属正常。综合来看，后世典籍记述更多的是对卫武公的称道。《诗经·淇奥》序中记述卫武公"入相于周"。《诗序》谓："美武公之德也。有文章，又能听其规谏，以礼自防，故能入相于周，美而作是诗也。"《左传·昭公二年》："北宫文子赋《淇奥》"，杜注："《淇奥》，诗卫风，美武公也。"

《汉书·地理志·河内郡》中，孟康注："共伯，入为三公者也。"另有史料显示，季札聘鲁听到《卫风》后，盛赞卫武公有美德："吾闻卫康

---

① 司马迁：《史记·卫康叔世家》，中华书局1982年版，第1591页。

叔、武公之德如是。"①《国语·楚语上》载：楚左史倚"昔卫武公年数九十有五矣，犹箴儆于国。曰：'自卿以下至于师长士，苟在朝者，无谓我老耄而舍我。必恭恪于朝，朝夕以交戒我；闻一二之言，必诵志而纳之，以训道我。'在舆有旅贲之规，位宁有官师之典，倚几有诵训之谏，居寝有亵御之箴，临事有瞽史之导，宴居有师工之诵。史不失书，蒙不失诵，以训御之，于是乎作《懿戒》以自儆也。及其殁也，谓之睿圣武公"。楚左史倚相以"睿圣"赞扬卫武公注重礼仪，是一位思闻训道的贤者。

卫国国君无论是主持"共和行政"的共伯和，还是"佐周平戎甚有功"的国君卫武公和，对周王室皆建立了了不起的功勋。

---

① 杨伯峻：《春秋左传注》，中华书局2000年版，第1162页。

第 五 章

春秋初期的动荡

公元前770年平王东迁，标志着西周结束，中国历史进入东周时期。东周分为两段，春秋和战国。春秋时期自平王东迁开始，传统上以周敬王四十四年（公元前476年）为结束之年。战国时期则自周元王元年（公元前475年）开始，至秦始皇灭六国结束。

春秋初期，卫国在对外方面先是主动挑起卫郑之战，内部则是相继发生州吁之乱、左右公子之乱等，国家实力大受折损，在诸侯中影响力大幅下滑。

一部春秋史可以说是一部强兼弱、大灭小的战争史。"春秋列侯，始而星罗棋布，继而强兼弱削"①，"终春秋之世，而国之灭为县邑者强半天下，而诸国卒以强盛。"② 齐、晋、秦、楚等春秋大国，西周时都不是很强，"齐、晋、秦、楚其在成周微甚，封或百里或五十里"③。子产曾说："且昔天子之地一圻，列国一同，自是以衰。今大国多数圻矣，若无侵小，何以至焉？"④ 可见，春秋时期的霸主国在西周时期并不是很大，只是发展的过程中不断灭亡小诸侯国，扩充版图，增强实力，之后才取得了霸主之位。如果从发展基础论，卫国并不比这些诸侯国差，甚至可以说，在某些方面卫国远超它们。作为东方的大方伯，卫国本身就拥有节制其周边小诸侯国的权力。特别是卫国曾帮助周平王击败周携王，辅助周平王东迁，为周王室立下汗马功劳。但由于种种原因，最终在诸侯竞合中逐渐落伍。

春秋时期的卫国，其在诸侯中的地位变迁经历三个阶段：第一阶段，

---

① 顾栋高：《春秋大事表》，中华书局1993年版，第561页。
② 顾栋高：《春秋大事表》，中华书局1993年版，第561页。
③ 司马迁：《史记·十二诸侯年表》，中华书局2008年版，第509页。
④ 杨伯峻：《春秋左传注》，中华书局2000年版，第1106页。

从辅助周平王东迁到卫懿公亡国，卫国错失发展机遇，外交上连连失误，国家地位急剧下降，最终亡国于狄人；第二阶段，从齐国帮助卫国复国到第二次弭兵之会，此一时期卫国国力有所恢复，特别是卫文公时期，国君励精图治，外交上追随强大的晋国，在诸侯中的地位有所上升，国内政局较为稳定；第三阶段，从第二次弭兵之会至周敬王去世，此一时期卫晋两国同盟破裂，卫国内乱外患较多，最终沦为魏国的附庸。纵观春秋三百年历史，卫国自诸侯之长滑落至强国附庸，不仅没能参与霸主角逐，还一度被灭国。正如顾栋高先生《春秋大事表》中所言："卫之为卫亦可哀矣哉！"[①]

整个东周时期（公元前770—前221年），卫国在位君主共有33位，大约10年更换一次，国内政局相对不太稳定，其间更发生父子争国的现象。在大夫阶层崛起的时代背景下，国君权力不时受到挑战。根据《史记·卫康叔世家》的记载，东周时期卫君世系如下表：

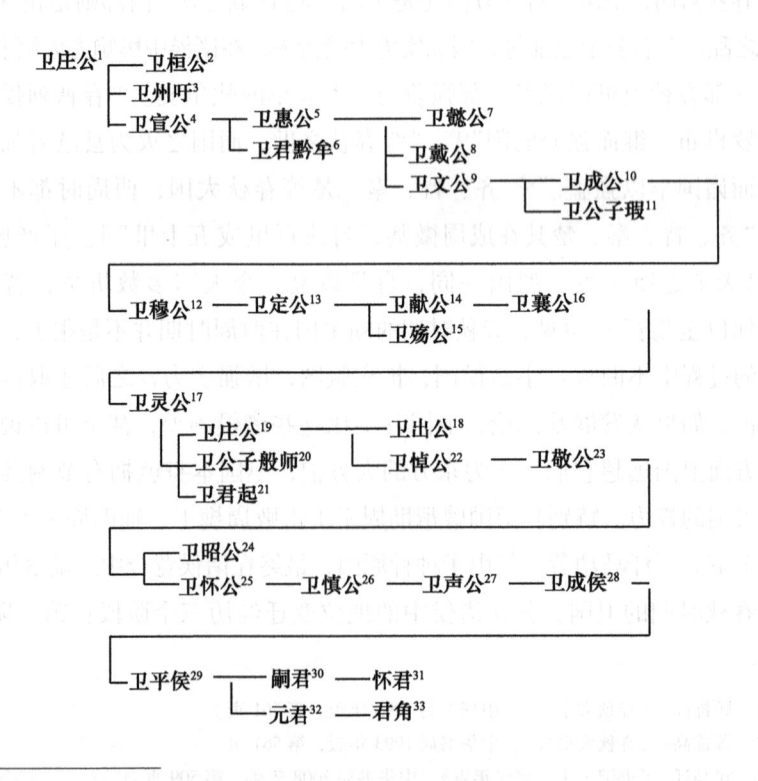

```
卫庄公[1] ─┬─ 卫桓公[2]
          ├─ 卫州吁[3]
          └─ 卫宣公[4] ─┬─ 卫惠公[5] ─┬─ 卫懿公[7]
                       │             ├─ 卫戴公[8]
                       └─ 卫君黔牟[6] └─ 卫文公[9] ─┬─ 卫成公[10]
                                                  └─ 卫公子瑕[11]
                                    ─ 卫穆公[12] ─ 卫定公[13] ─┬─ 卫献公[14] ─ 卫襄公[16]
                                                            └─ 卫殇公[15]
                                    ─ 卫灵公[17] ─┬─ 卫庄公[19] ─ 卫出公[18]
                                                ├─ 卫公子般师[20]  卫悼公[22] ─ 卫敬公[23]
                                                └─ 卫君起[21]
                                    ─┬─ 卫昭公[24]
                                     └─ 卫怀公[25] ─ 卫慎公[26] ─ 卫声公[27] ─ 卫成侯[28]
                                    ─ 卫平侯[29] ─┬─ 嗣君[30] ─ 怀君[31]
                                                └─ 元君[32] ─ 君角[33]
```

[①] 顾栋高：《春秋大事表》，中华书局1993年版，第532—533页。

第一节　公孙滑奔卫与桓公伐郑

公元前722年，郑国公孙滑奔卫，引起卫郑之间多次交战，卫国败多胜少。与春秋小霸郑国的战争，严重消耗了卫国的军事实力和其对诸侯的影响力，卫国从名义上的诸侯之长，逐步沦落为无法号令他国的小邦。

一　郑国内乱

郑国是西周晚期才获得分封的国家，最初被封在王畿之内。《史记·郑世家》载："宣王立二十二年，友初封于郑。"周宣王二十二年，姬友作为周厉王的少子、周宣王的庶弟，被封于郑。《世本》云："宣王庶弟友封于郑，桓公居棫林徙拾"，宋忠注："棫林与拾皆旧地名，是封桓公乃名为郑。"[1] 据宋忠注可知，郑国初封在棫林（今陕省西凤翔县雍水以北），后来迁徙到拾（今陕西华县）。棫林，在今陕西省关中平原西南部、渭河南岸，周王朝的西部屏障，属王畿之地，郑封于此的主要作用是拱卫王室。

姬友即郑国始祖郑桓公，由一名虚名王子被封为采邑之主，并担任了周王朝的司徒之职，"桓公为司徒"[2]。司徒，官名，《周礼》中记载有大司徒、小司徒，"教官之属：大司徒，卿一人；小司徒，中大夫二人"[3]，大司徒，由卿一人担任；小司徒，由中大夫二人担任。此时西周王朝处在周幽王的统治下，周幽王排斥异己、弃和而专、昧暗穷陋、不识德义，导致西周王朝日益衰微。与周王室的走向没落相对比，西北地区少数民族犬戎却蒸蒸日上，不断侵扰周王室。地处王畿北部的郑国首当其冲成为犬戎的攻伐对象，郑国始封君郑桓公深刻地体会到犬戎势力带来的威胁，"王室将卑，戎狄必昌，不可偪也"[4]。

面对内忧外患的局势，担任王室司徒之职的郑桓公开始为后代谋划逃

---

[1] 秦嘉谟等辑：《世本八种》，中华书局2008年版，第33页。
[2] 徐元诰：《国语集解》，中华书局2015年版，第460页。
[3] 杨天宇：《周礼译注》，上海古籍出版社2004年版，第130页。
[4] 徐元诰：《国语集解》，中华书局2015年版，第460页。

避祸乱的方法。《史记·郑世家》记载了郑桓公问计于太史伯的一段对话。

> 于是桓公问太史伯曰："王室多故，予安逃死乎？"太史伯对曰："独雒之东土，河济之南可居。"公曰："何以？"对曰："地近虢、郐，虢、郐之君贪而好利，百姓不附。今公为司徒，民皆爱公，公诚请居之，虢、郐之君见公方用事，轻分公地。公诚居之，虢、郐之民皆公之民也。"①

《国语·郑语》有类似记载：

> 王室将卑，戎、狄必昌，不可偪也。当成周者，南有荆蛮、申、吕、应、邓、陈、蔡、随、唐；北有卫、燕、狄、鲜、虞、潞、洛、泉、徐、浦；西有虞、虢、晋、隗、霍、杨、魏、芮；东有齐、鲁、曹、宋、滕、薛、邹、莒；是非王之支子母弟甥舅也，皆蛮、荆、戎、狄之人也。非亲则顽，不可入也。其济、洛、河、颍之间乎！是其子男之国，虢、郐为大，虢叔恃势，郐仲恃险，是皆有骄侈怠慢之心，而加以贪冒。君若以周难之故，寄孥与贿焉，不敢不许。周乱而弊，是骄而贪，必将背君，君若以成周之众，奉辞伐罪，无不克矣。若克二邑，邬、弊、补、舟、依、□、历、华，君之土也。若前华后河，右洛左济，主芣、隗而食溱、洧，修典刑以守之，是可以少固。②

太史伯根据当时西周王室的内外形势及各诸侯国的地理分布，为郑国日后的发展提出了建议。首先利用桓公为周王司徒的身份寄孥与贿于虢、郐二国；待宗周败落之时，二国必将叛郑，郑以讨伐违誓为名借成周之师克之；最后占有其地并其他十邑，迁居于此。

桓公居安思危，听完太史伯的分析后，更是充分利用自己王室司徒的

---

① 司马迁：《史记》，中华书局2008年版，第1757页。
② 徐元诰：《国语集解》，中华书局2015年版，第461—464页。

身份，"东徙其民雒东，而虢、郐果献十邑，竟国之。"① 桓公"为王司徒"不仅为自己积累了人脉，减轻了郑国的东迁阻力，还借成周之师为自己开疆扩土，寄孥于虢、郐而得十邑，最终在郑武公时完成东迁，使得郑国占据了济、洛、河、颖之间的土地，即今河南省中北部地区，中原腹地之所在。

郑国的东迁使其避免了同西周一样的命运，且获得了重新发展的机会。郑桓公为王司徒时拥有很大权力，率领周朝军队抵御外族入侵，最后身死幽王之难。公元前773年，"犬戎杀幽王于骊山下，并杀桓公，郑人共立其子掘突，是为武公"②。郑武公，名掘突，公元前770年继位，卒于公元前744年。郑武公继承桓公未竟之业，在周幽王、郑桓公被杀后，与秦、晋、卫三国联合击退犬戎，受封卿士。

公元前770年，周平王在秦襄公、晋文侯、郑武公、卫武公的率兵护送下迁都洛邑（今河南洛阳），东周开始。《国语·周语》载："我周之东迁，晋、郑是依。"在平王东迁这件事上，晋国、郑国做出了很大贡献。郑国公子叔詹劝谏郑文公时，说过这样的话："晋、郑兄弟也，吾先君武公，与晋文侯戮力一心，股肱周室，夹辅平王，平王劳而德之，而赐之盟质，曰：'世相起也。'若亲有天，获三祚者，可谓大天。若用前训，文侯之功，武公之业，可谓前训。"③ 郑武公因保护周平王东迁洛邑有功，受赏大片土地。后又以离间计灭亡郐国；趁周天子巡视虢国防务时灭亡虢国；嫁女并杀死主张进攻胡国的大臣关其思，袭灭麻痹的胡国；前前后后灭亡多个小国，郑国逐渐强盛。终在公元前765年把国都定在溱洧间的新郑，成为河、洛、济、颖间的唯一大国，为郑庄公小霸奠定坚实基础。郑国可谓是两周转折之际的重要见证者与亲历者。在此过程中，郑国实现了从西周晚期到春秋时期、由周王室附庸小国向春秋小霸的转变。

郑武公在位时，不仅完成了其父郑桓公开疆拓土的战略，还提出"解放商人"等强国口号。东迁后的郑武公，认识到那些有技术、会经商的能人是国家建设不可忽视的力量，就依靠这些人，开发滩涂荒地，扩建

---

① 司马迁：《史记》，中华书局2008年版，第1758页。
② 司马迁：《史记》，中华书局2008年版，第1759页。
③ 徐元诰：《国语集解》，中华书局2015年版，第330页。

城池，把京城建成规模超过"百雉"①的宏伟都城。终究，郑武公的雄心壮志遭到周平王的猜疑。

为了减弱周平王对自己的疑忌及增强自己在周王室中的实力，郑武公采取政治联姻的方式，于平王十年娶了申国之女武姜。《左传·隐公元年》："初，郑武公娶于申，曰武姜，生庄公及共叔段。"申国是两周之际王权争夺中平王阵营的中坚力量，郑武公的联姻虽说是为了增强郑国的势力，但也是郑庄公时期郑国内乱发生的前因。《史记·郑世家》载："武公十年，娶申侯女为夫人，曰武姜。生太子寤生，生之难，及生，夫人弗爱。后生少子叔段，段生易，夫人爱之。"武姜爱小儿子段而不喜长子寤生，请求郑武公废长立幼，"生太叔段，母欲立段，公不听"②，武公断然拒绝。周王朝因王位继承问题酿成的大祸历历在目，郑武公汲取前车之鉴，严格奉行嫡长子继承制，有力地维护了郑国的安定。郑武公作为郑国第二代国君，在位期间成功完成了开国之君郑桓公制定的东迁大计，扎根河南、稳固提升国力，开启了春秋郑国小霸的序幕。公元前743年，"武公卒，寤生立，是为庄公"③。郑庄公在位四十二年间郑国实力达到顶峰，进入全盛时期。但郑庄公与其弟段之间的明争暗斗，卫国也卷入其中。卫郑多次交战，卫国胜少败多，受到很大影响。

《左传·隐公元年》详细记载了郑庄公克段的过程。郑庄公当政时，武姜又为小儿子叔段请制，遭到庄公拒绝，庄公说："制，岩邑也，虢叔死焉，佗邑唯命。"制是个危险的地方，虢叔死在此地，不能把这么危险的地方封给弟弟叔段，否则可能也会使他像虢叔那样命丧于此。武姜又为段请京，京是郑国重要城邑，地势不如制险要，战略位置不如制重要，但土地肥沃，有利于农业生产。杜预："京，今荥阳京县。"④ 杨伯峻说："京，故城在今荥阳县东南二十余里。"⑤ 庄公应允。郑庄公把这样的地方封给叔段，为其日后迅速壮大埋下伏笔。段封京后，被称为京城大叔，积

---

① 指城墙的长度达三百丈。这是春秋时国君的特权。雉，古代计算城墙面积的单位。长三丈高一丈为一雉。

② 司马迁：《史记》，中华书局2008年版，第538页。

③ 司马迁：《史记》，中华书局2008年版，第1759页。

④ 司马迁：《史记》，中华书局2008年版，第1760页。

⑤ 杨伯峻：《春秋左传注》，中华书局2000年版，第11页。

极地扩充自己的势力范围。"既而大叔命西鄙、北鄙贰于己。""贰",杜预解释为"两属,盖从其实际言之"①。作为试探,庄公并没有干涉,段转而把这两处地方收为己邑,并进一步延伸至廪延。杜预注:廪延在今河南省延津县北而稍东。廪延是黄河的重要渡口,与卫国相邻,地理位置非常重要。从京到廪延距离甚远,可见此时的段已掌握了郑国近半壁江山。

郑庄公当然不愿看到这种结果。郑庄公派军伐京,京邑叛段,"段入于鄢",后庄公"伐诸鄢,五月辛丑,大叔出奔共"②,共即闵公二年"益之以共、滕之民"之共,为卫别邑,今河南省辉县。时共国已亡,归属卫国。段失败后逃往卫国的共;公元前722年段的儿子公孙滑奔卫寻求庇护和求救。

二　桓公伐郑

公孙滑奔卫后,公元前722年,卫桓公为之伐郑,夺得郑国廪延。郑庄公则以司徒身份率王师及虢师伐卫,成为后来《春秋》所载诸侯征伐的开端。

卫郑战争发生后不久,卫桓公接到郑庄公的信件,认为不应该帮助共叔段和公孙滑父子,遂收兵回国。但公孙滑仍坚持继续与郑国交战,被郑国打得大败后又逃回卫国。卫国对公孙滑的收留,引来了郑国军队的攻击,"郑人以王师、虢师伐卫南鄙"③,一直攻打到卫国南部边境。卫国收留公孙滑,成为卫郑互伐的重要诱因。

春秋初期,周王室衰微,各诸侯国面临的不确定因素增加。卫国东有齐鲁宋,西接晋国,南连郑国,处平原之地且强国环伺,一旦国力不济,势必成为他国攻伐目标。卫国统治者未能认清自身实力和时局变化,为公孙滑之事首先攻打郑国,成为战争的挑起者。结果引来郑国反击。依《左传》记载,从鲁隐公元年到鲁隐公十年,其间卫郑交兵五次,卫国胜

---

① 杨伯峻:《春秋左传注》,中华书局2000年版,第13页。
② 杨伯峻:《春秋左传注》,中华书局2000年版,第14页。
③ 杨伯峻:《春秋左传注》,中华书局2000年版,第18页。

少败多。① 公元前707年，郑国大败周、蔡、卫、陈诸国联军于繻葛。

因公孙滑而伐郑的卫桓公，同郑庄公一样，需要解决兄弟争位的问题。与郑庄公将共叔段和公孙滑赶出郑国不同，公元前719年，卫桓公遭到其弟弟州吁的弑杀，成为春秋时期第一位遭到弑杀的国君。

第二节　石碏定卫

春秋初期，卫国国力下滑的另一因素是内乱。发生于公元前719年的州吁之乱，是其中影响较大的一次事件。

一　州吁弑君飞蛾扑火

卫武公死后，其子庄公扬立，就是卫前庄公，卫国第十一世君。卫前庄公即位之时，卫国政通人和，军事强盛，经济发达，百业兴旺，国力达到巅峰。但庄公扬即位后贪图享受，昏庸不堪，政治上又因循守旧，外退贤者，内惑嬖庶，从而埋下国家虚弱的重要因素。

《史记·卫康叔世家》载："庄公五年，娶齐女为夫人，好而无子。又娶陈女为夫人，生子，早死。陈女女弟亦幸于庄公，而生子完。完母死，庄公令夫人齐女子之，立为太子。"公元前753年，卫庄公娶了齐女为夫人，此女是齐国宗室女子。《左传》载，卫庄公娶了齐庄公的女儿、东宫太子得臣的妹妹，"卫庄公娶于齐东宫得臣之妹，曰庄姜，美而无子，卫人所为赋'硕人'也"②。东宫，太子所居，故名太子曰东宫。得臣，齐庄公之太子，当是未得立而死，故齐庄公死，齐僖公继立。不曰僖公之妹，而曰东宫得臣之妹者，明得臣是嫡长子，其妹必是嫡女也。嫁给卫庄公后，名曰庄姜。庄姜美丽异常、端庄贤淑，但却因婚后无子而遭到冷落，生活很不快乐。卫人赞美、颂扬且可怜庄姜，为之赋《硕人》。

---

① 鲁隐公元年郑庄公平共叔段之乱，其子公孙滑奔卫，而卫国出兵为滑讨伐郑国，引起了两国交兵。郑庄公率周、虢师伐卫，开诸侯伐他国之始。自此郑、卫交兵不断。隐公元年，卫讨伐郑。隐公二年，郑伐卫。隐公四年，卫合诸侯讨伐郑国，是为东门之役。隐公五年，卫以燕师伐郑，失败。隐公十年，郑大败宋、卫、蔡三国。

② 杨伯峻：《春秋左传注》，中华书局2000年版，第30—31页。

硕人其欣，衣锦褧衣。齐侯之子，卫侯之妻。东宫之妹，邢侯之姨，谭公维私。

手如柔荑，肤如凝脂，领如蝤蛴，齿如瓠犀，螓首蛾眉。巧笑倩兮，美目盼兮。

硕人敖敖，说于农郊。四牡有骄，朱幩镳镳，翟茀以朝。大夫夙退，无使君劳。

河水洋洋，北流活活。施罛濊濊，鳣鲔发发，葭菼揭揭。庶姜孽孽，庶士有朅。

这首诗不仅浓墨重彩地勾勒了庄姜雍容华贵的美貌，还极力铺陈了其出嫁时场面的盛大、豪华。但即使是这样一位有美貌、有背景、有权势的女子，却因婚后无子而寂寞无味、孤灯常伴。卫人很为庄姜不平，以其身世和不幸遭遇为背景，在《柏舟》《绿衣》《日月》等诗中描写了女子在不幸婚姻中会受到心灵创伤。这些诗一方面颂扬了庄姜显赫的家族背景；另一方面也讥讽了卫庄公的不辨时势，昏庸乖戾。除了庄姜外，卫庄公"又娶于陈，曰厉妫，生孝伯，早死。其娣戴妫，生桓公，庄姜以为己子"[1]。完的母亲去世后，庄公让庄姜抚养完，并立完为太子。

史料记载，卫庄公因宠爱一位小妾，继而又爱屋及乌地宠爱小妾所生庶子州吁。"庄公有宠妾，生子州吁。十八年，州吁长，好兵，庄公使将。"[2]"公子州吁，嬖人之子也。有宠而好兵，公弗禁。"[3] 卫庄公对州吁宠爱有加，在州吁"好兵"，会威胁太子地位的情况下，仍放任纵容其行为，这对原本就有意争夺王位的州吁而言，无异于如虎生翼，在庄公默许下拥有"兵权"的州吁更加对继承王位虎视眈眈。对之，卫国上卿石碏曾向庄公进谏：

臣闻爱子，教之以义方，弗纳与邪。骄、奢、淫、佚，所自邪也。四者之来，宠禄过也。将立州吁，乃定之矣；若犹未也，阶之为

---

[1] 杨伯峻：《春秋左传注》，中华书局2000年版，第31页。
[2] 司马迁：《史记》，中华书局2008年版，第1592页。
[3] 杨伯峻：《春秋左传注》，中华书局2000年版，第31页。

祸。夫宠而不骄，骄而能降，降而不憾，憾而能自眕者，鲜矣。且夫贱妨贵，少陵老，远间亲，小加大，淫破义，所谓大逆也；君义，臣行，父慈，子孝，兄爱，弟敬，所谓六顺也。君人者，将祸是务去，而速之，无乃不可乎？①

石碏认为，爱一个孩子，就要用正确的礼法教导约束他，不能使之走上邪路。骄傲、奢侈、淫荡、贪图安逸享乐，有以上四种情形就是走向邪路的开端。这四个方面的出现，都是宠爱和赏赐太过的结果。如果想要册立州吁做太子，就应该定下来；要是还没有，这就是留下了作乱的阶梯。受宠爱而不骄傲，骄傲了而能接受压制，受了压制而不怨恨，有了怨恨而不为非作歹的人，是鲜少有的。再说卑贱的妨害高贵的，年少的欺负年长的，疏远的离间亲近的，新的挑拨旧的，地位低的凌驾于地位高的，淫乱的破坏有礼仪的，这是人们常说的六种逆理的事。君主行事公正适宜，臣子服从命令，父亲慈爱儿子，儿子孝顺父亲，哥哥爱护弟弟，弟弟敬重哥哥，这是人们常说的六种顺乎礼仪的事。不做顺乎礼仪的事而做违背礼仪的事，就会使祸害速来。做君主的应尽力除掉祸害，现在却使祸害速来，这恐怕是不可以的吧？"庶子好兵，使将，乱自此起。"② 石碏敏锐地意识到，庄公对州吁的纵容，让其统领军队，必定会引起祸乱的发生，导致国家不宁。对于石碏的进谏和告诫，庄公根本不听，继续宠着州吁。州吁越来越骄奢跋扈。

受宗法制钳制的卫庄公，既无法将无子的庄姜废位，也不能直接任命庶出的州吁为太子，可能也不敢得罪当时较为强大的齐国，所以，最终不得不向现实妥协，将齐国认可的公子完册立为太子。但州吁仍拥有与王室一较高下的兵力，这无疑对太子完的储君之位及庄姜的皇太后之位，是一种潜在的威胁。庄姜对于拥兵自重的州吁自然感到如芒在背，故《左传》曰："庄姜恶之。"③ 石碏的儿子石厚与州吁交好，石碏禁止儿子与州吁来往，但石厚不听从父亲的教诲。

---

① 杨伯峻：《春秋左传注》，中华书局 2000 年版，第 31—33 页。
② 司马迁：《史记》，中华书局 2008 年版，第 1592 页。
③ 杨伯峻：《春秋左传注》，中华书局 2000 年版，第 31 页。

"二十三年，庄公卒，太子完立，是为桓公。"①卫桓公，庄公长子，名完，是卫国第十二世国君，在位十六年，为州吁所弑，谥为"桓"。卫桓公性格比较软弱，胆小怕事，没有作为君王的胆识和气魄，对弟弟州吁的胡作非为不闻不问。老臣石碏知其无大的作为，便告老辞朝，不与朝政。州吁更是肆无忌惮。《史记·卫康叔世家》载："桓公二年，弟州吁骄奢，桓公绌之，州吁出奔。"绌，通"黜"，罢斥之意。出奔后的州吁仍不安分，"十三年，郑伯弟段攻其兄，不胜，亡，而州吁求与之友"②。州吁主动与作乱犯上的郑叔段相勾结，真应了物以类聚人以群分那句古话。"十六年，州吁收聚卫亡人以袭杀桓公，州吁自立为卫君。"③卫国祸乱自此始。

二　石碏定卫大义灭亲

州吁自立为卫君后，不得国人认可，"州吁新立，好兵，弑桓公，卫人皆不爱"④。为了转移国人的注意力，州吁不断发动对外战争，勾结郑国的叛乱者共叔段伐郑。州吁"为郑伯弟段欲伐郑，请宋、陈、蔡与俱，三国皆许州吁"⑤，要求宋、陈、蔡等国一起对郑发动进攻，三国都答应了州吁。当然，三国答应出兵是从自身考虑，而非真为了帮助州吁。

> 宋殇公之即位也，公子冯出奔郑。郑人欲纳之。及卫州吁立，将修先君之怨于郑，而求宠于诸侯，以和其民。使告于宋曰："君若伐郑，以除君害，君为主，敝邑以赋与陈、蔡从，则卫国之愿也。"宋人许之。于是陈、蔡方睦于卫，故宋公、陈侯、蔡人、卫人伐郑，围其东门，五日而还。⑥

---

① 司马迁：《史记》，中华书局2008年版，第1592页。
② 司马迁：《史记》，中华书局2008年版，第1592页。
③ 司马迁：《史记》，中华书局2008年版，第1592页。
④ 司马迁：《史记》，中华书局2008年版，第1592页。
⑤ 司马迁：《史记》，中华书局2008年版，第1592页。
⑥ 杨伯峻：《春秋左传注》，中华书局2000年版，第36页。

宋国参与伐郑原因"以冯故也"①，宋公位尊，被推为盟主。卫国石厚为先锋，州吁准备了大量的粮草，犒劳各诸侯国的军队。四国军队将郑国国都荥阳围得水泄不通。但郑庄公不以为惧，用计使得四国军队都只观战，而不出兵，只派出公子吕与石厚交战几个回合就佯败而回。卫国看上去取得了胜利，各诸侯国前来贺胜，后都班师归国，郑都之围遂解。从合围到解围，一共五日而已，卫国明面上取得了战争胜利，这使得州吁洋洋得意。但卫国百姓对州吁仍然不满，抱怨之声不绝于耳，州吁最终是"未能和其民"②。

战争导致卫国军赋激增，且人民为战争所迫，疲于奔命，困苦不堪。《邶风·击鼓》是一首典型的战争诗，描写了卫国戍卒思归不得的苦闷，"击鼓其镗，踊跃用兵。土国城漕，我独南行。从孙子仲，平陈与宋。不我以归，忧心有忡"③。毛诗《序》云："《击鼓》，怨州吁也。卫州吁用兵暴乱，使公孙文仲将而平陈与宋，国人怨其勇而无礼也。"国人对州吁弑君不满，对其统治不服，举国骚然。鲁隐公曾问鲁大夫众仲，"卫州吁其成乎？"众仲回答："臣闻以德和民，不闻以乱。以乱，犹治丝而棼之也。州吁，阻兵而安忍。阻兵，无众；安忍，无亲。众叛、亲离，难以济矣。夫兵，犹火也；弗戢，将自焚也。夫州吁弑其君，而虐用其民，于是乎不务令德，而欲以乱成，必不免矣。"④ 州吁的所作所为，无异于玩火自焚，想要以乱政取得成功，终究是不能避免祸乱的来临。

州吁不甘心他的统治状况，让石厚"问定君于石子"⑤，向石碏问计如何能够稳定君位、安定民心。石碏早对石厚和州吁的所作所为不满，想要除掉二人，但又感到自己的力量不足，所以告老还乡，不闻朝政。现在州吁有问，石碏便将计就计，告诉石厚"王觐为可"⑥，意思是州吁如能朝觐周王，取得周王同意，那便有了合法地位，名正言顺了。而州吁要入朝觐见周王，可以请陈侯代为疏通，"陈桓公方有宠于王。陈、卫方睦，

---

① 司马迁：《史记》，中华书局2008年版，第1760页。
② 杨伯峻：《春秋左传注》，中华书局2000年版，第37页。
③ 程俊英：《诗经译注》，上海古籍出版社2006年版，第43页。
④ 杨伯峻：《春秋左传注》，中华书局2000年版，第36—37页。
⑤ 杨伯峻：《春秋左传注》，中华书局2000年版，第37页。
⑥ 杨伯峻：《春秋左传注》，中华书局2000年版，第37页。

若朝陈使请，必可得也。"① 《卫康叔世家》载："石碏乃因桓公母家于陈，详为善州吁。"详即佯，假装也。石碏利用桓公的母亲是陈国宗室之女，假装与州吁友好，暗地里派使者告诉陈侯说："卫国褊小，老夫耄矣，无能为也。此二人者，实弑寡君，敢即图之。"② 陈侯答应了石碏，设计擒拿了州吁，"至郑郊，石碏与陈侯共谋，使右宰丑进食，因杀州吁于濮"③。《左传》记载与之相同，"九月，卫人使右宰丑莅杀州吁于濮。石碏使其宰獳羊肩莅杀石厚于陈"④。州吁之乱结束。

石碏为了卫国，设计除掉州吁，平了卫国之乱，并大义灭亲杀了自己的儿子，其所作所为被后世史家赞颂为纯臣。"君子曰：'石碏，纯臣也。恶州吁而厚与焉。''大义灭亲'，其是之谓乎！"⑤ 这就是我国古代"大义灭亲"成语的来历。弑君者州吁即位不到一年被杀，卫桓公的另一位弟弟即位为君。依《史记》所载，石碏带领卫国群臣"迎桓公弟晋于邢而立之，是为宣公"⑥。

第三节　宣公夺媳及谋杀太子

公元前719年，卫宣公被迎立为君，"卫人逆公子晋于邢。冬十二月宣公即位。书曰'卫人立晋'，众也"⑦。卫宣公虽是被众人迎立为君，却不是一位有为明君。卫宣公即位后，最为后人诟病之事即是夺太子之妻，并且谋杀太子。

一　宣公时的卫郑战争

卫宣公即位后，对外延续着卫郑之间的战争。

郑国趁宣公刚刚即位，派兵攻卫。卫国请求燕国出兵帮助。燕国出兵

---

① 杨伯峻：《春秋左传注》，中华书局2000年版，第37页。
② 杨伯峻：《春秋左传注》，中华书局2000年版，第37—38页。
③ 司马迁：《史记》，中华书局2008年版，第1592页。
④ 杨伯峻：《春秋左传注》，中华书局2000年版，第38页。
⑤ 杨伯峻：《春秋左传注》，中华书局2000年版，第38页。
⑥ 司马迁：《史记》，中华书局2008年版，第1592页。
⑦ 杨伯峻：《春秋左传注》，中华书局2000年版，第38页。

后，在制地被郑国的两位公子打败。《左传·隐公五年》："四月，郑人侵卫牧，以报东门之役。卫人以燕师伐郑，郑祭足、原繁、洩驾以三军军其前，使曼伯与子元潜军军其后。燕人畏郑三军，而不虞制人。六月，郑二公子以制人败燕师于北制。"

忙于卫郑战争的宣公，于夏季安葬了被弑杀的哥哥卫桓公。《左传·隐公五年》载："夏，葬卫桓公。卫乱，是以缓。"周代以十一月为岁首，卫宣公于十二月即位，虽然延至夏季安葬卫桓公，依周代历法，仍是宣公即位的同一年。

卫宣公不仅继续着卫郑战争，还择机对邻近的郏国发动了攻击。原因是公元前718年，郏国趁卫国内乱入侵卫国，"卫之乱也，郏人侵卫，故卫师入郏"[1]。

此一时期，在齐国努力之下，卫郑一度言和。

公元前715年，齐僖公与宋殇公、卫宣公在温地会见，并于瓦屋会盟，此次会盟郑国并未参加，但会盟中确定了宋、卫两国与郑国和好。"齐人卒平宋、卫于郑。秋，会于温，盟于瓦屋，以释东门之役，礼也。"[2] 会盟之前，宋殇公、卫宣公提前在垂地会面。"宋公、卫侯遇于垂。"[3] 垂，卫地，在今山东省曹县北之句阳店。遇，《曲礼下》云："诸侯未及期相见曰遇。"杜预注云："遇者，草次（草次即造次，犹言仓卒）之期，二国各简其礼，若道路相逢遇也。"[4] 宋卫两国国君在会盟前见面，显示出双方的紧密关系。宋殇公"以币请于卫，请先相见。卫侯许之，故遇于犬丘。"犬丘即卫之垂地。

但卫郑之间积怨较深，瓦屋会盟后仅仅两年，卫国再次发动战争。

卫宣公六年（公元前713年），因郑国攻打鲁国，卫宣公与宋国、蔡国联合攻打郑国以救鲁。"宋人、卫人入郑，蔡人从之伐戴。"郑庄公随之出兵包围了伐戴联军，"癸亥，克之，取三师焉"[5]。卫、宋、蔡三国联军以战败收场。

---

[1] 杨伯峻：《春秋左传注》，中华书局2000年版，第46页。
[2] 杨伯峻：《春秋左传注》，中华书局2000年版，第59页。
[3] 杨伯峻：《春秋左传注》，中华书局2000年版，第46页。
[4] 杨伯峻：《春秋左传注》，中华书局2000年版，第34页。
[5] 杨伯峻：《春秋左传注》，中华书局2000年版，第69页。

在卫、宋、蔡三国联军攻郑之前，卫宣公五年（公元前714年），郑国曾以周天子的命令遍告诸侯，将要攻打宋国，原因是宋国国君未朝觐周天子。《左传·隐公九年》载，"宋公不王。郑伯为王左卿士，以王命讨之，伐宋。"卫宣公拒绝参与伐宋，"蔡人、卫人、郕人不会王命"[①]。

卫宣公十二年（公元前707年），周王室与郑国发生矛盾。周桓王免去郑庄公在周王室的职务，并率联军伐郑，卫宣公参与其中。《春秋经·桓公五年》载："秋，蔡人、卫人、陈人从王伐郑。"联军被郑军打败，郑军将领祝聘射中周桓王的肩膀。《诗·王风·兔爰序》云："桓王失信，诸侯背叛，构怨连祸，王师伤败。"面对春秋小霸主郑庄公，卫宣公屡屡挑起战事，致使卫国连遭败绩。

接连败于郑国之后，卫宣公做出战略转向，开始与郑国联合。卫宣公十四年（公元前705年），卫军联合郑军、齐军攻打周王的辖地盟邑、向邑。卫宣公十七年（公元前702年），卫、齐、郑三国联军与鲁军交战。

二 宣公夺媳

外战屡败于郑军的卫宣公，内政方面同样乏善可陈。史书关于宣公的治国记录，影响较大的是夺太子伋之妻并且谋杀太子。《史记·卫康叔世家》《左传》《诗经》等典籍中均有所载。《史记·卫康叔世家》原文如下：

> 十八年，初，宣公爱夫人夷姜，夷姜生子伋，以为太子，而令右公子傅之。右公子为太子娶齐女，未入室，而宣公见所欲为太子妇者好，说而自娶之，更为太子娶他女。宣公得齐女，生子寿、子朔，令左公子傅之。太子伋母死，宣公正夫人与朔共谗恶太子伋。宣公自以其夺太子妻也，心恶太子，欲废之。及闻其恶，大怒，乃使太子伋于齐而令盗遮界上杀之，与太子白旄，而告界盗见持白旄者杀之。且行，子朔之兄寿，太子异母弟也，知朔之恶太子而君欲杀之，乃谓太子曰："界盗见太子白旄，即杀太子，太子可毋行。"太子曰："逆父命求生，不可。"遂行。寿见太子不止，乃盗其白旄而先驰至界。界

[①] 杨伯峻：《春秋左传注》，中华书局2000年版，第69页。

盗见其验，即杀之。寿已死，而太子伋又至，谓盗曰："所当杀乃我也。"盗并杀太子伋，以报宣公。宣公乃以子朔为太子。十九年，宣公卒，太子朔立，是为惠公。①

《左传·桓公十六年》有类似记载，"初，卫宣公烝于夷姜，生急子，属诸右公子。"文中"急子"即史记中的太子伋。杜预注："夷姜，宣公之庶母。"《小尔雅·广义》曰："上淫曰烝，下淫曰报，旁淫曰通。"晚辈男子和长辈女子通奸为烝。杜预认为，卫宣公作为卫庄公的儿子，与庶母在一起并生子。但顾栋高在《夷姜辨》中指出，夷姜是宣公即位前所娶之夫人，并无烝淫之事。杨伯峻先生认为，夷姜或是庄公妾，为宣公庶母。宣公与夷姜通奸，必在庄公或桓公时，故《传》文以初字别之。② 真相如何，有待进一步考证。宣公即位后，让夷姜做了夫人，并立两人的儿子伋为太子，命右公子做太子的师傅。右公子为太子伋迎娶齐国宗室女子，还没成亲，宣公看到将要成为太子妃的女子貌美，非常喜欢，就自己娶了她。"为之娶于齐，而美，公娶之。"③《诗·邶风·新台序》云："新台，刺卫宣公也。纳伋之妻，作新台于河上而要之，国人恶之，而作是诗也。"其诗如下：

  新台有泚，河水弥弥。燕婉之求，蘧篨不鲜。
  新台有洒，河水浼浼。燕婉之求，蘧篨不殄。
  鱼网之设，鸿则离之。燕婉之求，得此戚施。④

"戚施"，蟾蜍的别名。《新台》将卫宣公比喻为一只又老又丑的癞蛤蟆，可见诗作者对宣公夺妻太子的态度。

宣公夺妻后，本应是太子伋之妻的齐女，为卫宣公生了寿和朔。太子伋的生母夷姜，见自己的国君丈夫夺走儿子之妻，于是自杀，"夷姜缢"⑤。

----

① 司马迁：《史记》，中华书局2008年版，第1593页。
② 杨伯峻：《春秋左传注》，中华书局2000年版，第145页。
③ 杨伯峻：《春秋左传注》，中华书局2000年版，第146页。
④ 程俊英：《诗经译注》，上海古籍出版社2006年版，第63页。
⑤ 杨伯峻：《春秋左传注》，中华书局2000年版，第146页。

三 设计杀子

太子伋的生母死后,宣公随后设计杀掉儿子太子伋。其让太子拿着"白旄"出使齐国,"公使诸齐"①。同时安排刺客埋伏在边界暗杀太子,"使盗待诸莘,将杀之"。莘,卫地,为卫、齐两国边界,其地狭隘,故《诗·邶风·二子乘舟》毛传云:"公令伋之齐,使贼先待于隘而杀之。"

齐女宣姜为宣公生下的两个儿子寿和朔,在宣公谋杀太子之事中,作出了相反的选择。公子朔向其父"谗恶太子伋",公子寿却为营救太子伋,而不惜牺牲自己。《左传·桓公十六年》载,公子寿在得知宣公要杀害太子伋后,劝太子出走他国,"寿子告之,使行"②。但太子伋不愿违背父命,曰"弃父之命,恶用子矣?有无父之国则可也"③,拒绝了寿的请求,仍旧坚持赴死。公子寿劝说无效,便借着为太子送行的机会将其灌醉,拿着太子的使臣符节白旄先行赴险。酒醒后的太子伋追至边界,发现公子寿已被杀,于是告知刺客真相,"我之求也,此何罪?请杀我乎!"④太子伋随后亦为刺客所杀。

《诗经·卫风·二子乘舟》:"二子乘舟,泛泛其景。愿言思子,中心养养!二子乘舟,泛泛其逝。愿言思子,不瑕有害!"毛诗《序》云:"《二子乘舟》,思伋、寿也。卫宣公之二子,争相为死,国人伤而思之,作是诗也。"卫人不敢明言卫宣公残杀二子,以追思乘舟之人,表达对太子伋和公子寿的同情。

后世学者对卫宣公的评价较为负面,比如唐代司马贞在《史记索隐》中认为:"宣纵淫嬖,衅生伋、朔。"⑤

第四节 惠公奔齐及借齐复位

卫宣公以非正常方式杀掉太子伋后,立公子朔为太子,从而为卫国内

---

① 杨伯峻:《春秋左传注》,中华书局 2000 年版,第 146 页。
② 杨伯峻:《春秋左传注》,中华书局 2000 年版,第 146 页。
③ 杨伯峻:《春秋左传注》,中华书局 2000 年版,第 146 页。
④ 杨伯峻:《春秋左传注》,中华书局 2000 年版,第 146 页。
⑤ 司马迁:《史记》,中华书局 2008 年版,第 1605 页。

乱埋下种子。"及朔之生，卫顷不宁。"① 卫宣公十九年（公元前700年），宣公去世，太子朔即位为卫惠公，是为卫国第十四位国君。数年后，卫国大臣左右公子驱逐卫惠公，改立公子黔牟（太子伋同母弟弟）为国君，"十一月，左公子洩、右公子职立公子黔牟。"② 卫惠公出奔齐国避难。

一 惠公奔齐

卫惠公即位后，一改其父卫宣公后期的和郑策略，卫郑之间重燃战火。公元前700年至公元前696年，短短4年间，卫惠公先后三次参与宋国挑起的宋郑战争，直至其自身被左右公子逐出卫国。

第一次战争发生在公元前699年二月己巳，因宋国屡次向郑国索赂而引发。"宋多责赂于郑。郑不堪命。"③ 宋庄公因为帮助郑厉公登上国君之位，多次向郑国索取贿赂。郑厉公不堪忍受，于是带领鲁、纪两国军队与齐、宋、卫、燕等国联军交战。战争一方为郑、纪、鲁；另一方为宋、卫、齐、燕，结果卫国所在的索赂方战败，"齐师、宋师、卫师、燕师败绩"④。卫国此次参战，等于是为索贿者出力，没有任何名义上的公义可言。据《左传·桓公十二年》，鲁桓公起初打算调解宋、郑之间的矛盾，由于宋庄公不讲信用，鲁国主持的盟会被迫举行了多次。郑、鲁两国以宋无信而伐宋。"秋，公及宋公盟于句渎之丘。宋成未可知也，故又会于虚；冬，又会于龟。宋公辞平，故与郑伯盟于武父，遂帅师而伐宋，战焉，宋无信也。"

第二次战争发生于公元前698年，卫国再次跟随宋国攻打郑国，"宋人以齐人、蔡人、卫人、陈人伐郑"⑤。此次战争宋卫等联军攻入郑国，"焚渠门，入，及大逵。伐东郊，取牛首。以大宫之椽归为卢门之椽"⑥。卫惠公带领卫国两次参与宋郑战争，致使卫郑之间的战争积怨升高。

第三次参与联军攻郑，主要是卫惠公自身的怨恨，其扶植上位的郑昭

---

① 司马迁：《史记》，中华书局2008年版，第3308页。
② 杨伯峻：《春秋左传注》，中华书局2000年版，第147页。
③ 杨伯峻：《春秋左传注》，中华书局2000年版，第138页。
④ 杨伯峻：《春秋左传注》，中华书局2000年版，第135—136页。
⑤ 杨伯峻：《春秋左传注》，中华书局2000年版，第139页。
⑥ 杨伯峻：《春秋左传注》，中华书局2000年版，第140页。

公未予答谢。公元前697年，郑厉公与其大夫祭仲不和。郑厉公意图杀掉祭仲却没有成功，"阴使其婿雍纠欲杀祭仲"①，事情败露后，郑厉公被迫逃到郑国边邑之地栎。卫惠公得知郑国发生内乱，派兵护送奔卫的郑昭公忽还国复位。郑昭公回国后，没有答谢卫惠公，卫惠公心中颇为怨恨。因此，当出逃在栎地的郑厉公以贿赂厚结鲁、宋、卫、陈、蔡等国以求复位时，卫惠公亲自带兵参加由宋国牵头，鲁、卫、陈、蔡等国组成的联军，共同讨伐郑国。

卫惠公出征后，左公子洩、右公子职联合卫国大臣宁跪举事，立公子黔牟为君，"十一月，左公子洩、右公子职立公子黔牟。惠公奔齐"②。是为卫中前废公。左、右公子在百官面前宣告卫惠公为了袭位陷害二兄，是为不仁；其父卫宣公因听信谗言而错杀二子，令二者含愤而死，是为不义。左、右公子及百官重新为前太子伋和公子寿发丧，并遣使向周王朝报告立了新君。宁跪率兵驻扎在朝歌城外，不让卫惠公回国。公子洩提出要杀死卫惠公的母亲宣姜，公子职未同意，认为宣姜是齐侯的妹妹，杀死宣姜会得罪大国齐国，仅把宣姜安排到别处去住，并保证其正常生活待遇。

关于卫国本次政局动荡，《史记·卫康叔世家》有这样的记载：

> 左右公子不平朔之立也，惠公四年，左右公子怨惠公之谗杀前太子伋而代立，乃作乱，攻惠公，立太子伋之弟黔牟为君，惠公奔齐。③

左、右公子之乱发生于公元前696年，前太子伋的弟弟黔牟成为卫国国君。此后，《春秋经》记载卫国国君为二，卫惠公、黔牟同在列。④

二 借齐复位

卫惠公出奔齐国后，齐襄公许诺会帮助惠公回国复位，惠公则表示复

---

① 司马迁：《史记》，中华书局2008年版，第1762页。
② 杨伯峻：《春秋左传注》，中华书局2000年版，第147页。
③ 司马迁：《史记》，中华书局2008年版，第1593—1594页。
④ 杨伯峻：《春秋左传注》，中华书局2000年版，第147页。

位后重谢齐襄公。齐襄公经过八年努力，于公元前688年，终于帮助惠公归国复位。

史载齐襄公为之努力的行动较多：

公元前695年，鲁国主持黄地会盟，"平齐、纪，且谋卫故也"①，会盟是为了平息齐、纪之间的矛盾，齐襄公在盟会时试图解决卫惠公回国复位的问题。此时齐襄公已向周王室求婚，周庄王同意，并让鲁桓公主婚，以王姬下嫁。

公元前694年，鲁桓公带着夫人文姜到齐国商议王姬下嫁之事。鲁桓公夫人文姜是齐襄公的妹妹，兄妹二人早有私情，"及桓公来而襄公复通焉"。齐襄公与妹妹文姜再次私通，使得鲁桓公非常愤怒。齐襄公于是将鲁桓公灌醉，"使公子彭生抱鲁桓公，因命彭生折其胁，公死于车"②。鲁桓公死于非命后，齐人杀彭生以泄鲁怨。齐襄公忙于与文姜私通约会，无暇帮助卫惠公归国复位。此一时期，当齐国大夫请示讨伐卫国的时间时，齐襄公以黔牟是周王室的女婿为借口，让军队暂缓讨伐卫国。

齐襄公的另一举措是强迫卫公子顽迎娶宣姜为妻。公子顽即卫昭伯，前太子伋和国君黔牟的同母弟弟。宣姜最初应嫁前太子伋而未成，却嫁给了其父卫宣公，此时在齐人规划下，宣姜成为卫宣公之子公子顽的妻子。卫惠公朔是宣姜之子，公子顽身份由卫惠公兄长而变为父亲，齐人的策略是在为惠公复位做准备。昭伯顽不同意迎娶父亲的妻子，齐国大夫设计灌醉了昭伯，强使其与宣姜同宿。《左传·闵公二年》载："齐人使昭伯烝于宣姜，不可，强之。"

公子顽与宣姜结为夫妇后，宣姜生下三男二女，长子齐子早卒，次子戴公申，三子文公燬，二女分别为宋桓公夫人、许穆公夫人。"生齐子、戴公、文公、宋桓夫人、许穆夫人。"卫国人不满意惠公的行为，至惠公之子懿公时，常常想要懿公失败。最终，卫人立了公子顽的儿子申为国君。《史记·卫康叔世家》载："自懿公父惠公朔之谗杀太子伋代立至于懿公，常欲败之，卒灭惠公之后而更立黔牟之弟昭伯顽之子申为君，是为戴公。"

---

① 杨伯峻：《春秋左传注》，中华书局2000年版，第149页。
② 司马迁：《史记》，中华书局2008年版，第1530页。

齐襄公还多次组织联军伐卫以助卫惠公复位。公元前691年春，"溺会齐师伐卫，疾之也"①；公元前689年冬，鲁庄公"会齐人、宋人、陈人、蔡人伐卫"，齐、鲁、宋、陈、蔡等联军伐卫，目的是"纳惠公也"②。

公元前688年，卫惠公十二年、黔牟八年，卫惠公终于重返卫国。卫惠公得以回国复位的原因，《左传》与《卫康叔世家》记载不太一致。《史记·卫康叔世家》对惠公的复位记载如下：

> 卫君黔牟立八年，齐襄公率诸侯奉王命共伐卫，纳卫惠公，诛左右公子。卫君黔牟奔于周，惠公复立。惠公立三年出亡，亡八年复入，与前通年凡十三年矣。
>
> 二十五年，惠公怨周之容舍黔牟，与燕伐周。周惠王奔温，卫、燕立惠王弟穨为王。二十九年，郑复纳惠王。三十一年，惠公卒，子懿公赤立。③

依《卫康叔世家》所载，齐襄公率联军伐卫助惠公归国复位，是奉周庄王之命进行的，也即周庄王支持卫惠公回国复位。但诸侯联军伐卫，卫国国君黔牟出逃的目的地却是周，周庄王又成为黔牟的收容者。周庄王的立场显得过于矛盾。而根据《左传》记载，则比较合乎逻辑。

《左传·春秋经》载："六年春王正月，王人子突救卫。"这是《春秋经》首次书"救"。卫国遭到齐、鲁、宋、陈、蔡等国攻伐时，周庄王命令周王室的官员名叫子突的救援卫国。《左传·庄公六年》："六年春，王人救卫。夏，卫侯入，放公子黔牟于周，放宁跪于秦，杀左公子洩、右公子职，乃即位。"这里周庄王救援卫国，但未能如愿，随后接纳黔牟的投奔，行为一致。周庄王本就是黔牟的支持者，《公羊传·庄公三年》何休注云："卫朔背叛出奔，天子新立卫公子留。"徐彦《疏》云："《世本》

---

① 杨伯峻：《春秋左传注》，中华书局2000年版，第160页。
② 杨伯峻：《春秋左传注》，中华书局2000年版，第166页。
③ 司马迁：《史记》，中华书局2008年版，第1594页。

及《史记》并有其事。"则公子黔牟亦名留,且为周庄王所支持。①

三 涉足周乱

卫惠公四年时逃亡到齐,在齐八年后返国复位。复位后的卫惠公,其作为屡屡引发卫人侧目。

公元前682年,宋国发生内乱,"宋万弑闵公于蒙泽",宋万的同伙猛获逃到卫国,"宋人请猛获于卫。卫人欲勿与"②。卫惠公一度不想遣返,在卫大夫石祁子劝谏下才同意归还猛获,"得一夫而失一国,与恶而弃好,非谋也"③。若非石祁子进谏,卫惠公也许就会因为一人而得罪一国了。

公元前675年,卫惠公因对周釐王接纳黔牟不满,支持王子颓对抗新继位的周惠王。卫国燕国联军打败周惠王,卫、燕立周惠王的弟弟子颓为王。"卫师、燕师伐周。冬,立子颓。"④

王子颓赶走周惠王后,宴享支持其作乱的五大夫,奏乐及于所有的舞乐,被认为不合乎礼而引发非议。《左传·庄公二十年》载:

> 冬,王子颓享五大夫,乐及徧舞。郑伯闻之,见虢叔曰:"寡人闻之:哀乐失时,殃咎必至。今王子颓歌舞不倦,乐祸也。夫司寇行戮,君为之不举,而况敢乐祸乎?奸王之位,祸孰大焉?临祸忘忧,忧必及之。盍纳王乎!"虢公曰:"寡人之愿也。"

周惠王在周公忌父与召伯廖的护卫下,逃到郑国边境温邑,请求郑国救援。郑厉公支持周惠王,"二十年春,郑伯和王室"⑤。公元前673年,郑厉公联合东虢国,共同讨伐周室作乱的"五大夫","二十一年春,胥命于弭。夏,同伐王城。郑伯将王自圉门入。虢叔自北门入。杀王子颓及

---

① 杨伯峻:《春秋左传注》,中华书局2000年版,第147页。
② 杨伯峻:《春秋左传注》,中华书局2000年版,第192页。
③ 杨伯峻:《春秋左传注》,中华书局2000年版,第192页。
④ 杨伯峻:《春秋左传注》,中华书局2000年版,第213页。
⑤ 杨伯峻:《春秋左传注》,中华书局2000年版,第214页。

五大夫"①。周惠王复位。

卫惠公因支持作乱的王子颓,为卫国带来战祸。卫惠公之子卫懿公当政时,公元前667年,"王使召伯廖赐齐侯命,且请伐卫,以其立子颓也"②。公元前666年,"二十八年春,齐侯伐卫,战,败卫师,数之以王命,取赂而还"③。

遗祸后代的卫惠公,则于公元前669年去世。其子姬赤继位,是为卫懿公。

第五节　懿公好鹤失国及战死

卫懿公名赤,公元前668年即位,在位九年后被狄人所灭,其是卫国第十七位国君。《卫康叔世家》载:"三十一年,惠公卒,子懿公赤立。懿公即位,好鹤,淫乐奢侈。九年,翟伐卫,卫懿公欲发兵,兵或畔。大臣言曰:'君好鹤,鹤可令击翟。'翟于是遂入,杀懿公。"

一　鹤食卿禄

卫懿公即位后,卫国政局并不稳定,"懿公之立也,百姓大臣皆不服"④。但卫懿公不思稳定政局,仍以养鹤为乐,其对鹤的痴迷程度,古今罕见。且常常与鹤为伴,不理朝政。

懿公之鹤的乘车规格,与卿大夫看齐,《左传·闵公二年》:"好鹤,鹤有乘轩者。"并且比照卿大夫的俸禄来喂养鹤,学者汪中《述学·释三九中》云:"谓以卿之秩宠之,以卿之禄食之也。"⑤《吕氏春秋·忠廉》云:"其民曰:君之所予位禄者,鹤也;所富贵者,宫人也。"

卫懿公给予鹤品阶俸禄,筑有宫殿,配有仆从,鹤死则举办有棺有椁的葬礼。甚至让鹤乘坐战车,骑战马,用军需粮草养鹤。

懿公的行为引发卫国广泛担忧。其伯父公子煅(卫惠公的庶兄,公

---

① 杨伯峻:《春秋左传注》,中华书局2000年版,第216—217页。
② 杨伯峻:《春秋左传注》,中华书局2000年版,第237页。
③ 杨伯峻:《春秋左传注》,中华书局2000年版,第238页。
④ 司马迁:《史记》,中华书局2008年版,第1594页。
⑤ 杨伯峻:《春秋左传注》,中华书局2000年版,第265页。

子顽娶宣姜所生，后来的卫文公）知卫必亡，遂出走齐国，"文公为卫之多患也，先适齐"①。《卫康叔世家》云："文公以乱故奔齐，齐人入之。"齐桓公收留了公子燬，并将齐室宗女许配给燬为妻。

二 狄伐邢卫

卫懿公好鹤荒政，民心离散，卫国北部的狄人，则趁机攻卫。

狄人即商代的鬼方、周代的猃狁和犬戎。② 王国维先生认为，狄者，远也，字本作"逖"，《书》称"逖矣西土之人。"《诗》称"舍尔介狄"，皆谓远也。后乃引申之为驱除之于远方之义。③

狄人自周太王时已很强盛，曾威逼太王迁都于岐。周武王统一天下后，周公北击戎狄，中原才得以长治久安。卫国第二代国君康伯髦时，也曾北征狄人，西周时期的青铜器《吕行壶》，其铭文载："唯四月，伯懋父北征，唯还，吕行捷孚兕，用作宝尊彝。"伯懋父即康伯髦，此铭文记载了四月对狄人的一次攻伐。东周时期，狄人部族有赤狄、白狄和长狄三支，其中以"赤狄最强"④。赤狄当时主要活动在太行山两侧，即今河北、山西两省的中部与北部，地势险峻，易守难攻，是卫国的一大劲敌。

公元前662年，"狄伐邢"⑤。邢，姬姓国，周公之子所封，地在今河北省邢台市。次年狄人再伐邢国。顾栋高《春秋大事表》和梁履绳《补释》均认为此狄即赤狄。管仲评价赤狄"戎狄豺狼，不可厌也"⑥，戎狄像豺狼一样贪得无厌，不会满足。

狄人伐邢后，开始攻卫。公元前660年，"冬十二月，狄人伐卫"⑦。

三 亡国于狄

面对狄人的攻击，卫懿公亲自率军迎敌，双方战于黄河北岸的荧泽。

---

① 杨伯峻：《春秋左传注》，中华书局2000年版，第266页。
② 童书业：《春秋史》，上海人民出版社2019年版，第139页。
③ 王国维：《观堂集林（外二种）》，河北教育出版社2001年版，第382页。
④ 顾栋高：《春秋大事表》，中华书局1993年版，第2195页。
⑤ 杨伯峻：《春秋左传注》，中华书局2000年版，第251页。
⑥ 杨伯峻：《春秋左传注》，中华书局2000年版，第256页。
⑦ 杨伯峻：《春秋左传注》，中华书局2000年版，第265页。

卫懿公命令渠孔为其驾驭战车，子伯为车右，黄夷为前锋，孔婴齐指挥后军。

或许是预感到可能败于狄人。战前，卫懿公将夫人托付给石祁子和宁庄子，并分赠二人玉玦和箭矢，令其留守并代替自己决断国家大事。"与石祁子玦，与宁庄子矢，使守，曰：'以此赞国，择利而为之。'与夫人绣衣，曰：'听于二子！'"[1]

战斗中，卫懿公表现出较为勇敢的一面，始终不去掉自己的旗帜，"及狄人战于荧泽，卫师败绩，遂灭卫。卫侯不去其旗，是以甚败。"[2] 最终卫懿公战死疆场，卫国被狄人所灭。因其在战争中的表现，懿公死后获谥号"懿"，"温柔圣善曰'懿'"[3]。

卫国此次败于狄人，最大的原因应是懿公好鹤而失去民心。

战前，懿公进行战斗动员时，即有士兵嘲讽："使鹤！鹤实有禄位，余焉能战？"[4]

卫国战败的另一个原因是，卫人对懿公及其父惠公的憎恨。卫惠公帮其父卫宣公，合谋杀害卫太子伋。为夺国君之位，而残害自己哥哥的行为，在卫人心中隐藏着一股怨气。"自懿公父惠公朔之谮杀太子伋代立至于懿公，（卫人）常欲败之。"[5] 清人马骕认为："卫宣公纳妇而受国于惠，则淫乱者之可以享国也。惠公夺嫡而传位于懿，则是妄立者可以长世也。卫人之恶惠公而怜急、寿久矣，恶惠公则不愿懿公有国，急、寿无后，则凡可以立为君者，无不可以代懿公也。"[6] 文中急即太子伋，卫人追念太子伋和公子寿，加之卫懿公即位后仍不勤修国政，以致百姓宁可亡国，亦不愿为之出战。

卫懿公战死后，卫人纷纷逃离卫都朝歌，狄人则沿路追杀。等到宋桓公率军来救，"宋桓公逆诸河，宵济"[7]，发现朝歌的民众死伤惨重，"卫

---

[1] 杨伯峻：《春秋左传注》，中华书局2000年版，第265页。
[2] 杨伯峻：《春秋左传注》，中华书局2000年版，第265—266页。
[3] 黄怀信：《逸周书校补注译》，西北大学出版社1996年版，第291页。
[4] 杨伯峻：《春秋左传注》，中华书局2000年版，第265页。
[5] 司马迁：《史记》，中华书局2008年版，第1594页。
[6] 马骕：《绎史》，中华书局2002年版，第998页。
[7] 杨伯峻：《春秋左传注》，中华书局2000年版，第266页。

之遗民男女七百有三十人"①，加上共、滕两邑的百姓也不过五千人。卫人第一次体验了灭国之痛。

四 复国迁都

卫懿公战死后，卫人以曹邑（今河南省滑县古城附近）为临时的居所，"立戴公以庐于曹"②，立了昭伯顽与宣姜的儿子申为君，是为卫戴公。卫戴公是卫宣公的孙子，卫国的第十八位国君。

从约公元前1042年康叔封卫，到公元前660年卫懿公亡国，卫国在朝歌共建都382年。被狄人攻灭后，不得已将曹邑作为逃难之所。

是时，齐桓公以霸主的身份召集诸侯国城楚丘以救卫，并派遣公子无亏帮助卫国戍守曹地，"使公子无亏帅车三百乘、甲士三千人以戍曹"③。并送了大量的物资帮助卫国重建，"归公乘马，祭服五称，牛、羊、豕、鸡、狗皆三百与门材。归夫人鱼轩，重锦三十两"④。

卫戴公在位不久去世，"戴公申元年卒"⑤。流亡在齐的公子燬在齐桓公的支持下回国继位，"齐桓公以卫数乱，乃率诸侯伐翟，为卫筑楚丘，立戴公弟燬为卫君，是为文公"⑥。翟即狄。卫文公在诸侯的帮助下于楚丘建立新都，正式复国。公元前659年，"齐桓公迁邢于夷仪。二年，封卫于楚丘"⑦。楚丘，卫地，在今河南省滑县东，是春秋卫国迁都中的都城之一。

卫国的这次灭国，间接地催生了中国第一位女诗人的诞生，那就是远嫁许国的许穆夫人。许穆夫人闻听卫国被狄人所灭，懿公战死，悲痛万分。当再次听到哥哥卫戴公病死的消息，其毅然决定回去救国。许侯和许国大夫阻止许穆夫人回国，派车追赶。许穆夫人激愤之下，作《载驰》一诗：

---

① 杨伯峻：《春秋左传注》，中华书局2000年版，第266页。
② 杨伯峻：《春秋左传注》，中华书局2000年版，第267页。
③ 杨伯峻：《春秋左传注》，中华书局2000年版，第267页。
④ 杨伯峻：《春秋左传注》，中华书局2000年版，第267—268页。
⑤ 司马迁：《史记》，中华书局2008年版，第1594页。
⑥ 司马迁：《史记》，中华书局2008年版，第1594页。
⑦ 杨伯峻：《春秋左传注》，中华书局2000年版，第273页。

载驰载驱，归唁卫侯。驱马悠悠，言至于漕。大夫跋涉，我心则忧。

既不我嘉，不能旋反。视尔不臧，我思不远。既不我嘉，不能旋济。视尔不臧，我思不閟。

陟彼阿丘，言采其蝱。女子善怀，亦各有行。许人尤之，众稺且狂。

我行其野，芃芃其麦。控于大邦，谁因谁极？

大夫君子，无我有尤。百尔所思，不如我所之。①

许穆夫人的《载驰》，展现了其对卫侯和卫国的强烈热爱。这为卫国向大国国君齐桓公求援，最终复国，发挥了重要作用。

亡于狄人的卫国，不仅丢失了大半国土，还失去了大量赖以作战的军队和民众。

卫初封时，殷商故地（今安阳、新乡地区）均为卫之国土，周"分康叔以大路、少帛、綪茷、大旂，殷民七族，陶氏、施氏、繁氏、锜氏、樊氏、饥氏、终葵氏；封畛土略，自武父以南及圃田之北竟，取于有阎之土以共王职；取于相土之东都以会王之东蒐。聃季授土，陶叔授民，命以《康诰》而封于殷虚。皆启以商政，疆以周索"②。此次灭国后，卫国领土只剩下"相土之东都"（今河南省东北部和山东省西部一部分）。

军队方面，被狄人追杀的卫军，一度只剩"革车三十乘"③。卫国国人数大量减少，收了共、滕两地之民后，也仅有五千人，国人在春秋时期是各诸侯统治的基础，是军队的主要来源，国人的大量减少对卫国影响甚大。加上失去都城朝歌，卫国的国际地位随之急剧下降。

---

① 程俊英：《诗经译注》，上海古籍出版社2006年版，第77—78页。
② 杨伯峻：《春秋左传注》，中华书局2000年版，第1537—1538页。
③ 杨伯峻：《春秋左传注》，中华书局2000年版，第273页。

第 六 章

春秋中期的中兴

狄人灭卫，震动中原诸国，宋桓公、齐桓公均积极出兵助卫。齐桓公十年间率领诸侯先后两次为卫国筑楚丘之城。在诸侯国的帮助和卫人自身的努力下，卫国国力迅速恢复。卫文公即位后，励精图治，轻徭薄赋，卫国逐渐走出灭国的伤痛，国家呈现出中兴之象。对外方面，卫国积极参与中原诸国的联合行动，如在齐桓公的号召下，卫国与齐、鲁、宋、陈、郑、许、曹等组成联军讨伐楚国，遏制了楚国向中原地区扩张的势头。

第一节 诸侯存卫及卫都楚丘

卫国之所以能够复国，除其自身的影响力和韧性外，中原诸侯的帮助是重要的外在因素。宋桓公因夫人为宣姜之女，积极带兵救卫。与卫国关系深厚的齐桓公，则带领诸侯联军攻伐狄人。为安定卫国，中原诸侯两次协助卫国营建新都楚丘。经过一段时间的休养生息，卫国再次具备独立对抗狄人的能力。公元前642年，邢国与狄联合攻卫，卫国独自击退邢狄联军。公元前641年，卫文公还率军讨伐邢国。

一 齐国施援

卫懿公战死后，戴公申继位，戴公是卫宣公之孙，卫国第十八位国君。戴公即位不到一年去世。齐桓公随后立戴公的弟弟燬为卫国国君，是为卫文公。为安定卫国，齐桓公率诸侯讨伐狄人，并为卫国修筑楚丘作为都城。至此，因卫宣公夺妻太子伋而引发的卫国政局动荡，逐渐平息。

在卫国复国过程中，齐国给予了很大帮助。齐桓公带领诸侯国攻伐狄人，且使公子无亏率领军队戍曹，解卫国之围。公元前658年，齐桓公提议在楚丘为卫国筑城立庙，把卫国都城迁至于此，谓之"封卫"。

与卫国同时被狄人所灭的还有邢国。《左传·闵公二年》载："僖之元年，齐桓公迁邢于夷仪。二年，封卫于楚丘。"封卫之事由齐桓公主导。孔疏："封者，聚土之名也。天子之建诸侯，必分之土地，立其疆界，聚土为封以记之，故建国谓之封国。卫是旧国，今云封者，以其君死国灭，更封建之，故云封也。"齐桓公在楚丘为卫建都，以封卫，帮助卫国复立；又把邢国迁在夷仪。齐桓公以霸主的身份同时复立了两个灭国，卫国和邢国，使"邢迁如归，卫国忘亡"。其中"如归"，也是我国后代"宾至如归"成语的蓝本。

《管子·霸形》载："于是桓公'诺'，因命以车百乘、卒千人以缘陵封杞；卒千人以夷仪封邢；车五百乘、卒五千人以楚丘封卫。"齐桓公封杞、封邢、封卫，安定了因狄人入侵而陷于混乱的中原局势。

在齐桓公的带领下，诸侯在楚丘为卫国建了一座城，《左传·僖公二年》："诸侯城楚丘而封卫焉。"

《史记·卫康叔世家》相关记载如下：

> 戴公申元年卒。齐桓公以卫数乱，乃率诸侯伐翟，为卫筑楚丘，立戴公弟燬为卫君，是为文公。文公以乱故奔齐，齐人入之。
>
> 初，翟杀懿公也，卫人怜之，思复立宣公前死太子伋之后，伋子又死，而代伋死者子寿又无子。太子伋同母弟二人：其一曰黔牟，黔牟尝代惠公为君，八年复去；其二曰昭伯。昭伯、黔牟皆已前死，故立昭伯子申为戴公。戴公卒，复立其弟燬为文公。

太子伋无过错却被其父卫宣公杀害，卫人感念其事，拥立其同母弟弟黔牟即位卫君八年。此后，太子伋另一个同母弟弟昭伯（即公子顽），所生三子二女，亦多有功于卫，一子为卫戴公，另一子为卫文公。二女一为宋桓公夫人，一为许穆公夫人，在卫国倾覆之际，均致力于奔走复国。

二 营建楚丘

卫国迁都的楚丘，在今滑县东八里营乡冢上村北4里许。《淇县志》

载：卫文公迁都楚丘后，"居29年，至成公。"

《诗经·鄘风·定之方中》描写了卫文公迁都楚丘后修筑宫室的事迹，或许基于卫人的自尊，此诗中未提及诸侯的帮助。诗作如下：

> 定之方中，作于楚宫。揆之以日，作于楚室。树之榛栗，椅桐梓漆，爰伐琴瑟。
> 升彼虚矣，以望楚矣。望楚与堂，景山与京。降观于桑，卜云其吉。终焉允臧。
> 灵雨既零，命彼倌人。星言夙驾，说于桑田。匪直也人，秉心塞渊。騋牝三千。

第一段叙述了卫文公率人修筑宫室的过程。黄昏时定星出现在正南方，卫文公率领人们秩序井然地建筑宫室宗庙。宫室宗庙建好后又建马圈车库、房屋居室；随后种植各种树木，为将来用之制作琴瑟。第二段则是追述卫文公率人在楚丘卜测建筑的过程。登上曹邑废弃的宫室，沿着楚丘的地势眺望，观遍远山与近岗。又到低处看桑田水土，占卜的卦辞很吉祥，宫址选得很合适。第三段从细微处着手，展现卫文公重视农耕、亲往劝耕督种的明君特质。黎明时分天时变化，由雨转晴，文公忙起身前往桑田，观察蚕桑的长势。最后三句是全篇的概览，介绍由于卫文公的励精图治，卫国由弱转强，日臻兴旺。

此次筑城十年后，诸侯又一次协助卫国筑城。

公元前648年，诸侯"城卫楚丘之郛，惧狄难也"[1]。郛即郭，外城。孔疏云："卫以二年迁于楚丘，诸侯为之筑其城，至此为之筑其郛。"[2] 中原诸侯第一次为卫国筑了内城，以防备狄人的进攻，十年后又为卫国修筑了外城。齐桓公妥善周到的安排，使卫国人很快摆脱了亡国之痛，努力休养生息，史家称为"卫国忘亡"[3]。卫人非常感谢齐桓公对卫复国建国的帮助，作《木瓜》以歌颂之。

---

[1] 杨伯峻：《春秋左传注》，中华书局2000年版，第340页。
[2] 杨伯峻：《春秋左传注》，中华书局2000年版，第340页。
[3] 杨伯峻：《春秋左传注》，中华书局2000年版，第273页。

投我以木瓜，报之以琼琚。匪报也，永以为好也。
投我以木桃，报之以琼瑶。匪报也，永以为好也。
投我以木李，报之以琼玖。匪报也，永以为好也。

《诗经·卫风·木瓜序》云："《木瓜》，美齐桓公也。卫国有狄人之败，出处于漕。齐桓公救而封之，遗之车马器服焉。卫人思之，欲厚报之而作是诗也。"全诗表达了对齐桓公助卫的感激之情。

齐桓公是中国历史上一位著名国君，春秋五霸之首。他是齐僖公的庶子，名小白。齐桓公即位后，以民为本、选贤任能、纳谏如流，任命管仲为相整顿内政，在政治、经济、军事等领域展开了大刀阔斧式的改革，很快齐国就达到了国富民强。外交上，齐桓公兴灭国，继绝嗣，尊王攘夷，支持小国。如，封卫于楚丘，迁邢于夷仪，恢复两个被狄人灭掉的诸侯国，先后"九合诸侯，一匡天下"，成为春秋五霸中的首位霸主。

齐桓公之所以给予卫国这么大的帮助，在于他和卫国国君家族之间有着一定的血缘关系。《左传·昭公十三年》载："齐桓，卫姬之子也，有宠于僖。"齐桓公母亲是卫国人，并且有宠于齐僖公。另外，六名替齐桓公生下子嗣的夫人及宠妾中，有两位出生于卫国。《左传·僖公十七年》载："齐侯之夫人三，王姬、徐嬴、蔡姬，皆无子。齐侯好内，多内宠，内嬖如夫人者六人：长卫姬，生武孟；少卫姬，生惠公；郑姬，生孝公；葛嬴，生昭公；密姬，生懿公；宋华子，生公子雍。"由此记载可知，齐桓公一生最为重要的七名女性中，三位是卫国人；这应该是齐桓公之所以会在他称霸的过程中给予卫国许多优待、帮助的重要原因之一。公元前675年，卫惠公协助周王子颓叛乱，当时已是春秋霸主的齐桓公采取了忽视态度；公元前660年，卫国被狄灭国后，齐桓公不但提供大量的物资协助，还派公子无亏率兵帮助卫国复国，这些恐怕都是出于血缘关系上的考量。

在诸侯的帮助下，加上卫文公等卫国君臣的励精图治，卫国国力逐渐提升，呈现中兴之势。

公元前642年，邢国与狄合兵攻卫，卫文公率军迎敌。"邢人、狄人伐卫，围菟圃。卫侯以国让父兄子弟。及朝众，曰'苟能治之，燬请从焉。'众不可，而后师于訾娄。"① 卫人在卫文公的带领下，陈师訾娄，击退邢狄联军。

公元前641年，卫文公讨伐邢国。《左传·闵公二年》载："卫文公大布之衣，大帛之冠，务材训农，通商惠工，敬教劝学，授方任能。元年革车三十乘；季年乃三百乘。"国力迅速恢复之下，卫文公主动出击，对邢国采取军事行动。卫人作《定之方中》以颂扬卫文公。

第二节　卫文公与卫国中兴

卫文公即位后，勤于政务，注意与民休养，轻徭薄赋加上励精图治，卫国逐渐走出灭国的伤痛，呈现出中兴之象。同时，卫国积极参与中原诸国的联合行动，如在齐桓公的号召下，卫国与齐、鲁、宋、陈、郑、许、曹等组成联军讨伐楚国，遏制了楚国向中原地区扩张的势头。

一　对内轻赋休养

卫文公于危难之中即位，深知卫国复国的不易，对内勤于政事，注重减轻百姓赋税，慎用刑罚，并亲自在一线参与劳动。如在营建楚丘时即身先士卒，与百姓同甘共苦。其所作所为，不输于卧薪尝胆的越王勾践，国君率先垂范，成为卫国中兴的重要因素。

《史记·卫康叔世家》有相应记载：

"文公初立，轻赋平罪，身自劳，与百姓同苦，以收卫民。"

经过努力，卫国经济恢复较快，文公元年时，还只有革车三十乘，且是大国相赠，到了文公季年，革车已达到三百乘。

卫国国力能够迅速恢复的另一重要因素，是卫人强烈的国家意识。以卫文公的妹妹许穆公夫人为例，虽远嫁他国，听闻卫国有难，不顾女儿之身，当即驾车意欲回国效力。"载驰载驱"，一方面是准备吊唁逝者以安抚民众；另一方面则是要"控于大邦"，寻求大国帮助。卫文公的另一个妹妹宋桓公夫人，虽然史料未记载其直接作为，但其夫君宋桓公在危难之时，率军在黄河边接应卫国溃败余众，为稳定卫国军心民心作出一定

---

① 杨伯峻：《春秋左传注》，中华书局2000年版，第378页。

贡献。

鉴于卫国此一时期国君之间的关系较为复杂。为便于理解，整理图示如下：

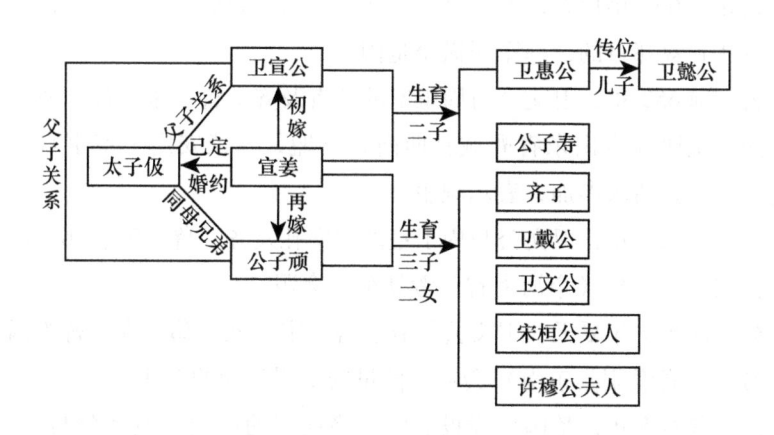

```
                        ┌─────初嫁────→┌──卫宣公──┐ 生育    ┌──卫惠公──┐ 传位   ┌────┐
                 父子关系│已定          │          │ 二子    │          │ 儿子   │卫懿公│
            ┌──太子伋  ←婚约── 宣姜    │          │        └──公子寿──┘       └────┘
   父子关系 │          │              │          │
            │          │再嫁          │          │        ┌──齐子────┐
            │          └─────→  公子顽─┘          │ 生育   │          │
            └──同母兄弟                            └──────→│ 卫戴公   │
                                                   三子    │          │
                                                   二女    │ 卫文公   │
                                                           │          │
                                                           │宋桓公夫人│
                                                           │          │
                                                           └许穆公夫人┘
```

二　对外多次会盟

卫国复国得益于诸侯的帮助，所以卫文公对中原诸侯国的多个集体军事行动，参与的积极性都比较高，多次与齐、鲁、宋、郑、陈等诸侯国会盟。卫国的外部环境逐渐好转。

外部环境好转亦有姻亲方面的因素。卫文公的母亲，为齐僖公之女宣姜，宣姜的哥哥中有两位做了国君：齐襄公、齐桓公。从姻亲关系分析，齐襄公和齐桓公两人，既是卫惠公的舅舅，也是卫戴公和卫文公的舅舅。卫文公的两位妹妹，一位为宋桓公夫人（有史料称，其生下宋襄公后遭弃归卫，《诗·卫风·河广》为其所作）；另一位为许穆公夫人。所以勤勉的卫文公，其在诸侯中的支持力量相当雄厚。

公元前656年春天，在齐桓公的号召下，卫文公与齐、鲁、宋、陈、郑、许、曹等诸侯国君会合，共同率军攻打蔡国，蔡军溃败。诸侯联军随之讨伐楚国，楚成王派遣屈完抵达诸侯联军驻地。随后楚国与中原诸侯订立盟约，此次盟约在一定程度上遏制了楚国北向的势头。

公元前656年12月，卫文公派兵与齐、鲁、宋、郑、许、曹等国攻打陈国。

公元前655年，卫文公和齐、鲁、宋、陈、郑、许、曹等诸侯国君，与周惠王太子郑在首止（今河南省商丘睢县东南）相会。

公元前654年夏天，卫文公等诸侯国君因郑国国君郑文公没有参加首止之盟，联合出兵讨伐郑国，包围了郑国的新密。

公元前654年秋天，卫文公等诸侯国君派兵救援许国，攻打许国的楚成王见达到救郑目的，率军回撤至楚国。

公元前652年，卫文公与周王室的使者及齐、鲁、宋、许、曹、陈等诸侯国在洮地（今山东省鄄城县西南）会盟，商谈安定王室事宜。此次会盟，郑文公请求参加，表示顺服。

公元前651年，卫文公与周王室的太宰孔及齐、鲁、宋、郑、许、曹等诸侯国君在葵丘（今河南省兰考县东）会盟。

公元前647年夏天，卫文公与齐、鲁、宋、陈、郑、许、曹等国在咸地（今河南省濮阳县东南）会见，商量安定周王朝的办法。

公元前645年，楚国攻伐投靠中原诸侯国的徐国。卫文公与齐、鲁、宋、陈、郑、许、曹等中原诸侯国国君在牡丘（今山东省聊城市东北）重温葵丘盟约，并派兵救援徐国。

公元前644年，卫文公与齐、鲁、宋、陈、郑、许、邢、曹等诸侯国君在淮地（今江苏省盱眙县境内）盟会，商量如何救援被淮夷侵凌的鄫国，以及出兵东方的事宜。

卫文公在位二十余年间，密集参与中原诸侯国的会盟及对外征伐，提升了卫国因灭国而滑落的国际地位。其去世后，莒、鲁这两个积怨甚久的诸侯国，邀请卫成公调停两国之间的矛盾，足以证明此一时期卫国国际影响力的提升幅度。《左传·僖公二十五年》载："卫人平莒于我，十二月，盟于洮，修卫文公之好，且及莒平也。"

卫文公的内外政策，使卫国重新受到中原诸侯的信任和尊重，其本人也因此确立了卫国中兴之主的历史地位。

三　卫文公与入齐为患的卫公子开方不是一人

对于卫文公，史家较有争议的地方是其与卫公子开方是否为同一人。

根据《清华简》[①]记载，"周惠王立十又七年，赤翟王峁嗥起师伐卫，

---

① 李学勤主编：《清华大学藏战国竹简（贰）》，中西书局2011年版。

大败卫师于荧，幽侯灭焉。翟遂居卫，卫人乃东涉河，迁于曹，焉立戴公申，公子启方奔齐。……公子启方焉，是文公。"

卫文公原名启方，后改作燬，父亲是昭伯顽，即公子顽，母亲是宣姜。卫文公改名之事散见于《韩非子》《贾谊新书》。

《韩非子·外储说右下》云："卫君入朝于周，周行人问其号，对曰：'诸侯辟疆。'周行人却之曰：'诸侯不得与天子同号。'卫君乃自更曰'诸侯燬'而后内之。"

《贾谊新书·审微》载："昔者卫侯朝于周，周行问其名，曰：'卫侯辟疆。'周行还之曰：'启疆、辟疆，天子之号也，诸侯弗得用。'卫侯更其名曰燬，然后受之。故善守上下之分者，虽空名弗使逾焉。"

两书中的"辟疆""辟彊""启疆"三种称呼，意义皆与"启方"相同，有开疆辟土之意。之后卫文公改名为燬，其典故来源于《诗经·周南·汝坟》"王室如燬"。《尔雅·释言》"燬，火也"，意思是王室如火如焚，后世多用此句形容国家倾颓。卫文公改名为燬，表明他作为王室后裔，知道王室疾苦，想为王室分忧。这与《左传》记载相似。《左传》中的卫文公，在位期间励精图治，使卫国从亡国中快速恢复，成为卫国历史上的明君之一。

《史记·卫康叔世家》记载："齐桓公以卫数乱，乃率诸侯伐翟，为卫筑楚丘。"但一些典籍中，记载的卫公子开方却是一位佞臣，与《左传》中的中兴之主卫文公启方截然不同，两者之间是怎样的关系呢？相关典籍的记载如下：

（齐桓公）四十一年……管仲病，桓公问曰："群臣谁可相者？"管仲曰："知臣莫如君。"公曰："易牙如何？"对曰："杀子以适君，非人情，不可。"公曰："开方如何？"对曰："倍亲以适君，非人情，难近。"[1]

齐桓公问曰："然则卫公子开方何如？"管仲曰："不可。齐、卫之间不过十日之行，开方为事君，欲适君之故，十五年不归见其父

---

[1] 司马迁：《史记》，中华书局2008年版，第1492页。

母,此非人情也,其父母之不亲也,又能亲君乎?"①

管仲有病,桓公往问之,曰:仲父病,不幸卒于大命,将奚以告寡人?管仲曰:"微君言,臣故将谒之。愿君去竖刁、除易牙,远卫公子开方。"②

今夫卫公子开方,去其千乘之太子,而臣事君,是所愿也得于君者,将欲过其千乘也,君必去之。③

管仲对曰:"愿君之远易牙、竖刀、常之巫、卫公子启方。"……公又曰:"卫公子启方事寡人十五年矣,其父死而不敢归哭,犹尚可疑邪?"管仲对曰:"人之情,非不爱其父也,其父之忍,又将何有于君?"④

史料中的卫公子开方,十五年不归家,甚至父母去世也不回国奔丧,其所作所为非常不合乎天理人情。管仲甚至将公子开方与易牙、竖刁、常巫等人相提,指为佞臣。

就名字而言,《韩非子》《管子》《史记》等书中写作公子开方,《吕氏春秋》中相似事迹则写作公子启方。有学者分析,之所以出现"启方"与"开方"的差异,多半是因为汉人为了避汉景帝刘启的讳,便将文中的"启方"改成了"开方"。

笔者认为,卫文公与卫公子开方实为两人。

其一,卫文公奔齐后不久即返国,还参与营建卫国新都楚丘。卫文公未即位之前,的确因卫国之乱而奔齐。《史记·卫康叔世家》载:"戴公弟燬为卫君,是为文公。文公以乱故奔齐,齐人入之。"卫国失国之乱期间,公子燬即后来的卫文公奔齐。齐桓公率诸侯复立卫国,立公子燬为卫文公,帮助营建卫国的新国都楚丘,事情发生于公元前658年。此时卫文公已在卫国即位。

其二,依据《韩非子集解》《管子》等史料,卫公子开方则是居齐十

---

① 王先慎:《韩非子集解》,中华书局2003年版,第73—74页。
② 王先慎:《韩非子集解》,中华书局2003年版,第351页。
③ 李山:《管子》,中华书局2016年版,第163页。
④ 张双棣、张万彬、殷国光、陈涛:《吕氏春秋译注》,北京大学出版社2009年版,第432—433页。

五年不返，并且在齐桓公死后参与齐国内乱。《史记·齐太公世家》载："晋文公立十年，（齐）孝公卒。孝公弟潘因卫公子开方，杀孝公而立潘，是为昭公。昭公，桓公子也，其母曰葛嬴。"齐桓公死于公元前643年，此时卫公子开方仍在齐国，而多数史料显示，卫文公已于公元前658年归国即位。

由此可见，卫文公与为祸齐国的卫公子开方，并非同一人。

四 无礼于流亡者重耳

卫国中兴之主卫文公，对外交往中的一大败笔，即是无礼对待晋国流亡公子重耳。此举给卫国带来一系列祸患。

公元前655年，重耳因受骊姬之乱的波及被迫流亡。公元前644年，重耳流亡至卫国。卫国当时正与邢、狄两方不和，重耳从狄地至卫，加上重耳本身有狄人血统，其母亲即为狄人。卫文公于是未给重耳以应有的礼遇。《国语·晋语四》载："（重耳）过卫，卫文公有邢、狄之虞，不能礼焉。"《史记·卫康叔世家》载："十六年，晋公子重耳过，无礼。"

重耳走到卫地五鹿时，因饥饿而向当地人讨要食物，结果当地人"盛土器中进之"[1]，用器皿装着土送给重耳，重耳大怒。

当流亡者重耳归晋成为晋文公后，报复随之而来。

公元前633年，楚成王率楚军及陈、蔡、郑、许联军攻宋。公元前632年，晋文公以救宋之名要求过境卫地，此时卫国的国君为卫成公，其拒绝了晋国的要求。晋军只好绕道救宋。随后晋国向卫国征调军队，卫国大夫准备答应，但卫成公又拒绝，引发卫国大夫的不满。《史记·卫康叔世家》载："大夫元咺攻成公，成公出奔。晋文公重耳伐卫，分其地予宋，讨前过无礼及不救宋患也。"卫成公出奔两年后，请求周襄王疏通其与晋文公的紧张关系，期望重新回到卫国。但晋文公借机让人给卫成公下毒，卫成公贿赂了主管下毒的人，下毒者减少毒药的剂量，卫成公才得以不死。随后周襄王出面说情，晋文公最终同意卫成公返国。卫成公返国后，诛杀大夫元咺，逼迫已是卫国国君的公子瑕出逃，自己重掌卫国。

卫文公"无礼"于重耳，以致遗祸后代。但卫文公此举并非孤例，

---

[1] 司马迁：《史记》，中华书局2008年版，第1657页。

姬姓诸侯普遍如此。晋国作为姬姓国家，重耳的爷爷本是晋国的曲沃武公，其杀死晋侯缗，通过贿赂周僖王而成为晋国国君，是为晋武公。重耳的父亲晋献公，"并国十七，服国三十八"。重耳的母亲，则为狄人。凡此种种，对姬姓诸侯的传统观念应当是造成了不小冲击，于是其群体对重耳以异类视之。这些姬姓诸侯最终均遭到晋文公报复。如，对重耳"薄而观之"① 的曹共公，被晋文公"入曹，执曹伯"②。对"亦不礼焉"③ 的郑文公，晋文公联合秦国"围郑"④。反之，那些礼遇重耳的异姓诸侯，在晋文公当政时都不同程度得到了晋国的帮助。宋襄公在重耳流亡时"赠之以马二十乘"⑤，晋文公"率齐、秦伐曹、卫以救宋"⑥。楚成王厚待重耳并"飨之"，之后晋楚城濮之战时，晋文公要求晋军"退避三舍"。秦穆公纳女五人给重耳，并扶持其归国即位，晋文公时秦晋之间维持了多年的友好关系。

卫文公无礼于流亡者重耳，使得正处于上升期的卫国，连受晋国打击，从而迟滞了国家发展。卫国逐渐退出大国竞合的舞台，沦为强权仆从。

第三节　狄卫矛盾

在中国传统民族地理思想中，最有影响的理论莫过于"华夷五方格局论"了。这一理论的核心是将天下民族按种类及方位分为"中夏、东夷、西戎、北狄、南蛮"五大集团，成书于西汉时期的儒家典籍《礼记·王制》对这一理论进行了系统而全面的阐述："中国、戎夷五方之民，皆有性也，不可推移。东方曰夷，被发文身，有不火食者矣；南方曰蛮，雕题交趾，有不火食者矣；西方曰戎，被发衣皮，有不粒食者矣；北方曰狄，衣羽毛穴居，有不粒食者矣。中国、夷、蛮、戎、狄，皆有安

---

① 杨伯峻：《春秋左传注》，中华书局2000年版，第407页。
② 杨伯峻：《春秋左传注》，中华书局2000年版，第448页。
③ 杨伯峻：《春秋左传注》，中华书局2000年版，第408页。
④ 杨伯峻：《春秋左传注》，中华书局2000年版，第478页。
⑤ 杨伯峻：《春秋左传注》，中华书局2000年版，第408页。
⑥ 徐元诰：《国语集解》，中华书局2002年版，第354页。

居，和味，宜服，利用，备器。五方之民，言语不通，嗜欲不同，达其志，通其欲，东方曰寄，南方曰象，西方曰狄鞮，北方曰译。"[1]

受此理论影响，卫国与北部的狄人之间，长期处于敌对状态。

一 春秋狄族

春秋时期，中国境内不同民族的活动地域呈现出较为复杂的局面。中原诸侯以自我为中心，将周边民族按四个方位划分为"东夷、西戎、北狄、南蛮"，此为泛称，并没有精密的分界线。事实上，彼时的西方、北方的民族，大抵处于游牧状态，亦有向中原地区游徙之族。

中国史书中，对北方民族的称谓或戎或狄。其中，狄族居住在北方，统称北狄，分为赤狄、白狄、长狄三部，还有一些零星的狄人部落，《左传》称之为"众狄"或"群狄"，大部分居住在今山西境内。春秋时灭亡卫国的就是赤狄一部。赤狄是北狄诸部落中人数最多、实力最强、影响最大的部落集团。《清华简·系年》简文第四章曰："周惠王立十又七年，赤翟王峊虡起师伐卫，大败卫师于睘，幽侯灭焉。"[2] 明确记载赤狄一部灭亡了卫国。

多位学者认为赤狄源于商周时期的鬼方。如，陈梦家先生提出"春秋时期的赤狄即殷代的鬼方"[3]。童书业先生认为："狄就是商代的鬼方，周代的猃狁和犬戎，《易经》上说商王武丁领兵伐鬼方，一打打了三年，才把他们克服。打一处仗要用三年功夫，在古代真是一个极大的战争了。古书上又记周王季伐西落鬼戎，俘获了二十个翟王；西落鬼戎就是鬼方。打一次仗就俘获了二十个王，又可见鬼方部族的强大。"[4] 西周早期，周康王时隗姓赤狄的祖先鬼方曾与周人发生过大规模战争。周初的《小盂鼎》铭文："伐鬼方……俘人万三千八十一人，俘（马）□□匹，俘车卅辆，俘牛三百五十五……"周人在此役大获全胜，从俘获可以看出当时的鬼方人数众多。西周末年，地处太行山区的鬼方民族逐渐发展成为赤狄

---

[1] 杨天宇：《礼记译注》，上海古籍出版社2004年版，第155页。
[2] 李学勤主编：《清华大学藏战国竹简》，中西书局2011年版，第144页。
[3] 陈梦家：《殷虚卜辞综述》，中华书局1988年版，第276页。
[4] 童书业：《春秋史》，上海人民出版社2019年版，第139页。

部落。公元前774年，史伯答郑桓公问时，分析了洛邑周围的形势，指出了赤狄诸部落的地理分布。"当成周者……北有卫、燕、狄、鲜虞、潞、洛、泉、徐、蒲，西有虞、虢、晋、隗、霍、杨、魏、芮"①。韦昭注云："潞、洛、泉、徐、蒲，皆赤狄，隗姓也。"王国维先生曾论证史伯所列成周之西的隗国即是"怀姓九宗"，亦属赤狄部族。②由以上分析可知，早在商周时期，太行山区便居住着鬼方民族，他们在这里繁衍生息，成为赤狄民族的直接来源。

王玉哲先生考证，"春秋时隗姓之赤狄既为鬼方之后"③。王国维先生认为，鬼、隗为一音之转，隗姓即鬼姓④。中国古代文献中多有赤狄为隗姓的记载。《国语·周语》韦昭注云："狄，隗姓也。"赤狄为隗姓，亦可见于其与华夏族之间的通婚。如，晋文公、赵衰娶赤狄廧咎如氏之女季隗、叔隗⑤；周襄王以赤狄女隗氏为后⑥等。

春秋早期，仍有鬼方的称呼。梁伯戈《商周青铜器铭文暨图像集成·17186》铭文曰："梁伯作宫行元用，抑鬼方蛮抑攻方。"此处的鬼方加一"蛮"字，这是周人对没有臣属周王朝的鬼方人的蔑称。周代之梁有两个，一个在今陕西韩城附近；另一个在今河南开封附近。这里的梁伯应是山西境内的嬴姓梁氏宗子。鬼方主要分布在晋南与晋东南⑦，与此梁隔河相望，地缘较近。戈铭中的"鬼方蛮"应是后来为祸中原的赤狄一部。考之文献，春秋初期与梁为邻者，可能是廧咎如。有学者考证，廧咎如起初居于晋邦西边，后来才东迁到今河北魏县、元城一带⑧。廧咎如本来居住在晋南的沿河地带，涉河攻击西岸的梁氏也是情理中的事。梁伯戈是梁伯的兵器，他可能亲自参与了打击鬼方蛮的战斗。从嬴姓梁氏春秋后期才被秦所灭的情况看，梁伯应是在此役中打败了鬼方蛮和攻方。

公元前771年，西周败亡，平王东迁。广大西部和中部地区出现政治

---

① 徐元诰：《国语集解》，中华书局2002年版，第460页。
② 王国维：《观堂集林》，河北教育出版社2003年版，第299页。
③ 王玉哲：《古史集林》，中华书局2002年版，第306页。
④ 王国维：《观堂集林》，河北教育出版社2003年版，第342页。
⑤ 杨伯峻：《春秋左传注》，中华书局2000年版，第405页。
⑥ 杨伯峻：《春秋左传注》，中华书局2000年版，第425页。
⑦ 王玉哲：《古史集林》，中华书局2002年版，第289—308页。
⑧ 马长寿：《北狄与匈奴》，生活·读书·新知三联书店1962年版，第5页。

真空地带，诸多民族在这些地方发展起来。其中，狄族"以今山西、陕西两省为根据地，势力一直到达了河北、河南和山东"①。春秋初期只有一些零星的外族入侵中原，但很快被击退了，并没有给中原带来多大的危害。到了春秋中期，赤狄开始对中原大规模的侵扰，公元前662年，首先攻打邢国，两年后，灭卫，灭温，攻齐、鲁、郑。甚至威胁到成周安全。中原诸侯奋起抵抗，齐桓公趁时以"尊王攘夷"为号召，成为春秋霸主。以致孔子称誉，"微管仲，吾其被发左衽矣"②。

齐桓公虽阻止了狄族势力进入黄河以南，但仅能迁邢于夷仪，封卫于楚丘，狄人仍然保有相当实力。

鬼方的人数本来就很庞大，小盂鼎铭文的记载充分证明了这一点。由于长期受周人的压迫遏制，力量比较分散。西周末年到春秋初期，周王室的衰落给赤狄造就了发展的契机。同时，中原地区的部分族群，因种种原因也可能融入赤狄。如晋国的媿姓贵族，其在曲沃并晋时支持晋国旧公室，曲沃武公成为晋侯后，怀（媿）姓九宗的显赫地位随之失去。此后晋国的重要政治活动，几乎看不到媿姓贵族参加。当时政治斗争中失败的贵族，往往会选择逃亡，一般是举族而走。如果媿姓族人逃亡，邻近晋国的赤狄是其重要选项。

二 狄卫战争

狄卫之间的战争，自康叔封国于卫之时已经存在。卫国第二代国君康伯髦时，也曾北征狄人，西周青铜器《吕行壶》铭文"伯懋父北征"讲的即是康伯髦对狄人的一次攻伐。

卫懿公时，卫国政局混乱，狄人趁机南下灭卫。随后卫国虽然复国，但国力严重下滑。公元前650年，卫国收留遭狄人灭国的温国国君。公元前648年，中原诸国为协助卫国对抗狄人，在卫都楚丘修筑城墙，目的即是防御狄人。

公元前643年，主张抗狄的齐桓公去世。齐国陷入诸子争位的政治纷争，卫、宋、曹、邾四国联军协助太子昭继位，是为齐孝公。但齐孝公继

---

① 童书业：《春秋史》，上海人民出版社2019年版，第140页。
② 张燕婴：《论语》，中华书局2007年版，第214页。

位后,齐国选择与狄人结盟,其间宋齐之战时,狄人即前往救齐,"五月戊寅,宋师及齐师战于甗。齐师败绩。狄救齐"①。

齐人与狄人结盟后,卫国北部边境的形势再度紧张。公元前642年年底,狄人联合邢国,攻击卫国的菟圃(今河南省长垣县境内),卫文公在战前以让出国君之位的表态进行战前动员,成功激发卫人对卫文公的不舍和御敌斗志,卫国击退邢狄联军。

第四节 邢卫战争

邢国是商周时期的古国,商代即为侯国。西周时期,周成王封周公旦第四子姬苴于邢国。邢国最初与卫国一样,经常与狄人作战。春秋时期,邢国在狄人的攻击下,转而与狄人结盟,成为卫国的敌对之国。

一 邢狄交恶

邢国之所以与狄人合作谋卫,历代学者有不同解读。明清时期,部分学者多归责于卫国。

明代姜宝所著《春秋事义全考》认为,当时邢国已成为卫国的附庸国,"邢自请从于会尔,盖邢旧属于卫,附以共赋,而自城缘陵以后,供亿重烦不堪,而欲自当一国之赋,请从会于齐,而齐从之。于是卫文公以齐为抑己,而又明年伐齐之慽,基于此矣。然则邢之见灭于卫,其无乃亦由此欤"。

姜宝认为邢国与卫国之间的关系之所以恶化,很大一部分原因是卫国让邢国与它一同负担齐国的贡赋,邢国不堪其扰,谋求直接从属齐国。公元前644年,淮之盟时,邢侯向齐国提出了独自负担贡赋的请求,得到了齐桓公的应允。卫文公认为齐国答应邢国是为了抑制自己,所以第二年做出了伐齐之慽城的举动,邢国选择支持齐国。

与姜宝同时代的史学家卓尔康,在其著作《春秋辩义》中有类似记载:"邢侯未尝与齐桓会盟,而会淮;独忽与焉,何也?邢自请从于会尔,邢旧属于卫,十八年与狄伐卫,岂不堪卫之征求耶,欲伐卫,故今年

---

① 杨伯峻:《春秋左传注》,中华书局2000年版,第377页。

请从于会，犹介人欲伐萧，乃先来鲁也。"卓尔康同样认为邢卫关系的恶化，是因为卫国对待邢国十分苛刻，邢国在淮之盟时向齐国抱怨，齐桓公同意邢国脱离卫国的掌控，但也因此造成了齐、卫关系的破裂。

当时齐国已有衰落的迹象，且陷入与宋、曹等诸侯国的军事冲突中，难以支撑局面，遂开始谋求联合戎狄的力量，共同对抗以上各国。元朝程端学《春秋本义》载，"齐人狄人盟于邢"，邢侯也积极参与伐卫，事实上成了卫国的敌人，埋下了灭国悲剧的种子。

清代历史学家马骕认为，"邢、卫交恶，卫且昧弘恩而伐齐，邢乃助翟人以攻卫，邢故不道，卫亦不仁。……夫邢为姬姓，周公之胤也，卫之视邢，则为同姓，鲁之视邢，则为同宗，灭同姓，《春秋》恶之，灭同宗，鲁之《春秋》恶之。……且卫自宣、惠以来，文公则诚贤君矣，《定之方中》，诗人专美，布衣帛冠，国用富强，养余力以报翟，邢可亲而不可伐也，胡为计不出此，矜张奋怒，终成贪德，亦思控大邦而叹谁极，卫难方殷，邢实共之，望同患而长寇仇，生名之伐，所由来乎"[①]。马骕将两国交恶的原因，归咎于卫文公的贪婪。

张国勇等先生认为，邢国在被狄人攻伐之后，便沦为了其他诸侯国的附庸国，处境相当艰难。[②]

上述学者把邢卫交恶的原因，多归责于卫，观点有所偏颇。尤其是责备卫国因邢国原因而伐齐，认为是忘记了齐国助其复国的大恩，更是误读。

综合梳理即可发现，卫国在公元前642年、公元前634年两度与齐国交战，原因在《左传》中有详细记载，并非忘恩，而是稳定局势。

公元前642年，宋襄公为了完成齐桓公托孤之事，带领卫、曹、邾等联军攻打齐国，"冬十月乙亥，齐桓公卒。易牙入，与寺人貂因内宠以杀群吏，而立公子无亏。孝公奔宋"[③]。次年春，"宋襄公以诸侯伐齐。三月，齐人杀无亏……齐人将立孝公，不胜四公子之徒，遂与宋人战。夏五

[①] 马骕：《绎史》，中华书局2002年版，第988页。

[②] 张国勇、李恩玮、柴立廷：《邢国始末与邢国遗存》，《邢台学院学报》2014年第4期，第22—24页。

[③] 杨伯峻：《春秋左传注》，中华书局2000年版，第375—376页。

月，宋败齐师于甗，立孝公而还"①。宋襄公带领诸侯联军伐齐，目的是完成齐桓公所托，助太子昭回齐即位。卫国参战，成功护送太子昭回国即位为齐孝公。

公元前634年的伐齐之战，卫国出兵的目的，则是为了履行洮之盟盟约，为遭到齐国攻打的鲁国提供协助。实际上，当鲁国大夫展喜与齐孝公斡旋后，齐国退兵，卫国未与齐国交战。

卫国当时两度出兵齐国，都不是以侵略为目的，而是为了稳定政治局势，才与齐国发生了冲突，不能以一句"卫且昧弘恩而伐齐"，而完全忽略卫国对时局的作用。

邢、卫两国交恶的真正原因，需要从邢、卫、狄三方面分析。

邢国是周公第四子姬苴的封国。周成王所封，姬姓，侯爵，封地在今河北省邢台市，也是姬姓诸侯中正北方向封得最北的一国。邢国先后传二十世，历五百余年。邢地原为商之旧都（祖乙迁都于邢）。周成王封姬苴于邢，一方面是为了统治原来商代王畿的北方地区；另一方面也是为了抵御和控制北方的戎狄。

张永山先生考证，西周所封邢国的势力范围"大体为右依太行，左凭太河，前有漳河，后有滹沱作为守护的界河"②，即太行山以东，滹沱河以南，漳河以北，故黄河以西，包括今邢台全部，兼涉石家庄、衡水、邯郸、临清等地。此地理位置在当时的我国北方具有重要战略地位，既有黄河、滹沱河、漳河等为天堑，又有太行山为险关隘道，能够担负起阻隔商代遗民，抵御戎狄穿越太行山东进的企图，可谓是拱卫王室对抗戎狄的屏障；同时还能起到联络齐、卫的作用，且可以与北方的燕国遥相呼应。

邢国自建国始，就与河北北部的戎狄长期征战，确实起到了抵御和征讨北方戎狄的作用。1978年河北元氏出土的康王时器《臣谏簋》铭文："隹（唯）戎大出□（于）軧，井（邢）侯（搏）戎。延（诞）令臣谏以□□亚旅处于軧。"軧，当在今元氏境内的泜水流域，今井陉的东南，这是邢国在北方防止戎狄侵扰的重要据点。这里"戎大出于軧"，就是说

---

① 杨伯峻：《春秋左传注》，中华书局2000年版，第377—378页。
② 张永山：《三代文明研究》，科学出版社1999年版，第139页。

戎族大举进犯该地。邢侯因此出兵搏战，下令臣谏统率亚旅出居于𫑡防守。① 《后汉书·西羌传》载：周平王东迁"后二年，邢侯大破北戎"，说明当时邢国相当强大，力量足以抵御和征伐戎狄中的大族。

邢国与燕、鲁、齐之间的关系一直较好。

邢国与燕国，两者是同一时期封建的姬姓国家。燕国为召公之嗣，邢国为周公之嗣，同为周文王的后裔，均是西周时期的两大侯国。传世铭文《麦尊铭》和出土于邢台内丘县的《邢侯簋铭》，分别记载了邢侯所受册命时的盛大场面和周王赏赐邢侯的情况。周成王赐给邢侯铜戈与臣属二百家，恩准邢侯可以按天子礼制建城，出行使用的车马服饰与周王同。邢侯表示要效法父亲周公屏卫周王朝。邢侯返国后，在封地筑造了一个祭天高台，后世称为"邢侯台"。西周时期，邢国版图和实力一度得到增长，为过往境内的燕国贵族提供方便，邢、燕两国关系一直很好。

邢国与鲁国是一对兄弟之国，皆为周公的嗣国。鲁国为周公封国，长子伯禽代父受封；邢国是周公四子的封国。周公创建礼制，其子嗣国鲁、邢严格遵守，是礼仪之邦的典范，两国关系也相当密切。

邢国与齐国是世代联姻的盟国。齐国是姜太公的嗣国，两国地域较近，隔河相望，为世代姻国和歃盟之国，关系密切。狄祸发生后，齐桓公很快发兵救邢。邢侯也曾为了齐国向卫国开战，两国关系很好。

随着周朝王室的衰落，戎狄大量东移。晋献公时晋国强盛，兼并狄土，狄人被驱。而黄河下游诸国正处于相互争斗之中，狄人乘势东侵南下，一时中原诸侯大受他们的威胁，大家惧怕狄人，比惧怕楚人还要厉害些。② 邢国处于抗狄一线，在狄人的攻伐下，逐渐倒向狄人。

公元前662年，"狄伐邢"③。《吕氏春秋·简选》"中山亡邢"。中山，春秋时白狄别族国名，战国时为中山国，故址在今河北定县、唐县一带。此白狄所建的中山国在春秋早、中期已十分强大。公元前661年，戎狄再次犯邢。战争持续了两年之久，邢国渐渐无力支撑。邢国与齐国世有联姻关系，邢侯遂向齐国求救。管仲认为："戎狄豺狼，不可厌也；诸夏

---

① 杨宽：《西周史》，上海人民出版社2003年版，第581—582页。
② 童书业：《春秋史》，上海人民出版社2019年版，第140页。
③ 杨伯峻：《春秋左传注》，中华书局2000年版，第251页。

亲昵，不可弃也。宴安鸩毒，不可怀也。《诗》云：'岂不怀归？畏此简书。'简书，同恶相恤之谓也。请救邢以从简书。"齐国决定救援邢国。但齐兵还未到，邢国国都已破。公元前659年，"诸侯救邢。邢人溃，出奔师。师遂逐狄人，具邢器用而迁之，师无私焉"①。中原诸侯国中的齐、宋、曹等国对被狄人攻伐的邢国实施了救援，"夏，邢迁于夷仪，诸侯城之，救患也"②。此时的邢国已无力履行西周初年被赋予的对抗狄人的使命，且承受着来自狄人的巨大压力。邢国为了保全自己不受到狄人的威胁，不得已选择与狄人合作，但这一举动却触犯了当时中原诸国所严守的"夷夏之防"的底线，邢国与卫国不可避免地发生了冲突。

邢国与卫国同为姬姓之国，同为齐国联姻之国，都曾得到过齐国的救助。邢国曾收留过避乱的卫公子晋，也即后来的卫宣公，可见两国关系还是不错的。"卫人逆公子晋于邢。冬十二月宣公即位。"③ 但齐国存邢救卫后，邢国为了保全自己，开始与狄人联合。《左传·僖公十八年》载："冬，邢人、狄人伐卫，围菟圃。"狄人与邢国联合攻卫，包围了卫国的菟圃（今河南长垣县境）。卫文公击退邢狄联军。第二年，卫文公讨伐邢国，"秋，卫人伐邢，以报菟圃之役。"④

当时齐国成为邢、卫反目的重要因素。齐桓公死后，齐孝公在诸侯联军的帮助下即位，卫国是其中之一。卫文公自恃协助齐孝公即位有功，对待齐国有所懈怠，引起了齐孝公的不悦。齐孝公甚至打破其父齐桓公所推行的"攘夷"政策，与邢、狄结盟，讨伐卫国。《左传·僖公二十年》："秋，齐、狄盟于邢，为邢谋卫难也。"齐孝公的举动，使得卫文公很担心，"于是卫方病邢。"⑤ 卫文公虽然对齐国不满，但不便与齐国决裂，只是讨伐了邢国。

二 卫国灭邢

邢国倒向狄人之后，邢、卫之间的战争已不可避免。

---

① 杨伯峻：《春秋左传注》，中华书局2000年版，第278页。
② 杨伯峻：《春秋左传注》，中华书局2000年版，第278页。
③ 杨伯峻：《春秋左传注》，中华书局2000年版，第38页。
④ 杨伯峻：《春秋左传注》，中华书局2000年版，第383页。
⑤ 杨伯峻：《春秋左传注》，中华书局2000年版，第387页。

公元前639年,"狄侵卫"①。狄人此次是为帮助邢国而攻打卫国。

卫国为了攻伐邢国,派人潜入邢国内部充当内应,"卫人将伐邢,礼至曰:'不得其守,国不可得也。我请昆弟仕焉。'乃往,得仕"②。公元前635年春,"卫人伐邢。二礼从国子巡城,掖以赴外,杀之"③,卫文公亲率大军伐邢,礼至与其弟趁邢国统帅国子巡城时,杀死国子,与卫军里应外合,攻破邢国,"卫侯燬灭邢"④。邢、卫反目的结果是,邢国国灭,卫文公也背上了灭同宗的骂名,"春秋无义战"⑤自此始。卫文公死后,得到一个中国历史上国君少有的否定性谥号"燬"。

卫国灭掉邢国,其中的关键因素是卫文公采纳大夫礼至的计谋,派遣间谍进入邢国做内应,并取得邢国统帅国子的信任,最终杀死国子。另外,这一时期狄人也自顾不暇,邢国缺少了帮手,不得不独力对抗卫国。公元前636年,周襄王为了借狄人之力讨伐郑文公,立狄人之女隗氏为后。但不久后,周襄王就因为王子带与隗氏私通而废掉了隗氏,继而与狄人产生冲突。其间狄人还攻伐了郑国,因此无暇顾及邢国的危难。邢国盟友齐孝公,在卫灭邢国时也无所作为。公元前638年,宋楚泓水之战时,宋襄公伤了大腿。第二年,齐孝公不顾宋人助其即位之恩,"伐宋,围缗,以讨其不盟于齐也"⑥。此时,齐孝公召集的诸侯会盟已过去三年,当年不讨,事隔三年多,乘宋泓水战败后才讨伐,可谓乘人之危。齐国讨伐宋国不到两月,宋襄公死去。宋代李明复撰《春秋集义》卷二十三对"齐侯伐宋围缗"一事,引谢湜曰:"楚之败宋也,齐孝公失救之道,且又乘宋之败,伐其国围其邑,恶之大也。"又引胡安国曰:"齐伯国之余业也,宋襄公既败于泓,荆楚之势益张矣。齐侯既无尊中国,攘夷狄,恤患灾,畏简书之意,又乘其弱而伐之,此尤义之所不得为者也。故书伐国而言围邑以着其罪然。则桓公伐郑围新城,何以不为贬乎?郑与楚合凭陵中国,桓公伐之,攘夷狄也。宋与楚战,兵败身伤。齐侯伐之,残中夏

---

① 杨伯峻:《春秋左传注》,中华书局2000年版,第388页。
② 杨伯峻:《春秋左传注》,中华书局2000年版,第428页。
③ 杨伯峻:《春秋左传注》,中华书局2000年版,第430页。
④ 杨伯峻:《春秋左传注》,中华书局2000年版,第430页。
⑤ 万丽华、蓝旭:《孟子》,中华书局2016年版,第319页。
⑥ 杨伯峻:《春秋左传注》,中华书局2000年版,第401页。

也。其事异矣。"李明复认为，齐孝公乘宋襄公泓水之败，而伐宋围缗，是失"尊中国，攘夷狄"之意。且不说这一点，单就宋襄公助齐孝公登位，齐孝公不思致谢，反而乘宋国泓水之败前去讨伐，即为时人所非。公元前635年，鲁、卫、莒三国洮之盟，以及第二年三国的向之盟，均未让齐国参加。此时的齐国已不能号召诸侯跟随自己讨伐别国，且齐国国内也不太平。所以，齐国不能给予邢国有效的帮助。

邢国灭亡后，卫国占领了邢国南迁之后的全部领地，卫国的势力范围推进到漳水流域，并且一度从狄人手中夺取了包括任、邢、临、鄗诸邑的"东阳"之地。但不久，卫国便因城濮之战而退出，邢地复为狄人所占。此后，狄、卫双方虽互有攻伐，但由于实力相当，双方基本以漳水为界。据学者肖扬考证，直到公元前579年前后，晋国势力进入冀南地区，[①] 区域的权力结构才有所改变。

---

① 肖扬：《春秋邢邑邢城归属考略》，《邢台师范高专学报》1999年第1期，第18—21页。

第七章

春秋晚期的衰微

卫文公时卫国一度出现的中兴局面，因继任者的争权夺利而很快中断。春秋晚期，诸强环伺下的卫国，一度因在外交上附楚拒晋而屡遭打击，外交政策转向附晋后，其面临的外部压力才有所减轻。

第一节 春秋晚期卫与晋楚关系

卫文公时的中兴，并未使卫国重新成为区域争霸的主角。公元前635年，卫文公在位25年后去世，儿子姬郑即卫成公嗣位，为卫国的第二十位国君。卫成公时期的对外政策为联楚抗晋，作为小国而"远交近攻"，致使卫国屡遭侵伐。

一 城濮之战前附楚拒晋

卫文公及其子孙，在晋楚城濮之战前后，看到邻国晋日益强大，错误地采取联合远楚以抑邻晋的策略，使得卫国屡屡成为晋国攻伐对象。

从地理位置分析，卫国踞黄河南北，领土畸零，与周围诸国犬牙交错，作为当时的交通枢纽，国强易为霸主，国弱易受侵伐。春秋时期，南阳[①]为卫之西境，与晋接壤；莘（今山东省莘县北）为卫之东界，与齐为邻；卫国东北边邑与齐、晋、鲁接壤；南楚丘（今河南省滑县东）为卫

---

① 《水经·清水注》引马融曰："晋地自朝歌以南至轵为南阳。"朝歌，今河南省淇县治；轵，今济源县东南十三里轵城镇，则南阳大约即河南省新乡地区所辖境，亦阳樊诸邑所在地。其地在黄河之北、大行之南，故晋名之曰南阳。

之南部边邑，与曹、宋毗邻。在诸侯兼并盛行的春秋时期，卫国无天险屏障，易攻难守。对比称霸中原的几个强国，《史记·十二诸侯年表》认为，"晋阻三河，齐负东海，楚介江淮，秦因雍州之固，四海迭兴，更为伯主，文武所褒大封，皆威而服焉"①。晋国、齐国、楚国、秦国等诸侯国能相继称霸的一个关键性因素，即是其拥有非常有利的地形地势。这一方面，卫国明显处于劣势。

晋国初受封时，中心地在太原一带，初受封时就有谋求开辟周围的戎狄地区和奴役戎狄人民的目的。春秋时期，晋国成为中原霸主之一，《左传·庄公二十八年》载，骊姬指使晋献公的宠妾劝说献公遣送公子重耳和夷吾到边疆的蒲和屈二邑去驻守，理由是："狄之广莫，于晋为都。晋之启土，不亦宜乎！"②"广莫"是指广大无边的荒野，也就是狄族游牧的广大草原；启土，也即开拓疆土。晋国通过兼并周围的姬姓诸侯和占有戎狄土地，壮大力量、扩张领土。平王东迁时，晋有功于王室，晋向四周发展，有时还能得到周王室的直接帮助和支持。可以说，晋国具有得天独厚的扩张发展优势。晋国在晋献公时期崛起，并国十七，服国三十八。

晋国向东发展，则必须征服卫国。著名的城濮之战虽是晋、楚争霸，但战争地点是在卫国境内。

楚国在商代末期，受周人之逼由黄河流域南徙到江汉之间。西周时期，楚国实力逐渐壮大。周昭王晚年多次率师南征楚国，多无功而返，最后一次"昭王南巡狩不返，卒于江上"③。周夷王时，楚国已向长江中游扩展。春秋时期，楚国成长为江汉流域最强大的国家。楚庄王相继伐灭舒和蓼两国。

齐桓公以"尊王攘夷"为口号称霸中原，卫国一度在齐国的率领下，南下伐楚。"齐桓公始霸，楚亦始大。"④ 齐桓公去世后，中原地区政治权力出现真空，楚国则乘机北上。卫国执政者在此期间的错误决策，给卫国带来了一系列破坏性后果。

---

① 司马迁：《史记》，中华书局 2008 年版，第 509 页。
② 司马迁：《史记》，中华书局 2008 年版，第 240 页。
③ 司马迁：《史记》，中华书局 2008 年版，第 134 页。
④ 司马迁：《史记》，中华书局 2008 年版，第 1696 页。

宋襄公协助齐公子昭即位后，有意继承齐桓公的霸主地位。此时楚国势力正向北方发展。双方矛盾尖锐。

公元前639年，楚国邀请宋襄公在盂地会盟，乘机拘拿宋襄公，并起兵伐宋。后鲁僖公在薄地会合诸侯代宋向楚求情，楚国释放宋襄公归国。公元前638年，因郑文公赴楚朝见，宋襄公联合卫、许、滕伐郑。郑文公告急于楚，楚国再次伐宋，"楚人伐宋以救郑"①，宋楚双方战于泓水，结果宋军大败。

泓之战后不久，宋襄公因伤重去世，宋国"霸业"草草结束。楚国的势力深入中原，中小诸侯国无力抵抗，纷纷附楚。楚国"始得曹，而新婚于卫"②，卫国加入了楚国阵营。

晋献公之子重耳继位为晋文公后，励精图治，成为中原霸主的有力竞争者。公元前635年，"狐偃言于晋侯曰：'求诸侯，莫如勤王。诸侯信之，且大义也。继文之业，而信宣于诸侯，今为可矣'"③。狐偃认为，勤王可以得到诸侯的认可和拥护，能够为图霸打下基础。"戊午，晋侯朝王。王享醴，命之宥。……与之阳樊、温、原、欑茅之田。"④ 正如狐偃所预测，勤王使得晋国义利兼收，得到了周王赏赐的大片土地。晋文公的策略是联秦攻楚。公元前635年，"秦、晋伐鄀"⑤，攻破楚邑商密（今河南省内乡县一带），俘获楚将申公子仪和息公子边。

此时的卫国，已加入楚国阵营。公元前634年，卫大夫宁庄子与鲁僖公、莒兹丕公在向地会盟（今山东省莒县南）。齐国借机出兵伐鲁。鲁国求救于楚国。宋国借机叛楚附晋，"宋以其善于晋侯也，叛楚即晋"⑥。楚国决定伐宋救鲁，"冬，楚令尹子玉、司马子西帅师伐宋，围缗。"⑦ 公元前633年，楚国联合诸侯进攻转投晋国的宋国，宋向晋求救，引发城濮之战，拉开了长达百余年的晋楚争霸帷幕。当时"曹、卫、郑诸国皆已折

---

① 杨伯峻：《春秋左传注》，中华书局2000年版，第396页。
② 杨伯峻：《春秋左传注》，中华书局2000年版，第445页。
③ 杨伯峻：《春秋左传注》，中华书局2000年版，第431页。
④ 杨伯峻：《春秋左传注》，中华书局2000年版，第432—434页。
⑤ 杨伯峻：《春秋左传注》，中华书局2000年版，第434页。
⑥ 杨伯峻：《春秋左传注》，中华书局2000年版，第441页。
⑦ 杨伯峻：《春秋左传注》，中华书局2000年版，第442页。

而入楚矣。"①

城濮之战前的双方阵营为：晋、秦、齐、宋为一方，楚、鲁、曹、卫、郑为另一方。

晋国为了救宋，决定联合秦齐，先攻打与楚国交好的曹、卫两国，借此减轻楚军对于宋国的压力，同时可以报复当年不曾礼遇晋文公的曹、卫两国。公元前632年春，晋文公以伐曹为名，派使者向卫国借道。卫成公未同意，错过和晋时机。晋侵曹后，出兵伐卫。相关史料如下：

> 二十八年春，晋侯将伐曹，假道于卫。卫人弗许。还，自南河济，侵曹、伐卫。正月戊申，取五鹿。二月，晋郤縠卒。原轸将中军，胥臣佐下军，上德也。晋侯、齐侯盟于敛盂。卫侯请盟，晋人弗许。卫侯欲与楚，国人不欲，故出其君，以说于晋。卫侯出居于襄牛。
>
> 公子买戍卫，楚人救卫，不克。公惧于晋，杀子丛以说焉。谓楚人曰："不卒戍也。"②

此时的卫国，已陷入外交上的两难境地。盟晋，晋不许；与楚和好，国人又不允，卫人还把卫成公赶到襄牛居住，以此取悦于晋。成公舍近求远，联楚抗晋的外交举措，为国家带来灾难。鲁国则是大耍两面派，先是派公子买带兵助卫防御，见楚兵救卫不胜，便杀了子丛向晋国请求谅解，同时对楚国说杀掉子丛是因其未尽力助卫守御。

晋伐卫，获得卫国大片土地。《商君书·赏刑》《吕氏春秋·简选》《韩非子·外储说右上》均有记载。

晋兵攻入曹都时，楚也展开了对宋国的围攻。宋国再次向晋国告急。晋文公因齐、秦两国未肯合作，不敢轻易与楚国决裂，很是踌躇。晋国大将先轸献策曰："使宋舍我而赂齐、秦，藉之告楚。我执曹君，而分曹、卫之田以赐宋人。楚爱曹、卫，必不许也。喜赂、怒顽，能无战乎？"③

---

① 钱穆：《国史大纲》，商务印书馆2006年版，第61页。
② 杨伯峻：《春秋左传注》，中华书局2000年版，第451—452页。
③ 杨伯峻：《春秋左传注》，中华书局2000年版，第455页。

晋文公根据先轸的计策拘拿了曹伯，送去宋国。楚成王由伐宋退居申地，派人告知申叔离开齐国的谷地，不再戍守；又让子玉离开宋国，不要与晋国作对。但子玉不肯，仍派伯棼向楚成王请求对晋宣战，曰："非敢必有功也，愿以间执谗慝之口。"① 楚成王很不高兴，只派出少许的兵。子玉得到楚成王的援兵，便派宛春出使，对晋文公说："请复卫侯而封曹，臣亦释宋之围。"② 要求晋文公让卫侯复国，并重封曹国，自己就不再围攻宋国。听了宛春的话，先轸又向晋文公献计，"子与之！定人之谓礼，楚一言而定三国，我一言而亡之。我则无礼，何以战乎？不许楚言，是弃宋也；救而弃之，谓诸侯何？楚有三施，我有三怨，怨仇已多，将何以战？不如私许复曹、卫以携之，执宛春以怒楚，既战而后图之。"③ 先轸劝晋文公暗地允许曹、卫两君复国，以离间曹、卫与楚的关系；同时，又扣留楚使宛春，借以激怒楚国。子玉大怒，派兵追赶晋军。晋文公践行之前答应楚王退避三舍的承诺，避开楚军。楚军大众想要停止追击，但子玉不同意，又带兵前进。

> 夏四月戊辰，晋侯、宋公、齐国归父、崔夭、秦小子憖次于城濮。④

晋、宋、齐、秦四国的军队驻扎在城濮。楚兵"背酅而舍"⑤，四月己巳日，晋、楚两方在城濮开战。在晋一方，以晋为核心，齐、秦、宋协助；晋军战车七百乘，兵卒少长有礼，军纪严整，将领有原轸、郤溱、胥臣、狐毛、狐偃等，多是追随晋文公流亡之人，同甘共苦、同心协力，士气旺盛。楚军一方，有陈、蔡等小国军队跟随；楚将有令尹子玉将中军，子西斗宜申将左军，子上斗勃将右军，皆若敖氏之族。此时，若敖氏之族在楚国非常孤立。战斗结果晋军大获全胜。《史记·晋世家》云："晋焚楚军，火数日不息。"楚军受到重创。

---

① 杨伯峻：《春秋左传注》，中华书局2000年版，第456页。
② 杨伯峻：《春秋左传注》，中华书局2000年版，第457页。
③ 杨伯峻：《春秋左传注》，中华书局2000年版，第457—458页。
④ 杨柏峻：《春秋左传注》，中华书局2000年版，第458页。
⑤ 杨伯峻：《春秋左传注》，中华书局2000年版，第458页。

二　城濮之战后君臣之讼

城濮之战晋国完胜，中原诸侯国中侍楚的多背楚服晋，如陈、蔡、郑、鲁等国倒向晋国，北方诸侯国形成了一个以晋国为核心的稳定集团。

晋文公从城濮凯旋，回到衡雍，"作王宫于践土"①。城濮之战前，郑文公曾"如楚致其师"②。现看到楚军大败，非常害怕，急忙向晋文公求和，晋、郑两国在衡雍结盟。丁未日，晋文公献楚俘给周襄王，郑文公辅佐周襄王，用了从前周平王接待晋文侯的礼节，并策命晋文公为侯伯，赏赐了大量物品和三百勇士，下诏嘉许晋文公，"敬服王命，以绥四国，纠逖王慝"③。

城濮之战楚军战败后，卫成公担心遭到晋文公的报复而逃亡，命令大夫元咺奉其弟叔武留守摄政，参与诸侯盟会，"卫侯闻楚师败，惧，出奔楚，遂适陈，使元咺奉叔武以受盟"④。"五月癸丑，公会晋侯、齐侯、宋公、蔡侯、郑伯、卫子、莒子，盟于践土。陈侯如会。"⑤卫国参加了这次盟会，才得以逃脱被晋国攻灭的命运。陈国本追随楚国，城濮之战后转投晋国，也参与了践土之盟。盟会时以周襄王的名义发布了盟辞："皆奖王室，无相害也！有渝此盟，明神殛之，俾堕其师，无克祚国，及而玄孙，无有老幼。"⑥这次盟会是葵丘会盟后诸侯国的第一次大规模盟会，也是诸侯国承认晋文公霸主地位的标志。晋文公的霸业披上了"敬服王命"的合法外衣，晋文公因此"得志于诸侯"且收获了"诛无礼"的权力。

践土之盟后，卫大夫元咺为了成公的复国做着各种准备。但流亡在外的卫成公却听信有关元咺册立叔武为君的谣言，"或诉元咺于卫侯曰：'立叔武矣。'其子角从公，公使杀之。咺不废命，奉夷叔以入守。"⑦卫

---

① 杨伯峻：《春秋左传注》，中华书局2000年版，第462页。
② 杨伯峻：《春秋左传注》，中华书局2000年版，第462页。
③ 杨伯峻：《春秋左传注》，中华书局2000年版，第465页。
④ 杨伯峻：《春秋左传注》，中华书局2000年版，第466页。
⑤ 杨伯峻：《春秋左传注》，中华书局2000年版，第449页。
⑥ 杨伯峻：《春秋左传注》，中华书局2000年版，第466—467页。
⑦ 杨伯峻：《春秋左传注》，中华书局2000年版，第468—469页。

成公杀死了与其一起流亡在楚的元咺的儿子角，这是其不容叔武的表现。元咺并没有因为成公把他儿子杀害而怨恨成公，依旧遵从成公先前的命令，继续辅佐叔武坚守卫国。

公元前632年6月，晋文公同意卫成公归国。卫大夫宁武子协和内外，先期请命回国与留守的卫人在宛濮订立盟约，曰："天祸卫国，君臣不协，以及此忧也。今天诱其衷，使皆降心以相从也。不有居者，谁守社稷？不有行者，谁扞牧圉？不协之故，用昭乞盟于尔大神以诱天衷。自今日以往，既盟之后，行者无保其力，居者无惧其罪。有渝此盟，以相及也。明神先君，是纠是殛。"① 虽然宁武子替卫成公向留守在卫国的臣民表达了既往不咎的旨意，但这只是一纸空文，并不能对成公产生任何约束。得知成公归国，叔武高兴地捉发走出。但公子歂犬、华仲二人却借故射杀了叔武，元咺被迫逃到晋国，引出了日后一起历史上极为罕见的臣子控诉国君的事件，即卫成公与大夫元咺之间的诉讼。

叔武被杀后，卫成公虽然立刻诛杀了歂犬、华仲以向国人致歉，但此举难避灭口之嫌；同时也让晋文公有了一次干预卫国朝政的机会。当年冬天，晋文公便以"讨不服"为由，召集齐、鲁、宋、蔡、郑、陈、莒、邾、秦等国在温（今河南省温县西）会盟，周襄王与会，卫国成为众矢之的。诸侯会盟，逮捕了卫成公，令其与元咺对簿公堂。"卫侯与元咺讼，宁武子为辅，针庄子为坐，士荣为大士。卫侯不胜。杀士荣，刖针庄子，谓宁俞忠而免之。执卫侯，归之于京师，置诸深室。宁子职纳橐饘焉。元咺归于卫，立公子瑕。"② 国君不宜亲自参与诉讼，遂以宁武子为主讼人，针庄子为诉讼代理人，士荣为辩护人。但毕竟这场讼案是由晋文公替元咺发起，卫成公必然败诉。晋国于是处死士荣、对针庄子施以刖刑，唯独宁武子因忠于卫君而被豁免。晋文公把卫成公拘提到京师，囚禁在深室之中，交由周襄王发落。胜诉后的元咺归卫，废黜了卫成公，另立卫成公的弟弟公子瑕为君。

晋文公对卫国的怨恨仍旧没有消除。公元前630年，晋文公命令周之太医衍，以鸩毒毒杀卫成公，"晋侯使医衍酖卫侯。宁俞货医，使薄其

---

① 杨伯峻：《春秋左传注》，中华书局2000年版，第469—470页。
② 杨伯峻：《春秋左传注》，中华书局2000年版，第472—473页。

酖，不死。"① 所幸宁武子提早发现，贿赂了太医，卫成公才得以免死。对于晋文公这种近乎僭越的举动，周襄王非常不满，《国语·周语中·襄王拒杀卫成公》载："温之会，晋人执卫成公归之于周。晋侯请杀之，王曰：'不可。夫政自上下者也，上作政，而下行之不逆，故上下无怨。今叔父作政而不行，无乃不可乎？夫君臣无狱，今元咺虽直，不可听也。君臣皆狱，父子将狱，是无上下也。而叔父听之，一逆矣。又为臣杀君，其安庸刑？布刑而不庸，再逆矣。一合诸侯，而有再逆政，余惧其无后。不然，余何私于卫侯？'晋人乃归卫侯。"周襄王不同意晋文公杀死卫成公，用政事实施的原则、君臣之间不应诉讼等理由不让晋文公杀死卫成公。鲁僖公也出面替卫成公说情，又贿赂周、晋两国，晋文公这才释放了卫成公。

卫成公获释后，以卿职行贿周歂、冶廑二人，"苟能纳我，吾使尔为卿"②。周、冶二人杀死了元咺及公子瑕、公子仪，卫成公得以回国复位，结束了这场历时三年之久的乱局。

三 晋国连续攻伐下外交转向

城濮之战后，卫国的对外政策未能像郑国一样快速转向，反而数次与晋敌对，以致丧师失地。直到公元前620年，晋大夫赵盾召集诸侯在扈地盟会，卫成公与会，标志着卫对晋的臣服。此后卫国在晋国的护佑下，积极参与晋国主导的对外战争，卫国的外患压力终于大大减轻。

公元前629年，晋国"蒐于清原，作五军以御狄"③，检阅军队以防御狄人。但面对狄人围攻卫国，晋国并没有伸出援手。可见，两国之间仍存有芥蒂。

公元前626年，"晋文公之季年，诸侯朝晋"④。但卫成公恼恨晋文公曾拘拿自己，不仅不去朝见，反而派大夫孔达领兵侵袭郑国，"卫成公不朝（晋），使孔达侵郑"⑤，攻打郑国的绵、訾及匡，这是不听霸主命令的表现。父丧周年已过，晋襄公便派使遍告诸侯起兵伐卫。晋军到了南阳，

---

① 杨伯峻：《春秋左传注》，中华书局2000年版，第478页。
② 杨伯峻：《春秋左传注》，中华书局2000年版，第478页。
③ 杨伯峻：《春秋左传注》，中华书局2000年版，第487页。
④ 杨伯峻：《春秋左传注》，中华书局2000年版，第512页。
⑤ 杨伯峻：《春秋左传注》，中华书局2000年版，第512页。

晋军统帅先且居劝谏晋襄公道："效尤，祸也。请君朝王，臣从师。"① 先且居让晋襄公去朝见周襄王，如果不去的话，性质就与卫不朝晋一样了，攻打卫国的任务自己可以去完成。于是，"晋侯朝王于温。先且居、胥臣伐卫。五月辛酉朔，晋师围戚。六月戊戌，取之，获孙昭子"②。晋军攻占并强取了卫之戚地，俘获了孙昭子。戚，卫邑，在今河南省濮阳县北，世代为孙氏采邑。"秋，晋侯强戚田。"杜注："晋取卫田，正其疆界也。"③《春秋经·文公元年》记载为，"秋，公孙敖会晋侯于戚"。顾栋高《大事表七之二》云："盖其地濒河西，据中国之要枢，不独卫之重地，亦晋、郑、吴、楚之孔道也。"④ 戚地作为卫邑，是中原地区一个重要的交通枢纽，但此时已非卫国所独有，成为各诸侯国任意进出、会盟的场所。

卫与晋之间的矛盾冲突，不仅使卫国承受着政治、军事压力，同时也为之付出了巨大的代价，国土面积大为缩小。卫国违背践土之盟，实力不足的情况下依然选择与晋国对立，绝非明智之举，而是认不清时势的典型表现，卫国想要依靠的楚国并没有给予其有效的援助。

面对晋的威迫，卫国派使者向陈国告急，陈共公对卫使说："更伐之，我辞之。"⑤卫听从了陈共公的话，派孔达领兵伐晋。对于卫成公的此番操作，"君子以为古。古者，越国而谋"⑥。国事不自己决断，与他国商量，是不可取的。公元前625年，晋国邀请鲁、宋、郑、陈等国在垂陇结盟，准备讨伐卫国。陈共公替卫国求和，"陈侯为卫请成于晋，执孔达以说"⑦，陈以孔达为人质调解晋、卫关系，拘拿了孔达向晋国解说，最终得到晋国的谅解。公元前624年，卫国出兵跟随晋国讨伐臣服于楚国的沈国，"以其服于楚也"⑧，这应该是卫背楚联晋的开始。

卫、晋两国随后互聘往来。公元前623年，晋国释放孔达，"以为卫

---

① 杨伯峻：《春秋左传注》，中华书局2000年版，第513页。
② 杨伯峻：《春秋左传注》，中华书局2000年版，第513页。
③ 杨伯峻：《春秋左传注》，中华书局2000年版，第513页。
④ 杨伯峻：《春秋左传注》，中华书局2000年版，第509页。
⑤ 杨伯峻：《春秋左传注》，中华书局2000年版，第513页。
⑥ 杨伯峻：《春秋左传注》，中华书局2000年版，第513页。
⑦ 杨伯峻：《春秋左传注》，中华书局2000年版，第522页。
⑧ 杨伯峻：《春秋左传注》，中华书局2000年版，第528页。

之良也，故免之。"① 此年夏天，卫成公到晋国拜谢。公元前622年，晋阳处父聘于卫。经历数年的紧张对峙，两国关系逐渐好转。公元前620年，晋灵公即位，晋大夫赵盾在扈（今河南省原阳县西）召集诸侯会盟，卫成公参加了这次盟会，表明其君主身份再次得到诸侯各国的承认，这也是卫服从晋的表现。卫国遂成为以晋国为首的"诸夏"集团中的一员，负担着对盟主的军事、政治义务。扈之盟可谓是卫亲晋邦交正式确立的标志。当然，这是建立在卫国屈服的基础之上。

此期晋国也主动对卫国作出了一些让步。《左传·文公七年》载："晋郤缺言于赵宣子曰：'日卫不睦，故取其地。今已睦矣，可以归之。叛而不讨，何以示威？服而不柔，何以示怀？非威非怀，何以示德？无德，何以主盟？'"② 晋大夫郤缺以怀柔之策向晋国权臣赵宣子建议归还卫国土地。公元前619年，晋侯"使解扬归匡、戚之田于卫，且复致公婿池之封，自申至于虎牢之境"③。晋国归还了城濮之战时夺取的卫国领土，这是合礼的，"大国行礼焉而不服，在大犹有咎，而况小乎？"④ 晋国之所以会作出让步，主要还是从自身考虑。

虽终春秋之世，晋国都占据着诸侯霸主的位子，但文襄后的晋国已辉煌不再，晋襄公、晋悼公时期，晋国声势明显消减。晋灵公时进入中衰阶段，国内卿族众多，冲突不断，政出多门的兆头日益明显；对外方面，晋国又树敌太多，霸业陷入低谷。

看到晋国国君年幼，内部屡生变乱，楚国又蠢蠢欲动。公元前618年，楚大夫范山劝谏楚穆王，曰："晋君少，不在诸侯，北方可图也。"⑤ 楚穆王听了他的话，起兵伐郑，俘虏了郑将公子坚、公子龙及乐耳。郑与楚讲和。晋将赵盾带领鲁、宋、卫、许等国军队救郑，但没能追上楚师，只好作罢。同年夏天，楚又起兵侵陈，攻克了壶丘（今河南省新蔡县东南）。楚将公子朱从东夷伐陈，被陈人打败，楚将公子茷被俘。陈国虽取得了胜利，但却十分害怕，与楚讲和。蔡国也归附了楚国。公元前617

---

① 杨伯峻：《春秋左传注》，中华书局2000年版，第533页。
② 杨伯峻：《春秋左传注》，中华书局2000年版，第563页。
③ 杨伯峻：《春秋左传注》，中华书局2000年版，第565—566页。
④ 杨伯峻：《春秋左传注》，中华书局2000年版，第932页。
⑤ 杨伯峻：《春秋左传注》，中华书局2000年版，第573页。

年，楚穆王先是与陈侯、郑伯会于息；接着又与蔡侯"次于厥貉"①，想要讨伐宋国。宋国还没等楚国来伐，就表示听从楚国的命令，更引导楚穆王到孟诸田猎。宋昭公做了楚穆王右阵的领队，郑穆公为左阵的领队。麇国国君也参与厥貉之会，但在会中私自逃回。楚穆王带兵伐麇，攻破麇都。不久，楚军又拘了舒国和宗国的国君，围困了巢国。一系列的军事行动，显示出此时的楚国威焰之盛。

当楚军耀武中原时，晋、秦两国也发生了冲突。秦国曾帮助晋文公即位，本打算文公即位后能听从秦的摆布，殊不知晋文公在外流亡十九年，备尝艰难险阻，得到了极大锻炼；且随从将士皆卿相之才，君臣相协下晋国实力快速提升。晋楚城濮之战，晋文公一跃成为北方诸国的霸主。秦国不仅不能左右晋国，反而要随从晋国出入征战。公元前627年，晋文公去世，秦国不愿再追随晋国。同年，秦伐郑。郑国商人弦高得到消息，一方面"以乘韦先，牛十二犒师"②，一方面报告郑穆公。郑国有了准备，秦人不敢伐郑，遂改变进攻路线，攻灭了晋的边邑滑。晋襄公认为这是伐丧，因此在殽伏击秦军，俘获秦军统帅孟明视、白乙丙、西乞术。后在晋文公夫人文嬴的请求下，晋国释放了秦国三帅，但从此秦晋之好变成了秦晋世仇。

殽之战后，秦穆公总结失败教训，大胆重用殽之战中被俘的三位将领。三将刻苦练兵，伺机报仇。公元前624年，"秦伯伐晋，济河焚舟，取王宫及郊，晋人不出。遂自茅津济，封殽尸而还。遂霸西戎，用孟明也"③。秦国报殽战之仇后，秦穆公开始向西开拓。"秦用由余谋伐戎王，益国十二，开地千里，遂霸西戎。天子使召公过贺缪公以金鼓。"④ 之后的秦国，除了在适当的时机向晋国报仇外，很少参与春秋诸侯国的盟会和战争。公元前619年，秦人伐晋，夺取武城，"以报令狐之役"⑤。公元前

---

① 杨伯峻：《春秋左传注》，中华书局2000年版，第577页。
② 杨伯峻：《春秋左传注》，中华书局2000年版，第495页。
③ 杨伯峻：《春秋左传注》，中华书局2000年版，第529—530页。
④ 司马迁：《史记》，中华书局2008年版，第194页。
⑤ 杨伯峻：《春秋左传注》，中华书局2000年版，第566页。

617年,"晋人伐秦,取少梁"①。不久秦又伐晋,"取北征"②。公元前615年,秦康公再起兵伐晋,占领羁马。晋人起兵抵抗,双方将领在河曲之战中斗智斗勇,但晋军稍逊一筹,让秦军得以连夜逃走。随之秦军又重新入侵晋国,攻进了瑕地。这次河曲之役,晋军本可以战胜秦人,但骄肆的晋军将领赵氏卿族败坏军纪,导致晋军失利。晋、秦河曲之役后,晋国怕秦人再来侵犯,派兵驻扎在瑕,又在桃林防守,总算是阻止了秦人东进的孔道。但晋军精力也被秦牵扯过多。在晋国强大的阻隔下,秦国改变其东进的国策,南结楚国,转而向西部发展。秦对西戎的进攻与统辖,可以摆脱与中原地区的竞争,对秦国的发展与巩固极为有利。

晋国为保持霸主地位,不得不在西、南两个方向对付秦、楚二大国的挑战,压力剧增。公元前616年,楚穆王伐麇;晋郤缺与鲁国叔仲惠伯会于承匡,"谋诸侯之从于楚者"③。公元前615年,秦、晋之间又有战争。公元前612年,晋国因为蔡人没有参加新城之盟而伐蔡,追随楚国的陈、郑、宋等国皆已服晋,唯有蔡国不服,所以晋国出兵讨伐之,"入蔡,以城下之盟而还"④。蔡侯被迫参加了冬十一月晋侯召集的扈之盟。

楚、秦的联合,不仅要共同对抗晋国,同时还兼并、消灭一些小国,以增强各自的地盘。公元前611年,楚人、秦人、巴人灭庸。公元前607年,秦国军队报复晋军的侵崇之役,包围了焦(今河南省陕州区南)。晋军将领赵盾出兵救焦,又在阴地会同诸侯的军队袭击郑。楚国立即出兵救援郑国,其将领斗椒曰:"能欲诸侯,而恶其难乎?"⑤ 想要得到诸侯的拥护,还会害怕困难吗?楚军遂驻扎在郑国,等待晋军。公元前606年,晋国讨伐郑国,到达郑的郔地,郑与晋讲和,晋人士会到郑结盟。不久,楚发起了对郑的侵伐,原因是"郑即晋故也"⑥。公元前605年,楚国再次讨伐郑国,"郑未服也"⑦。公元前604年,楚国又伐郑国,仍是因为郑国

---

① 杨伯峻:《春秋左传注》,中华书局2000年版,第575页。
② 杨伯峻:《春秋左传注》,中华书局2000年版,第575页。
③ 杨伯峻:《春秋左传注》,中华书局2000年版,第580页。
④ 杨伯峻:《春秋左传注》,中华书局2000年版,第613页。
⑤ 杨伯峻:《春秋左传注》,中华书局2000年版,第655页。
⑥ 杨伯峻:《春秋左传注》,中华书局2000年版,第672页。
⑦ 杨伯峻:《春秋左传注》,中华书局2000年版,第684页。

附晋而弃楚。陈国与楚国讲和，晋国的荀林父为了救援郑国而出兵伐陈。公元前603年，"晋、卫侵陈，陈即楚故也"①。

从以上记载可以看出，晋、楚争霸期间，处在两者之间的中小国家最为艰难，尤其是郑、宋、陈等国，完全处于晋强附晋、楚强附楚的境况。正如郑国的公子騑所说："天祸郑国，使介居二大国之间。大国不加德音，而乱以要之，使其鬼神不获歆其禋祀，无所厎告。自今日既盟之后，郑国而不唯有礼与强可以庇民者是从，而敢有异志者，亦如之!"② 晋、楚两大国谁能强迫郑、宋服从，也就算是称霸中原了。因此，双方对郑、宋的争夺相当激烈。

公元前608年，郑是楚阵营中的一员，郑穆公跟随楚庄王侵陈、侵宋。晋将领赵盾带兵救陈、宋，晋集团中的宋文公、陈灵公、卫成公、曹文公往会晋师于棐林，共同讨伐郑国。楚将蒍贾救郑，双方在北林（今河南省郑州市东南）相遇，楚国捉拿了晋将领解扬，晋军回师。是年冬天，晋军再次伐郑，以报北林之役。

公元前607年，郑公子归生遵照楚的命令讨伐宋国，双方在大棘作战，宋国战败。晋军及诸侯之师侵郑，以报大棘之役。楚军又急救郑。公元前605年，郑襄公元年，"楚怒郑受宋赂纵华元，伐郑"③。郑国不得不背叛楚国，加入晋国阵营。五年后，"楚复伐郑，晋来救之。"④ 公元前598年，"楚子伐郑，及栎"，郑国又从楚。楚因为陈、郑的归服，于当年夏天在辰陵举行会盟，郑国参加，但与此同时，郑国"又徼事于晋"⑤。介于大国之间的郑国已不能自已。杨伯峻先生总结了郑国此期在晋、楚之间的摇摆情况，"六年郑虽与楚成，七年又及晋平，八年郑伯又与晋及诸侯会于扈，九年郑伯且败楚师，十年郑又虽及楚平，诸侯之师伐郑，复取成而还；十一年又从楚。数年之间，晋、楚交兵，郑皆不得已而与来者"⑥。

---

① 杨伯峻：《春秋左传注》，中华书局2000年版，第687页。
② 杨伯峻：《春秋左传注》，中华书局2000年版，第969页。
③ 司马迁：《史记》，中华书局2008年版，第1768页。
④ 司马迁：《史记》，中华书局2008年版，第1768页。
⑤ 杨伯峻：《春秋左传注》，中华书局2000年版，第716页。
⑥ 杨伯峻：《春秋左传注》，中华书局2000年版，第716页。

公元前597年，楚庄王亲率楚军再次围攻郑国，晋国派荀林父率三军救郑，双方在邲地（今河南郑州北）展开争夺。作战中，晋军内部分歧不断，将帅不和，缺乏统一指挥而各自为战，又顾忌秦军从背后偷袭。楚军利用晋军的弱点，适时出击，战胜对手，从而一洗城濮之战失败的耻辱，在中原争霸斗争中暂时占了上风。楚国声威大震，楚庄王也因此役的胜利而奠定了"春秋五霸"的地位。不久，楚庄王灭掉了萧国，又连续三年攻伐宋国，迫使宋国向楚求和。楚庄王饮马黄河，问鼎中原，实现了自己称霸的愿望。

邲之战的失败和楚庄王的破宋，致使晋国在中原地区的霸业受到沉重打击，晋国只能避开楚国。与此同时，晋国在中小诸侯中的威信下降，不得不摆出低姿态。为此，晋国号令召开清丘会盟避免更多的中小诸侯国倒向楚国，但仅有卫、宋、曹三国与会，这与公元前613年同样由晋国主持召开的新城之会形成了强烈对比。新城之盟时鲁、宋、陈、卫、郑、许、曹等多国与会，盟会参与者的减少反映出晋国的国力和号召力已大不如前。但是此期卫国的外交策略仍旧是紧跟晋国，完全不受孔达事件①的影响。卫与晋的结盟，又致使卫国与楚国及其阵营进入了敌对状态。

邲之战后，晋、楚两国差不多势均力敌，晋国已不能完全压制楚国。公元前589年，卫国不得不参加了楚国召集的蜀之盟，"这是自春秋开始以来参加国数最多的一次大盟会。楚国声势大到如此，连晋国也畏避他，不敢惹他的事"②。卫国虽然参加了蜀之盟，但并没有完全背离晋国，"卫人不行使于楚，而亦受盟于晋，从于伐齐"③。结果卫国和鲁国遭到楚国的侵伐。不过对于卫、宋等国参与楚国召集的盟会，晋国已不能强行干涉。在楚国盟蜀的第二年，卫国再次跟随晋国伐郑。那时郑国一再伐许，夺取许地。晋国出兵救许伐郑，楚国便去救郑。为了争夺郑国，晋、楚之间反复拉锯作战，互有得失。为之，郑伯与许男都向楚国请求判断曲直，"许灵公愬郑伯于楚。六月，郑悼公如楚讼，不胜，楚人执皇戌及子

---

① 清丘会盟协议由宋国进攻楚国的属国陈国，但是卫国的孔达却违背了会盟，发兵解救陈国。结果卫国受到了晋国的战争威胁，孔达自杀而死。

② 童书业：《春秋史》，上海人民出版社2019年版，第201页。

③ 杨伯峻：《春秋左传注》，中华书局2000年版，第806—807页。

国。"① 郑悼公则派使者向晋国求和，两国在垂棘结盟。晋国因郑国已服，就召集齐、鲁、宋、卫、郑、曹、邾、杞等国在虫牢会盟。

从这些中小诸侯国的表现，可知此时的中原诸侯国是既怕晋，又怕楚。晋、楚两大霸主国与诸侯小国的关系类似于君臣。诸侯小国听命于霸主国，霸主国可以召集诸侯小国服役、从事战争征伐，且掌控着臣服小国的狱断、评判权力，即所谓礼乐征伐自诸侯出；诸侯小国则要向霸主国朝拜、纳贡。当然，霸主国也会对臣服于自己的诸侯小国施以援手。周天子"天下共主"地位实则已被霸主国所取代。

晋国霸业中衰的时间并不长，随着鞌之战晋国的获胜、狄人的消亡，晋逐渐复兴。公元前575年春，鄢陵之战中晋国又大败楚国，使得楚国再也无力向北方进攻。

作为晋国的追随者，卫国积极配合晋国的对外征伐活动。如，在中原地区，卫附晋抗楚、郑；在东方，卫联鲁从晋以拒齐。晋国此期发起的军事行动卫国几乎无役不与，特别是晋、楚争夺郑国的过程中，卫国更是积极配合晋国。甚至于，卫国还多次单独挑战郑国。公元前588年，晋率领鲁、卫、宋、曹等诸侯国讨伐郑国；公元前581年，晋、齐、宋、卫、鲁、曹等诸侯国伐郑；公元前574年，卫北宫括帅师侵郑，同年夏冬，又两次会同诸侯伐郑；公元前571年，晋师、宋师、卫宁殖侵郑；公元前563年，晋率领包括卫在内的11个诸侯国伐郑；次年，这些诸侯国又两次伐郑。

此外，卫国还多次追随晋国参与了对楚、齐、秦等强国的军事行动，鞌之战、鄢陵之战、平阴之战中都能看到卫军的身影。支援并参与晋国军事行动的同时，卫国还投入到晋阵营的邦交活动中，不仅自身积极参与晋阵营的盟会，为晋阵营的扩充贡献力量，还多次提供会盟场所。从公元前626年到公元前531年，不到一个世纪的时间里晋阵营各诸侯国的会盟多达14次，其中在卫国戚城就举办了7次之多，盟会原因涉及内政、背盟、续盟、援救与侵伐等事宜。公元前558年戚之盟前，卫孙林父甚至先会吴于善道，为晋、吴会盟牵线搭桥。由此可见卫晋关系之密切。在晋国的带领下，晋阵营相当团结稳定，各诸侯国一致为维护晋国的霸主地位努力，

---

① 杨伯峻：《春秋左传注》，中华书局2000年版，第823页。

抵抗楚阵营对中原的侵伐。众多与国的支持正是晋国能长期坐稳中原霸主的主要原因。

晋悼公时晋国终于压服了郑国。其中，卫国为晋国出力甚多，晋人认为"卫事晋为睦"①。卫专心与晋结盟，获得了晋的庇护，改变了一度夹在楚、晋两大国之间的摇摆局面，外敌入侵的压力随之减轻。

第二节 孙氏宁氏等权臣执政

春秋晚期，各诸侯国的卿族势力膨胀，卫国也不例外。卫国的列卿以石氏、宁氏、孔氏、孙氏、北宫氏、南氏为主要代表，先有石氏、宁氏组成的政治联盟，后有孙氏宁氏等权臣执政，君权则是随之削弱。

春秋前期，卿权尚未对诸侯国君权构成威胁。"礼乐征伐'自大夫出'，形成世卿擅权局面，那是春秋后期的事情。"② 随着时代的发展，鲁国的展、臧孙、郈、东门、季孙、孟孙、叔孙氏，齐国的管、国、高、崔、陈氏，晋国的韩、赵、魏、智、栾、范氏，郑国的良、游、国、罕、驷、印、丰氏，宋国的华、乐、向氏等。这些卿大夫家族以其雄厚的政治经济实力轮流执政，不仅世代把持卿权，甚至可以垄断各国的军政大权。正如顾栋高所说："《春秋》二百四十二年，时势三大变：隐桓庄闵之世，僖文宣成、襄昭定哀；孔子谓自诸侯出、自大夫出、陪臣执国命，实一部《春秋》之发凡起例。"③ 隐、桓、庄、闵之时，各诸侯国国君是一国的统治者；僖、文、宣、成之时，各诸侯国的卿大夫成了主宰；到了襄、昭、定、哀之时，出现了陪臣执国命的现象，春秋各诸侯国皆是如此。

一 君权与卿权的力量演变

春秋时期卫国的列卿以石氏、宁氏、孔氏、孙氏、北宫氏、南氏为主要代表。从卫桓公到卫懿公的 80 余年间，卫国国君更迭达 7 次之多。卫国内部政治动荡，先后经历了州吁之乱、左右公子之乱等，外部面临强敌

---

① 杨伯峻：《春秋左传注》，中华书局 2000 年版，第 1293 页。
② 晁福林：《论周代卿权》，《中国社会科学》1993 年第 6 期，第 201—219 页。
③ 顾栋高：《春秋大事表》，中华书局 1979 年版，第 32 页。

压境及大国征伐，卫懿公时一度被狄攻灭。政局动荡中，卫国的石氏、宁氏等卿大夫同心勠力，为稳定国家政局发挥了重要作用，成长为卫国重要卿族。

卫桓公时期，纯臣石碏平定州吁之乱，奠定了石氏的世卿地位。卫惠公时期发生左、右公子之乱，宁氏在政变和惠公返国中的一系列作为，逐渐壮大实力，成为卫国的大卿族。卫懿公抗狄之战前，将象征身份、权力的玉佩、箭矢分别交给石祁子、宁庄子，并嘱咐夫人要听从二子的安排，可见对二子的器重。此后一段时间内，石氏、宁氏在卫国政坛上组成政治联盟。

鲁国僖、文、宣、成当政之时，卫国国君有卫文公、卫成公、卫公子瑕、卫穆公、卫定公、卫献公。卫国第一次灭国后，卫文公励精图治，国君威望提升，此一时期君权有所增长，卿权相应削弱。无论是宁氏还是石氏，均未对君权构成威胁，各卿族之间也相安无事。

卫文公去世后，卿权再度抬头，开始在政治、军事、外交等方面蚕食君权，君权与卿权的矛盾激化。卫成公时期，孙、宁两大卿族权力增长，君权受到压缩。

孙、宁两族权力的增长，得益于卫国的君臣争讼事件，卫成公因其反晋政策而遭到晋国报复。君臣争讼造成国君威望下滑，卿大夫势力乘机抬头。但卫成公仍能在争讼后，杀掉其所疑心的臣子元咺子和叔武。

卿族对军权的掌控亦有所增加。以会盟次数来看，卫成公在君臣争讼返国后，共参加会盟5次，分别是扈之盟、沓之会、新城之盟、黑壤之会、扈之会。同一时期，孔氏卿族参加会盟与征伐的次数明显高于卫成公。孔氏是卫国历史上少有的能够执政的非公族卿族，特别是孔达，先后率师伐郑、伐晋、救郑、伐宋等，成为重要军权的掌握者。

二 孙氏卿族

孙氏是卫国政坛的重要公室卿族，出自卫武公一脉。

《通志·氏族略》载："孙氏，姬姓，卫武公之后也，武公和生公子惠孙，惠孙生耳为卫上卿，食采于戚，生武仲，亦曰孙仲，以王父字为氏。"

《元和姓纂》卷四载："周文王第八子卫康叔之后。至武公生惠孙；

惠孙生耳，为卫上卿，耳生武仲，以王父字为氏。卫孙良夫，生林父，林父生嘉。"

《世本》："孙氏出于卫武公，至林父八世。"

卫成公时，孙氏卿族已兴起。卫穆公、卫定公时，孙氏卿族的代表人物有孙庄子、孙昭子、孙桓子、孙文子等，权力都很大。公元前632年，出奔在外的卫成公能够返国，孙庄子出力甚大，"昔成公孙于陈，宁武子、孙庄子为宛濮之盟而君入"①，宁武子和孙庄子为卫成公返国，而与国人盟誓。此时孙氏是卫国主要执政卿之一，与宁、石二氏地位相当，参与征伐会盟的次数随之增加。

公元前603年，卫国大夫孙免，与晋国大夫赵盾组成联军伐陈。

公元前602年，卫国上卿孙良夫与鲁国盟会。

公元前589年，卫穆公派遣孙良夫、石稷、宁相、向禽伐齐国，与齐师遇于新筑。将要开战时，石稷想要返回，孙良夫坚持不退，曰："不可。以师伐人，遇其师而还，将谓君何？若知不能，则如无出。今既遇矣，不如战也。"②结果卫师战败。孙良夫想要撤退，石稷劝道："子，国卿也。陨子，辱矣。子以众退，我此乃止。且告车来甚众。"③石稷认为，孙良夫作为国之重卿，不能被俘或被杀。随后石稷让孙良夫先行撤退，其带兵继续作战，并通告说援军战车来了很多。齐军见卫军停止后退，又听说卫国的援军快要到了，所以不再前进。孙良夫作为当时卫国的执政，享有号令军队、指挥作战的权力，但在与齐师战于新筑这件事上，他在军事指挥和战略战术方面明显不如石稷，但也能虚心听取其他大夫的意见。同年六月癸酉，晋、鲁、卫、曹诸国又与齐国战于鞌（今山东省济南市西北），齐师战败。是年十一月，孙良夫参与诸侯国在蜀地的盟会。

公元前588年，卫定公臧元年，孙良夫与晋郤克同伐廧咎如。公元前585年，孙良夫、宁相侵宋。

此一时期，卫国孙氏等卿族权力的抬头，卿族自行会盟、征伐，无形中激化了与君权的矛盾。

---

① 杨伯峻：《春秋左传注》，中华书局2000年版，第1732页。
② 杨伯峻：《春秋左传注》，中华书局2000年版，第786—787页。
③ 杨伯峻：《春秋左传注》，中华书局2000年版，第787—788页。

卫定公时，孙林父①（孙文子）掌权。《左传·成公七年》载："卫定公恶孙林父。冬，孙林父出奔晋。卫侯如晋，晋返戚焉。"孙林父作为臣子，与国君卫定公关系不睦，于是携采邑投奔晋国。卫定公亲自到晋国拜会，晋国才归还了戚②地。孙氏出奔，说明此时卫国单个卿族尚不足以对抗国君。孙林父虽然执政，但孔氏、宁氏仍忠于卫君，只能出奔晋国。公元前577年春，卫定公到晋国拜会时，晋厉公强迫卫定公接见孙林父，想让卫定公同意孙林父归国，卫定公没有答应。卫定公回国后，晋厉公又派郤犨送孙林父去见卫定公。卫定公打算继续推辞。这时，卫定公夫人定姜劝道，"不可。是先君宗卿之嗣也，大国又以为请。不许，将亡。虽恶之，不犹愈于亡乎？君其忍之！安民而宥宗卿，不亦可乎？"③ 在夫人的规劝下，卫定公接见孙林父，并恢复了孙林父的职位与采邑。但君臣二人仍旧不和。卫定公临终前，孙林父还被排除在立储大夫之外。卫定公"使孔成子、宁惠子立敬姒之子衎以为大子"④，是为卫献公。当然，孙林父同样对国君有所防备，"孙文子自是不敢舍其重器于卫，尽置诸戚，而甚善晋大夫"⑤。

孙氏依靠强晋的支持，纵然与国君不和，仍能保有执政地位，说明卫国君权已大为下降。

三 宁氏卿族

卫国另一个重要的卿族是宁氏，主要活跃于卫成公、卫穆公、卫定公时期。

卫国宁氏卿族同样源于卫武公姬和。《通志·氏族略》载："宁氏，姬姓，卫武公生季亹，食采于宁，因以为氏。"《左传·襄公二十五年》杜注："宁氏出自卫武公。"

---

① 《左传》记载，从鲁成公到鲁襄公近50年间，孙林父作为孙氏家族中的一员，在春秋时期的历史舞台上异常活跃，仅《左传》一书就41次提到孙林父。

② 戚是卫武公之孙孙耳的封邑，自孙耳开始，在此袭居六代。孙氏世代掌握着卫国的政治命脉，特别是卫迁都帝丘后，作为戚城城主的孙氏，凭借戚城的天然优势，主导着卫国的政治。

③ 杨伯峻：《春秋左传注》，中华书局2000年版，第868—869页。

④ 杨伯峻：《春秋左传注》，中华书局2000年版，第870页。

⑤ 杨伯峻：《春秋左传注》，中华书局2000年版，第870页。

依《左传》载，闵公二年卫有宁庄子，僖公二十八年有宁武子，成公二年有宁相等出现在史料中。宁氏卿族秉承周礼，信守忠良，崇尚道义，家世绵延甚久。

公元前688年，宁跪见载于《左传》。公元前546年，免余攻打宁氏并杀死宁喜及右宰谷。"九世之卿族"的宁氏在卫国政局中延续140余年。

卫成公流亡楚国时，宁武子促成卫成公复国，成为卫国执政卿之一，执政30年。其间，宁武子多次主持祭祀、会盟、征伐。

卫穆公、卫定公时期，宁氏卿族的代表是宁相。

总体来看，从卫文公到卫定公期间，卫国卿权抬头，但各卿族之间基本上以和睦相处为主，能够一致对外，相互之间的攻伐较少。大卿族之间实力相当，即使是执政卿，也不具备完全掌控全局的实力。在弱肉强食的国际大环境下，各卿族之间具有联合的内在动因。

孙林父奔晋，并且在晋国支持下回国复职，为后世卫献公至卫灵公时期的卿权干预君权，甚至君权旁落埋下祸根。献公灵公时期，君权和卿权之争较为激烈，政局时常陷入不稳定状态。

四 献公被逐与复位

卫献公名衎，定公之子，公元前576年即位，是卫国的第二十四位国君，其在位期间，政权为执政卿孙氏和宁氏所掌控，国君与权臣之间矛盾激化，一度被逐出卫国。

《史记·卫康叔世家》载："十八年，献公戒孙文子、宁惠子食，皆往。日旰不召，而去射鸿于囿。二子从之，公不释射服与之言。二子怒，如宿。"依当时礼节，国君"不释皮冠而与之言"[1]，是怠慢臣子的表现。君见臣，臣若朝服，君也应着朝服，然而卫献公不脱去射服即会见臣子，明显是薄待二人。

卫献公的举动，激怒了孙文子、宁惠子两位大臣。

之后，卫献公的另一个举动，直接导致孙文子举兵起事。当时孙文子

---

[1] 杨伯峻：《春秋左传注》，中华书局2000年版，第1011页。

派儿子孙蒯入朝请命,"(卫献)公饮之酒,使大师歌《巧言》之卒章"①。《巧言》是《诗经·小雅》的篇目,其最后一章云:"彼何人斯,居河之麋。无拳无勇,职为乱阶。"杜注:"公欲以喻文子,居河上而为乱。"② 乐官知道这样做必然会促使孙文子作乱,推辞不唱。但师曹之前受过献公鞭打,主动提出要歌唱这首乐章,试图以此触怒孙文子。师曹诵③《巧言》,孙蒯听后感到害怕,回去告诉了孙文子。于是,孙文子在戚地举兵。卫献公不敌,派人与孙文子谈判,孙文子杀死献公使者,献公被迫出奔齐国。

显示孙氏军事实力的史料,还见于《左传·襄公十九年》,晋栾鲂帅师从卫孙文子伐齐,孙氏以小国之卿的身份,成为晋、卫联军主帅,这在当时极为少见。由此可知孙氏军事力量的强大。

关于卫献公出奔,史书称:"卫献无道,居丧不戚。"④ 卫献公的母亲定姜亦列出其子三错:第一,舍弃贤明的大臣而与奸佞小人一起商量事情;第二,对待先王为其指定的老师轻蔑无礼;第三,对待侍奉先王饮食起居的嫡母粗暴,时常轻慢欺侮。

周景王与臣下谈论卫国时局,申无宇认为,卫献公的出奔,主要原因是遭到孙、宁两大卿族的反对。"卫蒲、戚实出献公。"杜预注:"蒲,宁殖邑;戚,林父邑。"⑤

晋国君臣谈论时,晋侯问:"卫人出其君,不亦甚乎?"(师旷)对曰:"或者其君实甚。"⑥ 连晋国臣子都认为,卫献公的做法太过分。

卫国君臣权争,并非一人之错。献公出奔之前,执政卿孙林父要求国君给其土地,"讨卫,强戚田。取卫西鄙懿氏六十以与孙氏。"⑦

卫国另一权臣宁氏卿族,在献公出奔一事中无所作为,但宁氏因献公返国而付出惨重代价。

---

① 杨伯峻:《春秋左传注》,中华书局2000年版,第1011页。
② 杨伯峻:《春秋左传注》,中华书局2000年版,第1011页。
③ 歌与诵不同。歌必依乐谱,诵仅有抑扬顿挫而已。《周礼·大司乐》郑玄注:"以声节之曰诵。"以声节之,只是指讽诵之腔调,非指乐谱。
④ 马骕:《左传事纬》,齐鲁书社1992年版,第263页。
⑤ 杨伯峻:《春秋左传注》,中华书局2000年版,第1329页。
⑥ 杨伯峻:《春秋左传注》,中华书局2000年版,第1016页。
⑦ 杨伯峻:《春秋左传注》,中华书局2000年版,第1115—1116页。

献公出奔后，孙林父和宁殖（即宁惠子）立成公之孙公孙剽为殇公，"卫人立公孙剽，孙林父、宁殖相之，以听命于诸侯"①。卫殇公是卫定公的弟弟姬秋，卫国第二十五位君主，在位十二年。

宁殖临终前告诫其继位者宁喜："吾得罪于君，悔而无及也。名藏在诸侯之策，曰：'孙林父、宁殖出其君。君入，则掩之。若能掩之，则吾子也。若不能，犹有鬼神，吾有馁而已，不来食矣。'悼子许诺，惠子遂卒。"② 宁殖希望继位者宁喜能接回流亡的卫献公。宁喜则因此葬送了宁氏家族。

卫献公得知宁氏情况后，派使者联络宁喜。献公承诺"苟返，政由宁氏，祭则寡人"③。表态以执政权换取宁喜的支持，只保留祭祀的权利。《左传·襄公二十五年》载："卫献公自夷仪使与宁喜言，宁喜许之。"杜注：求复国也。④

宁氏与孙氏之争中，卫殇公亦支持宁氏，"十二年，宁喜与孙林父争宠相恶，殇公使宁喜攻孙林父"⑤。

宁喜得到流亡国君与在任国君的支持，决定向孙氏开战，"二月庚寅，宁喜、右宰谷伐孙氏，不克，伯国伤。宁子出舍于郊。伯国死，孙氏夜哭。国人召宁子，宁子复攻孙氏，克之。辛卯，杀子叔及大子角。书曰'宁喜弑其君剽'，言罪之在宁氏也"⑥。此时宁氏实力不如孙氏，宁喜选择"孙文子在戚、孙嘉聘于齐、孙襄居守"⑦ 的时候，发动对孙氏的攻击。孙林父带着戚地投奔晋，"孙林父以戚如晋"⑧，孙氏自此退出卫国的政治舞台。

献公为能够回国，使用多个策略。如派子鲜与宁喜谈判，子鲜本来拒绝了献公请求，但献公说服子鲜的母亲敬姒，让其命令子鲜必须去与宁喜谈判，"卫献公使子鲜为复，辞。敬姒强命之。对曰：'君无信，臣惧不

---

① 杨伯峻：《春秋左传注》，中华书局2000年版，第1015页。
② 杨伯峻：《春秋左传注》，中华书局2000年版，第1055页。
③ 杨伯峻：《春秋左传注》，中华书局2000年版，第1112页。
④ 杨伯峻：《春秋左传注》，中华书局2000年版，第1108—1109页。
⑤ 司马迁：《史记》，中华书局2008年版，第1597页。
⑥ 杨伯峻：《春秋左传注》，中华书局2000年版，第1113页。
⑦ 杨伯峻：《春秋左传注》，中华书局2000年版，第1113页。
⑧ 杨伯峻：《春秋左传注》，中华书局2000年版，第1113页。

免。'敬姒曰：'虽然，以吾故也。'许诺"①。子鲜面对母命不得已答应。献公还让国内的一些大臣为其内应，"寡人淹恤在外，二三子皆使寡人朝夕闻卫国之言"②。

诸侯对卫献公的态度亦较好。公元前559年，献公被逐时，首先得到齐国收留，"齐人以郲寄卫侯"③。公元前548年，晋国帮助献公谋得夷仪之地作为立脚处，"晋侯使魏舒、宛没逆卫侯，将使卫与之夷仪"④。

公元前546年，卫献公归国第二年，杀掉宁喜。

《左传·襄公二十七年》载："卫宁喜专，公患之，公孙免余请杀之。"

大夫公孙免向卫献公请求，要求杀掉宁喜。献公未进行阻止，仅表态"事未可知，只成恶名，止也"⑤。公孙免余于是攻打宁氏，杀死宁喜和右宰谷。至此，"九世之卿族，一举而灭之"。

宁喜被杀之后，石氏卿族中的石恶表示哀痛，"衣其尸，枕之股而哭之"⑥。随后石恶前往宋国参加弭兵之会。石恶归国后，"卫人讨宁氏之党，故石恶出奔晋"⑦。卫献公为了犒劳公孙免余，准备奖励其六十城邑，公孙免余没有接受，"唯卿备百邑，臣六十矣。下有上禄，乱也。"⑧

卫献公复位后的作为，让部分臣子感到寒心。"逐我者出，纳我者死。赏罚无章，何以沮劝？君失其信，而国无刑，不亦难乎？"⑨曾经为献公归国复位而与宁喜谈判的子鲜，选择出奔晋国，永不再出仕。

至此，石氏、宁氏、孙氏三家卿族皆因废立卫国国君，或倾覆，或退出决策中心。卿族势力与君权相争的结果，是国家政局动荡和国力衰微。

---

① 杨伯峻：《春秋左传注》，中华书局2000年版，第1112页。
② 杨伯峻：《春秋左传注》，中华书局2000年版，第1113页。
③ 杨伯峻：《春秋左传注》，中华书局2000年版，第1014页。
④ 杨伯峻：《春秋左传注》，中华书局2000年版，第1102页。
⑤ 杨伯峻：《春秋左传注》，中华书局2000年版，第1127页。
⑥ 杨伯峻：《春秋左传注》，中华书局2000年版，第1127页。
⑦ 杨伯峻：《春秋左传注》，中华书局2000年版，第1142页。
⑧ 杨伯峻：《春秋左传注》，中华书局2000年版，第1128页。
⑨ 杨伯峻：《春秋左传注》，中华书局2000年版，第1128页。

第三节　少年国君与四大夫之乱

卫献公归国复位三年后去世，子襄公恶立，襄公是卫国第二十六位君主。

卫襄公在位九年。其间卫国政局相对稳定，没有出现大的动荡。其晚年借"梦兆""筮卜"，立幼子元为太子，太子元6岁即位，为卫灵公。虽然废长立幼与当时礼制不符，但受到周天子的认可。

卫灵公期间，卫国政局一度动荡，发生四大夫叛乱事件。

一　6岁即位

卫灵公生于公元前540年，"韩宣子为政聘于诸侯之岁"[1]，公元前534年即位，时年6岁，是卫国第二十七位君主，卒于公元前493年，在位42年。

关于卫灵公的出生，司马迁记载了一则托梦故事。襄公有次临幸了一名妾，妾怀孕后，梦到有人告诉她，"我是康叔，将让你的儿子享有卫国，应取名为'元'"。妾生下的果然是男孩，襄公认为是上天的安排，就取名"元"，立为太子。《史记·卫康叔世家》叙述较为详细：

> 襄公六年，楚灵王会诸侯，襄公称病不往。
> 九年，襄公卒。初，襄公有贱妾，幸之，有身，梦有人谓曰："我康叔也，令若子必有卫，名而子曰'元'。"妾怪之，问孔成子。成子曰："康叔者，卫祖也。"及生子，男也，以告襄公。襄公曰："天所置也。"名之曰元。襄公夫人无子，于是乃立元为嗣，是为灵公。[2]

《左传》记载与《史记·卫康叔世家》一致，也是托梦立储。卫襄公夫人姜氏没有儿子，宠姬婤姶生下儿子孟絷。孔成子和史朝都梦见康叔让

---

[1] 杨伯峻：《春秋左传注》，中华书局2000年版，第1298页。
[2] 司马迁：《史记》，中华书局2008年版，第1598页。

立元为国君，后来婤姶再生一子，起名叫"元"。"卫襄公夫人姜氏无子，嬖人婤姶生孟絷。孔成子梦康叔谓己：'立元，余使羁之孙圉与史苟相之。'史朝亦梦康叔谓己：'余将命而子苟与孔烝鉏之曾孙圉相元。'史朝见成子，告之梦，梦协。晋韩宣子为政，聘于诸侯之岁，婤姶生子，名之曰元。"[1] 不过，《左传》在记述时，载明"孟絷之足不良能行"[2]。意思是，孟絷的脚跛，行走不便。

孔成子以《周易》筮之，显示应由元继承国君之位，"元尚享卫国，主其社稷"[3]。但孔成子担心，如果有人质疑不是长子继承怎么办？史朝认同孔成子的卦象，并认为，康叔为元取的名字，可以说是长子。两次卦象都显示要立元为国君，且又是康叔的命令。为什么不听从呢？"康叔名之，可谓长矣。孟非人也，将不列于宗，不可谓长。且其繇曰'利建侯'。嗣吉，何建？建非嗣也。二卦皆云，子其建之！康叔命之，二卦告之，筮袭于梦，武王所用也，弗从何为？弱足者居。侯主社稷，临祭祀，奉民人，事鬼神，从会朝，又焉得居？各以所利，不亦可乎？"

孔成子于是立元为国君，即卫灵公。

二 孔子称贤

卫灵公6岁即位为国君，随即为其父卫襄公举行了一场高规格的葬礼。

周景王特意派成简公赴卫吊唁，以表示对卫灵公的认可。"王使郕简公如卫吊，且追命襄公曰：'叔父陟恪，在我先王之左右，以佐事上帝，余敢忘高圉、亚圉？'"[4]

晋平公则派范献子到卫国吊唁，并且归还之前所占的戚地和西部六十邑。相关史料如下：

> 晋大夫言于范献子曰："卫事晋为睦，晋不礼焉，庇其贼人而取

---

[1] 杨伯峻：《春秋左传注》，中华书局2000年版，第1297—1298页。
[2] 杨伯峻：《春秋左传注》，中华书局2000年版，第1298页。
[3] 杨伯峻：《春秋左传注》，中华书局2000年版，第1298页。
[4] 杨伯峻：《春秋左传注》，中华书局2000年版，第1294页。

其地，故诸侯贰。《诗》曰：'鹡鸰在原，兄弟急难。'又曰：'死丧之威，兄弟孔怀。'兄弟之不睦，于是乎不吊，况远人，谁敢归之？今又不礼于卫之嗣，卫必叛我，是绝诸侯也。"献子以告韩宣子。宣子说，使献子如卫吊，且反戚田。①

史料显示，卫灵公是一位有为之君，知人善任，任用贤人蘧伯玉、谏臣史鱼，提拔孔圉、祝佗、王孙贾等有才之士。《论语·宪问》载，孔子与季康子讨论卫灵公，孔子谈到卫灵公的无道之处，季康子则质疑，既然无道，为什么没有败亡呢？孔子解释，因为他有仲叔圉接待宾客，祝佗管理宗庙祭祀，王孙贾统率军队，像这样，怎么会败亡呢？间接上认为卫灵公有贤臣辅助。"子言卫灵公之无道也，康子曰：'夫如是，奚而不丧？'孔子曰：'仲叔圉治宾客，祝佗治宗庙，王孙贾治军旅。夫如是，奚其丧？'"

在孔子看来，卫灵公是当时最为贤明的君主。《孔子家语·贤君第十三》载，鲁哀公询问："当今之君，孰为最贤？"孔子对曰："丘未之见也，抑有卫灵公乎？"

卫灵公对音乐较为痴迷，这一点为史书所诟病。公元前534年，70多岁的晋平公邀请各诸侯国君到晋国参观一座宫殿，卫灵公也在受邀请之列。但卫灵公为了听和记新曲子，耽误了好几日行程。乐师师涓劝其以国事为重，卫灵公不以为然。到晋国后，爱好音乐的晋平公，让师涓、师旷一次次演奏不该演奏的乐曲，最终吓得晋平公得了心悸病，卫灵公亦因惊吓而身体不适。《韩非子·十过》对之有详细记载，并将其归于第四过，"四曰不务听治而好五音，则穷身之事也"。这件事后，晋国遭遇大旱，田地里连续三年种不成作物。晋平公三年后病亡。

卫灵公可称贤君的旁证还有，其继位时，内有不守妇道的卫襄公夫人姜氏，外有不臣之心的四位大夫，但在卫灵公执政期间，大体能做到君臣一心，国政平稳。对于一位少年即位的国君，殊为不易。

三 四大夫之乱

公元前522年，18岁的卫灵公面临一次重大变故，卫国发生四大夫

---

① 杨伯峻：《春秋左传注》，中华书局2000年版，第1293—1294页。

之乱。

四位大夫分别为：齐豹、北宫喜、褚师圃、公子朝。

四大夫之乱与卫灵公的哥哥孟絷有关。孟絷轻慢卫大夫齐豹，剥夺齐豹的司寇官职和鄄地，《左传·昭公二十年》载："有役则反之，无则取之。"公孟絷还讨厌北宫喜（北宫贞子，北宫文子的儿子）、褚师圃，想要除掉二人。公子朝则是因为和卫襄公夫人姜氏私通，担心受到治罪。所以四人密谋作乱。

发动叛乱之前，齐豹警告孟絷的骖乘宗鲁，不要和孟絷一起乘车，但宗鲁未听从齐豹的警告。

六月二十九日，叛乱发生，齐氏用戈攻击孟絷时，宗鲁用背替孟絷遮挡，结果齐氏把孟絷、宗鲁二人全部杀死。

卫灵公当时未在国都，而是在卫地平寿，听到动乱消息，驱车从阅门进入国都。庆比驾车，公南楚做骖乘，华寅乘坐副车。卫灵公在宫室装载了宝物后，驾车向外闯。褚师圃的儿子申在十字路口遇到卫灵公，就跟随着卫灵公一起。一行人经过齐氏家门口时，齐氏用箭射灵公但没射中，射中公南楚的脊背，卫灵公得以闯出国都，到达卫地的死鸟（郭门外东向适齐之地）。卫大夫析朱鉏夜里从城墙的排水沟逃出，徒步赶到死鸟追随卫灵公。

此时，齐景王派使者公孙青聘于卫，途中听到卫国发生动乱。公孙青派人向齐景王请示。齐景王指示，卫灵公还在卫国境内，仍是卫国国君。公孙青于是赶到死鸟，送给卫灵公良马，并亲自拿着大铃整夜为卫灵公警戒。

不久，齐氏和北宫氏两大卿族发生内斗，北宫喜杀死齐豹，灭掉齐氏。"齐氏之宰渠子召北宫子。北宫氏之宰不与闻，谋杀渠子，遂伐齐氏，灭之。"[①] 北宫喜请卫灵公返回到国都。卫灵公先是与北宫喜"盟于彭水之上"[②]，再与国人进行盟誓，"秋七月戊午朔，遂盟国人"。参与内乱的公子朝、褚师圃、子玉霄、子高鲂等被迫出奔晋国。与公子朝私通的卫襄公的夫人姜氏也被杀死，卫国局势随之稳定。

---

① 杨伯峻：《春秋左传注》，中华书局2000年版，第1412页。
② 杨伯峻：《春秋左传注》，中华书局2000年版，第1412页。

卫灵公平定四大夫之乱,赏赐北宫喜谥号贞子,赐析朱鉏谥号成子,并且把齐氏家族的墓地赐给了他们。卫灵公派人向齐侯报告内乱平定时,特别赞扬公孙青,"告宁于齐,且言子石"[1]。

北宫氏因"平乱"之功,逐渐坐大。公元前503年,四大夫之乱已过去将近20年,卫灵公联合齐国,用计削弱了北宫氏势力。"卫侯欲叛晋,诸大夫不可。使北宫结如齐,而私于齐侯曰:'执结以侵我。'齐侯从之,乃盟于琐。"[2] 卫灵公与齐景公密谋,先派北宫结聘齐,再让齐景公寻隙将北宫结抓起来并出兵伐卫,卫灵公把责任推到北宫结身上,趁机削弱北宫氏的势力,然后灵公再和齐景公盟约以退齐兵。灵公此策,一是解决了北宫氏坐大的问题;二是加强了与齐国的联系;三是没有引起其他大臣的怀疑,可谓一石三鸟。

公元前501年,齐、晋两国在中牟发生战争,为支援齐景公,卫灵公带兵车500乘奔赴中牟,当时晋国的兵车有上千乘驻扎在中牟。卫灵公遵照祖训,出兵前先进行占卜,但不知为何占卜官将龟甲给烧焦了,没能完成占卜的任务。卫灵公未受影响,继续进军援齐。逃亡于晋的褚师圃建议晋军不要与卫军作战,"卫虽小,其君在焉,未可胜也"[3]。此时距离四大夫叛乱已过去20多年,褚师圃仍旧如此畏惧卫灵公,可见卫灵公平叛给褚师圃带来的精神压力。

四 私德争议

卫灵公为史书所诟病的另一个情况,是其私生活。史载其性格多疑,喜爱男色,内惧南子,引发了一系列的宫廷内乱。

卫灵公夫人南子,是春秋时期著名美女,有学者称其"美而淫"。孔子曾因与南子见面,而引发弟子子路的不满。《论语·雍也》载:"子见南子,子路不说。孔子矢之曰:'予所否者,天厌之!天厌之!'"

关于南子,本书有专节介绍,本节重点关注南子、宋公子朝所引起的蒯聩之乱。《左传·定公十四年》载:"卫侯为夫人南子召宋朝",杜预

---

[1] 杨伯峻:《春秋左传注》,中华书局2000年版,第1413页。
[2] 杨伯峻:《春秋左传注》,中华书局2000年版,第1561页。
[3] 杨伯峻:《春秋左传注》,中华书局2000年版,第1575页。

注：南子，宋女也。朝，宋公子，旧通于南子，在宋呼之。① 南子是宋国女子，公子朝也是宋国人，春秋时期著名的美男子，两人在宋国时就已相识。对于宋朝的美貌，孔子《论语·雍也》中说："不有祝鮀之佞，而有宋朝之美，难乎免于今之世矣。"公元前496年秋，卫灵公打着"为夫人南子"的旗号召见宋公子朝，引发非议。

卫侯为夫人南子召宋朝。会于洮，大子蒯聩献盂于齐，过宋野。野人歌之曰："既定尔娄猪，盍归吾艾豭。"大子羞之，谓戏阳速曰："从我而朝少君，少君见我，我顾，乃杀之。"②

太子蒯聩对南子的作为深以为耻，计划杀死南子。但蒯聩的随从戏阳速在关键时刻却没有下手，蒯聩举止异常为南子察觉，呼叫卫灵公救命。卫灵公于是派人捉拿蒯聩，蒯聩奔宋。不久后又到晋国避难，投奔赵氏。卫灵公死后，蒯聩之子卫出公辄在位时，蒯聩复入卫国，酿成父子争国的闹剧。

卫灵公的另一位男宠名弥子瑕。

《韩非子·说难》云："弥子名瑕，卫之嬖大夫也。昔者弥子瑕有宠于卫君。卫国之法：窃驾君车者刖。弥子瑕母病，人间往夜告弥子，弥子矫驾君车以出。君闻而贤之，曰：孝哉！为母之故，亡其刖罪。异日，与君游于果园，食桃而甘，不尽，以其半啖君。君曰：'爱我哉！亡其口味以啖寡人。'及弥子色衰爱弛，得罪于君，君曰：'是固尝矫驾吾车，又尝啖我以余桃。'"弥子瑕年轻貌美时，私驾卫灵公马车和让卫灵公吃自己没吃完的半个桃子，卫灵公不仅不治罪反而为弥子瑕开脱。但当弥子瑕年老色衰时，卫灵公又以上述行为欲治罪弥子瑕。《左传》亦记载有弥子瑕的事迹，其以将领的身份出现在史料中。公元前504年，"二月，公侵郑，取匡，为晋讨郑之伐胥靡也。往不假道于卫；及还，阳虎使季、孟自南门入，出自东门，舍于豚泽。卫侯怒，使弥子瑕追之"③。《孔子家语·

---

① 杨伯峻：《春秋左传注》，中华书局2000年版，第1597页。
② 杨伯峻：《春秋左传注》，中华书局2000年版，第1597页。
③ 杨伯峻：《春秋左传注》，中华书局2000年版，第1556页。

贤君》中这样评价弥子瑕："灵公弟子渠牟，其智足以治千乘，其信足以守之，灵公爱而任之。"

公元前 493 年，卫灵公去世。《春秋会要》载：灵公，名元，襄公子，鲁昭公八年立，在位四十二年，谥曰"灵"。执政大夫先后有孔烝鉏、北宫佗、石圃、北宫喜、公子朝、孔圉、公叔发等。

卫灵公时期，卫国政局整体较为稳定，虽然一度动乱，但能够迅速平定。朝臣中涌现出蘧伯玉、史鱼等一批贤士，政治较为清明。史料记载，卫灵公欢迎孔子到卫，并给予孔子在鲁国同等的俸禄，让孔子在卫国传播其思想，但始终未委以政事。

第四节 父子争国及匠人起义

太子蒯聩奔晋后，卫灵公并未再立太子。灵公去世，卫人拥立蒯聩之子姬辄即位为君，蒯聩不甘错失卫君之位，先是请晋国赵氏护送其归国，遭到卫人击退而不得进入国都，接着设计利用卫大夫孔悝，将姬辄赶出卫国，自己就位为君。即位后的蒯聩，因过于残暴，引发匠人起义。

一 父子争国

卫灵公去世后，卫人以姬辄为君，是为出公，卫国第二十八代君主（公元前 492—前 481 年、前 476—前 470 年在位）。姬辄是卫灵公的孙子、卫后庄公蒯聩的儿子，卫悼公黔的侄子。其在位期间，卫国政局再度不稳。

姬辄的叔叔公子郢，是一位有德之人。卫灵公有一次带小儿子公子郢郊游，说起传位之事，卫灵公抱怨太子蒯聩的出奔，言语间表示要立郢为国君，但被公子郢以不堪重任婉拒。卫灵公告诉公子郢，"我将立若为后"。郢对曰："郢不足以辱社稷，君更图之。"[①] 卫灵公去世后，南子以此要求公子郢继位。"夏，卫灵公卒。夫人曰：'命公子郢为大子，君命也。'对曰：'郢异于他子，且君没于吾手，若有之，郢必闻之。且亡人

---

① 司马迁：《史记》，中华书局 2008 年版，第 1599 页。

之子辄在。'"① 公子郢拒绝继位，认为逃亡的太子蒯聩的儿子辄还在，应该立辄为君。于是卫人立姬辄为君。

姬辄的父亲蒯聩，此时投在晋国大夫赵鞅门下。获悉灵公去世，蒯聩请求赵鞅派人护送其回国争位，"六月乙酉，晋赵鞅纳卫大子于戚"②。蒯聩进入卫国时，其儿子姬辄已经即位为君。于是卫国出现了父子争位的局面。

赵鞅将蒯聩安置在戚城。"宵迷，阳虎曰：'右河而南，必至焉。'使太子絻，八人衰绖，伪自卫逆者。告于门，哭而入，遂居之。"③ 让阳虎假派卫人穿着丧服来接太子，乔装打扮，显而易见目的并不单纯。《卫康叔世家》有类似记载，"六月乙酉，赵简子欲入蒯聩，乃令阳虎诈命卫十余人衰绖归，简子送蒯聩。卫人闻之，发兵击蒯聩。蒯聩不得入，入宿而保，卫人亦罢兵"。赵简子护送蒯聩回国，卫人发兵攻击蒯聩，蒯聩只好进入戚邑自保。

蒯聩居于戚城，对卫出公来说始终是个威胁，两者之间展开争夺，其间还夹杂着其他诸侯国的参与。

卫出公辄元年（公元前492年），"齐国夏、卫石曼姑帅师围戚"④。这次围戚的目的，显然是针对蒯聩。且卫国联合了齐国对抗晋国，对外政策上已有背晋投齐的迹象。

卫出公三年（公元前490年），晋赵鞅率军队攻打卫国，打的旗号是卫出公二年时出兵救范氏。

卫出公五年（公元前488年），"晋师侵卫，卫不服也"。杜注：五年晋伐卫，至今未服。⑤ 从卫出公三年到五年，对于晋的攻伐，卫始终没有服软和退让。

之后赵鞅又分别在公元前481年、公元前480年两次率兵攻打卫国，目的仍是想让蒯聩即位为君。

蒯聩为了抢夺国君之位，可谓计谋尽出。公元前480年，蒯聩利用姐

---

① 杨伯峻：《春秋左传注》，中华书局2000年版，第1612页。
② 杨伯峻：《春秋左传注》，中华书局2000年版，第1612页。
③ 杨伯峻：《春秋左传注》，中华书局2000年版，第1612—1613页。
④ 杨伯峻：《春秋左传注》，中华书局2000年版，第1618页。
⑤ 杨伯峻：《春秋左传注》，中华书局2000年版，第1640页。

姐伯姬是卫国大臣孔悝之母这一身份，胁迫孔悝弑杀卫出公。

> 十二年，初，孔圉文子娶太子蒯聩之姊，生悝。孔氏之竖浑良夫美好，孔文子卒，良夫通于悝母。太子在宿，悝母使良夫于太子。太子与良夫言曰："苟能入我国，报子以乘轩，免子三死，毋所与。"与之盟，许以悝母为妻。闰月，良夫与太子入，舍孔氏之外圃。昏，二人蒙衣而乘，宦者罗御，如孔氏。孔氏之老栾宁问之，称姻妾以告。遂入，适伯姬氏。既食，悝母杖戈而先，太子与五人介，与猳从之。伯姬劫悝于厕，强盟之，遂劫以登台。栾宁将饮酒，炙未熟，闻乱，使告仲由。召护驾乘车，行爵食炙，奉出公辄奔鲁。①

蒯聩从戚邑回国的过程中，卫国的士大夫及各自家臣表现不同，孔子弟子子路死于此次动乱。

> 仲由将入，遇子羔将出，曰："门已闭矣。"子路曰："吾姑至矣。"子羔曰："不及，莫践其难。"子路曰："食焉不辟其难。"子羔遂出。子路入，及门，公孙敢阖门，曰："毋入为也！"子路曰："是公孙也？求利而逃其难。由不然，利其禄，必救其患。"有使者出，子路乃得入。曰："太子焉用孔悝？虽杀之，必或继之。"且曰："太子无勇。若燔台，必舍孔叔。"太子闻之，惧，下石乞、盂黡敌子路，以戈击之，割缨。子路曰："君子死，冠不免。"结缨而死。②

仲由，字子路；高柴，字子羔。卫国政变时，二人都在卫国为官，但二人对待孔悝被挟持事件的态度截然不同。仲由是听说变乱就要进入孔家，正好碰到子羔出门。虽说子羔告诉子路府门已经关闭，但子路仍坚持去救助。子羔认为，去了也来不及，还会遭受灾难。子路却认为，既然是别人的臣子，拿着俸禄，就不能躲避灾难，而要设法挽救才行。后来有使者出门，子路才得以进去。并且对蒯聩劫持孔悝发表了自己的看法，他认

---

① 司马迁：《史记》，中华书局2008年版，第1599—1600页。
② 司马迁：《史记》，中华书局2008年版，第1601页。

为，即使孔悝被杀，还会有其他人接替他，但太子蒯聩却是个胆小的人，如果烧了高台，蒯聩便会放了孔悝。蒯聩听说后，果然害怕了，就让石乞、盂黡下高台去抵挡子路，用戈攻击并割掉了子路的帽缨。子路面对死亡，仍是君子的表现，系好帽缨后被杀死。孔子听说卫国动乱的消息，对于自己两位弟子的结局已了然于心，"嗟乎！柴也其来乎？由也其死矣"①。

公元前479年，孔悝最终立蒯聩为国君，是为卫庄公，卫国第二十九位国君。因卫国前已有庄公，所以蒯聩又被称为后庄公。后卫庄公能够回国即位，主要受益于晋国尤其是赵鞅的扶持。"十有六年春王正月己卯，卫世子蒯聩自戚入于卫，卫侯辄来奔。"②《论语》中有"君君，臣臣，父父，子子"，但发生在后卫庄公和卫出公身上的却是"父不父，子不子"，而是一出父子争国闹剧。

蒯聩即位之初，赵鞅欲让蒯聩朝拜晋国。但蒯聩即位后，继续奉行结交齐国的政策，与齐国结盟，没有向赵鞅表示任何谢意，这引起了赵鞅的不满。公元前478年，赵鞅要求蒯聩朝晋，"君之在晋也，志父为主。请君若大子来，以免志父。不然，寡君其曰志父之为也。"志父，即赵鞅。杜注：恐晋君谓志父教使不来。③名义上是怕晋君怪罪自己教唆蒯聩不来朝拜，实则是赵鞅想要继续掌控蒯聩，从而达到控制卫国的目的。

后卫庄公即位后，暴虐近乎无道。《史记·卫康叔世家》载："庄公蒯聩者，出公父也，居外，怨大夫莫迎立。元年即位，欲尽诛大臣，曰：'寡人居外久矣，子亦尝闻之乎？'群臣欲作乱，乃止。"因其在外，臣子没有迎立就要杀戮，看到群臣想要作乱，才又不得不作罢，后卫庄公的昏庸由此可见。

卫国臣子对于后卫庄公的作为，多有不满。《左传·哀公十五年》载："庄公害故政，欲尽去之，先谓司徒瞒成曰：'寡人离病于外久矣，子请亦尝之。'归告褚师比，欲与之伐公，不果。"瞒成、褚师比甚至想攻伐后卫庄公，但没能成功，不得已逃亡到宋国。对于立自己为国君的孔

---

① 司马迁：《史记》，中华书局2008年版，第1601页。
② 杨伯峻：《春秋左传注》，中华书局2000年版，第1697页。
③ 杨伯峻：《春秋左传注》，中华书局2000年版，第1707页。

悝，后卫庄公表面上很感激，设酒宴款待并给予重酬，让大夫给孔悝送礼，"六月，卫侯饮孔悝酒于平阳，重酬之。大夫皆有纳焉。"① 孔悝受母所迫而立后卫庄公，导致卫出公奔鲁，本就自感有愧于卫出公和卫人，后卫庄公让众大夫给其送财物，孔悝羞愤交加，于是"出奔宋"②。

后卫庄公还杀死了在其争位过程中有功的浑良夫。"卫侯谓浑良夫曰：'吾继先君而不得其器，若之何？'良夫代执火者而言，曰：'疾与亡君，皆君之子也，召之而择材焉可也。若不材，器可得也。'竖告大子。大子使五人与狄从己，劫公而强盟之，且请杀良夫。公曰：'其盟免三死。'曰：'请三之后有罪杀之。'公曰：'诺哉！'"③ 后卫庄公能回国继位得益于浑良夫的帮助，回国后浑良夫仍是一心一意为后卫庄公排忧解难，但当浑良夫得罪太子疾后，后卫庄公不加以维护，允许太子疾以莫须有的罪名杀死浑良夫。杀了浑良夫后，后卫庄公做了一个噩梦，梦见浑良夫的鬼魂披发大喊："登此昆吾之墟，绵绵生之瓜。余为浑良夫，叫天无辜。"④ 后卫庄公很害怕，求卜问卦，卜繇为"如鱼窥尾，衡流而方羊。裔焉大国，灭之，将亡。阖门塞窦，乃自后逾"⑤，此卦象显示卫国已是君臣离心、民怨沸腾，将有大乱子发生。占卜者胥弥赦知道后卫庄公无道，不敢以实相告，便用好话圆梦，占卜结束便慌忙逃往宋国。

后卫庄公即位之初，派鄢武子去了周朝，以获得周王的认可。"卫侯使鄢武子告于周曰：'蒯聩得罪于君父、君母，逋窜于晋。晋以王室之故，不弃兄弟，置诸河上。天诱其衷，获嗣守封焉，使下臣肸敢告执事。'"⑥ 周天子随即承认了蒯聩的国君之位。

二 第一次匠人起义

春秋晚期，随着经济的发展，匠人即卫国手工业者成为社会上的一个重要群体。后卫庄公在位期间，卫国爆发第一次匠人起义。

---

① 杨伯峻：《春秋左传注》，中华书局2000年版，第1699页。
② 杨伯峻：《春秋左传注》，中华书局2000年版，第1700页。
③ 杨伯峻：《春秋左传注》，中华书局2000年版，第1705页。
④ 杨伯峻：《春秋左传注》，中华书局2000年版，第1709页。
⑤ 杨伯峻：《春秋左传注》，中华书局2000年版，第1709—1710页。
⑥ 杨伯峻：《春秋左传注》，中华书局2000年版，第1697—1698页。

公元前478年，卫国爆发第一次匠人起义，原因是"公使匠久"①，杜预注："久，不休息。"后卫庄公过分地使用匠人，引发匠人不满而发生动乱。

除了后卫庄公过度役使匠人，卫国君臣不和也是匠人起义的重要因素。后卫庄公想要驱逐卫卿石圃，还没来得及实施时，石圃先行一步，"因匠氏攻公"②，利用匠人对后卫庄公的不满，发动匠人攻击后卫庄公。后卫庄公关闭宫门请求和解，匠人不答应。后卫庄公只好从宫墙北面跳墙逃跑，摔断了大腿。戎州人则趁机攻打后卫庄公，连带着跟随后卫庄公逃跑的太子疾、公子青等人，都被戎州人杀了。后卫庄公逃进了戎州己氏的家里，想要用一块玉璧换取己氏夫妇的帮助，己氏表示，"杀汝，璧其焉往？"就把后卫庄公杀了。

戎州人之所以怒杀国君，在于后卫庄公的暴虐。

《左传》载，后卫庄公即位后，有一次在城墙上向外观望，看到不远处的一个村落，就问那是哪里，仆人回答是戎州。后卫庄公听后很生气，曰："我，姬姓也，何戎之有焉？"③下令毁坏戎州并掠夺其财物，引发戎州村民的愤怒。过了不久，后卫庄公登上城墙向外观景，看到戎州己氏妻子的头发很漂亮，就命令属下出城强行剃下了女子的头发，为夫人吕姜做了一个发髢。突遭剃发之辱的己氏夫妇，对后卫庄公憎恨异常。

后卫庄公被杀后，卫人立襄公的孙子公子般师为卫君。但旋即被齐国干涉，掳走了般师，立公子起。卫君起刚一即位，又被卫卿石圃驱逐。此后，卫出公辄由齐国返回，复位为君。两年之内，卫国国君数度易位，多次君位更迭。卫出公即位12年后逃亡，在外4年后返国复位，再次当政7年，于公元前470年死去。

三 第二次匠人起义

第二次匠人起义发生在卫出公复位时期。卫出公复位后，驱逐爱挑起事端的大夫石圃，召回了被后庄公胇聩驱逐的旧臣石魋与大叔遗，恢复其

---

① 杨伯峻：《春秋左传注》，中华书局2000年版，第1710页。
② 杨伯峻：《春秋左传注》，中华书局2000年版，第1711页。
③ 杨伯峻：《春秋左传注》，中华书局2000年版，第1710页。

职务，同时重赏随从其逃亡者。"逐石圃，而复石魋与大叔遗。"①

同时，卫出公对未及时迎其归国的臣子，展开了报复。先是夺去了公孙弥牟的封地，又削夺了司寇亥的职位，还让人将大夫公文懿子的车子掀入水池中。《左传·哀公二十五年》载："公之入也，夺南氏邑，而夺司寇亥政。公使侍人纳公文懿子之车于池。"三位遭报复的皆是卫国重臣。公孙弥牟与卫出公是堂兄弟。梁玉绳《史记志疑》云："《周纪集解》引臣瓒曰，汲冢古文谓卫将军文子为子南弥牟，故《左传》称弥牟为南氏，《战国策·卫策》称南文子。《通志氏族略》云，子南氏，卫灵公之子公子郢之后，盖郢字子南也。"司寇亥，卫国宫室后代，卫灵公的重孙，公子郢的孙子，是掌管卫国刑狱和纠察的重臣，卫出公直接削夺了他的官位。第三位公文懿子，杜注：懿子，公文要。

另有一位大臣司徒期，亦因姐姐的缘故而对卫出公不满。卫出公最初娶了大叔疾的外甥夏戊的女儿为妻，非常宠爱她，立为夫人。夏女有位弟弟名叫期，从小在宫内长大，备受卫出公宠爱，后被任命为司徒，即司徒期。随着夏女年老色衰，渐渐失去卫出公的宠爱，司徒期也被冷落。

卫出公随意羞辱大臣，却与宫内俳优相当亲昵。《左传·哀公二十五年》载，"公使优狡盟拳弥，而甚近信之"，卫出公常与宫内的俳优狎昵嬉戏，且让俳优与拳弥盟誓，这让拳弥非常愤恨，但卫出公不知道，还非常信任拳弥。卫出公还曾在籍圃的灵台上宴请朝中诸大夫，老臣褚师比患有足病，穿着袜子登上了灵台。卫出公见状大怒，褚师比向他解释了原因，但卫出公丝毫听不进去。其他卫大夫也为褚师比讲情，卫出公更加愤怒。褚师比无奈离开宴会。卫出公火气未消，双手叉腰指着褚师比的背影恶狠狠地说："必断而足！"②褚师比听到这话，赶紧与司寇亥同乘一辆车子出逃，远离国都帝丘后，才松了一口气，对司寇亥说，"今日幸而后亡"③。卫出公的喜怒无常和刚愎暴虐由此可见。得罪了这么多的大臣和近侍，卫出公身边实则已危机四伏，但他自己毫无察觉。

---

① 杨伯峻：《春秋左传注》，中华书局2000年版，第1713页。
② 杨伯峻：《春秋左传注》，中华书局2000年版，第1724页。
③ 杨伯峻：《春秋左传注》，中华书局2000年版，第1725页。

复位后的卫出公并没有接受其父蒯聩执政失败的教训，继续过度使用匠人，"公使三匠久"①。导致工匠对卫出公颇为怨恨。公元前470年，褚师比、公孙弥牟、公文要、司寇亥、司徒期、拳弥等人利用匠人发起暴动。"皆执利兵，无者执斤。使拳弥入于公宫，而自大子疾之宫噪以攻公。"②起义的匠人手中拿着戈、矛、斧头等武器，在大夫拳弥的引导下攻打卫出公的宫室，褚师比等人则自太子疾的住处攻打卫出公。卫大夫郢子士请求卫出公发兵相拒，拳弥握着他的手说："子则勇矣，将若君何？不见先君乎？君何所不逞欲？且君尝在外矣，岂必不反？当今不可，众怒难犯。休而易间也。"拳弥劝说郢子士不要做无谓的牺牲，众怒难犯，止住了想要反击的郢子士。

卫出公先是想要逃往帝丘西南方的蒲邑，此时蒲邑已被晋国攻占，拳弥对出公说："晋无信，不可。"③郢子士想护送卫出公逃往东部鄄地，拳弥又对郢士子说："齐、晋争我，不可。"④鄄邑在卫国的东部边境，春秋末期，齐、晋两国为争夺鄄地，经常在这里发动战争。卫出公打算去帝丘东南方接近鲁国的泠地，拳弥也表示反对："鲁不足与。请适城鉏，以钩越。越有君。"⑤卫出公听从拳弥，决定出奔城鉏避难，打算日后联合越国伺机复位。拳弥见目的达到，恐吓卫出公说："卫盗不可知也，请速，自我始。"⑥结果，拳弥"载宝以归"⑦，欺骗卫出公赶快出逃，自己载着宝物返回卫国。卫出公逃往了城鉏，后来死于越国。卫国第二次匠人起义赶走了卫出公。

春秋时期，匠人起义总共爆发了三次，而卫国占了两次。两次匠人起义对卫国执政力量造成了沉重打击，导致卫国实力更加衰败。卫出公逃出卫国后，其季父黔攻击出公之子而自立，是为悼公。悼公元年即公元前469年，此时中国历史已进入战国时期。

---

① 杨伯峻：《春秋左传注》，中华书局2000年版，第1725页。
② 杨伯峻：《春秋左传注》，中华书局2000年版，第1725页。
③ 杨伯峻：《春秋左传注》，中华书局2000年版，第1726页。
④ 杨伯峻：《春秋左传注》，中华书局2000年版，第1726页。
⑤ 杨伯峻：《春秋左传注》，中华书局2000年版，第1726页。
⑥ 杨伯峻：《春秋左传注》，中华书局2000年版，第1726页。
⑦ 杨伯峻：《春秋左传注》，中华书局2000年版，第1726页。

至此，春秋晚期的卫国历史，在执政集团的争权夺位中结束，西周时期"君君臣臣、父父子子"的秩序荡然无存。基层民众因不堪奴役而发起抗争，两次匠人起义，致使一君被杀、一君逃亡国外，说明社会旧秩序在新经济时代，已经无法维持，新的社会力量需要在政治上有所表现。秦国的统治者因时而变，适应经济和社会变化而一跃成为强国，卫国统治力量的因循守旧，逐步失去区域竞合的实力，沦为大国仆从。

第五节　春秋晚期卫国的邦交

春秋中晚期，中原区域争霸的核心是晋、楚两国，处于两大国之间的中小诸侯国，如卫、郑、宋、鲁、陈、蔡等，随着晋、楚实力的消长而左右摇摆。战争消耗了大量人力、物力、财力，不仅晋、楚两强疲于争斗，"牺牲玉帛候于两境"的中小诸侯国，亦是苦不堪言。当双方都想停下战争时，弭兵运动随之出现。第一次弭兵之会由于楚国缺乏诚意，未形成实质性约束力。公元前546年的第二次弭兵之会，终于促成晋楚之间长期停战，从鲁襄公二十七年至鲁定公四年，约40年间，中原地区处于相对和平阶段。受弭兵之会影响，卫国的邦交政策相应有所调整。

一　弭兵之会

春秋晚期的卫国，对外政策已非自身所能左右，需要根据晋楚力量的消长，及时调整。城濮之战时，卫国附楚拒晋。战后一段时间内，卫国屡遭晋国惩罚。自公元前620年的扈之盟后，卫国长期跟随晋国。至第二次弭兵之会举行，卫、晋关系又发生新变化。

第一次弭兵之会发生在公元前579年。此前，晋、楚因对郑的争夺而发生泛之役，郑国俘虏了郧公钟仪（郧此时已属楚，郧公是楚军的将领），并将其关押在晋国的军府。两年后，晋景公视察军府时见到楚囚钟仪，认为其说话得体，有仁义之风，就告诉了晋大夫范文子。范文子曰："楚囚，君子也。言称先职，不背本也；乐操土风，不忘旧也；称大子，抑无私也；名其二卿，尊君也。不背本，仁也；不忘旧，信也；无私，忠也；尊君，敏也。仁以接事，信以守之，忠以成之，敏以行之。事虽大，必济。君盍归之，使合晋、楚之成。"① 晋景公听从了范文子的建议，对钟仪以礼相待，释放归楚，以使晋、楚修好讲和。同年十二月，"楚子使公子辰如晋，报钟仪之使，请修好、结成"②。第二年，晋又派大夫籴茷如楚，这是回报太宰子商的出使。晋、楚两国互派使臣，这是要结交的表现。看到两大国关系有松动的迹象，宋国大夫华元连忙从中进行调解，"如楚，遂如晋，合晋、楚之成"③。在华元的策划下，晋大夫士燮、楚公子罢、许偃会面。随后在宋国西门外会盟，订了盟约。

  凡晋、楚无相加戎，好恶同之，同恤菑危，备救凶患。若有害楚，则晋伐之；在晋，楚亦如之。交贽往来，道路无壅；谋其不协，而讨不庭。有渝此盟，明神殛之，俾队其师，无克胙国。④

西门盟约虽然约定互不侵犯，但楚国君臣并未认真对待。同年，晋大夫郤至如楚聘，且莅盟。楚国用接待诸侯国君的礼乐接待郤至，郤至认为不妥，曰："如天之福，两君相见，何以代此？下臣不敢。"⑤ 楚司马子反曰："如天之福，两君相见，无亦唯是一矢以相加遗，焉用乐，寡君须矣，吾子其入也！"⑥ 楚国对弭兵盟约的态度，在晋国看来稍嫌随意。

晋、楚西门之盟时，秦、晋也举行了令狐之盟。盟会时，晋厉公先至盟所，秦桓公仅派大夫参与盟会；且秦伯回去后就违背盟约，派人对楚国说："余虽与晋出入，唯利是视。"⑦ 秦、楚还希望利用晋国在盟会后的麻痹心理，攻打晋国而获利。晋国派吕相下书与秦绝交，秦、晋令狐之盟成为一纸空文。

公元前578年，令狐之盟的第二年，亦是西门之盟的第二年，秦桓公召集狄人、楚人合谋伐晋。秦国进攻晋国，双方在麻隧会战。当时，一些

---

① 杨伯峻：《春秋左传注》，中华书局2000年版，第845页。
② 杨伯峻：《春秋左传注》，中华书局2000年版，第847页。
③ 杨伯峻：《春秋左传注》，中华书局2000年版，第854页。
④ 杨伯峻：《春秋左传注》，中华书局2000年版，第854页。
⑤ 杨伯峻：《春秋左传注》，中华书局2000年版，第857页。
⑥ 杨伯峻：《春秋左传注》，中华书局2000年版，第857页。
⑦ 杨伯峻：《春秋左传注》，中华书局2000年版，第865页。

中小诸侯国正与晋国相睦,也跟随晋军参与了战斗,秦军战败。麻隧战后,楚人也撕毁盟约,向北进军侵伐郑、卫等国。楚公子囊曰:"新与晋盟而背之,无乃不可乎?"子反曰:"敌利则进,何盟之有?"① 楚北伐郑,向晋示威,到达暴隧;又入侵卫国,到达首止。楚国北进,迫使郑国再度叛晋,"郑叛晋,子驷从楚子盟于武城"②。晋国对此不能容忍,公元前575年,晋又兴师伐郑。晋、楚战于鄢陵,楚军因将领不和而战败,伤亡惨重,楚共王还被射瞎了眼睛。鄢陵之战的失败,对楚军影响很大,楚国无力继续向北推进。此战标志着晋、楚第一次弭兵盟会的失败。

鄢陵战后,晋国暂时解除了楚国这一外部威胁,其国内却陷入君权、卿权的纷争之中。秦国乘晋国内乱,频频出击晋国。晋的盟国齐国也出现内乱。齐大夫崔杼杀了齐庄公,立齐景公,崔杼、庆封为相。晋国执政、楚国令尹,齐国崔、庆,皆有意弭兵,晋国执政赵武认为:"自今以往,兵其少弭矣。齐崔、庆新得政,将求善于诸侯。武也知楚令尹。若敬行其礼,道之以文辞,以靖诸侯,兵可以弭。"③ 各大国执政力量的意向逐渐趋于停战,为第二次弭兵盟会创造了条件。

公元前546年,宋国大夫向戌发起第二次弭兵之会,与会国有晋、楚、齐、秦、鲁、卫、陈、蔡、郑、许、宋、邾、滕,共14个诸侯国,盟会的主要内容"晋、楚之从交相见也"④,晋、楚各有盟国,晋之盟国朝楚,楚之盟国朝晋。晋、楚两强结束了长期的对峙,平分了霸权,两强争霸暂告一段落。夹在中间的中小诸侯国承受的压力相应减轻。公元前545年,齐侯、陈侯、蔡侯、北燕伯、杞伯、胡子、沈子、白狄朝于晋,宋之盟故也;⑤ 鲁襄公及宋公、陈侯、郑伯、许男也朝于楚。但大国对中小诸侯国的需求,并未因之减少,郑国大夫子产曾表示不满,晋、楚是在牺牲中小诸侯国的利益基础上达成了和解,中小诸侯国依然需要承担大国索取的繁重贡赋。"诸侯靖兵,好以为事。行理之命无月不至,贡之无艺,小国有阙,所以得罪也。诸侯修盟,存小国也。贡献无艺,亡可待

---

① 杨伯峻:《春秋左传注》,中华书局2000年版,第873页。
② 杨伯峻:《春秋左传注》,中华书局2000年版,第879页。
③ 杨伯峻:《春秋左传注》,中华书局2000年版,第1103页。
④ 杨伯峻:《春秋左传注》,中华书局2000年版,第1130页。
⑤ 杨伯峻:《春秋左传注》,中华书局2000年版,第1141页。

也。存亡之制，将在今矣。"①

弭兵之会后，晋国"政在家门，民无所依"②，对外已无力争夺；楚国内部政变不断，外部又有吴国牵制，无心再与晋国争斗。在两强逐渐走向衰落时，其他国家也陷入了内部纷争，中原诸侯国间的平和局面得以维持。争霸主战场由中原转向了南方，吴、越成为主角。吴越争霸与晋楚争霸不同，"春秋后期兴起的吴、越两国就几乎没有依据战争礼行事"③，邦交活动也多无礼之举。吴国尤甚，在当时诸侯国看来吴是无道之国，但"吴虽无道，犹足以患卫"④，故卫、鲁、郑、邾等国迫于吴国的武力不得不受其挟持。"道义礼信"完全无用，钱穆先生认为，弭兵之会后的"春秋末乃至战国初之吴、越称霸，即是'霸政时期'之尾声，'军国时期'之先兆"⑤。为了应对强权，诸侯国需要不断壮大自身实力。

二 事晋政策的调整和终结

相对稳定的卫晋关系，在此期间出现松动，看到晋国爆发多起内乱，卫国开始在强国间寻求平衡点。

公元前514年，晋灭祁氏和羊舌氏。公元前497年，晋又有范氏、中行氏之乱，齐、郑、卫、鲁诸国纷纷介入，支持范氏、中行氏，晋国盟主地位名存实亡。齐、吴对晋的霸主地位虎视眈眈，郑、鲁等国摇摆不定，面对这种情况，卫国多少受到了影响。

卫国的对外邦交政策，卫灵公时期已有所调整。公元前522年，齐豹等四大夫之乱，晋国对此无所反应。齐使公孙青却以礼对待逃出国都的卫灵公。公元前521年，宋国发生内乱，晋国立刻联合齐、卫、曹等国支援宋元君，将发动叛乱的华氏驱逐到楚国。卫灵公看到晋国对待宋卫的不同，逐渐调整唯晋马首是瞻的政策。齐景公则有"与君代兴"⑥之意，意图把卫国争取到齐国阵营中来。经过齐景公的努力，卫灵公开始向齐国靠

---

① 杨伯峻：《春秋左传注》，中华书局2000年版，第1359页。
② 杨伯峻：《春秋左传注》，中华书局2000年版，第1236页。
③ 徐杰令：《春秋战争礼考论》，《东北师大学报》2000年第2期，第73—77页。
④ 杨伯峻：《春秋左传注》，中华书局2000年版，第1671页。
⑤ 钱穆：《国史大纲》，商务印书馆2006年版，第75页。
⑥ 杨伯峻：《春秋左传注》，中华书局2000年版，第1333页。

拢。公元前504年，鲁国在晋国的指使下攻打郑国，"往不假道于卫"，归国时阳虎"使季、孟自南门入，出自东门，舍于豚泽"①，这种无礼的行为几乎引起卫、鲁交兵。公元前503年，齐景公、郑献公盟于卫地咸，"卫侯欲叛晋，诸大夫不可"②。面对国内强大的亲晋势力，卫灵公采用一石三鸟之计，先是派北宫氏出使齐国，接着请齐国执北宫氏伐卫，卫灵公再出面抗齐并与齐国约盟。使得卫国在没有和晋决裂的情况下，与齐国结盟了。卫国外交，从事晋而转向多边交好。

公元前502年，晋大夫赵鞅及其家臣不礼于卫灵公，终于促使卫国上下一心做出叛晋的举动。此年夏天，齐伐鲁，晋国救援鲁国，顺道与卫灵公结盟，"晋师将盟卫侯于鄟泽，赵简子曰：'群臣谁敢盟卫君者？'涉佗、成何曰：'我能盟之。'卫人请执牛耳。成何曰：'卫，吾温、原也，焉得视诸侯？'将歃，涉佗捘卫侯之手，及捥。卫侯怒，王孙贾趋进，曰：'盟以信礼也，有如卫君，其敢不唯礼是事而受此盟也？'"③赵简子想折辱卫侯以报复卫叛晋且与齐结盟的行为，让晋大夫出面与卫侯会盟，这在当时不合于礼。盟会上赵简子的家臣涉佗更是用肢体动作挑衅卫灵公。面对如此无礼行径，忍无可忍的卫灵公"朝国人，使贾问焉，曰：'若卫叛晋，晋五伐我，病何如矣？'皆曰：'五伐我，犹可以能战。'"④卫国上下终于在对晋策略上达成一致，卫、晋同盟决裂。虽然赵简子为弥补这次邦交上的失误，杀了涉佗向卫国谢罪以请盟，却被卫国坚决拒绝。卫国转身投入齐国阵营。

在齐国的支持下，卫国与晋国几乎年年交兵。卫、晋关系的破裂也推动了晋阵营的解体。公元前499年，"冬，及郑平，始叛晋也"，杜注：鲁自僖公以来，世服于晋，至今而叛，故曰始。⑤晋因为赵、范两大卿族间的内斗，同盟解体，于是齐、郑、卫、鲁四国交好局面逐渐形成。晋国已在四面楚歌的形势中了。⑥公元前497年，齐、卫联合攻打晋国河内。

---

① 杨伯峻：《春秋左传注》，中华书局2000年版，第1556页。
② 杨伯峻：《春秋左传注》，中华书局2000年版，第1561页。
③ 杨伯峻：《春秋左传注》，中华书局2000年版，第1566页。
④ 杨伯峻：《春秋左传注》，中华书局2000年版，第1567页。
⑤ 杨伯峻：《春秋左传注》，中华书局2000年版，第1584页。
⑥ 童书业：《春秋史》，上海人民出版社2019年版，第243页。

弭兵之盟完全破裂。晋国外患没有解决，内部又有范、中行氏的内乱，范、中行氏还得到了齐、鲁、卫等国的支持，卫国积极配合齐国，参与对晋国的围堵。公元前490年，晋军平定了范氏、中行氏之乱。同年，齐景公去世，反晋阵营瓦解。

虽然反晋阵营瓦解，但卫国并没有再次臣服晋国。卫出公即位后，其父蒯聩不顾名分又来争夺君位，上演了一场父子争国的闹剧。公元前480年，"孔悝立庄公"[1]，蒯聩如愿以偿登上君位。蒯聩的回国继位，浑良夫和孔悝母子出力很多，晋国赵鞅也出力甚多。但卫国疏离晋国的态势已无法逆转，蒯聩登基后，继续与齐结盟，且不向赵鞅表达谢意，这令赵鞅非常不满。赵鞅要求蒯聩朝拜晋侯，蒯聩以各种理由推脱。

公元前478年6月，晋国赵鞅率兵讨伐卫后庄公蒯聩。齐平公则命齐大夫国观、陈瓘率军驰援卫国，齐军与晋军在卫国西部列阵对峙。齐人"得晋人之致师者"[2]。齐国将领陈瓘命令军士脱去晋国俘虏身上穿的囚服，换上晋军原来的衣服，让其回去告诉赵鞅，齐国肯定会抵抗晋国。俘虏回到晋营，将陈瓘的话如实禀报给赵鞅。赵鞅也不想和齐交战，于是传令晋军回国，"我卜伐卫，未卜与齐战。"[3]

但赵鞅并未放弃，同年冬十月，再次率兵讨伐卫国。晋军一鼓作气，攻破了卫国都城外郭，将要进入内城时，卫人驱逐了卫后庄公蒯聩，晋军立了襄公的孙子般师为卫君。晋军目的达到，赵鞅下令班师回国。十一月，卫后庄公蒯聩从齐国逃回，赶走了般师，般师出奔到齐国避难。但卫后庄公已在群臣及民众中失去信任，大臣石圃利用匠人起义驱逐了卫后庄公，卫后庄公随即被戎州己氏杀死。卫人再次迎回公孙般师。"十二月，齐人伐卫，卫人请平，立公子起，执般师以归，舍诸潞。"[4] 也许是因为公孙般师曾被晋国立为国君，齐国信不过，所以齐改立公子起为卫君，公子般师被齐国带走安置在齐都郊外的潞地。公元前477年夏，公子起登基不到半年，卫卿族石圃发动政变，驱逐公子起。卫出公复位。卫出公又在

---

[1] 杨伯峻：《春秋左传注》，中华书局2000年版，第1696页。
[2] 杨伯峻：《春秋左传注》，中华书局2000年版，第1707页。
[3] 杨伯峻：《春秋左传注》，中华书局2000年版，第1708页。
[4] 杨伯峻：《春秋左传注》，中华书局2000年版，第1711页。

位7年，卫悼公立。短短十余年里，卫国在晋、齐等国的干预下，国君更替八次，一连串册立与逐君事件，对卫国执政集团和国家实力造成较大挫伤。

公元前475年，晋国大夫赵鞅去世，其子赵无恤袭位。晋国正卿由智伯瑶取代。此后晋国的霸业再难以恢复，其政权被智、韩、赵、魏四家掌控。公元前471年，韩、赵、魏三家灭智氏，晋国实已瓦解，"春秋的时代已告了结束"[1]。至此，卫、晋邦交彻底画上句号。

---

[1] 童书业：《春秋史》，上海人民出版社2019年版，第198页。

第 八 章

战国时期的小侯

"战国"一名取自西汉刘向所编注的《战国策》。战国时期指公元前475年到公元前221年，中国历史上东周后期至秦统一中原前的这一段历史，此期各诸侯国混战不休，故被后世称为战国。中原区域由春秋五霸转向战国七雄时代，强敌环伺下的卫国，虽为小侯但长期存续不灭，可称一大奇迹。

第一节 大国环伺

春秋末年，卫国因君主频繁更替，国力受到较大折损。但即便时局推进至战国时期，卫国仍旧拥有相当实力，尤其是工商业方面，更是被时人所推崇。《战国策·齐策》曰："裂地定封，富比陶、卫。"陶即宋都定陶，卫即卫都濮阳，都是当时中原富庶的大都市。工商业发达使卫国更成为齐、魏、秦等大国竞相争夺的目标。由于当时诸侯国已开始征收工商业赋税作为国家财政收入来源，这些富庶都市及一些战略要地，不但让诸侯国觊觎，权臣们也想将之据为自己的封邑。如，离卫都濮阳较近的戚城，因其雄踞古黄河东南岸，西北与晋隔河对峙，东与鲁毗邻，交通发达，水陆通畅，遂成为战略要地。春秋时期，戚城是卫国卿族孙氏的封邑，也是后来卫国国君、卿族，甚至诸侯国争相抢夺之地。据《左传》记载，从公元前626年到公元前531年，95年间各诸侯国在卫地会盟14次，其中7次是在戚地；晋国更是将戚地作为它控制卫国的咽喉所在。受到重视的同时，这些富庶都市、战略要地也成为诸侯国蒙受战祸的潜在因素。各诸侯大国间甚至国君与权臣间往往彼此牵制，都不希望对方掌控这些诸侯小国的经贸大权，反而使得诸侯小国在列强环伺下获得了喘息的机会。

战国时期，卫国不断受到大国的攻伐，地盘越来越小，势力越来越弱，但在险恶的环境下仍然能够保有国土，没有被完全灭掉，除了列强相互牵制外，还有一个重要因素，就是卫人有着不轻易放弃国家领土的信念。梁大夫须贾曾这样评说赵、卫、宋、中山等国对待国家领土上的不同：

> 臣闻魏之长吏谓魏王曰："昔梁惠王伐赵，战胜三梁，拔邯郸；赵氏不割，而邯郸复归。齐人攻卫，拔故国，杀子良；卫人不割，而故地复反。卫、赵之所以国全兵劲而地不并于诸侯者，以其能忍难而重出地也。宋、中山数伐割地，而国随以亡。臣以为卫、赵可法，而宋、中山可为戒也。"①

根据须贾所言，卫人有着很强的国土理念，寸土不让，也许这才是其得以保有并维持国祚的原因。这点与苏洵《六国论》所阐述的"六国破灭，非兵不利，战不善，弊在赂秦"的观念相一致。战国时期的卫国在当时诸侯大国取威定霸的险恶环境下，虽无可幸免地先后沦为赵、魏、齐等国的附庸，但卫国君臣们"善事大国"的本事让其得以继续维持国祚，苟延残喘到秦始皇统一六国后。以下将分别论述战国时期卫国与赵、魏、齐三国的关系。

一 卫国与赵国的关系

卫国从春秋末年开始，其国政相继遭受到晋国赵氏、智氏两大卿族的侵害。从周贞定王十五年，韩、赵、魏三家灭智氏后，卫国的从属权便操纵在韩、赵、魏三家大夫手中。战国初期，晋国卿族中赵氏权力最大。《史记·卫康叔世家》载："悼公五年卒，子敬公弗立。敬公十九年卒，子昭公纠立。是时三晋强，卫如小侯，属之。"正义曰："属赵也。"② 公元前403年，周威烈王承认韩、赵、魏三家为诸侯，三家分晋，晋国不复

---

① 司马迁：《史记》，中华书局2008年版，第2325—2326页。
② 司马迁：《史记》，中华书局2008年版，第1603页。

存在。而卫国的政治态度从原本倾向于赵国转向了魏国。当时魏国国君魏文侯广施仁义，求贤纳士，吴起便是魏文侯任用的将才，卫人吴起在魏期间对母国多有关照，魏文侯也是积极争取卫国的投诚。

战国初期，赵国通过改革国力大增。赵烈侯死后，其子敬侯继位。公元前383年，魏败赵军于兔台（今河南省清丰西南），赵、魏冲突拉开序幕。赵旋即"筑刚平，以侵卫"①，目的很明显，就是要入侵卫国，实施自己向中原拓展的计划。这一操作，很快引发战国初年的一次规模大、持续时间长的诸侯国混战。强赵攻卫取得了巨大胜利，卫国不仅失去了东野，被赵军包围了国都，还被攻陷了两个城门，卫国形势危如累卵。赵国的胜利让诸侯国为之震撼，也倍感忧虑，《战国策·秦策四》载："天下之士相从谋曰：'吾将还其委质，而朝于邯郸之君矣。'"赵国大有成为战国霸主之势，其他诸侯国担心赵国如果击败卫国，那他们势必也要向赵国屈服。卫声公向魏国求援，紧接着齐国也加入了战局。公元前382年，"齐、魏为卫攻赵，取我刚平"②。赵国向中原地区的扩张，直接威胁到魏国在中原地区的利益，魏武侯接到卫的求援后，亲率魏军以及齐国军队，助卫攻赵。遭到强魏、齐、卫的联合攻击后，赵国国内大乱，卫国趁机攻陷赵国进攻卫国的前线基地刚平，甚至还重创赵国旧都中牟。赵国抵挡不住三国的联合进攻，公元前381年，赵国转而向楚国求救。受到邀请的楚国踊跃参战，助赵攻魏，楚的参战又使战场形势发生了变化，《战国策·齐策五》载："楚人救赵而伐魏，战于州西，出梁门，军舍林中，马饮于大河。"赵军趁机反攻，"亦袭魏之河北，烧棘沟，坠黄城"。战国初期的这场魏、齐、卫与赵、楚之间的混战，赵、魏两国均受到了很大创伤。而对卫国而言，则因赵、魏的两败俱伤而得以保全，"卫明于时权之藉也"③。公元前379年，赵又两次派兵攻打卫国，齐国依旧出兵协助卫抗赵。此时的韩、赵、魏三国已经连成一气，魏国并未出兵助卫。

公元前372年，赵国再度讨伐卫国，最终击败卫国，取得大片土地。

---

① 司马迁：《史记》，中华书局2008年版，第1798页。
② 司马迁：《史记》，中华书局2008年版，第1798页。
③ 刘向：《战国策》，北方文艺出版社2013年版，第188页。

赵成侯"三年，太戊午为相；伐卫，取乡邑七十三"①。卫国自此归顺赵国，甚至在赵国的协助下，攻取了齐国的薛陵。公元前354年，赵国再度讨伐卫国，取得漆、富丘两城，并且从魏国手中夺回了卫国的宗主权。由于魏与齐、赵两国交恶，而赵、齐是同盟关系，因而又产生了一连串的战争。卫国沦为大国的傀儡，立场摇摆而饱受战乱之苦。

公元前342年，齐、魏爆发马陵之战，齐大败魏军，魏国元气大伤。赵国也失去了对卫国的影响力。公元前335年，卫国趁赵肃侯劳民伤财地建造寿陵，民众极度不满之时，夺取了赵的城邑，"邯郸以寿陵困于万民，而卫取茧氏"②。由此可以看出，战国时期的卫国虽然不时地受到大国的欺压，但也能利用时机从中获利，并非全然地顺服大国。

二 卫国与魏国的关系

战国初期，卫国与魏国是合作关系。魏国是战国初期首先强大起来的诸侯国。三家分晋时，"赵北有代，南并知氏，强于韩、魏"③，赵国得到的土地最多。但魏国分得原来晋国的主体部分，即今山西西南部，是所谓"表里山河"之所在，生产发达、地势险要，有着较好的经济、军事基础。更重要的是魏文侯顺应时代发展，进行政治、经济、军事方面的改革，魏国成为战国初期的强国；且文侯礼贤下士、任贤使能、广施仁义，深得天下诸侯的拥护。魏文侯曾为田齐国君田和升格为齐侯作出过努力。《六国年表》载，公元前389年，齐相田和"与晋、卫会浊泽"④；《田敬仲完世家》载："三年，太公与魏文侯会浊泽，求为诸侯"；同一年同一事，但记载的参与人却不是完全相同，为何如此已不得而知。但魏文侯帮助齐相田和向周天子请求立侯却是事实，"魏文侯乃使使言周天子及诸侯，请立齐相田和为诸侯。周天子许之"⑤。公元前386年，魏武侯元年，

---

① 司马迁：《史记》，中华书局2008年版，第1799页。
② 张双棣、张万彬、殷国光、陈涛：《吕氏春秋译注》，北京大学出版社2009年版，第340页。
③ 司马迁：《史记》，中华书局2008年版，第1795页。
④ 司马迁：《史记》，中华书局2008年版，第713页。
⑤ 司马迁：《史记》，中华书局2008年版，第1886页。

"田常曾孙田和始列为诸侯"①。至于卫国为何在《田敬仲完世家》中被忽略掉，我们姑且认为此时的卫国已很弱或者顺服了魏国吧。齐、卫两国也因此建立了深厚的情谊。七年后，赵国再发兵攻打卫国时，齐、魏两国都对卫国伸出了援手，出兵协助卫国对抗赵国的入侵。

周安王二十六年（公元前376年），"魏、韩、赵灭晋，绝无后"②，魏、韩、赵三家废晋静公为庶人并分其地，绝其后。之后，魏与齐、卫之间，从原先的合作关系，渐渐疏远。魏武侯去世后，由于生前没有确立太子人选，导致魏国出现魏惠王与公子缓的争位，韩、赵两国趁机伐魏，以乱其国政，双方在浊泽会战，魏国战败。但韩、赵两国对如何处理魏国并没有达成共识，使得魏国得以从被分割的灾祸中幸免，同时也给了魏惠王日后称霸的机会。

浊泽之战后，魏惠王稳定政权，并一改父祖辈对于诸侯国的友善态度，开始积极地对外扩张疆域。西边的秦，东边的齐，南边的韩、楚，皆受到魏国的攻击，卫国也难以幸免。商鞅向秦王献策时曾说："夫魏氏其功大，而令行于天下，有十二诸侯而朝天子，其与必众，故以一秦而敌大魏，恐不如。"③ 此时的魏国显然是最强大的诸侯国。公元前356年，"鲁、宋、卫、郑君来朝"④，中原几个诸侯国开始朝拜、事奉魏国。参与这场会面后的卫成公，主动将自己的封号由"公"降为"侯"，归顺魏惠王，视其为宗主国。公元前354年，卫国再度遭到赵国讨伐，被迫顺服于赵。而此时的魏惠王已不像昔日的魏武侯，为了卫国可以做到"身被甲底剑，挑赵索战"⑤，反而是趁着讨伐赵的机会，向卫出兵，"昔者，梁君将攻邯郸，使将军庞涓、带甲八万至于茬丘。齐君闻之，使将军忌子、带甲八万至……竞。庞子攻卫"⑥。

此时的齐国由齐威王主政，邹忌、田忌辅佐，齐国国势蒸蒸日上，加

---

① 司马迁：《史记》，中华书局2008年版，第713页。
② 司马迁：《史记》，中华书局2008年版，第716页。
③ 刘向：《战国策》，北方文艺出版社2013年版，第196页。
④ 司马迁：《史记》，中华书局2008年版，第1844页。
⑤ 刘向：《战国策》，北方文艺出版社2013年版，第188页。
⑥ 银雀山汉墓竹简整理小组编：《孙膑兵法·擒庞涓》，《银雀山汉墓竹简·壹》，文物出版社1985年版，第45页。

入了争夺霸权的行列。赵国国势则日渐衰弱,因为与魏争夺卫的从属权及其他一些恩怨的存在,赵国遭到魏惠王的讨伐,转而向齐国求助。齐威王派田忌出兵攻打魏国,得到了宋、卫两国的支持。田忌在军师孙膑"围魏救赵"的计谋下,成功击败魏国大将庞涓,顺利拯救了赵国。卫国也因此改认齐国为宗主国。这也成为魏惠王改立卫国国君的关键。《卫康叔世家》载:"平侯八年卒,子嗣君立。"童书业先生依据《史记集解·周本纪》《韩非子·说疑》《战国策·卫策·卫嗣君病》《荀子·王制》等,认为卫嗣君不是平侯之子,而是子南弥牟的后代子南劲。① 杨宽先生据《汲冢纪年存真》认为是魏惠王命子南为侯。卫嗣君到底是谁的儿子,是否是由魏惠王所立,本节暂不讨论,仅看此期卫与魏的关系。

  卫平侯在位的八年间,卫国与魏国维持了短暂和平。但卫嗣君登基后,两国关系又开始恶化。对于卫嗣君,《韩非子》一书多次赞扬,认为卫嗣君治术高超,卫国在其领导下国势有所提升。当时各大诸侯国间的争斗,外交、军事等方面盛行采用"合纵""连横"之策。所谓"合纵",即"合众弱以攻一强",许多弱国联合起来抵抗一个强国,以防止强国的兼并。所谓"连横",即"事一强以攻众弱",由强国拉拢一些弱国来进攻另外一些弱国,以达到兼并土地的目的。② 诸侯国间频繁的征伐活动,卫国也有参与。"齐王将见燕、赵、楚之相于卫,约外魏。魏王惧,恐其谋伐魏也,告公孙衍。……齐王曰:'魏王闻寡人来,使公孙子劳寡人,寡人无与之语也。'三国之相不信齐王之遇,遇事遂败。"③ 卫国因为无法与魏国正式决裂,但鉴于当时燕、赵、楚三国声威,同意作为三国讨论伐魏的场地。而齐国因为刚与魏惠王相会,齐王虽然解释了自己并没有对魏使者说什么,但三国还是担心有所变故,共同伐魏的邀约没能成行。魏国最终还是遭到了楚国的讨伐,(楚怀王)"六年,楚使柱国昭阳将兵而攻魏,破之于襄陵,得八邑。又移兵而攻齐,齐王患之"④。楚国独自伐魏,连带着攻打了破坏四国之谋的齐国。卫国同意作为三国同谋伐魏的场所,

---

① 童书业:《春秋左传研究》,中华书局2006年版,第304页。
② 杨宽:《战国史》,上海人民出版社2003年版,第351页。
③ 刘向:《战国策》,北方文艺出版社2013年版,第399页。
④ 司马迁:《史记》,中华书局2008年版,第1721页。

卫嗣君应是已有奉楚背魏的倾向。魏国为此非常不满，但迫于楚国的压力，没有直接讨伐卫国。直到公元前 311 年，魏国借助秦国的援助伐卫。魏国与秦国采用连横的方式，击败了齐、楚二国，又一同讨伐了卫国。这是战国时期卫国最为危急的时刻，不过卫嗣君深谙权术，巧妙地利用秦、魏两国的矛盾以及君臣之间的不信任，成功地使两国退兵，化解了危机。

这件事后，卫国又倾向于顺服秦国，引起魏国新的不满。《吕氏春秋·审应览·应言》载："秦虽大胜于长平，三年然后决，士民倦，粮食□。当此时也，两周全，其北存。魏举陶削卫，地方六百。"魏国趁秦国经历了长达三年的长平之战，国内困乏无暇照顾卫国之时，大肆吞并卫国土地。甚至找机会更替了卫国国君，"怀君三十一年，朝魏，魏囚杀怀君。魏更立嗣君弟，是为元君。元君为魏婿，故魏立之"①。

公元前 257 年，魏与楚合纵救赵破秦之后，连年向东进攻，攻取陶、卫之地。公元前 252 年，魏国攻打与秦国连横的卫国，没过多久卫国再度沦为魏的属国。直到秦始皇六年后，才得以改变，"六年，韩、魏、赵、卫、楚共击秦，取寿陵。秦出兵，五国兵罢。拔卫，迫东郡，其君角率其支属徙居野王，阻其山以保魏之河内"②。秦国再度收服卫国，后卫国在秦相吕不韦的协助下，将国家迁徙到睢阳之北，从此脱离了魏国的干预和掌控。

三 卫国与齐国的关系

战国时期所有诸侯国中，齐国可以说是对卫国最为友善的国家之一。战国初期，齐国多次与魏国一道帮助卫国抵抗赵国的侵略。战国末年，齐、卫两国也相当友好，齐湣王还曾到卫国避难。公元前 286 年，齐灭宋，兼有了宋以前所得的楚淮北地，声势大盛，直接威胁到三晋，齐、赵两国的矛盾加深。秦、宋两国友好，宋被齐灭国后，间接阻挡了秦向中原的扩张。因此，在秦国的主导下，多国先后率兵讨伐齐国。秦、楚、燕、韩、赵、魏六国合纵伐齐，惩罚齐国的"破宋"。公元前 284 年，"燕、秦、楚、三晋合谋，各出锐师以伐，败我济西。……湣王出亡，之卫"③。

---

① 司马迁：《史记》，中华书局 2008 年版，第 1604 页。
② 司马迁：《史记》，中华书局 2008 年版，第 224 页。
③ 司马迁：《史记》，中华书局 2008 年版，第 1900 页。

齐湣王被联军讨伐后，逃亡至与齐国有着长年友好关系的卫国，受到了很好的款待，"去国居卫，容貌充满，颜色发扬，无重国之意"①，这是大臣公王丹调侃齐湣王的话。之后，卫国因齐湣王颐指气使而将其赶走。

第二节　卫国徙居野王与灭国

战国时期的卫国，面对强国的各种压力，多数情况下是逆来顺受。为了自保，在大国争相称王时，卫国国君却反其道而行之，二度自行贬号降低身份，低调应对当时的混乱局势。尽管如此，卫国仍因列强间瞬息万变的结盟关系，遭受了许多无妄之灾。如，韩、赵、魏强大时，卫国沦落为小侯国，成为三晋的附庸，从属于赵氏。

即便如此，卫国统治者内部仍然斗争不断。昭公继位后不久，卫国出现多次内部争斗，致使卫国越来越弱。"昭公六年，公子亹弑之代立，是为怀公。怀公十一年，公子颓弑怀公而代立，是为慎公。慎公父，公子适；适父，敬公也。慎公四十二年卒，子声公训立。声公十一年卒，子成侯遬立。成侯十一年，公孙鞅入秦。十六年，卫更贬号曰侯。"② 这几代卫国国君，除了卫声公、卫成侯是父死子继外，其余均死于非命。卫国国君的称号也由公贬号为侯，到了卫嗣君时，更是贬号为君，卫国的衰落由此可见。"二十九年，成侯卒，子平侯立。平侯八年卒，子嗣君立。嗣君五年，更贬号曰君，独有濮阳。"③ 卫嗣君五年，卫贬号为君，领土只剩濮阳一地。

嗣君在位四十二年，其子怀君继位。卫怀君在位三十一年后被魏国囚杀，魏国立了娶魏女的元君。"元君十四年，秦拔魏东地，秦初置东郡，更徙卫野王县，而并濮阳为东郡。"④ 元君时，秦国对六国的兼并战争已接近尾声。此时的卫元君已是魏国的一个亲属或封臣，仅居有野王县，卫国名存实亡。"二十五年，元君卒，子君角立。君角九年，秦并天下，立

---

① 张双棣、张万彬、殷国光、陈涛：《吕氏春秋译注》，北京大学出版社 2009 年版，第 705 页。
② 司马迁：《史记》，中华书局 2008 年版，第 1603—1604 页。
③ 司马迁：《史记》，中华书局 2008 年版，第 1604 页。
④ 司马迁：《史记》，中华书局 2008 年版，第 1604 页。

为始皇帝。二十一年，二世废君角为庶人，卫绝祀。"① 公元前 221 年，秦并天下，秦始皇完成统一大业，建立了中国历史上第一个统一的多民族的中央集权制的封建国家。公元前 209 年，卫国最后一个国君君角被秦二世废为庶人，卫国最终被灭国绝祀。

纵观卫国历史，西周时曾为诸侯之长，可谓泱泱大国。至春秋时期经历一连串的战乱与变革，国势动荡不堪，只能奋力在大国间求得生存。战国时七雄兵戈不止，但它"善事大国"的外交能力，以及其民众无论留守家园或是出走他国，皆能不忘为母国尽心尽力的行为，值得铭记。国家虽然由强而弱，但统治者审时度势，折冲其间，在历史的洪流中存续八百多年，其立国精神和所留下的文化，成为中华文明宝贵的遗产。

---

① 司马迁：《史记》，中华书局 2008 年版，第 1604—1605 页。

第九章

两周时期卫国的经济

两周时期，中原地区已处于农耕文明，基本的经济业态最初为井田制，随着铁制农器的推广和运用，经济获得较大发展，井田制随之解体，旧的社会治理体系趋于瓦解，新兴的地主阶层和自耕农成为社会的主导力量。商业和手工业也在各国的频繁争战中，获得一定发展。商人阶层和手工业阶层，均在大的时代变革中，试图构建有利于自身权益的社会治理新体系。卫国因处于四战之地，既是各类商品和观念的交汇处，经济较为发达，又因为缺少强有力的军队保护，发展的成果往往成为他国掠取的战利品。

第一节 卫国的农业

农业是人类发展史上的一件大事。没有农业，就没有人类后来的定居生活和村落，也无法产生聚落和中心城市，人类就只能停留在狩猎、捕捞、采集的原始生产状态；没有农业，人类也许不会饲养家畜，后来的手工业和各种社会分工也将无从谈起；没有农业作基础，人类繁衍恐怕也只能维持在较低的水平。从这些看来，著名考古学家柴尔德称农业是一场"革命"，一点也不为过。然而，像其他伟大革命需要契机一样，农业的产生也不例外。这种契机包括很多要素，其中最重要的就是自然环境特别是气候环境的影响。

黄河中下游地区，今河南北部、河北南部一带，上古时期具有优越的自然地理环境，为其农业的产生与发展创造了条件，成为中国历史上早期人类活动的中心地区，也是卫国封国后的疆域所在。先简单追溯一下卫国建国前，豫北、冀南地区的农业生产。

一　受封前卫地的农业生产

豫北、冀南地区，很早以前就是我国比较发达的农业区之一。卫国封国前，这一地区创造了悠久的农业文明，社会生产以农业为主，农业生产工具、生产种类、耕作技术等，都有所发展。

（一）受封前卫地的社会生产以农业为主

近年来，豫北、冀南地区不断发现反映早期农业生产的古文化遗址，如上文提到的河北武安磁山文化遗址，发现了石质生产工具和农作物粟的标本，时间距今7000多年。这说明至少在7000年以前，居住在今河北省境内的先民已开始从事农业生产。

此后，这一地区的农业生产一直延续下来，考古材料中能找到充分的证据。如，仰韶文化遗址中的大司空村，界段营等；龙山文化遗址中的小屯、大寒，汤阴白营，浚县大赍店，永年台口村，邯郸涧沟等，有很多文化现象显示当时居民的经济生活以农业生产为主。龙山文化之后的二里头文化，其时代已相当于历史上的夏朝，当时此地区的经济生活以农业生产为主。前面已介绍，商王朝的活动中心在今豫北、冀南地区，此地几千年来的农业生产积累下不少经验，达到一定水平，商代农业在此基础上，肯定会有进一步的发展。

文献记载和考古材料均显示，农业是商代社会的主要经济部门。《尚书·汤誓》："我后不恤我众，舍我穑事，而割正夏？"这是从事农业生产的士兵们对汤让他们放弃农业生产而去讨伐夏王朝发出的怨言。《尚书·无逸》载："自时厥后立王，生则逸！生则逸！不知稼穑之艰难，不闻小人之劳，惟耽乐之从。"西周初年周人总结的商亡原因，祖甲后的几代商王漠视农业生产，不懂也不知道从事农业生产的艰难，只知道贪图享乐，最终导致了商的灭亡。由此可知，农业生产在当时的社会经济生活中占有重要地位。商朝灭亡后，一些殷遗民在西周王朝统治下继续从事农业生产。《尚书·酒诰》载："妹土，嗣尔股肱，纯其艺黍稷。"妹即古沫，原为殷都所在，故曰妹都。后为康叔所封之卫地，在今河南淇县境内。纯，专一。其，代词，指沫地。艺，种植。黍稷，泛指庄稼。① 卫康叔统治下的殷遗民依旧沿袭和从事着农业生产。

商代甲骨文及青铜器铭文均显示，以商王为首的统治集团相当重视农业生产，他们几乎介入了谷类作物种植的全过程，有一系列的农作之礼。如统治者耕种前要举行相地之宜。

  庚午，王令寝农，省北田四品，在二月。（鼎，《集成》2710）

省，视察辨别之意；"省北田四品"，相北田之所宜而分为四等。②《吕氏春秋·孟春纪》云："善相丘陵阪险原隰，土地所宜，五谷所殖，以教导民。"教育引导民众根据丘陵、山地、平原、洼地等不同地形，采取合适的方法种植适宜的谷物。

  弜犬祉土田。（《合集》33214、33215）
  □寅卜，令犬祉田啇。（《合集》33216）
  戊戌，贞令犬祉田若。（《合集》33217）

土，度也。《周礼·地官·司马》云："土方氏掌土圭之法，以致日景，以土地"，郑注："土地，度地也。"土田即度田，具体度量土田之法。"犬祉土田""令犬祉田"，名叫犬的农官考察土地。此外，商王还会参加农田耕作、清除田间草木、开荒、主持集体备耕、"观耤"、占卜来年是否丰收等仪式。如：

  乙丑，王蓐芍方。（《合集》20624）
  □□卜，㱿，贞王大令众人曰：叶田，其受年。十一月。（《合集》1、5残辞互补）
  己亥卜，贞，王往观耤……（《甲》3420）
  乙丑卜，韦贞，我受年。（《粹》871）

---

① 李民、王健：《尚书译注》，上海古籍出版社2004年版，第271—272页。
② 杨升南：《商代经济史》，贵州人民出版社1992年版，第155—157页。

甲子卜，来岁受年，来岁不其受年。(《簠》岁9)

丙午卜，芳贞，我受年，十一月。(《佚》550)

贞，不受黍年，二月。(《后》上.31.12)

薅读为耨。指除草，类似文献中的芟。《诗经·大雅·载芟》云："载芟载柞，其耕泽泽"，毛传："除草曰芟，除木曰柞"，郑笺："将耕，先始芟柞其草木。""协"即"劦"字，"协田"指大规模翻耕田地，一般在冬季举行，为来年春播做准备。"耤"指农田耕作。"王往观耤"，商王亲自巡视农田的耕作情况。"年"指谷物的收成。卜问"受年"，即卜问谷物是否能够丰收。这类卜辞很多，有的单称"受年"，有的卜问"某地受年""某人受年"，还有卜问"受黍年""受禾"的。

另外，还有一些卜问是否有雨、是否晴天的卜辞。如：

壬午卜，贞，今日不雨。(《前》3.17.4)

壬子卜，今日雨？不雨？(《粹》670)

甲辰卜，人加再贞，今日其雨？(《丙》59)

不雨，启。(《乙》380)

今夕启。(《甲》3573)

这些卜辞不仅卜问当日是否有雨，还卜问"今旬雨""今旬不其雨"，是否"有大雨"以及是否晴天等。晴字在甲骨文中写作"启"。卜问晴雨的原因很多，商王出行、田猎等都要进行卜问。虽然卜晴雨不完全是为了农业生产，但无疑与农业生产关系密切。

农业生产在商代经济生活中分量极重，商人将其当作日常生活里的大事，对之经常进行占卜。郭沫若先生在谈到甲骨文所反映的商代农业生产时说，"根据卜辞的记载，殷代的牲畜生产还相当旺盛；因为用牲的种类、方法、数量，特别的多，为殷以后所罕见。但农业的生产却已经确实地成为主流了，不仅农产品的种类差不多应有尽有，农业的副产品如蚕丝、酿酒，工具如仓廪等也屡见不鲜；它如观黍、祈年、祭社、求晴雨等，凡与农业生产有关的事项都成为王者所必须经常亲自举行的大事。故我们可以断言，农业生产已经是殷代生产的主流。"①

1958—1959 年安阳殷墟发掘出土 230 多件石质生产工具，器形有镰、斧、锛、铲、刀、镞、杵、砺石、纺轮等。其中以镰、斧、刀、砺石的比例最大。② 它们都是农业生产中用到的工具。河北藁城台西村遗址，时代较殷墟还早，出土石器 482 件，器形有斧、锛、凿、刀、镰、铲、纺轮、镞、弹丸等，其中以农业生产中常用的刀、镰、铲数量最多，占出土石器总数的 91% 强。③ 石质农具的大量出土，说明商代的社会经济自始至终以农业生产为主。

（二）受封前卫地的生产工具、农产品种类与耕作技术

马克思说："动物遗骸的结构对于认识已经绝迹的动物的机体有重要的意义，劳动资料的遗骸对于判断已经消亡的社会经济形态也有同样重要的意义。"④ 劳动资料的遗骸，就包括当时人类遗留下来的生产工具。

远古时期，无与伦比的农具成为农业生产的象征，甚至被先人们尊奉为圣物。中国古史传说中的"神农氏"，被尊为农业生产的始祖，而当称颂其对农业的贡献时，首先提到的就是他发明的农具，《周易·系辞下》曰："神农氏作，斫木为耜，揉木为耒，耒耨之利，以教天下。"《白虎通》载，"于是神农因天之时，分地之利，制耒耜，教民农作，神而化之，故谓之神农也。"

被后世祀之为稷的"烈山氏"，因其使用"柱"植百谷蔬而受到尊奉，得到祭祀，"昔烈山氏之有天下也，其子曰柱，能殖百谷百蔬。夏之兴也，周弃继之，故祀之以为稷"⑤。"柱"，李根蟠等先生认为是"挖穴点种的尖木棒"，"在烈山氏的神话中，尖头木棒直接变成了农神"。⑥ 由此可知，农业生产工具的发明及使用对农业的起源和发展至关重要。

---

① 郭沫若：《奴隶制时代》，中国人民大学出版社 2005 年版，第 14 页。
② 中国科学院考古研究所安阳发掘队：《1958—1959 年殷墟发掘简报》，《考古》1961 年第 2 期，第 63—76 页。
③ 河北省文物管理处台西考古队：《河北藁城台西村商代遗址发掘简报》，《文物》1979 年第 6 期，第 33—44 页。
④ 马克思：《资本论》第一卷，人民出版社 1975 年版，第 204 页。
⑤ 徐元诰：《国语集解》，中华书局 2002 年版，第 155 页。
⑥ 李根蟠、卢勋：《我国原始农业起源于山地考》，《农业考古》1981 年第 1 期，第 21—31 页。

1. 受封前卫地的农业生产工具

西周以前，豫北、冀南地区作为中华文明的早期发源地，农业生产在时人的经济生活中占有重要地位，农业生产工具则是了解当时社会生产力发展水平的重要标志。豫北、冀南地区目前已发现的早期农业生产工具，从质料、数量、种类等方面均有了较大发展。从质料上看，有石器、蚌器、骨器、青铜器；从数量比例上看，以石器为最多，蚌器、骨器次之，青铜器较少；从种类上说，石器类有石斧、石镰、石刀、石铲、石锛、石耜、石锄等，蚌器类有蚌刀、蚌镰、蚌铲等，骨器类有骨铲、骨刀等。

从农具产生和发展的序列看，石斧、石锛应该是首先出现的工具，它们被大量用于开辟荒地、砍伐草木，将草木烧荒后就为农业耕作开辟出了必要的场所。考古发掘中，这两种石器发现较多，制作的形制也很丰富，可以看出它们是由旧石器时代的砍砸器演化而来。石镰也是出现较早的石器。安阳小南海洞穴遗址中发现96件刮削器[1]，有圆刮器、长刮器、弧背长刮器、短刮器、复刃刮器等，其中弧背长刮器较为固定，呈半圆形或月牙形，弧背部分粗厚并保存有岩面，相对边较薄，修整成锋刃，应是采集收割植物的有力工具，演进到后来就成了收割工具石镰。30年代殷墟的发掘中，石镰的出土数量占据第一位。1929—1932年发掘的7处灰坑中，石镰出土达3640件。[2]

随着农业生产的发展，还出现了石铲、石锄、石耜、骨铲、蚌镰、蚌铲等工具，它们中有的用途比较单一，多数则是一器多用。铲，《说文》云："铲，平铁也。今方刃施柄者也"。《释名》"铲，平削也"。铲又作划，《广雅》卷十四"划，古文铲"。《齐民要术》卷一，"养苗之道，锄不如耨，耨不如划。划柄长三尺，刃广二寸，以划地除草"。铲主要用作耘田、除草，也可用于松土或点种，是一器多用的代表。还有的工具并不是单纯用于农业生产，如上文提到的数量较多的石斧，本作砍伐工具，用于开荒种植；但建筑房屋时，又可用它劈开木材、加工成型。石铲、石锛同样是多功能工具。石铲，农业生产中作起土、翻地工具，在建筑房屋、

---

[1] 安志敏：《河南安阳小南海旧石器时代洞穴堆积的试掘》，《考古学报》1965年第1期，第1—27页。

[2] 石璋如：《第七次殷墟发掘：E区工作报告》，《安阳发掘报告》（第4期），第723页。

修堤、挖沟时也常用到。石锛，加工木料的工具，古代没有刨子，加工木料时就用石锛刨出平面以便于使用。① 同时，它也是农业生产中的起土工具，小型石锛还可用于刨切牙料、骨料。单一用途的工具很少，石锄是其中的一种。1957 年河北省邯郸市涧沟遗址发掘到商代石锄 41 件，锄呈六边形，中间有穿孔可以纳柄。② 这种锄用于耘田除草或中耕松土。此种专一农具的使用，不仅表明当时的农业技术取得了进步，也说明农业是当时社会最重要的产业之一。

豫北、冀南一带的遗址和墓葬中，石器、骨器、蚌器等多同出。如，河北藁城台西村遗址，出土石铲 65 件，骨铲 17 件，蚌铲 40 件。③ 20 世纪 30 年代殷墟发掘的灰坑中出土石镰很多，蚌镰的出土数量仅次于石镰，也是同出。

西周以前青铜工具出土较少，只有零星发现，以至于史学界产生了一个疑问，商代是否将青铜器用于了农业生产？从目前的考古发掘看，商代青铜农具的确较少。已知的青铜器种类有铜铲、铜镢、铜臿、铜斧、铜耜、铜铚等。豫北、冀南地区出土有商代的青铜生产工具。

1953 年，大司空村出土商代后期青铜铲 1 件，长 22.45 厘米，刃宽 9.8 厘米，肩部平圆，有銎，有使用的痕迹。④ 1960 年，安阳殷墟苗圃地出土青铜铲 1 件，长 21 厘米，宽 11 厘米。⑤ 1976 年，安阳殷墟妇好墓出土大量铜器，共计 468 件，其中工具约占 8.8%，器形有锛、钺、戈、镞等。⑥ 这些工具都是随葬的明器，不是实用器，应该是仿实用器铸造而成，一定程度上也能反映当时生产工具的使用情况。1983—1986 年，安阳市西部刘家庄一带考古发掘到 170 多座殷代墓葬，其中 M9 和 M13 出土青铜工具 4 件，锛 1、凿 1、刀 2，锛和凿都是残器，刀为环手弓背

---

① 佟柱臣：《仰韶、龙山文化的工具使用痕迹和力学上的研究》，《考古》1982 年第 6 期，第 614—621 页。
② 河北省文化局、北京大学邯郸考古发掘队：《1957 年邯郸发掘简报》，《考古》1959 年第 10 期，第 531—536 页。
③ 河北省文物研究所：《藁城台西商代遗址》，文物出版社 1985 年版，第 71 页。
④ 马得志、周永珍、张云鹏：《一九五三年安阳大司空村发掘报告》，《考古学报》1955 年第 1 期，第 25—90 页。
⑤ 北京大学历史系考古教研室商周组编著：《商周考古》，文物出版社 1979 年版，第 38 页。
⑥ 中国社会科学院考古研究所：《殷墟妇好墓》，文物出版社 1980 年版，第 16—17 页。

小刀。① 传世品中的生产工具，有两件出土于辉县地区，铜耜1、铜镢1。铜耜，銎口扁方，长27.6厘米，刃宽11.5厘米②；铜镢，长17.8厘米，刃宽6.3厘米③。河北藁城台西村墓葬M4和M103中，也各出土1件青铜镢。④ 这些出土物及传世品，说明商代应制造并使用过青铜工具。但若依农业生产的需要，或与出土的石器、蚌器数量等相比，其数量显然比较少。所以，目前还不能确定商代是否已经普遍使用了青铜农具。只能说明当时已用青铜制造了农具，生产上也有使用，但其数量太少，在农业生产中还起不到主导作用。

除了这些考古发掘到的实物生产工具外，应该还有一些不易保存、容易腐朽的材质制成的生产工具，如木质生产工具。但由于其不易保存，考古发掘中至今没有发现木质生产工具实物，以致人们往往忽视它们在生产生活过程中发挥的作用。实际上，木器的历史相当悠久，延续时间也很长。

古代文献中有大量使用木器的记载，从中可以看出至少夏代木质工具使用已相当多。《韩非子·五蠹》："禹之王天下也，身执耒臿以为民先。"《淮南子·要略训》："禹之时天下大水，禹身执虆垂以为民先。"耒、臿，农业生产中用于起土的工具，禹把它用于治水。文献记载中出现较多的木质农具是耒耜，"耒耜"或连称，或单独作"耒"或"耜"，如《吕氏春秋·季冬纪》《礼记·月令》中有："修耒耜，具田器。"《世本》云："咎繇作耒耜。"《说文》耒字下云："古者垂作耒耜"。单独讲"耒"的有：《周礼·考工记》"车人为耒"；《夏小正》"农纬厥耒，初岁祭耒"；《吕氏春秋·上农》"野有寝耒"；《淮南子·主术训》"一人蹠耒而耕，不过十亩"；《盐铁论·耒通》"民蹠耒而耕"。单独讲"耜"的有：《诗经·周颂·良耜》"畟畟良耜"；《诗经·周颂·载芟》"有略其耜"；《国语·周语》"民无悬耜"；《周礼·考工记》"匠人为沟洫，耜广五寸"；

---

① 安阳市文物工作队：《1983—1986年安阳刘家庄殷代墓葬发掘报告》，《华夏考古》1997年第2期，第8—28页。
② 马承源：《中国古代青铜器》，上海人民出版社2016年版，第43页。
③ 马承源：《中国古代青铜器》，上海人民出版社2016年版，第44页。
④ 河北省博物馆、文物管理处：《河北藁城县商代遗址和墓葬的调查》，《考古》1973年第1期，第25—29页。

《吕氏春秋·任地》"是以六尺之耜所以成亩也"。这些不同记载曾引起很大困惑，耒耜、耒、耜到底是一种还是几种工具呢？记"耒"和"耜"为两种农具的有：《管子·海王篇》："耕者必有一耒、一耜、一铫。"《周易·系辞下》："神农氏作，斫木为耜，揉木为耒，耒耨之利，以教天下。"记"耒耜"为一件农具的不同部位者：《说文解字》："耒，手耕曲木也。耜，耒端也。"《庄子·天下》《释文》引《三苍》云："耜，耒头铁也。"《国语·周语》韦昭注："入土曰耜，耜柄曰耒。"《礼记·月令》郑康成注："耜者，耒之金也，广五寸。"《汉书·食货志》颜师古注："耒，手耕曲木也；耜，耒端木，所以施金也。"徐中舒先生对耒、耜具体为哪种生产工具作了细致研究，认为"耒、耜为两种不同的农具"①，这已为学界普遍接受。

虽然没有发现耒耜的实物，但豫北、冀南的一些考古发掘中发现有使用耒耜的痕迹。如，河北武安磁山遗址中，一部分灰坑的"坑壁上留有似斧和木耒之类工具的痕迹"②。安阳殷墟1958—1959年的发掘，曾发现"不少的窖穴壁上清晰的木耒痕迹，都是双齿的"，"有大小两种，大形木耒，齿长19、齿径7、齿距8厘米；小形木耒，长8、齿径4、齿距4厘米"③。1969—1977年，考古学家对安阳殷墟西区墓葬进行发掘时，发现一些墓的坑壁上留有木耜痕迹。报告称，"从上述痕迹观察，推测当时建筑的工具，大概是木锸、石铲一类的工具"④。锸是一种起土工具，《释名》曰："臿，插也，插地起土也。"《汉书·沟洫志》："举臿为云，决渠为雨"，描写了众多农人以锸开沟修水渠的盛况。锸也即是古书中常讲的耜，《说文》云："耜，臿也。"商代，耜是一种主要的翻土工具，它的形制、装柄方式、使用方法等都和今天北方地区使用的铁锹相似，使用时双手握柄，用足踏肩部使之入土，再扳动柄部，将土撬起。从殷墟墓壁留

---

① 徐中舒：《耒耜考续》，《农业考古》1983年第2期，第121—136页。
② 河北省文物管理处，邯郸市文物保管所：《河北武安磁山遗址》，《考古学报》1981年第3期，第303—338页。
③ 中国科学院考古研究所安阳发掘队：《1958—1959年殷墟发掘简报》，《考古》1961年第2期，第63—76页。
④ 中国社会科学院考古研究所安阳工作队：《1969—1977年殷墟西区墓葬发掘报告》，《考古学报》1979年第1期，第27—146页。

下的痕迹看，这种工具宽 8—10 厘米，与《考工记》"耜广五寸"相符。

另外，甲骨文中的耤字，像人持耒耕作，近于图画，颇为生动，说明耒在当时也是一种普遍使用的起土工具。有人根据商代遗址、墓葬中出土的长度接近或超过 20 厘米的"空头条形端刃器"，认为其"极大可能是耒刃套"[1]，即套在耒齿端的青铜制品。现存的古耒实物，年代最早的是一件西周青铜耒，现藏于上海博物馆。此耒呈双齿形，有方銎，可安柄使用。木柄已不存在，只有青铜耒头，长 16.8 厘米、齿距 6.8 厘米。[2]

通过以上介绍可知，西周以前豫北、冀南地区使用的农业生产工具，质料、种类、数量等方面都发生了变化，证明此地区农业生产发展很快。但也应看到，这些并不能囊括当时生产工具的全部，随着考古材料的日趋丰富，对当时生产工具的研究和辨识还将会进一步深入。

2. 受封前卫地的农产品种类

农产品种类是反映农业生产水平的重要内容，种类繁多表明人们栽培训育植物的能力增强。西周以前，豫北、冀南地区气候温暖，雨量充沛，适于农作物生长。该地区的农产品种类很丰富，不仅有谷类作物，还有相当数量的经济作物，如桑、麻等。

甲骨文及古文献中，均有此地谷物名称种类的记载。甲骨文中所记谷物名称的字，至今没有全部识读，仍有相当大一部分没有确切地考释出来，所以谷物品种具体有多少，今天还不能完全掌握。《甲骨文编》[3] 中收录了四千多单字，属于谷物的，有黍、麦、稷、禾、粟、稻等。其中"禾"字是谷类作物的统称，"禾"与"年"常通用，占卜"受禾""受年"意义一样，都是卜问谷物是否会有好收成。文献中谷物种类有：黍、稷、粟等。如《尚书·酒诰》"商人纯其艺黍稷，奔走事厥考厥长"。《史记·殷本纪》："（纣王）厚赋税，以实鹿台之钱，而盈钜桥之粟"。《史记·周本纪》载，武王伐纣时，曾"命南宫括散鹿台之财，发钜桥之粟，以赈贫弱萌隶"。《诗经·商颂·玄鸟》"龙旂十乘，大糦是承"，毛亨传谓"糦，黍稷也"。下面介绍几种主要的谷物品种。

---

[1] 陈振中：《殷周的青铜镈》，《农业考古》1986 年第 1 期，第 161—174 页。
[2] 马承源：《中国古代青铜器》，上海人民出版社 2016 年版，第 44 页。
[3] 中国科学院考古研究所：《甲骨文编》，中华书局 1982 年版。

黍。甲骨文中黍写作"☽""☽"字形。罗振玉先生《增订殷虚书契考释》释曰："黍为散穗，与稻不同，故作'☽''☽'以象之。"《说文解字》云："黍，禾属而黏者也。"李时珍《本草纲目》："黍乃稷之黏者。"甲骨文中所记谷物名称，以黍字为最多。卜辞中有很多卜问"受黍年""登黍""立黍"的记载。

  癸卯卜，亘贞：我受黍年。(《合集》9966)
  甲申卜，贞：我不其受黍年。(《合集》9960)
  贞：妇井受黍年。(《合集》9970)

"受黍年"就是祈求神灵保佑黍丰收。"登黍"商代农业信仰登尝礼俗的一种，"盖农种黍，以籽种之，余者进之，以为应物之食而已"①。包括两类：秋收后登献新谷，报功给祖先；仲夏取陈黍荐祭祖先，祈求来年五谷有成。《周礼·春官·大司乐》贾公彦疏云："五谷成，于神有功，故报祭之。"秋天有收获，遂将新谷献给神灵，回报神灵的保佑，并期望来年能继续得到护佑。"登"字像双手捧豆形，豆是一种用来盛食物的礼器，有陶质、铜质两种。《尔雅·释器》云："瓦豆为之登"，《诗经·大雅·生民》"卬盛于豆"，都是记载用豆盛食物奉献给神灵。

  辛丑卜，于一月辛酉酌黍登。十二月。(《合集》21221)
  壬午卜，争，贞令登取淦黍。(《怀特》448)
  丙子贞：其登黍于宗。(《合集》228)
  甲午卜，登黍与高祖乙。(《粹》1.66.7)
  乙丑卜：旁贞……登黍于祖乙。(《丙》57)

很显然，十二月或一月的"登黍"，献的不是才收获的新黍，而是陈黍。取陈黍先登荐神灵、祖先，意在"修先以崇恩"，祈求来年五谷丰登。另还有"立黍"，就是种黍的意思。"立黍"的月份与"登黍"不同，如：

---

① 陈奇猷：《吕氏春秋校释·仲夏纪》，学林出版社1984年版，第247页。

庚戌卜，㱿贞：王立黍受年。(《合集》9525)
贞：王立黍，受年，一月。(《丙》74)

商王亲自主持"立黍"，说明黍是当时关乎民生的重要农作物。黍之所以受到商人重视，还可能与他们经常酗酒有关。《说文》云："八月黍成，可为酎酒"；《礼记·内则》："黍醴清糟"；黍可以用来做酒，是酿酒的原料之一。商人以嗜酒闻名，卜辞中众多的"酒祭"，文献中的"酒池肉林"，考古发掘出土的成套青铜、陶质酒器都是明证。嗜酒就要有酒，那么酿酒原料就显得尤为重要。由此可知，黍在商人农作物中的地位应该很高。

麦。有大、小麦之分，一般秋种夏收。《管子·轻重己》称麦为"谷之始"，有"接绝续乏"之功。麦是旱地高产作物，现今麦仍是中国北方地区的主要粮食作物。麦在中国发生和发展的历史，一直为学术界所关注。现有考古材料显示，从新石器时代到夏商时期，黄河中下游的考古遗址中已普遍发现麦的遗存，"黄河流域中下游龙山时代3处遗址明确出土了小麦，即武功赵家来（客省庄文化）、聊城焦山、日照两城镇（龙山文化）。其后，在相当夏代早期的新密新砦、夏代中晚期的洛阳皂角村、商代早期偃师商城、商代晚期殷墟、西周时代陕西周原和安徽亳县钓鱼台等地，都发现有小麦遗存"[①]。

甲骨文中有麦字，从夊，来声，作 形，学界对识读此字为麦意见一致。卜辞中此字有两种含义，作为地名和农作物名，用为地名的有：

其田麦，擒。(《合集》29369)
王田于麦。(《合集》24228)
癸巳王卜，在麦贞：旬亡祸。(《合集》36809)

杨升南先生认为，作为地名的麦字，其卜辞年代较晚。说者或以为此

[①] 任式楠：《中国史前农业考古的几个问题（摘要）》，《农业考古》2005年第1期，第7页。

地以产麦著称,故以名地。① 用为农作物的"麦",数量很少,最有名的一片出自《合集》24440,是一片非卜用骨版,其上记有两个多月的66个干支,开头一句作"月一正,曰食麦"。郭沫若先生在《考释》一文中引《礼记·月令》"孟春之月,食麦与羊",认为"食麦"即食麦子。② 可知,商代已种植并食用小麦。

卜辞中记载商人"告麦"的材料很多,但对"告麦"的具体意义则众说纷纭。郭沫若先生认为"告麦"是祭礼的一种,"《月令》:'孟夏之月,农乃登麦,天子乃以彘尝麦,先荐寝庙。'此云'告麦',盖谓此"③。胡厚宣先生认为:"今案辞言'有告麦','亡告麦','允有告麦','允亡',则告麦之绝非祭名可知。余谓告麦者,乃侯白之国,来告麦之丰收于殷王。"④ 杨升南先生则认为,"告麦"与甲骨文中的"观耤""省黍"等事例一样,应是一种农业生产中的管理措施,"告麦"是各地官吏向中央政府报告苗情。⑤ 种种观点,不相统一,但都能证明商代已种植小麦。

  乙亥卜,𠨘,翌庚子有告麦。(《前》4.40.7)
  翌乙未亡其告麦。(《前》4.40.6)
  翌辛丑亡其告麦。(《合集》9620+9625)
  乙酉卜,𠨘,翌庚戌有告麦。(《合集》9621)

以上有关"告麦"的卜辞,与"告禾""告粱"等礼俗相似,也是商代的一种农业信仰。王畿内的农官观察麦的成熟实况,随时向商王报告。

稷。稷是我国北方比较重要的一种谷物,与黍较为相似。《说文解字》云:"稷,𪗉也,五谷之长。从禾,畟声。"又称粱,《礼记·曲礼》:"稷曰明粢。"稷在先秦文献中常与黍字连称,如《尚书·盘庚》云:"惰

---

① 杨升南:《商代经济史》,贵州人民出版社1992年版,第120页。
② 郭沫若:《卜辞通纂·考释》,科学出版社1983年版,第2页。
③ 郭沫若:《卜辞通纂》,科学出版社1983年版,第411页。
④ 胡厚宣:《甲骨学商史论丛初集:(外一种)》,河北教育出版社2002年版,第69页。
⑤ 杨升南:《商代经济史》,贵州人民出版社1992年版,第122页。

农自安,不昏作劳,不服田亩,越其罔有黍稷。"《尚书·酒诰》云:"纯其艺黍稷,奔走事厥考厥长。"黍、稷连称说明时人并不严格区分两者。这又使后人误以为两者为同一种作物。其实黍、稷虽外形相似,但还是有区别的。朱熹《诗集传》曰:"稷亦谷也,一名穄,似黍而小。"王应麟《急就篇·补注》:"稷,又名为穄,似黍而小。"陈启源《毛诗稽古编》:"黍之不黏者为稷。"李时珍《本草纲目》:"稷与黍,一类两种也。黏者为黍,不黏者为稷。稷可作饭,黍可酿酒。犹稻之有粳与糯也……其色有赤、白、黄、黑数种,黑者禾稍高,今俗通呼为黍子,不复呼稷矣。"由以上可知,黍有黏性,而稷虽与黍相似但无黏性。齐思和先生考证,黍即北方的黄米或称大黄米。① 至于甲骨文中是否有"稷"字,目前尚不确定。于省吾先生认为,甲骨文中有"稷"字,其形与"黍"相似,不同处在禾上分枝不作三叉形,而且分叉间突出小点或小圆圈,点或圈表示所结之食,稷字上的点或圈多达三到六个。② 此说值得注意,但目前尚未得到确凿证据。

甲骨卜辞中有关"受稷年""登稷"的记载也很多。如:

癸亥卜,争贞:我受稷有年。(《乙》7750)
丙戌卜,我受稷年。(《合》10025)
贞:王勿立稷。(《丙》31)
甲午卜,登稷高祖乙。(《粹》166)
唯白稷登。(《合》32014)

如果加上其他有关稷的记载,不完全统计也将在百数以上,并且言"登稷"者较"登黍"者多,反映出稷也是商人的主要粮食作物。③ 考古材料证明,我国北方种植稷的历史悠久,豫北、冀南地区大概在新石器时代就已种植稷。如上文提到的,河北武安磁山遗址中发现有大量的碳化

---

① 齐思和:《中国史探研》,河北教育出版社2000年版,第12页。
② 于省吾:《商代的谷类作物》,《东北人民大学人文科学学报》1957年第1期,第81—107页。
③ 彭邦炯:《商代农业新探》,《农业考古》1988年第2期,第47—57页。

稷。有学者研究后认为:"据遗址推算,在当时储入的粮食有109立方米,合十三万八千二百余斤。"① 新石器时代就有如此大量的稷贮藏于窖穴中,说明稷是当时主要的农作物。而商人的农业文明由此延续而来,稷是商人的主要粮食作物完全符合当时的历史实际。

稻。稻在我国种植较早,今人习称为"水稻"。古文献中对"稻"的解释颇多,如《尔雅·翼》云:"稻,米粒如霜,性尤喜水。"《韵会》:"有芒谷,即今南方所食者米,水生而色白者。"《六书故》:"稻性宜水。"又《周礼·地官》之属有"稻人"一职,掌营种稻田,其下注云:"以水泽之地种谷也。"可见,稻是一种喜水的谷类作物。

稻在我国古代种植范围很广,古文献对之多有记载。《诗经·豳风》云:"十月获稻",豳地在渭水以北,今陕西省旬邑县。《唐风·鸨羽》"王事靡盬,不能艺黍稷",《诗谱》云:"唐者帝尧旧都之地,今日太原晋阳是尧始居",《汉书·地理志》云:"太原晋阳县,故《诗》唐国。"可知,今山西省太原地区古产稻。《鲁颂·閟宫》"有稻有秬",鲁在今山东省,属于华北平原。从山西、陕西到山东都种植稻,处于它们之间的河南北部、河北南部一带也应该种植稻。这也说明,中国北方广大地区在先秦时期普遍种植有稻。

考古发掘同样证实稻已广泛种植。目前发现有关稻谷的遗迹、遗物,以南方长江中下游地区为多。如,20世纪70年代浙江余姚河姆渡遗址出土了距今7000年的稻谷;1988年,湖南澧县彭头山出土了7800—9000年前的栽培稻;河南舞阳贾湖遗址也出土有7000—9000年前的稻谷。② 舞阳贾湖遗址出土完整米粒536粒,碎米400多粒;还在土壤中发现了水稻硅酸体和红烧土中保存完好的稻壳印痕。③ 经研究确定,贾湖先民种植的稻是一种尚处于籼、粳分化过程中的以粳型特征为主具有原始形态的栽培稻,④ 被农学家建议定名为"贾湖古稻"。由上可知,史前稻作农业有一

---

① 佟伟华:《磁山遗址的原始农业遗存及相关问题》,《农业考古》1984年第1期,第194—207页。
② 龙军:《世界稻作农业起源何地?》,《光明日报》2011年11月29日第05版。
③ 河南省文物考古研究所编著:《舞阳贾湖》,科学出版社1999年版,第462—463页。
④ 陈报章、张居中:《河南舞阳贾湖新石器时代遗址稻作遗存的发现及古文化生态学研究》,《徐州师范学院学报》1995年第4期,第95—106页。

个由南到北的传播过程。此后，稻作农业分布更为广泛，"全国各地东自上海，西至云南，北自渑池郑州一线，南到广东曲江，都陆续出土了不少古稻谷遗迹或遗存"[①]。如郑州白家庄商代遗址中，就曾发现有稻壳的痕迹。[②]

甲骨文中有关谷物名称的字很多，字形各不相同，稻即是其中之一。有学者认为以下字形，"𮥹""𮥺""𮥻""𮥼""𮥽"等都是"稻"字，目前学术界尚未形成统一看法。甲骨卜辞中有关稻的记载有：

癸未卜，争贞，弗其受稻年？二月。（《合集》10047）
丙辰卜，㲷贞，我弗其受稻年？四月。（《合集》9950）
甲午卜，亘贞，我受稻年？（《合集》9966）

与稻有关的还有一"秜"字，原形作"𮥾"。此字收入《甲骨文编》附录中，陈梦家、于省吾释为"秜"。《说文解字》禾部秜字下云："秜，稻今年落，来年自生谓之秜。"于省吾先生认为："秜是野生稻的专名"，并推定"商人已对自然的野生稻加以人工培植"。[③]

综上所述，卫封国前豫北、冀南地区种植的粮食作物已经有黍、麦、稷、稻等。其中，黍、稷是主要的粮食作物。

3. 受封前卫地的耕作技术

西周以前，豫北、冀南地区的农业生产水平有了很大提升，耕作技术已处于从原始农业向传统农业过渡的阶段。具体表现为：生产工具的改进；挖掘沟洫、引水灌溉等农田水利建设的开展；由火耕到摞荒的演变；整治土地、培土除草等生产技术的实施；农时知识的逐步了解和应用等。

农田水利建设。从字面上看，这是近人的提法，但古人为农业生产所做的挖掘沟洫、引水灌溉等，应看作是早期的农田水利建设工程。

原始社会末期，农业已成为社会生活的基本经济部门。为了便于从事

[①] 严文明：《中国稻作农业的起源》，《农业考古》1982年第1期，第19—32页。
[②] 许顺湛：《灿烂的郑州商代文化》，河南人民出版社1957年版，第7页。
[③] 于省吾：《商代的谷类作物》，《东北人民大学人文科学学报》1957年第1期，第81—107页。

农业生产，人们开始从山丘向平原迁徙，但居住地和农耕环境却受到了山洪和河水泛滥的侵害，特别是生活在低洼地区部落的情况更为严重。《管子·揆度》云："共工之王，水处十之七，陆处十之三。"华北大平原河湖交叉的情形一直延续到商代。农业生产的发展，既要求排除积水，治理水害，也要求天旱时能利用河湖之水浇地灌田，这就产生了原始的农田水利建设。最初由治水开始，各部落各自为政，修筑一些简单的堤埂，阻挡洪水的蔓延。这样治水虽会有暂时的成效，但在河水猛涨时，简单的堤埂根本无法阻挡洪水的冲击；各自为政堵截洪水，结果必然会以邻为壑，殃及其他部落。《国语·周语》载："古之长民者，不堕山，不崇薮，不防川，不窦泽。……昔共工弃此道也，虞于湛乐，淫失其身，欲壅防百川，隳高堙庳，以害天下。"《淮南子·本经训》云："共工振滔洪水，以薄空桑"，即是以邻为壑的表现。到了帝尧时，"洪水滔天，浩浩怀山襄陵，下民其忧。尧求能治水者，群臣四岳皆曰鲧可"①。鲧成为诸部落间共同治水的总指挥。他采用筑堤堵截的老办法，用了9年的时间也没能治水成功。后来，鲧的儿子禹接替父亲继续治水，总结失败教训，采取"高高下下，疏川导滞"②的方针，"因水以为师"③，根据水流的规律，因势利导，疏浚排洪，终于取得成功，出现了"水由地中行，江、淮、河、汉是也。险阻既远，鸟兽之害人者消，然后人得平土而居之"④。禹为农业生产做了大量工作，"开九州，通九道，陂九泽，度九山。令益予众庶稻，可种卑湿"⑤。"决九川距四海，浚畎浍距川，暨稷播，奏庶艰食鲜食。懋迁有无化居。烝民乃粒，万邦作乂。"⑥"陂九泽，度九山""浚畎浍距川"等都属于农田水利建设工程，它们的修建为农业生产的发展创造了条件。

后世的这些记载，虽有神话和夸张成分，没有确信典籍可考，但证诸考古材料，西周以前确已掌握开展农田水利建设的技术条件。如殷墟、台

---

① 司马迁：《史记》，中华书局2008年版，第50页。
② 徐元诰：《国语集解》，中华书局2002年版，第95页。
③ 顾迁：《淮南子》，中华书局2009年版，第13页。
④ 万丽华、蓝旭：《孟子》，中华书局2016年版，第138页。
⑤ 司马迁：《史记》，中华书局2008年版，第51页。
⑥ 李民、王健：《尚书译注》，上海古籍出版社2004年版，第43页。

西村等商代遗址中，发现有水沟、水井、陶水管道以及壕沟、窖穴。殷墟的水沟，面积很大，主流、支流纵横交错。三期、四期的遗址内，出土大量质地很好的陶水管。从这些保存较好、位置未经移动的水管观察，大概是建筑物周围的一种排水设施。①台西村发现两口水井，深3.7米和5.7米，井内堆满汲水用的陶罐，罐子颈部留有绳子的痕迹，可知当时是以绳系陶罐汲水的。②能做到这些，那么在农田中挖掘沟洫引水灌溉完全可能。

且甲骨文的某些字形也反映出商代存在引水灌溉的情况，如："𤰇"。学者们厘定此字为"畕"。于省吾先生在《双剑誃殷契骈枝三编·释畕》中解读为"曾"。张政烺先生从形、音、义三个方面释读此字为"畎"，畕"从田、从〜当即畎字……所从之〜即，而甽则畕之演变，畎又后起之形声字……今本《考工记》畎作畖，从田，从巜……""甲骨卜辞中有：令尹作大畕；勿令尹作大畕（《殷虚文字缀合》136）。'大畎'一辞曾见于《吕氏春秋·辨土》，指的是亩间的沟和垄，'大甽小亩'，大小对言，意思是畎不要大，畎太大了，亩就小了，不好。这条卜辞的大字独用，是非常的大畎，自然不是垄间的小水，应当就是指的畎浍这类系统的水利工程"③。张政烺先生的解释，对于了解商代的农田耕作技术及田地形制有很大帮助。古代，畎亩往往连称。《考工记》载：畎是田间宽深各一尺的小水沟。《国语·周语下》云："天所崇之孙，或在畎亩。"韦昭注："下曰畎，高曰亩。亩，垄也。"可见，畎是亩与亩间用以引水、排水的窄沟洫。亩与亩之间靠这些沟洫相互连接，也就形成了农田灌溉系统。

由火耕到撂荒的演变。原始农业刚发生时，由于生产工具简陋、生产技术单纯，人们大多选择山区或高地边缘进行农业生产，"火燎杖种"或"刀耕火种"是当时主要的耕作方法，并用灰烬作肥料促进作物生长。《管子·揆度》云："黄帝之王，谨逃其爪牙，不利其器，烧山林，破增

---

① 中国社会科学院考古研究所编著：《殷墟的发现和研究》，科学出版社1994年版，第240页。

② 河北省文物管理处台西考古队：《河北藁城台西村商代遗址发掘简报》，《文物》1979年第6期，第33—44页。

③ 张政烺：《卜辞裒田及其相关诸问题》，《考古学报》1973年第1期，第93—120页。

薮，焚沛泽，逐禽兽，实以益人。"但随着人口的增加，社会的发展，有了扩大耕地面积的需求，人类逐渐由山区向平原扩展。

夏商时代，生产经验不断积累、生产工具有所改进的情况下，农业逐渐成为当时社会的主要经济部门。除了一些落后的部落仍实行刀耕火种外，黄河中下游地区的农业耕作已实施撂荒制，即在一定的土地面积上连续耕作二年、三年，然后将其撂荒，到另一块土地上从事耕作，二年、三年后再返回原处；或者另外寻找一块新的土地，从事垦殖耕作。这样改换耕地，循环往复，在当时地旷人稀的条件下是能够做到的，被撂荒的土地经过几年休耕，地力也能得到恢复。当然，实行这种耕种方式，是恢复地力的需要；也是当时人们生产技术水平受自然控制的表现。

史书记载，夏商时代的政治、经济中心——国都经常迁徙。如，夏朝的国都经常东进或西退；商朝迁都更是频繁，有前八后五的说法。造成这种状况的原因很多，既有部落间相互争夺，战败者不得不迁徙；也有自然灾害的逼迫，如黄河的泛滥等。除了这些，恐怕还与当时的农耕方式撂荒制有关。如若不经常迁徙，就不能保证农业生产的正常进行，也就不能满足奴隶制国家和奴隶主们的需要。

甲骨卜辞中有卜问是否要换耕地，实行撂荒的记载：

己巳王卜，贞□岁商受年，王卜曰：吉。东土受年，南土受年，西土受年，北土受年。（《殷契粹编》901）

甲午卜，□贞北土受禾。甲午卜□贞，北土不其受禾。（《殷墟文字乙编》3925）

商朝国都的不断迁徙，一直持续到盘庚时代。《古本竹书纪年》载，"自盘庚徙殷至纣之灭，二百七十三年更不徙都"。之所以不再频繁迁徙，可能与农业生产技术有了进步，已能有效地和自然作斗争，实行了更为进步的土地耕作方式——休耕制有关。另外，人口的增加，耕地面积的扩大，荒地越来越少，到处迁徙耕作已不那么容易。

整治土地、培土除草等生产技术的运用。新石器时代，随着原始农业的兴起，出现了各种农业生产工具。从这些生产工具的种类和功能看，人们当时已经掌握整治土地、培土除草等生产技术。如尖头木棒，人们最早用它挖掘植物块根；种植业产生后，人们用它戳地点种、松土除草，进而又用于掘土翻地。其他生产工具，如木质的耒、耜，石质的石斧、石铲，骨质的骨耜等，都可用于挖松耕地以改善土壤的水分、养分、空气、温度，从而有利于植物根系的伸展。同时也能将火耕后留下的草木灰翻入耕地里作为肥料，提高土壤肥力，加快土壤的熟化。

火耕农业阶段，耕地逐年或二三年要有所转移，基本上不进行培土除草。到了农田相对固定的阶段，不再频繁迁徙，就要对耕地进行培土除草和养护。生产工具的日益改进，为培土除草技术的开展提供了基本条件。

商代甲骨文表明商人确曾对农田进行过整治，培土除草是当时农业生产中普遍而经常的环节。如，甲骨文中保存的象形字，与农田整治相关的有田、囿、畋、男等。

田字作田、田、田、田等。

囿字作囿、囿、囿等。

畋自作畋、畋、畋等。

男字作男、男、男。

甲骨文中，"田"字字义虽各不相同，但字形上都有一个方方正正的"田"。从田字的结构来看，其周围有疆界，中间有纵横的沟洫和小路将其分成若干块，就像一个整齐规划的农田图形。这就表明，当时必然有这样的田地，才会产生如此图像，反映出这些田地是经过整治的。而甲骨文中的"囿"字，中间有一些像禾苗一样的图形，应该是农田中种植的各种作物。"囿"即"园囿"，说明当时的农田上可能已有园艺种植。

甲骨文中耨字作"耨"，从艸从辰从又，意为用手握蚌壳除草。卜辞云：

　　辛未贞：令日蓐田。（《合》28087）
　　有仆在曼，宰在□。蓐，夜焚稟三。（《合》583反、584反）

这是中耕除草的明确记载。甲骨文中的农字，作农，从艸从辰，也是用蚌壳除草中耕的意思。从这些字形可知，商代农业生产中除草中耕已较为普遍，以至于可以作为农事的代称。

农时知识的逐步了解和应用。原始农业兴起后，农业生产逐渐成为人们按季节进行播种、管理、收获的周期性活动，在此过程中也逐渐对一年中的寒暖变化有所认知和掌握，按时间段适时耕作，以便取得好收成。最初的农时知识来自物候，人们靠最易感觉和直接观察到的某些动植物的出现和消失，草木的萌发、生长和枯死，将之与所栽培的农作物相联系，从中掌握规律，便于农业生产的安排，这便是最初的物候农时。

随着生产活动的继续，人们又靠观察天象来定农时，即把天象的变化和一年中气候的寒暖相联系，用天象确定四季变化，于是产生了适应农业需要的天文历法。在原始社会向阶级社会过渡的阶段，一些部落中分化出专门从事"占日""占月""占星气"的人员。如《尚书·尧典》："乃命羲和，钦若昊天，历象日月星辰，敬授人时。"尧命令羲氏与和氏，谨慎地顺应上帝，观察日月星辰运行规律，推算岁时，制定历法，让民众使用。[1] 羲氏、和氏从事的工作即是早期的天象观测。依靠他们对天象观察的结果，指导人们的生产和生活，包括春季的生产、夏季的祭祀、秋季的收获、冬季的修整等。

进入阶级社会后，从事天文历法的人员进一步专业化，他们将过去分散、零星的物候农时和观象授时加以收集整理，在此基础上又进行了较系统的观察计算，制定出我国最早的一部农历——《夏小正》。古代文献中有关"夏令"和"夏时"的记载很多，如《国语·周语中》："《夏令》曰：'九月除道，十月成梁。'"《论语·卫灵公》载："子曰：'行夏之时，乘殷之辂，服周之冕。'"《礼记·礼运》载，孔子云："我欲观夏道，是故之杞，而不足征也，吾得夏时焉。"郑玄注，孔子所得的"夏时"，为"夏四时之书"，就是当时存世的《夏小正》。司马迁也认为，孔子所得的"夏时"，就是《夏小正》，"孔子正夏时，学者多传《夏小正》"[2]。《夏小正》一书，至今尚存。此书原载于《大戴礼记》，相传为汉代戴德所作。书中将一年分为十二个月，记载了每月的星象、动植物的变化以及应该从事的农业活动，（正月）"农纬厥耒"、（三月）"祈麦实"、（五月初昏大火中）"种黍、菽、糜，时也"，使月份、物候、天象和节候之间

---

[1] 李民、王健：《尚书译注》，上海古籍出版社2004年版，第6页。
[2] 司马迁：《史记》，中华书局2008年版，第89页。

有了固定的联系。人们只要在夜晚观察一下星象位置和月亮的圆缺程度，就能知道当天所在的月份和大致日期及所处的节候，利于从事农业生产。可见，夏代已经有了比较成熟的历法。夏代历法与随后商、周二代历法有所不同，直到东周时期，夏历仍与殷历、周历同时流行。春秋晋国铜器栾书缶铭"正月季春"就是明证。比较而言，夏历与自然界诸多变化的结合更密切，更有利于农事活动。

《汉书·律历志》云："故自殷周，皆创业改制，咸正历纪。"即是说商、周两代均创制了自己的历法。遗憾的是没有流传下来专门记载殷历的可靠资料，今人对商代历法的认识，得益于甲骨文，从甲骨文的只言片语中能窥其梗概。

现存的甲骨卜辞，除去已被损伤日期的残辞外，每条都记有占卜日期。可知，商代使用干支记日法。十干：甲乙丙丁戊己庚辛壬癸；十二支：子丑寅卯辰巳午未申酉戌亥。把十干和十二支配成甲子、乙丑、丙寅、丁卯等六十个记序单位，以一个单位记序一日，六十日循环一次，两个月内干支不相重复。这在当时来说是一项伟大创造。商代历法已是阴阳合历，一年有十二个月，大月三十日，小月二十九日；平年十二个月，闰年十三个月，有春夏秋冬四季之分。

甲骨卜辞中所记农时，大致是一月（或闰十三月）、二月种黍、粱，如：

贞王立黍，受年。一月。（《合集》9525 正）
癸卯卜，㱿，贞王于黍，侯受黍年。十三月。（《乙》4055）
贞王勿立粱。（《合集》9528）

"立黍""立粱"意思是参与黍、粱的播种，当然商王只是礼节性的参与，以示对农作的重视。

三月、四月是管理禾苗的月份。如：

癸巳卜，争，贞日若兹敏（晦），隹年囚（忧）。三月。（《合集》10145）
庚午卜，贞禾及雨。三月。（《前》3.29.3）

庚戌卜，贞有󰀀󰀁，告于祊。四月。（《合集》14157）

"日若兹敏"，敏读如晦，指天气不好、太阳昏晦不明，被视为年成不好，有灾。"及雨"是指雨量适宜及时，对农作物生长有利。󰀀字，于省吾先生释为庶的初字，训为盛、多之义。又读"󰀀󰀁"为"󰀀秋"，意同"有秋"，指丰盛的秋收。[1] 由此可知，自然情况的好坏对农作物生产影响很大，人们不断占卜，希望风调雨顺、无虫无害，农作物能取得好收成。

七月至九月收割，十月入藏粮食，十二月商王到藉田了解收获情况。

今秋品禾。九月。（《合集》9615）
庚子卜，贞王其观耤，重。十二月。（《合集》21221）

"品禾"的品有品尝之义，"今秋品禾"即如《礼记·月令》所云："农乃登谷，天子尝新，先荐寝庙。"刚收获的粮食要由天子尝新。耤，即是"藉田"之藉，商王要参加的一种农业礼俗"耤田礼"。

这些甲骨卜辞说明商代历法已较为具体地用于农时。但由于商代迷信上帝神灵及祖先崇拜，任何活动都要占卜，用占卜结果来决定行止。而掌管占卜的巫、尹等，又往往脱离生产劳动，他们的占卜只是为统治阶层服务，并非都是生产经验的总结。这些占卜结果，在今天看来并无科学依据，但在客观上记载了当时的生产情况。

二　两周时期卫国农业的发展与变化

两周时期我国社会变动异常剧烈，卫国经历了从封国到灭亡，见证了奴隶社会向封建社会的转变，奴隶制经济被封建制经济所取代。在整个社会生产力不断提高、进步的大背景下，作为社会经济基础的卫国农业也有了很大的发展，产生了具有深远意义的划时代变革。

（一）井田制的发展及向封建地主土地私有制的转变

周王朝实施的授民、授疆土的分封制，康叔分得"殷民七族"及

---

[1] 于省吾：《释庶》，《甲骨文字释林》，中华书局1979年版，第434页。

第九章 两周时期卫国的经济　　169

"封畛土略：自武父以南及圃田之北境，取于有阎之土以共王职；取于相土之东都以会王之东蒐"①的广大区域，建立了卫国。与周王室及其他诸侯国一样，西周时期的卫国在自己领地内"启以商政，疆以周索"，杜注曰："（令康叔）居殷故地，因其风俗，开用其政，疆理土地以周法"②，用周朝的方法进行土地治理，实行井田制。③

　　西周时期实行土地国有制度，土地所有权与政治统治权都归属于周王，即《诗经·小雅·北山》所云"溥天之下，莫非王土，率土之滨，莫非王臣"。周王是天下的宗主，拥有全天下的土地和人民，可以对土地和依附在土地上的人民进行任何处置。《国语·周语》载："昔我先王之有天下也，规方千里以为甸服，以供上帝山川百神之祀，以备百姓兆民之用，以待不庭不虞之患。其余以均分公侯伯子男。"周王按照功勋大小、爵位高低、宗亲远近进行分封，分封后的周王仍具有最高统治权，"封略之内，何非君土？食土之毛，谁非君臣。"④ 分封制的核心是"授土""授民"，是把政治制度和经济制度，即宗法制和分封制结合在一起的等级隶属世袭制。如，鲁国封于"少皞之虚"，得到"殷民六族"；卫国封于"殷虚"，得到"殷民七族"；晋国封于"夏虚"，得到"怀姓九宗"。得到封地和人民的各个诸侯国君在自己的封地内拥有最高权力，除自己直接占有一部分土地、臣民外，可以继续分封卿大夫、士。这样就构成了所谓"天子有田以处其子孙，诸侯有国以处其子孙，大夫有采以处其子孙，是谓制度"⑤。各级奴隶主贵族成为各自封地的实际占有者，世代相承，役使奴隶劳动，形成层层相属、大小不等且较为稳定的奴隶制经济单位。

　　由于生产力发展水平的限制，当时的垦田大多集中在都邑周围。王都和诸侯国都的近郊，多是良田所在地。《诗经·小雅·信南山》载："信彼南山，维禹甸之。畇畇原隰，曾孙田之。我疆我理，南东其亩。"镐京郊外终南山下的辽阔原野里，有着王室主持开垦的大片良田。《诗经·鄘风·桑中》云："爰采麦矣？沫之北矣。"沫，《孔传》云："地名，纣所

---

① 杨伯峻：《春秋左传注》，中华书局2000年版，第1538页。
② 杨伯峻：《春秋左传注》，中华书局2000年版，第1538页。
③ 西周的井田制与宗法制紧密相连，是分封制与土地所有权相分离状态下的一种土地关系。
④ 杨伯峻：《春秋左传注》，中华书局2000年版，第1284页。
⑤ 杨天宇：《礼记译注》，上海古籍出版社2004年版，第271页。

都朝歌以北是",春秋时属卫(今河南省淇县境内)。这些经过精心打理的良田,呈现正南北或正东西走向,其间有纵横交错的大小道路和灌溉沟渠,鳞次栉比,状如"井"字,史称井田。

井田制下的土地属于国有,贵族们只有使用权。他们利用自己的特权,以井田制对农民进行劳役剥削。《孟子·滕文公上》载:"夏后氏五十而贡,殷人七十而助,周人百亩而彻,其实皆什一也。彻者,彻也。助者,藉也。……惟助为有公田。由此观之,虽周亦助也。"赵岐注曰:"民耕五十亩,贡上五亩;耕七十亩者,以七亩助公家;耕百亩者,彻取十亩以为赋。虽异名,而多少同。故曰皆什一也。"井田制下的耕地有公田、私田之分,"方里而井,井九百亩,其中为公田,八家皆私百亩,同养公田。公事毕,然后敢治私事"①。对于孟子的说法,过去人们多批评其对西周井田制的估计过于简单化、理想化。但近年来,学术界逐渐接受,并承认在我国历史上确实存在过"公田""私田"之分。如,杨宽先生说:"(孟子)认为我国古代的井田制,确是村社的制度。因为我国古代历史上,确实存在过这种整齐划分田地而有一定面积的制度,也确实存在过按家平均分配份地的制度。"② 林甘泉、童超在其著述中引述何休注之后说:"按照何休的说法,在实行井田制的条件下,授田农民每隔三年要重新分配一次份地,以保证'肥饶不得独乐,墝埆不得独苦'。这正是农村公社土地所有制公有与私有二重性的表现。"③

西周前中期王权极盛,周王可以凭借政治权力对土地进行处理,不受任何阻碍。诸侯、卿大夫、士等必须遵守"田里不鬻"的规定,对土地只有使用权而不能自由转让和买卖。但西周末期,由于受封时间的悠久,受封者得以世袭其领地和采邑,他们对土地的长期占有使用,形成了事实上的土地私有,成为贵族土地所有制。另外,奴隶主贵族往往驱使奴隶开垦荒地,有时王室也常将一些未垦辟的荒地或山林赏赐给下级贵族,这些田地不属于"公田",不纳贡税,实际上也成为私有土地,即真正意义上的"私田"。

---

① 万丽华、蓝旭:《孟子》,中华书局2016年版,第108页。
② 杨宽:《古史新探》,中华书局1965年版,第112页。
③ 林甘泉主编:《中国封建土地制度史》第一卷,中国社会科学出版社1990年版,第8页。

入春秋后，随着铁质生产工具的出现、牛耕的推广，以及农业生产中精耕细作方式的运用，农业生产发生了革命性变革，一家一户为单位的个体生产有了可能，井田制的瓦解成为可能。《国语·晋语》载："宗庙之牺，为畎亩之勤。"《战国策·赵策》云："秦以牛田，水通粮。"可见牛耕已在很多地方使用。豫北、冀南地区商周时期商品贸易中已用牛作为脚力工具，"肇牵车牛远服贾，用孝养厥父母"，由此推测两周时期此地已出现牛耕，当也不是臆想。

除此之外，商品经济的发展和壮大，成为冲击井田制基础的强大动力。西周时期实行的"工商食官"制，在一定程度上限制了商品经济的发展。东周时期，生产力的发展、铁质工具大量铸造和使用，为个体劳动的推行创造了条件，也使社会分工更加细化，商品经济空前繁荣，而商品经济的兴盛反过来又加速了土地的私有化。《管子·问篇》载："人之开田而耕者几何家？"一些新开垦属劳动者私有的田地，无租税负担，可以自由买卖。长期忍受奴隶主剥削和压迫的劳动者逐渐觉醒，开始用怠工、逃亡甚至暴动的形式反抗，如，陈国"田在草间，功成而不收，民罢于逸乐"①。《公羊传·宣公十五年》载，鲁国"民不肯尽力于公田"，结果"公田不治"。卫国更甚，手工业者不堪忍受统治者过度地盘剥，于公元前478年和公元前470年爆发了两次匠人起义。这些反抗斗争在一定程度上动摇了助耕公田的井田制度和"工商食官"制。由此，一些贵族之间开始私自进行土地的交换、抵押、租借、买卖、转让。春秋中期至战国中期，井田制走到末路，逐步被废除，封建地主土地私有制登上了历史舞台。

（二）卫国农业生产力状况

西周初年受封的卫国，农业生产力水平在两周时期有了很大提高。特别是西周时期，封于殷商故地的卫国初受封时就被周公要求"启以商政，疆以周索"②，"绍闻衣德言。往敷求于殷先哲王，用保乂民""王应保殷民"③，就是让康叔认真咨询、请教、学习殷先哲王们制定和实施的政策、

---

① 徐元诰：《国语集解》，中华书局2002年版，第66页。
② 杨伯峻：《春秋左传注》，中华书局2000年版，第1538页。
③ 李民、王健：《尚书译注》，上海古籍出版社2004年版，第259—260页。

法令、风尚习俗。"疆以周索"则是根据周人的规章制度划经界、分地理，以利于农业生产。

周人历来重视农业生产，尧统治时期周的先人后稷曾任教民稼穑的农官，掌握有大量的农业生产知识，后代人受其影响很大，对农业生产也异常重视。《尚书·无逸》载，周文王"卑服即康功田功"。赵光贤《〈尚书·无逸〉"文王卑服即康功田功"解》一文认为："卑，马融本作'俾'，二字古通用。"《尔雅·释诂》："俾，从也。"卑服即是遵从、顺从、遵循的意思。康，古音康、庚、賡三字音同义通。康功，即賡功。賡是賡续、继续。功是攻的假借字，治理之义。田功系农事。即是说文王遵循太王、王季的事业，继续关心、管理农业生产。卫国是姬姓诸侯国，卫国统治者受其祖辈影响，也是相当重视农业生产。卫国始封君卫康叔统治期间，遵循周公的申告发展农业，"和集其民，民大说"①，国内一片欣欣向荣。上文已经论及殷商故地的社会生产以农业为主，殷人的农业生产水平也不低，这点从殷人（统治阶层）嗜酒就能看出来。有着这样的农业基础和政治环境，两周时期卫国农业肯定会继续向前发展。其表现主要有以下几方面：

1. 青铜农具到铁农具的转变

农业生产力水平提升的首要表现是生产工具的改进。商代和西周时期，已经制造出了青铜农具，但农业生产中是否已应用，学术界有着不同看法，争论很多。从文献记载及考古发掘的材料看，商代处于青铜农具的萌芽时期，青铜农具不仅数量少，而且种类也仅限于铲、锸等耕作农具。西周时期，青铜农具略有发展，文献记载较多。如《诗经·周颂·臣工》云："命我众人，庤乃钱镈，奄观铚艾。"钱、镈、铚皆从金，应是铜制。钱即铲子，镈是锄头，为中耕除草工具；铚，《说文解字》云："获禾短镰也。"收割禾穗的镰刀。对于这些铜质农具，《诗经》中有很多赞美它们锋利的诗句。《周颂·载芟》"有略其耜"，略，利也。《良耜》"畟畟良耜"，畟畟是对耒耜的锋刃快速入土的描绘；"其镈斯赵"，赵指镈的锋利好使。《小雅·大田》"大田多稼，既种既戒，既备乃事。以我覃耜，俶载南亩，播厥百谷，既庭且硕，曾孙是若"，覃，同剡，锋利也。但考

---

① 司马迁：《史记》，中华书局 2008 年版，第 1590 页。

古发掘中仅出土有中耕用的锄和收割用的锉，且种类和数量有限，使用范围狭窄，木、石、骨、蚌等非金属农具在当时的农业生产中应还占有统治地位。正如恩格斯所说："青铜可以制造有用的工具和武器，但是并不能排挤掉石器；这一点只有铁才能做到。"① 在中国，青铜农具较多地使用于农业生产应是西周以后的事情。

西周至春秋前期是青铜器铸造的极盛时代，但青铜农具在所有青铜制品中所占的比例很小。西周初年，周公制礼作乐，周人更加推崇礼教，随之而来的是礼器制造、使用的增多，礼器的材质以青铜为主。这点在各地出土的西周墓葬中有着清晰的显现，铜器制品中均是以青铜礼器为主。考古学专刊《浚县辛村》中记载，（卫墓）七个墓中出土各类青铜器合计400余件②，工具仅9件③，其他是礼器。而从这些工具的形制看，将它们用于农业生产的可能性不大，应多是手工工具。西周前期编号为M60的卫墓中，出土一件斧，上为长方孔，中存柄木，下为横刃，由两个斜面合成。斧长10.9厘米，方銎长4.6厘米、宽2.5厘米，刃宽4.3厘米，重350克。西周中期的卫墓M8中出土一件形制与之相同的斧，只是刃为单斜面，下面平，刃两角微向外扩，刃面成弧形，长10.8厘米，重366克。这种斧也称作锛。④ 从这两件斧的大小和重量看，它们应是手工工具。

春秋时期，青铜农具的种类没有发生大的变化，但青铜农具的考古发现地点大大增加，出土数量明显增多，类型趋于多样化。⑤ 徐学书先生曾对1982年以前考古发现的青铜农具做过统计，"商33件、西周28件，春秋至战国初年105件，充分显示出春秋时期青铜农具的发展趋势。"⑥ 这说明春秋战国时期青铜农具使用的广度和深度较西周时期有所增加，但春秋时期已处于青铜时代由繁荣走向衰弱的转变期，青铜农具并没有像同期的青铜礼器那样被大规模地铸造和使用。

---

① 马克思、恩格斯：《马克思恩格斯选集》第四卷，人民出版社1972年版，第158页。
② 郭宝钧：《浚县辛村》，科学出版社1964年版，依据各种青铜器出土数量所作合计。
③ 郭宝钧：《浚县辛村》，科学出版社1964年版，第47页。
④ 郭宝钧：《浚县辛村》，科学出版社1964年版，第46页。
⑤ 白云翔：《我国青铜时代农业生产工具的考古发现及其考察》，《农业考古》2002年第3期，第165—171页。
⑥ 徐学书：《商周青铜农具研究》，《农业考古》1987年第2期，第171—194页。

在青铜时代走向没落的同时，一种新的金属——铁被发现并应用于生产，带来了经济社会的时代变革。据考古资料，中国古代最早使用的铁是陨铁，商代已有。1972年藁城台西商代遗址出土的铁刃铜钺表明，3300年前生活在中原地区的商代奴隶们不仅认识了铁，而且已经能够用简单的工具锻造比较难以加工的陨铁，使之成为厚仅2毫米、宽达60毫米的薄片，并且只有少量裂缝。显示了当时在金属加工技术上已经取得的成就和奴隶们的智慧。[①] 这就说明冀南地区的先民已初步掌握了冶铁技术。西周时期出现了人工铸造的铁器，如河南省三门峡虢国墓出土3件人工铁器，年代为西周晚期，是迄今所知年代最早的人工冶铁制品，包括玉柄铁叶剑、铜内铁援戈和铜骹铁叶矛各1件，均为兵器。[②] 至于西周时期农业生产工具中是否有铁制的，目前还不能确定。考古材料证实，春秋时期已使用铁农具，但数量不多，农具的铁器化进程由此开始，非金属农具由盛而衰。铁农具的出现，昭示着农业生产工具新时代的到来。

春秋战国之交，冶铁技术获得不断发展，铸铁冶炼、铸铁柔化、铸铁铸造和渗碳制钢技术都得以发明。[③] 由于对铁资源需求量的增加，铁矿开采规模也随之扩大，据《山海经·五藏山经·中山经》载："出铜之山四百六十七，出铁之山三千六百九十。"《管子·地数》载："出铁之山三千六百九。"两者的记载完全相同，表明当时的铁矿确实不少。《五藏山经》记载有明确地点的产铁之山三十七个，遍及以"七雄"为首的各国乃至百越之地。与此同时，人们在勘矿过程中还积累了相当丰富的经验，《管子·地数》："上有丹砂者下有黄金；上有陵石者下有铅、锡、赤铜；上有赭者下有铁。"卫国有一地名铁丘，或即与产铁有关。铁资源的广泛开发，冶铁技术的进步，生产铁质的工具极有可能。《国语·齐语》载有管仲对齐桓公说的话："美金以铸剑戟，试诸狗马；恶金以铸鉏、夷、斤、䦆，试诸壤土。"许多学者认为"恶金"就是铁，"铁在未能锻成钢之前，品质赶不上青铜，故有美恶之分"[④]。当时

[①] 叶史：《藁城商代铁刃铜钺及其意义》，《文物》1976年第11期，第56—59页。
[②] 河南省文物考古研究所等：《三门峡虢国墓地》，文物出版社1999年版，第126、530页。
[③] 杨宽：《战国史》，上海人民出版社2003年版，第22—30页。
[④] 郭沫若：《希望有更多的古代铁器出土——关于古史分期问题的一个关键》，《文史论集》，人民出版社1961年版，第96页。

的人们已经尝试用铁来制造工具和农具。《管子·海王》："今铁官之数曰：一女必有一针、一刀，若其事立。耕者必有一耒、一耜、一铫，若其事立。"春秋时期铁器已与人们的日常生活密不可分，特别是铁农具对农业生产来说非常重要。

考古材料显示，新中国成立后出土的春秋时期铁农具遍布于今河北、山西、辽宁、陕西、山东、安徽、浙江、江西、湖北、湖南、广东等省的数十个地点，① 可以肯定春秋时期已普遍使用铁农具。但春秋至战国早期的铁质农具仍较少，且器类简单，多小型器件，说明农业生产中尚不能排斥木、石、青铜等材质的农具。

战国中晚期铁农具的数量明显增多，种类增加，形制方面更能适应农作的需求。如，河南辉县出土了战国时期带有铁刃头套的耜。1950年、1951年、1952年河南辉县固围村战国墓出土铁器"有犁4、镢4、锄36、铲10、镰1、斧12、凿1、削5、刀类9、钉1、铁带钩1、匕首1、其他铁器8。此外，还有铁铤铜镞86，共179件"②。其中犁的形制较小，一牛即可拉动，适合一家一户个体农民使用。可用于开沟下种，不能用于深耕。斜边长17.9厘米，中央尖部宽6厘米，两侧宽4厘米，犁刃顶端上下两面均有起脊线。③ 1955年，石家庄市庄村赵国遗址出土铁农具，器型以镢、削为主，占整个遗址出土全部铁、石、骨、蚌质工具的65%。④ 1956年，河北省邢台市西南申家庄村北出土犁铧1件。赵王城和百家村遗址出土有战国时期的铁铲、铁斧、铁锛、铁镢等，西小屯出土有战国时期的铁斧、铁铲、铁锛。⑤ 这表明战国时期豫北、冀南地区的铁器使用比例提高，用于农业生产的工具肯定也会增多。虽然考古发掘并没有发现明确属于卫国的农业生产工具，但卫国周边地区考古出土如此众多的铁农具，卫国也应铸造有铁农具。将来的考古发掘中，也许能发掘到属于卫国的铁农具实物。

---

① 雷从云：《战国铁农具的考古发现及其意义》，《考古》1980年第3期，第259—265页。
② 中国科学院考古研究所编：《辉县发掘报告》，科学出版社1956年版，第82—83页。
③ 史仲文、胡晓林：《中国全史》第13卷，人民出版社2002年版，第14页。
④ 河北省文物管理委员会：《河北石家庄市庄村战国遗址发掘》，《考古学报》1957年第1期，第87—91页。
⑤ 赵树文、燕宇：《赵都考古探索》，当代中国出版社1993年版，第110页。

2. 耕作方式的演变

马克思曾说："在人类历史的初期，除了经过加工的石块、木头、骨头和贝壳外，被驯服的，也就是被劳动改变的、被饲养的动物，也曾作为劳动资料起着主要的作用。"[1] 我国古代社会也是如此，农业生产工具不断发生变化的时候，耕作方式也有所变化。先是人与人的合作——耦耕的推广；随后有牛、马等畜力及铁犁等生产工具的投入使用，农业生产力有了进一步的提升。

西周时期，受限于生产工具和技术水平，许多生产活动均非一人所能独立完成，需要协同劳作，农田耕作中盛行耦耕。《诗经·周颂·载芟》"千耦其耘"，《噫嘻》"亦服尔耕，十千维耦"，朱熹《诗集传》注为"盖耕本以二人为耦"[2]，是说耦耕必为两人合作。但对于如何合作则没有做详细描述。清代学者程瑶田《沟洫疆理小记》解释，"耦耕，必二人并二耜而耦耕之，合力同奋，刺土得势，土乃迸发，以终长亩不难也。"杨宽先生注为："这种'合力同奋'的'耦耕'方法，能够使得'刺土得势'，达到'土乃迸发'的效果，大大提高了垦耕的工作效率"[3]。孙常叙先生认为："（耦耕）即二人为一组相对而立，一人用脚跐耒入土，一人用手拉耜坡土，合力而耕。"[4] 虽然解释不同，但均认为此耕作方法既省力，动作又快，能提高垦耕效率，比三人合作的"协田"进步。

春秋时期这一耕作方法得到推广，各个诸侯国的农业生产几乎都采用了耦耕法。《左传》记载，春秋初年郑国刚迁到东方时，曾"庸次比耦，以艾杀此地"[5]，庸次比耦犹言共同合作。《国语·吴语》云："昔吾先王体德明圣，达于上帝，譬如农夫作耦，以刈杀四方之蓬蒿。"这些记载说明耦耕在各诸侯国中已普遍使用，对农业生产意义重大。为使劳动者之间能进行很好的合作，还出现了专门负责对劳动者进行分配组合的农官。《吕氏春秋·季冬纪》"命司农计耦耕事"；《周礼》记述更具体，"以岁时合耦于锄，以治稼穑，趋其耕耨，行其秩叙，以待有司之政令，而征敛

---

[1] 马克思：《资本论》第1卷，人民出版社1975年版，第197页。
[2] 朱熹：《诗集传》，上海古籍出版社1980年版，第228页。
[3] 杨宽：《西周史》，上海人民出版社2003年版，第232页。
[4] 孙常叙：《耒耜的起源及其发展》，上海人民出版社1959年版，第51页。
[5] 杨伯峻：《春秋左传注》，中华书局2000年版，第1379页。

其财赋。"郑玄注云："锄者，里宰治处也……于此合耦，使相佐助，因放而为名。"① 直到春秋末年，耦耕仍然存在，《论语·微子》"长沮、桀溺耦而耕"。战国时期，生产力水平的提高，生产工具的改进及畜力的大量使用，合作进行农田耕作已无必要，耦耕也随之不复存在。

畜力何时应用于农业生产，史学界的认识不同。有人认为西周甚至更早的时候，中国就出现了牛耕。《山海经·海内经》载："后稷是播百谷，稷之孙曰叔均，是始作牛耕。"这里认为最早使用牛耕的是周人的先祖叔均。周人的始祖后稷在传说中是与大禹同时期的人，后稷之孙叔均当为夏初人。夏代就有牛耕绝不可能，此记载难以令人信服。郭沫若先生认为西周时期有了牛耕，"西周彝器有是'篙'，象用马耕耨之形，所用耕具可能是双头犁"②。范文澜先生认为："商时已有牛犁，用牛拉犁牛耕。"③商代牛、马等牲畜，多数情形下是作为祭祀用的牺牲，也有一部分是作为畜力，但主要是作为交通运输中的脚力，如一部分殷人曾"肇牵车牛远服贾"，牛被用来拉车。西周时期，牛马可能还不易驯服和圈养，时人对之还很爱惜，从不轻易宰杀，就是祭祀时用作牺牲的也很少。《尚书·召诰》载，周公营建洛邑，祭天时只杀了两头牛，"用牲于郊，牛二"；洛邑修成，成王告知先祖时，"文王骍牛一，武王骍牛一"，重要祭祀场合使用牛马的数量才这么点，那么用作畜力肯定更少，畜力在当时应该比较贵重。而奴隶却很便宜，西周青铜器《曶鼎铭》曰："既赎女（汝）五父，用匹马束丝。"用一匹马和一束丝就能换回五个奴隶，奴隶远比牛、马等畜力便宜。且用奴隶进行劳作，比使用牛、马等不会说话的动物好管理，两相比较之下，奴隶主们使用牛、马等畜力进行农业生产的可能性不大。而从史料记载及出土文物等方面考察，牛耕从春秋时期才开始出现比较符合历史实际。

从用人力进行耦耕，到出现和普遍使用畜力的犁耕，是春秋战国耕作方式上的重大变化。春秋时期，农业生产中铁农具的使用逐渐增多，同时畜力出现并得以推广。《国语·晋语》载："宗庙之牲，为畎亩之勤。"

---

① 杨天宇：《周礼译注》，上海古籍出版社2004年版，第233页。
② 罗振玉：《三代吉金文存》卷7，中华书局1983年版，第47页。
③ 范文澜：《中国通史简编》，人民出版社1949年版，第113页。

牛、马等动物从祭祀品角色向农业生产中的畜力转变。《论语·雍也》载,"犁牛之子骍且角"。刘宝楠《论语正义》认为:"犁牛,即是耕牛。""犁牛"二字连用,说明牛已用于拖曳犁进行耕地。古人的名字多与社会现实相一致,从当时人的名字也能看出牛耕的普及。孔子的学生中有位鲁国人,名冉耕,字伯牛。晋国有位大力士名牛子耕。牛与耕相连,说明牛耕已是常见的事物。山西浑源曾出土牛尊,牛鼻子上穿着鼻环,①说明牛已被牵引着从事劳动。上文已经提到,春秋战国时期中原地区普遍出现了与牛耕配套使用的铁犁,田地耕作能达到"深耕易耨"②"耕者且深,耨者熟耘"③,大大提高生产效率。

3. 生产技术水平和生产能力的进一步提高

两周时期卫国的农业生产技术水平和生产能力,在卫地原有的基础上有了进一步的提高。

首先,卫人很注意对土地的治理。卫始建国时,周公用治理农田的做法要求卫康叔勤于政事,"若稽田,既勤敷菑,惟其陈修,为厥疆畎"④。稽,解释不一。杨筠如认为是穧的假借字,种也。于省吾先生认为稽乃籍、穧之同音假借。稽田即籍田,是古代天子、诸侯亲耕之田,是征用民力以天子诸侯名义耕种的土地。敷,布、播种之义。菑,新开垦的田地。《尔雅·释地》:"田一岁曰菑。"陈,治;陈修,修治也;疆,界;畎,田间的水渠。整体意思是,若种田就要开荒除草,要不断修治田界和沟洫。政事管理方面都如此要求,那么在实际的农田整治和沟渠的开浚上,卫人肯定也会按此去做。卫人还懂得按照地势的高低,水流的方向,确定田地的南北或东西走向。《商君书·赏刑》《吕氏春秋·简选》《韩非子·外储说右上》均记载,公元前632年,晋文公伐卫,强令卫国"东其亩"。亩,指农田间的高畦,也就是田垄。晋在卫之西,若卫国的垄亩多为南北向,则沟渠和道路也应是南北向,这对晋国往东向卫国进军不利,所以晋国要求卫国"东其亩",以便对卫国进行侵伐。

---

① 1923年山西省浑源县李峪村晋墓出土牛尊,高33.7厘米,牛鼻穿有鼻环。见浑源彝器图,中国古青铜选著录,现藏上海博物馆。
② 万丽华、蓝旭:《孟子》,中华书局2016年版,第9页。
③ 王先慎:《韩非子集解》,中华书局2003年版,第274页。
④ 李民、王健:《尚书译注》,上海古籍出版社2004年版,第282页。

其次，土地利用方面采取养地与用地相结合。商代，豫北、冀南地区的农田耕种已由游耕进入固定耕地模式，不再频繁迁徙。西周时期，卫人对土地的使用已知用养结合，采用休耕以恢复地力，进行土地的轮换耕作。上文提到的菑田，即是使用了一年的土地。《诗经》中也有时人对土地轮换耕作的描写，如，《周颂·臣工》："嗟嗟保介，维莫之春，亦又何求？如何新畬？"新畬即开垦了三年的熟田。种过的田在休耕几年后再种，称为新畬。①《诗经·小雅·采芑》"薄言采芑，于彼新田，于此菑亩。"《毛传》曰："田一岁曰菑，二岁曰新田，三岁曰畬。"即是说，把耕地分成三份，一份进行休耕，两份耕作，每年轮流以使地力获得恢复。

卫人在生产工具不断改进的基础上，更加注重耕作中的除草、松土、施肥、治虫、选种等环节，农业生产进入精耕细作模式。《诗经·周颂·载芟》曰："千耦其耘，徂隰徂畛。""厌厌其苗，绵绵其麃。"《毛传》"麃，耘也"，禾苗长出后即开始锄地除草，保护幼苗，保墒土壤。两周时期卫国农业生产应该已经注意到施肥的作用，只是文献中还看不到对此的明确记载。不过，战国时期赵国人荀子曾对田地施肥有过描述，"相高下，视肥硗，序五种"②。"掩地表苗，刺草殖谷，多粪肥田。"③ 勤除草、多施肥，民众就会取得好的收益。获得这些经验不会是一朝一夕的事，要在劳动中长期积累才能掌握。赵、卫两国相邻，可以推知卫人也应该掌握了此项技能。那时的人们还认识到，野草、树叶等在土中腐烂后可以作为肥料，《荀子·致士》"树落则粪本"，这就扩大了肥料的来源。对积肥、施肥的重视，成为提高卫国农作物产量的重要因素。两周时期的人们还注意到了除治虫害，《小雅·大田》："去其螟螣，及其蟊贼，无害我田稚。田祖有神，秉畀炎火。"《毛传》曰："食心曰螟，食叶曰螣，食根曰蟊，食节曰贼。"人们对害虫种类已分辨得相当清楚。同时，懂得了用火光引诱捕杀害虫。朱熹《诗集传》载："姚崇遣使捕蝗，引此为证。夜中设火，火边掘坑，且焚且瘗，盖古之遗法如此。"④ 自古即有的灭虫方法，

---

① 程俊英：《诗经译注》，上海古籍出版社2006年版，第439页。
② 张觉：《荀子译注》，上海古籍出版社2012年版，第108页。
③ 张觉：《荀子译注》，上海古籍出版社2012年版，第124页。
④ 朱熹：《诗集传》，上海古籍出版社1980年版，第157页。

即使今日仍有人使用。两周时期的人们还明白了要因地制宜，根据土壤性质种植适宜的作物，即《周礼·地官》中总结的"土宜之法"。《管子·立政》"桑麻不植于野，五谷不宜其地，国之贫也"，五谷及其他作物的种植都要依据因地制宜这一自然规律，如此才能充分有效地利用地力，取得好收成。

再者，卫人注意到农业生产的季节性很强，不能违背农时，其他活动要给农事让步，只能安排在农闲时节。《诗经·卫风·氓》载："匪我愆期，子无良媒，将子无怒，秋以为期。"秋天才是婚嫁迎娶的好时候。《邶风·匏有苦叶》"士如归妻，迨冰未泮"，娶妻要选在冰未化冻之前。《孔子家语》的解释是："群生闭藏为化育之始，故圣人以合男女，穷天数也。霜降而妇功成，嫁娶者行焉；冰泮而农业起，婚礼杀于此。"卫国已形成了在秋冬之季农闲时节举行婚礼的传统。《诗经·豳风·七月》对当时的农事季节做了详细描绘，"七月流火，九月授衣。一之日觱发，二之日栗烈。无衣无褐，何以卒岁？三之日于耜，四之日举趾。同我妇子，馌彼南亩，田畯至喜"，"四月秀葽，五月鸣蜩。八月其获，十月陨萚"，"五月斯螽动股，六月莎鸡振羽。七月在野，八月在宇，九月在户，十月蟋蟀入我床下"，等等。诗虽不是专对农事季节而言，但从中可以看出当时农事安排的一些具体情景，物候知识与农事相结合也有所体现。《孟子》曾对梁惠王说："不违农时，谷不可胜食也。……百亩之田，勿夺其时，数口之家可以无饥矣。"①《吕氏春秋·审时》载："是故得时之稼兴，失时之稼约。茎相若称之，得时者重，粟之多；量粟相若而舂之，得时者多米；量米相若而食之，得时者忍饥。是故得时之稼，其臭香，其味甘，其气章，百日食之，耳目聪明，心意睿智，四卫变强，凶气不入，身无苛殃。"《左传·文公六年》载："闰以正时，时以作事，事以厚生，生民之道于是乎在矣。"对"时以作事"，《隋书·经籍志》引作"时以序事"，谓依节气与物候安排生产劳动。只有生产劳动不失其时，有衣食的保证，才是民生的根本。由此可知，按照农事季节适时进行生产活动，对于农业生产至关重要，会直接影响农家收入和民食盈亏，以及国家统治的稳定与否。

---

① 万丽华、蓝旭：《孟子》，中华书局2016年版，第5页。

(三) 农业生产的种类和结构

两周时期卫国的农业生产种类和结构，较卫国建国前此地的农业生产种类更多、结构更为完善。

首先，就种植业来看，黍、稷、稻、麦、豆、桑、麻等，卫国均已种植。其中，麦子应是两周时期卫国主要的农作物品种之一，《诗经》卫风中多有描绘。《载驰》"芃芃其麦"，芃芃，繁盛貌，是说麦子长势很好；《桑中》"爰采麦矣？沬之北矣"，到哪里去采麦子呢？在那沬乡的北边。卫地其他的农产品种类上文已有提及，两周时期并没有太大的变化，不再重述。

两周时期卫国桑、麻的种植较为普遍。《诗经》卫风中有关桑、桑林、桑田的描写非常多。《鄘风·桑中》"期我乎桑中，要我乎上宫"，桑中，卫地名，亦名桑间，在今河南省滑县东北。也有人认为，桑中泛指桑树林中。《礼记·乐记》"郑卫之音，乱世之音也，比于慢矣。桑间濮上之音，亡国之音也"。郑卫之音用桑间濮上来代指，可见其地桑林之多。卫风中也多处提到桑、桑林，《卫风·氓》"桑之未落，其叶沃若。于嗟鸠兮，无食桑葚""桑之落矣，其黄而陨"；《鄘风·定之方中》"星言夙驾，说于桑田"。从卫地丝织业的发展情况，也能看出卫地桑树种植的普遍。种桑是为了养蚕，养蚕是为了织造衣物。两周时期，养蚕织丝是当时很重要也很普遍的一种副业生产，上自天子后妃、下至农家妇女都要以此为主务。《左传·文公二年》孔子列举臧文仲不仁的三条理由，其二即是"妾织蒲"，妾从事织造业与民争利。孔子对臧文仲的批评正确与否，在此不做评判，但从中可知当时的贵族妇女也要从事织造业。卫国桑树种植的普遍，是养蚕业发展的基础，又为织造业的发展创造了条件。《卫风》中有多条关于纺织的记载，《邶风·绿衣》"绿兮丝兮，女所治兮"，丝指蚕丝；治，整理纺织。《鄘风·干旄》"素丝纰之""素丝组之""素丝祝之"，其中，纰、组、祝，《孔疏》"谓以缕缝之，使相连或以维持之者。"闻一多先生《诗经新义》解释为"皆束丝之法"。《卫风·氓》"抱布贸丝，匪来贸丝"，贸，交易、交换之义。卫人不但用蚕丝做成各种各样的物品，同时还用之参与商品流通。由此可知，卫地的蚕桑业已相当发达。不过，依当时社会生产力发展水平，丝织品应只为贵族们所使用，一般民众的衣物原料仍多是麻布。《王风·丘中有麻》："丘中有麻，彼留子嗟。"

《诗集传》注曰："麻，谷名，子可食，皮可绩为布者。"用麻织成的布，应是当时一般民众普遍的衣物原料。

此外，卫国还有很多的蔬菜品种。《邶风·匏有苦叶》中的匏，朱熹《诗集传》注释为："匏，瓠也。匏之苦者不可食，特可佩以渡水而已。"① 匏，属葫芦科，苦者不可食，不苦者则能作为蔬菜食用。《邶风·谷风》"采葑采菲"，葑，蔓菁也；菲，似葍，茎粗，叶厚而长，有毛。②"谁谓荼苦，其甘如荠"，荼，苦菜，蓼属也；荠，甘菜。"我有旨蓄，亦以御冬"，蓄，醃的干菜；有人认为蓄是菜名，也不错。《鄘风·桑中》"爰采唐矣，沬之乡矣"，唐，蒙菜也，一名兔丝。③"爰采葑矣，沬之东矣"，可知蔓菁这种作物在卫国种植较为普遍，各地都有，应是当时主要的蔬菜品种之一。

除了粮食、蔬菜、桑麻等作物外，卫国还有品种多样的林木，既有果树，也有一些经济树木。《邶风·凯风》"凯风自南，吹彼棘心"：棘，酸枣树。《邶风·简兮》"山有榛，隰有苓"：榛，树名，结的果实似栗而小；苓，一名大苦，叶似大黄，即今甘草也。其他像桃、杏等果树也有种植，《魏风》中即有一篇《园有桃》。卫国领土到了战国时期大部分都归属于魏国，这说明之前属卫时也应种植有桃树。《左传·哀公十五年》载，齐"因与卫地，自济以西，禚、媚、杏以南，书社五百"；杏为地名，当地应种植有杏树。《鄘风·定之方中》"树之榛栗，椅桐梓漆，爰伐琴瑟"。《诗集传》注曰："榛、栗，二木。其实榛小栗大，皆可共笾食。椅、梓实桐皮。桐，梧桐也。梓，楸之疏理白色而生子者。漆，木有液黏黑、可饰器物。四木皆琴瑟之材也。"榛、栗，果实可食，木料可用；椅、桐、梓等也是上等木料，皆是制造琴瑟的原料。春秋战国时期卫国漆树种植比较普及。《尚书·禹贡》载，兖州"贡漆丝"，豫州"贡漆、枲、絺、纻"，漆丝，李民先生认为是卫地的传统特产，④ 种植较早。这就说明卫人已经认识到漆的价值，并已大量种植。

---

① 朱熹：《诗集传》，上海古籍出版社1980年版，第20页。
② 朱熹：《诗集传》，上海古籍出版社1980年版，第21页。
③ 朱熹：《诗集传》，上海古籍出版社1980年版，第30页。
④ 李民、王健：《尚书译注》，上海古籍出版社2004年版，第59页。

两周时期的卫人，对畜禽的饲养繁殖也颇为注重。既有大牲畜马、牛；也有小畜禽，猪、羊、鸡、犬、鹅等。大牲畜中的马，多用于战备和军事，当时战争盛行车战，无论是进攻还是防卫，都是用马驾车，以至于计算国家大小或国力强弱也看其车乘之多寡，有所谓百乘之国、千乘之国、万乘之国之分。考古发掘的卫国遗址——浚县辛村，是西周贵族阶级卫康叔后裔的墓地。① 该墓地出土车马坑十四座，其中第3号车马坑中出土车约12辆，马骨72架、犬骨8架，规模颇大；另外，此坑出铜车饰和犬饰及犬马骨300余件。② 第25号车马坑，因破坏严重，所出车马数不能完整统计。郭宝钧先生推测其"遗存物比之第3号车马坑所出相差甚远。但按此坑面积大、杂乱马骨多推证，倘不破坏，至少应存车器七八辆，马骨三四十架，规模不可谓小"③。仅一个车马坑就出土如此之多的车、马骨、犬骨等，可知西周时期卫国拥有强大国力。这些只是墓葬中出土的随葬品，现实生活中肯定会更多。《鄘风·定之方中》"騋牝三千"，《诗集传》曰："马七尺以上为騋"，大马也；牝为母马。騋牝在此是指良马，三千为约数，言其多。《左传·闵公二年》载，春秋时期卫国被灭国迁都后，卫文公在齐国的帮助下发奋图强，"大布之衣、大帛之冠，务材，训农，通商，惠工，敬教，劝学，授方，任能。元年，革车三十乘；季年，乃三百乘"。从卫文公元年到季年，也就短短十几年的工夫，卫国车马数翻了十倍。一方面说明卫国统治者对车、马的重视，同时也说明卫人已熟练掌握了制车的技术和养育繁殖马的技能。牛则多用于农业耕作及作为长途运输中的脚力工具，不用或很少用于屠宰肉食，即使祭祀中屠宰很多牛作为牺牲的也不多见。这些大畜禽以及小畜禽中的羊等，除了饲养之外，也会牧养。两周时期，各民族间的交流增多，彼此之间相互影响、相互渗透，如卫国北部的游牧民族戎狄，对卫国的影响就很大。《左传·哀公十七年》载："初，公登城以望，见戎州。"高诱注谓："戎州，戎之邑也。"江永《考实》谓："卫之城外有己氏人居之，谓之戎州。"杜注："己氏，戎人姓。"戎狄是游牧民族，卫庄公登上城墙就能看到他们居住

---

① 郭宝钧：《浚县辛村》，科学出版社1964年版，内容简介。
② 郭宝钧：《浚县辛村》，科学出版社1964年版，第28页。
③ 郭宝钧：《浚县辛村》，科学出版社1964年版，第32页。

的地方，说明两者离得很近。戎狄丰富的游牧经验，肯定会对卫国的畜牧业产生影响。两周时期饲养的小畜禽种类已与当今相差无几。《荀子·荣辱》"今人之生也，方知畜鸡狗猪彘，又畜牛羊"。《孟子·梁惠王上》"鸡豚狗彘，无失其时，七十者可以食肉矣"。《孟子·梁惠王下》"馈其兄生鹅者"。这些小畜禽的肉、乳、蛋、脂肪等，是当时人除粮食外的主要佐餐物，丰富了他们的生活所需。

卫国境内水资源丰富，黄河、淇水、濮水、漯河、百泉等，相互交错，有利于捕鱼业的发展。捕鱼业在《卫风》有多处着笔，《卫风·硕人》"施罛濊濊，鱣鲔发发，葭菼揭揭"。施罛，张设渔网；鱣、鲔是指大鲤鱼和鲟鱼，发发，鱼跳动的样子，形容捕到的鱼很多。卫人制作有专门的捕鱼、钓鱼工具，还掌握了灵巧的捕鱼方法。《邶风·谷风》"毋逝我梁，毋发我笱"；梁指石堰，一种捕鱼通道，在河中垒石拦住水流而在中间留一个缺口，鱼可以从中通过；笱，一种竹制的捕鱼工具，即鱼篓，放在梁的缺口中，以捕捉顺水游出的鱼。即使到了现在，这样的捕鱼方法和工具仍会被人们所使用。《邶风·新台》中提到渔网，"鱼网之设，鸿则离之"，证明卫人已经会张网捕鱼。《卫风·竹竿》写一位远嫁异国的女子想念祖国，"籊籊竹竿，以钓于淇"，主人公回忆了自己未出嫁时常用长而细小的竹竿在淇水旁钓鱼。卫国渔业生产作为卫国大农业中的一种，对卫农业生产种类和结构的丰富增添了色彩。

综上所述，两周时期卫国的农业生产种类多，结构合理，内容多样。就今天看来，它已包括了广义农业中的农、林、牧、渔、副五业，具备了现代大农业的雏形。几千年来，豫北、冀南地区的农业生产以此为基础，有了更进一步的提升。

三 农业发展对手工业、商业的影响

两周时期卫国农业的发展促进了手工业、商业的繁荣，反过来，手工业、商业的繁荣又促使农业有了更快的发展。农业发展是手工业、商业繁荣的基础和前提，没有农业的发展，手工业、商业要兴盛绝不可能。马克思曾经说过："一切剩余价值的生产，从而一切资本的发展，按自然基础来说，实际上都是建立在农业劳动生产率的基础上的。如果人在一个工作

日内，不能生产出比每个劳动者再生产自身所需的生活资料更多的生活资料，在最狭窄的意义上说，也就是生产出更多的农产品，如果他全部劳动力每日的耗费只够再生产他满足个人需要所不可缺少的生活资料，那就根本谈不上剩余产品，也谈不上剩余价值。超过劳动者个人需要的农业劳动生产率，是一切社会的基础。"[1] 也就是说，只有在农业发展的基础上，农产品有所剩余，才能给工商业者提供生活必需品，从而带来社会生产的分工和协作。卫国农业的发展带动了手工业、商业的兴盛，而手工业、商业的兴盛又促进了卫国整体社会经济的提高。

（一）农业发展对手工业的促进

原始农业发展的过程中，伴随产生了手工业，且随着农业的不断进步，手工业渐渐从农业中分离出来，最终成为独立的经济部门。这点可从农业生产的基本要素——生产工具、劳动者等得以展现，从它们的发展变化中，可以看出农业的发展对手工业的促进。

农业生产过程中使用的生产工具，很多是最原始最简单的手工产品，如农具中的石器、骨器、木器、蚌器等，都要经过手工制作，哪怕是最简单的打磨、敲击、折削等。这些工具属于手工产品，广泛应用于农业生产活动中。后来出现的青铜农具、铁农具，更要经过复杂的工序制作才能使用，属于手工产品确定无疑。农具中的铲、斧、刀、镰等，作为农具使用时不要求精细和锋利，一般较粗糙、笨重。人们使用的过程中发现，如果把这些工具制作得小巧锋利，它们又能成为很好的手工工具。所以在制作技术不断进步，手工工具需求量日益增大的情况下，这些农具又自然而然地成了手工工具。如，浚县辛村卫墓 M42 中出土的一件斧，全长 11.7 厘米，仅重 244 克；M8 中的斧，长 10.8 厘米，重 366 克，斧身上面斜，下面平，刃两角微向外扩，刃面很明显。[2] 从两件斧的形制、长度、重量看，它们是手工工具的可能性远较农具大得多。这些锋利、小巧的手工工具，反过来又促进了农具的大量生产。1988 年 6 月，河南辉县发现古共城战国铸铁遗址，从"出土的陶范、铁器看，所出大多为农具，种类有锄、镢、镰、锸、锛等，其中梯形板状铁器占出土铁器的 80% 以上，因

---

[1] 马克思：《马克思恩格斯全集》第二十五卷，人民出版社 2016 年版，第 885 页。
[2] 郭宝钧：《浚县辛村》，科学出版社 1964 年版，第 46 页。

此这是以铸造铁质农具为主的铸铁遗址"①。由此可知，农具和手工工具之间关系紧密，它们相互影响、相互促进，都为经济的发展做出了贡献。

农业发展的同时，社会上还出现了早期的有着很强生命力和广阔市场的家庭手工业。其中，出现较早的是以妇女为主要劳动力的家庭纺织业。妇女利用丝、麻等原料进行劳作，成为两周时期农家的重要副业。卫国纺织业相当发达，纺织原料有丝、麻、葛、皮毛等。上文已经提到，卫国境内多桑林。种桑养蚕、纺织制衣成为两周时期卫国家庭妇女的主要劳动项目。《邶风·绿衣》"绿兮丝兮，女所治兮"；女，同汝；治，朱熹注为"谓理而织之也"②；绿色丝线是女主人公亲手纺织而成。《卫风·氓》"氓之蚩蚩，抱布贸丝"，一个农家小伙抱着布匹来换丝，丝的生产在农村也很普遍，走街串巷的小商贩们将其作为主要经营品。"三岁为妇，靡室劳矣。夙兴夜寐，靡有朝矣"，女主人公结婚后，终年累月地辛勤劳作，起早贪黑操劳家事。此家事，不仅指洗衣、做饭等家庭事务，还应包含纺丝织布等家庭副业。20世纪七八十年代，中国广大农村家庭中还随处可见简易的纺机和织机，妇女们一有空，就会纺线织布。她们的产品，不仅要保证自家人的衣物所用，如有剩余，还会拿到市场上出售或者交换其他日用品，以贴补家用。如此看来，这种家庭副业的起源可以追溯到先秦时期。

除了家庭纺织业外，卫国家庭手工副业的种类还有多种，制作的产品日趋精致适用。《鄘风·君子偕老》"君子偕老，副笄六珈""玼兮玼兮，其之翟也""玉之瑱也，象之揥也""瑳兮瑳兮，其之展也"；从这些渲染宣姜服饰、尊严、美丽的诗句中，不仅可以看出卫人精通纺织技术，同时对玉、石、骨等材料的加工已相当专业。《卫风·淇奥》"如切如磋，如琢如磨"，是卫人对玉、石、骨等原材料进行加工的动作描写。《尔雅·释器》云："骨谓之切，象谓之磋，玉谓之琢，石谓之磨。"人们日常生活中已能熟练地使用各种手工制作方法处理不同材质的原材料，这些工艺的掌握和使用肯定能制作出精美的产品。

---

① 新乡市文管会、辉县市博物馆：《河南辉县市古共城战国铸铁遗址发掘简报》，《华夏考古》1996年第1期，第1—7页。

② 朱熹：《诗集传》，上海古籍出版社1987年版，第12页。

拥有这些手工技艺的人逐渐从农业劳动中脱离出来成为手工业者，并会因其特殊才能而被统治阶级所看重，成为专门为统治阶级服务的手工匠人。他们的手艺世代相传，成为一种专门职业。《管子·小匡》记载了百工的形成及其家族承继性，"今夫工，群萃而州处，相良才，审其四时，辨其功苦，权节其用，论比计制……相示以功，相陈以巧。……少儿习焉，其心安焉，不见异物而迁焉。是故其父兄之教，不肃而成；其子弟之学，不劳而能。夫是，故工之子常为工"。这些人被称为"百工"或"工肆之人"，他们生产的产品不是自用，而是供给贵族阶级或者放到"肆"上出卖，即《论语·子张》所云"百工居肆，以成其事"。

卫国有很多具有专门技艺的手工匠人。西周初年卫国封国时所受封的"殷民七族"：陶氏、施氏、繁氏、锜氏、樊氏、饥氏、终葵氏，就是拥有某种手工专长的氏族，陶氏是制陶工，施氏是旌旗工，繁氏是马缨工，锜氏是锉刀工、釜工，樊氏是篱笆工，终葵氏是锥工等，他们为卫国手工业的发展和进步做出了很大贡献。春秋战国时期，一些国家为了富国强兵，对工商业者多采取鼓励宽容政策，卫国也是如此。卫文公时期实施"通商惠工"政策，对私营手工业、商业"弛关市之征"，鼓励其他诸侯国的工商业者前来本国从事生产或商业活动，为卫国手工业、商业的繁荣创造了条件。民间家庭手工业的发达兴旺，使很多人成为大手工业的经营者，他们以其财富的众多，甚至能影响时局。《左传·定公八年》载，卫国大夫王孙贾曰："苟卫国有难，工商未尝不为患，使皆行而后可。"卫国想要叛晋，但害怕国内的工商业者反对，只得先把工商业者迁走。由此可知，卫国工商业者势力强大，甚至能左右政局。卫国中小手工业者数量众多，他们的能量同样不可小觑。公元前478年，"（卫庄）公使匠久……石圃因匠氏攻公"[1]。相隔八年后，卫国匠人又发起暴动，这是手工业者不满统治者过度剥削的表现。如果不是人数过多的话，单凭极个别的工匠是不能，也不敢如此做的。卫国这两次匠人暴动，沉重打击了统治者，也从侧面说明卫国手工业者力量强大。

（二）农业发展对商业的推动

两周时期卫国商业发展迅速，原因很多。地理方面：卫国地处中原，

---

[1] 杨伯峻：《春秋左传注》，中华书局2000年版，第1710页。

是南北交通要津，水陆交通便利，有利于商业发展；历史地缘方面：卫国建都于殷商故地，商朝悠久的重商、从商传统对卫国商业的影响很大；手工业方面：卫国手工业的发展，不仅为商业贸易提供了大量商品，而且手工业制作的交通工具为商业贸易的开展提供了方便。除此之外，卫国农业的发展是推动商业迅速发展的基本条件，没有农业生产的物质保障，商业的推进将无从谈起。

西周时期，农业生产的发展进一步促进了商品交换的增多，"以物易物"更为普遍，甚至还出现了一般等价物。《卫风·氓》来回穿梭于淇水、顿丘一带的男主人公，靠商品交换从一个小商贩一步步地成长为大商人。有学者认为，氓从事的"抱布贸丝"，就是以布换丝，把其中的"布"解释为布匹。对之笔者不太赞同，"布"不应是商品布匹，而应是一般等价物。先从"贸"字看，如果把"布"解释为布匹，那么"贸"就是交换的意思，这不符合"贸"字的特定含义，"贸"是形声字，其形为"贝"，而"贝"是早期的货币。这点可从商品流通中常用到的一些字中看出，如贵、贱、财、货、负、债、赔、赚、贩、贷等字，都以"贝"为形符，残留有早期货币的痕迹，"贸"字也是如此。诗中用"贸"而不用"易"，正说明氓这个小商人用的是"钱币"而不是"货物"。郑玄《十三经注疏》解释此句时曾说"古者谓钱为泉布"。颜师古注曰："布，亦钱耳。"再从当时的社会大背景看，西周时期卫国社会生产力有所提高，剩余产品增多，商品交换必然会越来越多。早期以物易物的交换方式已不能满足规模日益扩大的商品交换需要，必然会在商品交换中出现能充当双方价值的商品，即一般等价物。氓在商品交换中使用了一般等价物，而非抱着一大堆布匹往来于各乡换取蚕丝，这样解释更能让人接受。《邶风·谷风》"既阻我德，贾用不售"，贾，卖；用，货物；不售，卖不出去。主人公把自己比作商人手中的滞货，无法售出。可知，当时的商品交换已不是以物易物，商品有了价格，要作价而卖。金属冶炼技术、生产力水平进一步提升的情况下，人们发现由金属来充当一般等价物，不仅性能稳定，而且使用方便。于是产生了货币，并逐渐被广泛接受，最终淘汰了"以物易物"的交换形式。

春秋战国时期，农业、手工业的发展，交通运输条件的改善，推动了卫国商业的兴盛。卫国境内不仅出现了许多较大的都市，成为政治、经济、文化的中心;还涌现了一些繁荣的商业集镇,及大量因商致富的小商贩和巨商富贾。

春秋时期的卫国是天下都会之一。《诗古微》:"三河为天下都会,卫都河内,郑都河南……据天下之中,河山之会,商旅之所走集也。"① 处于河内、居天下之中的卫国是天下都会、商业贸易中心,商旅集散地。卫国境内还有许多远近闻名的大小商业都市,如作为政治、经济、文化中心的几个都城,帝丘(在今河南濮阳)、楚丘(在今河南滑县)、朝歌(在今河南淇县)等;还有史籍记载较多的顿丘(今河南清丰县)、戚城(今河南濮阳县东南)、共城(今河南辉县西北)、平皋(今河南温县)、野王(今河南沁阳市)等;都是两周时期卫国的商业区。如濮阳,曾为卫都,是两周时期商品经济非常发达的都会,与陶邑(今山东定陶县)并称,有"裂地定封,富比陶、卫"②的美名。这些商业区成为卫国经济繁荣的标志。

商人阶层的出现是商业发展的表现。卫国的商人阶层影响着社会生活的方方面面,《管子·小匡》"今夫商群聚而州处,观凶饥,审国变,察其四时,而监其乡之货,以知其市之贾,负任担荷,服牛辂马,以周四方,料多少,计贵贱,以其所有,易其所无,买贱鬻贵,是以羽旄不求而至,竹箭有余于国,奇怪时来,珍异物聚"。商人们"通工易事",使得"农有余粟,女有余布"③的状况得以解决,为社会上的互通有无带来了便利,促使商品经济获得更快发展。如端木赐(子贡),卫国著名的富商巨贾,靠经商不仅达到"家累千金",成为孔门弟子中最富有的一个;还得到了各诸侯国君的敬重和认可。卫国中小商人更多,《卫风·氓》的男主人公便是其中之一。卫国的商人阶层,有本身属于统治阶级的,但多数是从农民中脱胎而来,他们从初期利用农闲走街串巷的"行商"发展为积累一定财富后的"坐贾"。

卫国农业的发展,虽然极大地推动了手工业、商业的进步,但春秋战国战乱纷扰的状况,其社会生产力还是受到了很大破坏,"争地以战,杀

---

① 魏源:《诗古微》,岳麓书社1989年版,第509页。
② 刘向:《战国策》,北方文艺出版社2013年版,第202页。
③ 万丽华、蓝旭:《孟子》,中华书局2016年版,第130页。

人盈野；争城以战，杀人盈城"①，最直接的表现就是劳动力数量的减少和劳动时间的不足。《卫风》中不乏描写战争的诗篇，《邶风·击鼓》"击鼓其镗，踊跃用兵。土国城漕，我独南行"，"从孙子仲，平陈与宋。不我以归，忧心有忡"，主人公常年被征为戍卒不能归家，不由得唉声叹气，道出了自己"于嗟阔兮，不我活兮。于嗟洵兮，不我信兮"的悲苦。《卫风·伯兮》是一首妻子思念远征丈夫的诗，"伯兮朅兮，邦之桀兮。伯也执殳，为王前驱"，丈夫被征去服兵役，跟随国君四处打仗。从这些诗歌不难看出，战争中的士卒多是直接的劳动者，他们的死伤势必会影响到劳动力的数量和质量；战争还会造成房倒屋塌、田地失耕、商旅不通。因此，春秋战国时期卫国农业发展虽促进了手工业、商业的进步，整个社会经济处于上升的态势，但战争的影响及其他一些不利因素，也使卫国的社会生产力受到很大的阻碍和破坏，未能进一步提升卫国的政治地位。

第二节　卫国的手工业

手工业是仅次于农业的一个生产部门，产生时间较早，可以说手工业的产生与人类社会出现相同步。人和猿的区别在于能不能从事劳动，劳动则是从制造工具开始；人是会制造工具的动物，而猿只会使用工具，绝不会制造工具，这是两者的根本区别。人类能脱离动物界是从打制最简单的石头工具开始的，这是人类从事物质生产的起点，而这种打制石器本身以及整个打制过程，属于手工业范畴。有的学者甚至认为，人类物质生产的起点应该确定在手工业上。② 这种说法的提出，乍一看有点夸张，但手工业产生较早，与农业生产同时则是事实。我国的手工业生产，不仅为伟大的中华民族创造了丰富多彩的物质文化，也为人类社会的发展进步作出了巨大贡献。其中又以早期的文明发源地黄河中下游地区最为突出，豫北、冀南地区就包括在这一范围内。

---

① 万丽华、蓝旭：《孟子》，中华书局2016年版，第159—160页。
② 李有谋：《我国的原始手工业》，《史学月刊》1983年第1期，第6—12页。

一 受封前卫地的手工业

豫北、冀南地区的手工业起源较早。从目前的考古材料看，新石器时代早期即已有了原始的手工生产活动——石器制作。夏商时期，此地区的手工业生产有了进一步的发展，为两周时期卫国手工业的提升打下了基础。

（一）夏代以前豫北、冀南地区的手工业概况

豫北、冀南地区的手工业生产可以追溯到新石器时代早期，从制作石器开始。如，位于河北省武安县的磁山遗址，发现 300 多件石器，有石锤、石凿、石斧、石铲、石磨盘、石磨棒等，是磁山文化遗址中保存石器较多的遗址。除石器外，武安磁山遗址还出土有手制陶器，绝大部分是夹砂红褐陶，其次是泥质红陶，器表除素面或略微磨光外，纹饰有划纹、细绳纹、乳钉纹、席纹等，器形有碗、钵、盘、壶、罐、豆等。① 1983 年 9 月，豫北安阳地区发现一处磁山文化遗址。此遗址位于安阳曲沟镇洪岩村西北角，出土一套石磨盘、石磨棒，专家鉴定后认为这些石器是典型的磁山文化遗物。从这些石器的种类和数量看，磁山文化所反映的经济面貌以农业生产为主，这些石器作为早期的手工工具为农业发展创造了条件，一些磁山文化遗址的灰坑中发现有粮食堆积，正是当时农业发展的最好证明。

新石器时代晚期，豫北、冀南地区的手工业以仰韶文化的后岗类型和大司空村类型为代表。此地区的仰韶文化面貌较为复杂，有着鲜明的特点。1961 年，在考古工作者的辛勤努力下，正式确认了仰韶文化的这两种类型。此后，河北磁县下潘汪②、界段营③，正定南杨庄④，邢台柴庄⑤，邯郸百家村⑥，安阳大正集、大寒南岗、鲍家堂⑦等地分别发现了这

---

① 河北省文物管理处、邯郸市文物保管所：《河北武安磁山遗址》，《考古学报》1981 年第 3 期，第 303—338 页。
② 河北省文物管理处：《磁县下潘汪遗址发掘报告》，《考古学报》1975 年第 1 期，第 73—116 页。
③ 河北省文物管理处：《磁县界段营发掘简报》，《考古》1974 年第 6 期，第 356—363 页。
④ 河北省文管处：《正定南杨庄遗址试掘记》，《中原文物》1981 年第 1 期，第 6—12 页。
⑤ 唐云明：《河北邢台柴庄遗址调查》，《考古》1964 年第 6 期，第 316—317 页。
⑥ 罗平：《河北邯郸百家村新石器时代遗址》，《考古》1965 年第 4 期，第 205—206 页。
⑦ 杨锡璋：《安阳洹河流域几个遗址的试掘》，《考古》1965 年第 7 期，第 326—338 页。

两种类型的文化遗存，它们集中分布在豫北、冀南的卫河、漳河流域。仰韶文化遗址中出土的石器、陶器等手工制品，无论是技艺上，还是数量上，都有了大幅提升。如，安阳大正集老磨岗出土的遗物，石器已多是磨制，有石斧、石锛、长方穿孔石刀等，还发现了蚌刀。陶器中不仅有夹砂灰陶、泥质灰陶、泥质红陶、夹砂红陶，还有少量的白陶和黑陶残片。1971年安阳后岗的出土物，打制及琢制的石器已占相当比例，有断面为椭圆形的石斧、两侧带缺口的石刀、石铲等。陶器中泥质红陶占70%，夹砂红陶占10%，泥质灰黑陶占20%；常见器形有碗、盆、罐、瓶、鼎及盆形或罐形的灶等。① 从这些出土陶器，可以看出当时的制陶业，很有可能已从农业中分离出来，成为独立的手工业生产部门。

继仰韶文化之后的龙山文化，已处于原始社会末期，手工业有了进一步发展。豫北、冀南地区发现的龙山文化遗址有安阳后岗、同乐寨、高井台子，浚县大赉店、辛村、刘庄等。《尚书》《左传》《礼记》等古籍，以及通常所说的"正史"和先秦诸子的著作中，有少量有关夏代的记载，但多与神话传说相联系，对于其真实性，学界看法不同。所以，豫北、冀南地区夏代的手工业情况，要从考古材料中去追寻。

1935年，梁思永先生发表《小屯、龙山与仰韶》，用地层关系证明这三种文化的年代序列：小屯晚于龙山，龙山晚于仰韶。同时，他还指出龙山文化与小屯文化之间有缺环，"龙山文化与小屯文化不是衔接的，小屯文化的一部分是由龙山文化承继得来，其余不是从龙山文化承继来的那部分，大概代表一种在黄河下游比龙山晚的文化"②。之后的考古发掘证实了梁思永先生的分析，这个缺环就是夏文化。

探索夏文化的过程中，学界的注意力集中于"二里头文化"，并对其文化性质提出以下几种看法：一至四期均是夏文化③；一、二期是夏文

---

① 中国科学院考古研究所安阳发掘队：《1971年安阳后冈发掘简报》，《考古》1972年第3期，第14—25页。
② 中国科学院考古研究所编：《梁思永考古论文集》，科学出版社1959年版，第97页。
③ 邹衡：《试论夏文化》，《夏商周考古学论文集》，文物出版社1980年版；《关于探索夏文化的途径》，《中原文物》1978年第1期；郑杰祥：《二里头文化商榷》，《河南文博通讯》1978年第4期；许顺湛：《夏代文化探索》，《史学月刊》1964年第7期；《夏代文化的再探索》，《河南文博通讯》1979年第3期；佟柱臣：《夏代和夏文化问题》，《河南文博通讯》1979年第3期；陈旭：《关于夏文化的一点认识》，《郑州大学学报》1980年第3期。

化，三、四期是商文化[①]；一至三期是夏文化，四期是商文化[②]等。学者们虽观点不一，但都认同"二里头文化"中有夏文化因素。令人遗憾的是，豫北、冀南地区并没有发现二里头文化遗址。但从二里头文化的出土遗物看，当时的手工业已与农业分离，而且手工业内部分工细化，制陶、玉石器、骨角器、木器加工等都已专业化。由此，可以合理推测，离二里头文化不远并也有着文化继承关系的豫北、冀南地区，其手工业的发展水平应与之相差不远。

（二）夏商时期豫北、冀南地区的手工业概况

夏王朝的建立标志着原始社会的结束和国家的形成，奴隶制社会开始；继之而起的商王朝处于奴隶社会鼎盛时期。奴隶社会的手工业生产已不同于原始社会，官营手工业产生、发展起来，国家职能在手工业生产中有多处体现：手工业生产活动的地域较为集中；设置有专门对手工业生产进行指导、管理、监督的机构。

1. 手工业生产的管理体制及其类型

夏朝国家管理体制中设置有专人负责的手工业机构，管理人员大多是各个地方的氏族或村社首领。《古史考》燧人氏"铸金为刃"；《逸周书·考德》神农"作陶冶斤斧"；《越绝书》"禹穴之时，以铜为兵"；这些记载中把冶铜业与大小氏族首领联系在一起，说明冶铜业和氏族首领们的活动分不开。夏朝建立后，这些氏族归属于夏后，他们替夏后管理相关的手工业生产。

豫北地区的昆吾族是一个以做陶器闻名的古老氏族，其活动区域在今河南省濮阳西南，离夏墟不远，与夏族关系密切。夏朝建立后，任命其首

[①] 殷玮璋：《二里头文化探讨》，《考古》1978年第1期；《二里头文化再探讨》，《考古》1984年第4期；赵芝荃：《二里头考古队探索夏文化的回顾与展望——在〈登封告成遗址发掘现场会〉上的发言》，《中原文物》1978年第3期；方酉生：《论汤都西亳——兼论探索夏文化的问题》，《河南文博通讯》1979年第1期；《谈夏文化探索中的几个问题》，《中原文物》1980年第1期；安金槐：《豫西夏代文化初探》，《中国历史博物馆馆刊》1979年第1期；方孝廉：《对探索夏文化的一点看法》，《河南文博通讯》1978年第2期；黄石林：《关于探索夏文化问题》，《河南文博通讯》1978年第1期；杨育彬：《谈谈夏代文化的问题——兼对〈郑州商城即汤都亳说〉一文商榷》，《中原文物》1980年第4期。

[②] 孙华：《关于二里头文化》，《考古》1980年第6期；田昌五：《夏文化探索》，《文物》1981年第5期。

领为管理制陶业的陶正,率族在濮阳地区制作陶器。《世本》云:"昆吾作陶","舜始陶,夏臣昆吾更增加也"。除了制陶业,昆吾族的冶铜业在夏朝也有所发展。《墨子·耕柱》"昔夏后开使蜚廉折金于山川,而陶铸之于昆吾",金指黄铜;铸,冶铸;夏后命蜚廉在昆吾铸鼎,"九鼎既成,迁于三国"。唐兰先生认为,"昆吾族首先以制陶业为主业,后来又学会了冶铸铜器"①。《国语·郑语》"佐制物于前代者,昆吾为夏伯矣",夏伯即夏代的方国首领。到了周朝,仍以昆吾作为其官名。昆吾族作为活动在豫北、冀南地区的一个古老部族,从夏至周都在辛勤地制作陶器、冶铸铜器,尽管朝代更替,但其冶铸技艺始终受到重视,其首领也被任命为管理冶铸业的官员,表明豫北、冀南地区的制陶、冶铸水平在当时较为先进。

像昆吾族这样的氏族或村社生产的手工业产品,除了贡纳给王室使用外,其余的留作自己使用,②或与其他部族交换一些生活必需品。《尚书·禹贡》载,豫北、冀南地区向夏王朝贡纳的手工业品种相当多,"济、河惟兖州……厥贡漆丝,厥篚织文""荆河惟豫州……厥贡漆、枲、絺、纻,厥篚纤、纩,锡贡磬错"。可知,豫北、冀南地区贡纳有漆、丝、丝织品、麻布、细葛布以及一些玉石。这些手工业品,极大地满足了王室及其他大贵族的日常需要。

商朝是中国古代手工业全面成长壮大的时期,尤其是官营手工业,管理体制较之夏朝更为完善,甚至有学者认为商朝已存在"工商食官"制。从周承继商的文化制度方面看,商朝即使没有出现"工商食官"制,其手工业生产中也应设立了专门的管理机构。豫北地区正是商王朝王室所在地,当地的考古发掘证实商朝有着各种各样的手工业作坊。如,安阳地区发现有商朝的青铜铸造、制陶、制骨、制玉等手工作坊。

甲骨卜辞的"司工",即是商王朝管理各种手工业生产的官员:

壬辰卜,贞㠱叀令司工。(《合集》5628)

---

① 唐兰:《从河南郑州出土的商代前期青铜器谈起》,《文物》1973年第7期,第5—14页。
② 刘国良:《中国工业史(古代部分)》,科学技术出版社1990年版,第50页。

第九章　两周时期卫国的经济　195

有学者认为,"叀"为卜辞中的语助词,动宾倒置以加强语气。"司"动词,管理的意思,是商王命令𭅺主管工匠之事,即主管手工业。① 郭沫若先生认为,商代有管理各种奴隶的"小臣",他们各有专司,而其中管理手工业奴隶的称为"司工"。这一类职官的地位不尽相同,但都握有一定的实权。②

商代晚期卜辞中也出现过"司工":

己酉,贞王其山司我工。(《合集》32967)

其中,"山"是人名。张亚初先生在《商代职官研究》中认为,"山"相当于西周之"司工"。如若不错,则说明商代有并一直存在着"司工"这种管理手工业生产的官员及相应的管理机构。

考古材料显示,商代除了有规模宏大的王室手工业外,还存在着各级贵族手工业作坊及一些规模较小的民间手工业作坊。如,安阳殷墟苗圃北地发现的大型铸铜遗址,肯定属王室所有。此处铸铜遗址的总面积达1万平方米以上,时代跨度从殷墟一期一直延续到四期,是一个把别处提炼出来的铜锡原料熔化后铸成器物的工场。出土陶范、陶模等一万九千余块……还出有熔炉残壁、坩埚片、炼渣以及制模、范的工具和铜锈等。③这样的铸铜规模,贵族手工业作坊不可能达到,只有王室才会有这样的实力。而孝民屯村西发现的一处铸铜作坊,范围较小,规模只有苗圃北地铸铜作坊的1.5%,作坊内的铸铜遗物较少,仅发现陶范320余块和2个直径37厘米的小熔炉。考古报告称,此处应是一个民间手工业铸铜作坊。④对之,笔者有不同认识。商代,铜仍是贵重金属,铸铜肯定被统治阶级严格控制,民间是否有铸铜作坊值得商榷。如若不是民间作坊,归属于贵族手工业作坊则比较合理。而从一些制骨作坊的规模看,如大司空村东南

---

① 王宇信、杨升南:《甲骨学一百年》,社会科学文献出版社1999年版,第581页。
② 郭沫若:《中国史稿》第一册,人民出版社1976年版,第208页。
③ 陈志达:《殷墟陶范及其相关的问题》,《考古》1986年第3期,第269—277页。
④ 中国社会科学院考古研究所编著:《殷墟的发现和研究》,文物出版社1994年版,第91—92页。

地、北辛庄南地陆续发掘到的制骨作坊,① 把它们归属为民间作坊则无甚异议。这些作坊中出土有大量制造骨器的半成品及生产工具,但骨器大部分是骨笄,应是一个专门生产骨笄的手工作坊。他们的生产目的应是为了出卖,可能属商品性生产。②

铸铜、制陶、制玉等作坊的手工产品,夏商时期还属于贵重物品,无论是从原料的来源,还是从制作工艺的复杂及人力、物力的消耗等方面,民间手工业作坊还无此实力。但对于一些以副业形式存在的手工作坊,在民间存在的还较为普遍,如丝织业、木作业、编织业等,这些手工业生产表现出极强的与农业相结合的特点,从事农业生产的家庭农闲时节进行分散生产,规模不需要很大;产品既能满足自家日常生活的需要,剩余产品也能拿到市场上交换。这种以副业形式存在的手工业,在当时手工业生产中占有相当大的比例。

综上所述,夏商时期豫北、冀南地区的手工业生产,实行奴隶制王朝统治下的国家统一管理,设置有专门的管理机构和官员。手工业类型方面,既有王室和各级贵族控制的手工业,同时存在着一定数量的民间手工业。

2. 手工业生产者的身份与地位

夏商时期,豫北、冀南地区手工业的发展,为中国早期手工业的辉煌增添了色彩。当地的手工业者以自己的智慧创造了商朝青铜文明,许多精美的手工业品在当时乃至后代都是瑰丽奇伟的珍宝。带来如此成就的手工业者,他们在当时的身份与地位如何?他们当时的生产、生活环境怎样?对这些问题的探讨,有利于我们更深入地了解夏商时期手工业生产状况。

夏朝已是奴隶制社会,社会性质的变化决定了其手工业者的地位与身份的变化。但从原始社会氏族制下转变而来的手工业,其手工业者的地位与身份不可能立刻改变,会有一个过渡。如,上文提到的昆吾族,其首领是为夏后管理制陶业的官员,族人则以自由人身份在首领带领下为夏后服务,他们以整族或整个村社的形式供职于专制国家,其原有的手工业生产

---

① 中国社会科学院考古研究所编:《殷墟发掘报告》,文物出版社1987年版,第79、85页。
② 中国社会科学院考古研究所编著:《殷墟的发现和研究》,文物出版社1994年版,第96页。

第九章　两周时期卫国的经济　　197

资料以及可能占有的土地，已被最高统治者夏后所掌控；虽然他们可以继续使用这些资料，但生产所得的产品要以"贡赋"的名义无偿地献给夏王室，他们成了实际意义上的被统治阶级。但是，这些手工业者还不是奴隶。《夏书·胤征》"工执艺事以谏"，工即工匠，也就是手工业者，他们能参与氏族内的议事，说明这些手工业者有一定的政治地位，绝不会是奴隶。《周礼·冬官考工记·总叙》"有虞氏上陶，夏后氏上匠，殷人上梓，周人上舆"，陶、匠、梓、舆分别代指从事此种技艺的手工业者。《广雅·释诂》："尚，上也，尊尚，高也，尚上意同。"尚匠，即尊尚工匠之义，这些工匠以其所从事的职业普遍受到时人的尊敬。

当然，夏朝既然是奴隶制社会，一些奴隶肯定会被要求从事手工业生产，但大多数从事"矿山的开采、矿石的运输、玉石的开采运输以及大型宫殿等土木工程的建筑"①等体力劳动，没有或仅有较少奴隶从事有技术含量的手工生产活动。这些奴隶可能来自战俘或罪犯。《周礼·秋官·司厉》"今之奴婢，古之罪人也"。应劭《风俗通》谓："古制无奴婢，奴婢皆犯罪者。"罪犯应是当时奴隶来源的一个主要途径。他们没有任何自由而言，完全处于被统治地位。

商朝已处于奴隶制王朝的高度发展阶段，手工业门类增多，手工业生产分为王室手工业、贵族手工业、民间手工业三大类，其手工业者的身份与地位不同。从社会性质出发，一些专家认为，商朝时"大批的奴隶被投进各种作坊，世代从事专门的劳动"②；商周时则"把技艺分成若干部门，设些官来专门掌管这些部门的无数群技艺奴隶"③。还有一些学者认为，"在古代东方包括中国，严格意义上的奴隶不多，社会生产的基本担当者是村社成员"④；"生产与其说是建筑在应用奴隶劳动的上面，不如说建筑在应用农村公社自由成员的劳动上面"⑤。对于以上两种观点，由于

---

① 蔡锋：《中国手工业经济通史·先秦秦汉卷》，福建人民出版社2005年版，第24页。
② 郭沫若：《中国史稿》第一册，人民出版社1976年版，第192页。
③ 郭沫若：《十批判书》，人民出版社1976年版，第53页。
④ 张广志：《中国奴隶社会研究中的几种常见提法驳议》，《奴隶社会并非人类历史发展必经阶段研究》，青海人民出版社1988年版，第164页。
⑤ 徐喜辰：《商殷奴隶制特征的探讨》，《东北师大学报》（自然科学版）1956年第1期，第9—25页。

缺乏资料，还不能确定哪种才是符合历史实际。童书业先生认为，"在殷代，至少有一部分奴隶从事于手工业生产，应当也有自由人从事于手工业的"①。这种折中的观点，也许即是当时的社会现实。

甲骨卜辞中，有少量使用奴隶的记载。如《小屯南地甲骨》第21481片：

<blockquote>
戊辰卜，今日庸己夕，其呼庸执。大吉。
弜呼庸执工，其作尤。
庸执工于雍已□尤。
</blockquote>

"庸己夕"是"夕庸己"的倒语，"夕"商朝晚期祭祀商王的一种仪式，"庸为人名，执为捕捉，梏执，执工即给工带有刑具枷锁"②。祭祀时要捕捉并使用带着刑具枷锁的"工"，此种"工"的地位、身份肯定不会高；带着刑具，说明他们没有一般手工业者所拥有的人身自由；被用作牺牲，更证明了他们的奴隶身份。考古材料同样证明，商朝存在手工业奴隶，如殷墟作坊遗址附近的灰层中有不少遗骨，他们可能就是手工业奴隶。

商朝手工业者仍是以族而居。《左传·定公四年》载："昔武王克商……分鲁公……殷民六族，条氏、徐氏、萧氏、索氏、长勺氏、尾勺氏……分康叔……殷民七族，陶氏、施氏、繁氏、锜氏、樊氏、饥氏、终葵氏。"殷民六族、七族，多是以族为单位世代从事某一职业的手工业者。如索氏为绳工，长勺氏和尾勺氏为酒器工，陶氏为陶器工，施氏为旗工，繁氏为马缨工，锜氏为锉刀工，终葵氏为锥工等。③ 其实，奴隶制下的这些氏族已名存实亡，地缘关系取代血缘关系的情况下，氏族部落成为一个个手工业村社，氏族首领成为与王室有着血缘关系的贵族，村社成员则是卜辞中常见到的"百工"与"多工"。他们居住在都城或都邑中，为奴隶主贵族生产手工产品，并通过贡纳的形式由贵族上交商王室。肖楠先

---

① 童书业：《中国手工业商业发展史》，中华书局2005年版，第4页。
② 王宇信、杨升南：《甲骨学一百年》，社会科学文献出版社1999年版，第580页。
③ 杨伯峻：《春秋左传注》，中华书局2000年版，第1536—1538页。

生认为,"百工有一定的生活资料和社会地位,属于一定的族,其身份虽是被统治阶级,但比奴隶要高些,可能是殷代社会的平民"①。平民,应有人身自由,属于自由工匠。

考古资料也证明他们不是手工业奴隶,而应是自由平民。考古工作者曾在殷墟西区发现多座手工业者墓葬,其中的小型土坑墓中有35座随葬有手工业工具。M968有棺无椁,随葬器物有陶鬲、盘、罍,没有青铜礼器,手工业工具有铜锛和铜凿;M372有棺,随葬器物有陶觚、爵、盘和铜戈、矛、锉、刀,手工工具有铜锛、凿。② 这些墓葬的葬具、随葬器物、手工工具等,证明墓主人生前从事生产劳动,并有一定的生活、生产资料。一些男子还是战士,他们的身份当属于殷代社会中的平民。③ 这一类身份自由的平民手工业者靠手工劳动获得生活资料,他们墓葬中的随葬品较其他平民墓多,正是其生活、生产地位相对较高的真实反映。当然,也有一些手工业者的墓葬中没有或只有极少数的随葬品,如殷墟西区发现的比小型土坑墓还小的一些墓,仅有3座墓随葬有玉刻刀、砂石条等小型工具。④ 此类墓主人生前所从事的手工劳动没有带给他们丰裕的生活回报,死后没有随葬品,应属于村社百工里的贫穷者,虽是自由民,但穷困重压下的他们随时可能沦落为奴隶。

卜辞中常有商王及贵族们占卜"百工""多工"有无灾祸的记载。如:

> 癸巳卜,争贞:旬有祟,不于(我)工祸?(《甲》1161)
> 甲寅卜,吏贞,多工亡尤?(《粹》1284)
> 癸未卜,又祸百工?(《屯南》2525)

为"百工"占卜有无灾祸,乍一看像是统治阶级非常关心手工业者,

---

① 肖楠:《试论卜辞中的"工"与"百工"》,《考古》1981年第3期,第266—270页。
② 中国社会科学院考古研究所安阳工作队:《1969—1977年殷墟西区墓葬发掘报告》,《考古学报》1979年第1期,第27—146页。
③ 陈旭:《夏商文化论集》,科学出版社2000年版,第197页。
④ 中国社会科学院考古研究所安阳工作队:《1969—1977年殷墟西区墓葬发掘报告》,《考古学报》1979年第1期,第27—146页。

其实是商王及贵族们怕手工业者有了灾祸后，无法继续为王室、贵族制造供其消费的手工业品及奢侈品，所以才不得不对手工业者的生活状况有所关心，为他们祸福占卜，这些甲骨卜辞同样证明他们不是奴隶，因为至今还没有发现有哪一个商王为没有生产资料和生活资料、没有人身自由、没有社会地位的奴隶进行卜问祸福的记载。这些"工""百工"应是民间村社里的个体手工业者，属于平民，因为从事着较重要的手工生产而被商王所重视。

除了这些"工""百工"外，卜辞中还经常见到"我工""宗工"的字眼。有学者认为，"我工"为王室作坊的工匠，属于商王所有；"宗工"为宗庙之工、作器之工，或是乐工，非王室作坊工匠莫属。[①] 这些工匠的身份也是自由民，与村社作坊里的工匠一样。但因其是在王室作坊中劳作，有时会有"执艺事以谏"的特权，政治地位较"百工"高，也会获得更多的经济利益。当然，他们的手工技艺相对于民间手工业者来说高得多，更能为商王制造出华美、奢侈的物品，满足其形形色色的需要。因此，他们受到商王室及贵族奴隶主的尊崇，即便没有获得贵族或小奴隶主地位，某些场合也能享受到类似奴隶主贵族的政治待遇。考古材料印证了这一点，如殷墟西区曾发现一些大中型的手工业者墓葬。其中，中型墓葬墓室较大，有棺有椁，随葬品比较丰富，有整套的青铜礼器，有的还有殉葬人，这类墓中有的随葬有手工业工具。[②] 有学者认为，此类墓占手工业者墓葬的33%，这些墓主人的身份为小奴隶主。[③] 另一种意见认为，商朝不可能有如此多的手工业小奴隶主，有人殉的墓主人属于小奴隶主，没有人殉的当是卜辞中所说的"宗工""我工"一类的掌握高级复杂手工业技艺的工匠。[④] 实际情况如何，已无从考证。王室手工业作坊中肯定存在着奴隶生产，但奴隶只是负担繁重的与体力有关的劳作，有一定技术含量的手工制作是由"宗工""我工"担任。他们掌握一些较复杂的手工技艺，或以此提高自身的社会地位。

---

① 蔡锋：《中国手工业经济通史·先秦秦汉卷》，福建人民出版社2005年版，第31页。
② 中国社会科学院考古研究所安阳工作队：《1969—1977年殷墟西区墓葬发掘报告》，《考古学报》1979年第1期，第27—146页。
③ 陈旭：《夏商文化论集》，科学出版社2000年版，第197页。
④ 蔡锋：《中国手工业经济通史·先秦秦汉卷》，福建人民出版社2005年版，第32页。

综上所述，夏商时期豫北、冀南地区从事手工业生产的主要还是自由民，他们有人身自由，有一定的生产、生活资料，一些拥有高级技艺的工匠甚至能以手工技艺提高其政治地位，成为统治阶级中的一员。当然，也有相当的奴隶在其中从事着粗笨繁重的体力劳动，没有任何自由而言。

3. 手工业生产的特征

夏商时期豫北、冀南地区的手工业生产与新石器时代相比，有了很大的改变，阶级社会的出现，使得手工业产品不再为氏族所共有，而为王室和贵族所享有。专制国家控制下成立了指导、监督手工业生产的最高机构，手工业生产规模扩大，分工精细，生产技艺明显进步，手工业产品的种类更加繁多。手工业生产的这些变化都是为了实现它的最终目的，即满足各级贵族的奢侈需要。

夏商时期豫北、冀南地区的手工业生产规模扩大，主要体现在两个方面：手工业作坊越来越大；形成了较为集中的手工业制造中心。

夏商时期，豫北、冀南地区的手工业作坊集中于安阳殷墟，河北邢台、邯郸等地。安阳殷墟发现有铸铜、制骨的手工业作坊，数量多、规模大，而且较为集中。铸铜遗址4处，发现于苗圃北地、孝民屯西地、薛家庄南地和小屯东北地。其中以苗圃北地面积最大，达1万多平方米，分为东西两区，共发现居住、生产用的房基40多座[①]；东区与铸铜有关的遗物相当丰富，估计是生产区。有研究认为，东区的20多座房基多为生产者的工房[②]。从遗址的灰坑、窖穴、烧土硬面和较多的长方竖穴墓及陶棺葬墓等分析，这一作坊经历了从小到大的发展过程。其他几处作坊遗址都不大，如孝民屯铸铜遗址的揭露面积只有100平方米。[③] 殷墟制骨作坊遗址发现于大司空村东南地、北辛庄、花园庄、薛家庄等地。大司空村制骨作坊遗址面积约1380平方米，是殷墟最大的制骨作坊遗址；遗址内发现半地穴式房子1座，骨料坑12座，出土骨料和骨器半成品等3.5万余件，

---

① 中国社会科学院考古研究所编著：《殷墟的发现与研究》，科学出版社1994年版，第83—94页。

② 中国社会科学院考古研究所编著：《殷墟的发现和研究》，文物出版社1994年版，第84页。

③ 中国社会科学院考古研究所：《殷墟发掘报告（1958—1961年）》，文物出版社1987年版，第11—69页。

另有20多块角料，制骨工具铜锯3件、铜钻4件，磨石10多块。① 北辛庄制骨作坊遗址内也发现有房基和骨料坑，其中一个骨料坑中清理出骨料5000多块，多有锯痕，制骨工具有铜锯、铜钻、石刀、磨石等。② 花园庄西南地制骨遗址发掘面积550平方米，其中的一个坑埋藏有大量的动物骨骼，绝大多数是牛骨，推测附近可能有制骨作坊。③ 河北邢台、邯郸、磁县、藁城等地的商代遗址中，出土有很多手工产品。如邢台曹寅庄遗址中的陶器有鬲、豆、盆、罐、碗、盂、盘、鼎、尊等器型，鬲、罐的数量最多④；邯郸涧沟遗址和龟台遗址也发现有很多陶器⑤；磁县下七垣遗址出土有鼎、簋、卣、尊、觚、爵等商代铜器⑥。从这些遗址、遗物可知，夏商时期豫北、冀南地区手工作坊规模呈现出不断扩大的态势。

  手工产品数量的增多，同样证明手工作坊规模不断扩大。如商代早期铜器产品，整个河南地区才出土200多件，种类也不多。到商代晚期，不仅种类有所增加，出土数量更是显著增多。从20世纪20年代至1986年，殷墟共出土晚商铜器约2740件⑦；到21世纪末，发现商代的铜器当已超过1万件⑧，晚期铜器为主。

  晚商时期青铜铸造业规模的扩大，使得铸造青铜重器成为可能。1939年出土的司母戊大方鼎，高133厘米、口长110厘米、口宽78厘米、重875千克；司母辛大方鼎，高80.1厘米、口长64厘米、口宽48厘米；这些都是商代晚期典型的青铜重器。有学者研究认为，铸造司母戊鼎时仅灌

---

  ① 陈旭：《夏商考古》，文物出版社2001年版，第178页。
  ② 中国社会科学院考古研究所编著：《殷墟的发现和研究》，文物出版社1994年版，第93—95页。
  ③ 杨锡璋、刘一曼：《1980年以来殷墟发掘的主要收获》，《中国商文化国际学术讨论会论文集》，中国大百科全书出版社1998年版。
  ④ 中国社会科学院考古研究所编：《新中国的考古发现和研究》，文物出版社1984年版，第235页。
  ⑤ 北京大学、河北省文化局邯郸考古发掘队：《1957年邯郸发掘简报》，《考古》1959年第10期；河北省文化局文物工作队：《河北邯郸涧沟村古遗址发掘简报》，《考古》1961年第4期。
  ⑥ 罗平：《河北磁县下七垣出土殷代青铜器》，《文物》1974年第11期，第205—206页。
  ⑦ 《殷墟的发现与研究》一书记载，中央研究院考古组在殷墟发掘出铜器约1340件，中华人民共和国成立后，1950—1986年的殷墟发掘，出土铜器约有1400件，合计约为2740件。
  ⑧ 陈旭：《夏商文化论集》，科学出版社2000年版，第188页。

注这一道工序，就需要250人左右，若再加上制模、翻范、拆范后的修饰以及运输、管理等，至少需要300人。[①] 由此可以想象，商代铸铜业规模相当庞大。

其他手工业种类当也是如此。如玉器制造业，早商时期出土了大量玉制品，从中"我们不仅可以了解早商时代的琢玉技艺水平，而且由之也可以想见早商时代很可能也已具有了相当规模的'玉工场'或称制玉作坊"[②]。以这样的规模为起点，晚商时期殷墟附近应该会有更大规模的制玉场。《逸周书·世俘解》："商王纣取天智玉琰，环身厚以自焚。凡厥有庶告，焚玉四千。……凡武王俘商旧玉亿有百万。"玉石数量之多由此可见。考古发掘也证实了这一点。有学者考证，商代晚期的玉器出土地点已有50余处[③]，其中安阳殷墟是玉器出土的集中地。以1975年发掘清理的妇好墓为例，出土玉器多达755件，其中还有不少小件残玉器未计算在内[④]，几乎包括所有商代玉器的器形种类。据郑振香等先生研究，殷墟所出玉器可分为7类：礼器，以妇好墓最为齐全，计有大琮、组琮、圭、璧、环、瑗、璜、玦和簋、盘等；仪仗有戈、矛、戚、钺和大刀等；工具有斧、凿、锛、锯、刀、纺轮、铲、镰等；用具有研磨朱砂的臼和杵，调色的盘，以及梳、耳勺、匕等；装饰品的品种较复杂，数量很多，有用作佩戴和插嵌的饰物，如笄、钏、坠、串珠以及柄形饰、圆箍形饰等；艺术品数量较少，多为圆雕，无孔眼或榫；杂器有扳指、玉链、玉琀、座形器、匕首形器、柱状或长柄形器等。[⑤] 这些玉器中作为仪仗和工具的大多没有使用痕迹，只是象征性器物。殷墟出土如此多的玉器，如果没有一定规模的制玉作坊，则很难解释通。其他的手工产品，殷墟等地也发现很多。这些出土遗物证明了晚商时期手工业生产规模相当庞大。

夏商时期豫北、冀南地区的手工业除了规模扩大外，分工也更加细

---

① 北京大学历史系考古教研室商周组编著：《商周考古》，文物出版社1979年版，第47页。
② 北京市玉器厂技术研究组：《对商代琢玉工艺的一些初步看法》，《考古》1976年第4期，第229—233页。
③ 陈振中：《先秦手工业史》，福建人民出版社2008年版，第680页。
④ 陈旭：《夏商考古》，文物出版社2001年版，第211页。
⑤ 郑振香：《近年来殷墟新出土的玉器》，《殷墟玉器》，文物出版社1982年版，第12—13页。

化。大量考古材料显示，商朝前期铸铜、制陶、制骨等手工业已从农业中分化出来，成为独立的生产部门，同时手工业内部也有了一定的分工。商朝后期，手工业更大规模地从农业中分离出来，尤其是王室贵族所掌控的手工业，种类很多、分工更细，文献记载和考古材料均能证明这一点。

《尚书·酒诰》的"百宗工"、甲骨卜辞的"百工""多工"，显示当时手工工种数量众多，这是生产分工进一步细化的表现。西周初年的大分封，鲁公与卫康叔分别分到了殷民六族、殷民七族，这些索氏、长勺氏、尾勺氏等都是从某一大的生产部门中分化出来专门从事一种手工产品制作的氏族。《周礼·考工记》记载更为具体，工匠种类有：治木工匠七、冶金工匠六、治皮工匠五、施色工匠五、琢磨工匠五、制陶工匠二。当时的手工业部门已相当齐全，大的生产部门及各个部门内部均已有明确分工。

从考古材料看，冶铸、制陶、纺织、玉石骨器加工等生产领域的分工更加细化。以冶铸业为例，商朝已将其分成冶炼与铸造两个生产部门。冶炼选在矿山附近，就近进行，而铸造则在都邑内展开。殷墟发现四处铸铜遗址，除小屯村东北地铸铜遗址发现一块孔雀石炼料外[1]，其他几处都没有发现铜矿石和任何冶炼铜矿的遗迹，"殷墟铸铜作坊所用之铜、锡原料，很可能是在采矿点练就后运到安阳的"[2]。这就表明商代中晚期冶炼与铸铜已分开。

铸造业内部也有着不同分工。一件青铜器的成型，大的方面要经过铸模、熔铜、浇铸等工序，需要陶工、木工与铸工、冶炼工的分工合作；如果加上前后期的燃料、运输、冶炼、制模、刻范、铸造、管理等工序，就会更细、更具体，这是一件青铜器最终成型所必不可少的。陶器制作也是如此。从陶窑方面看，有的烧制泥质灰陶，有的烧制夹砂陶，有的烧制白陶，制作单一陶器的作坊很多。其他如玉石器、骨器等，一个作坊仅生产单一产品已是普遍现象。综上所述，夏商时期尤其是商朝中晚期以后，豫

---

[1] 刘屿霞：《殷代冶铜术之研究》，《安阳发掘报告》第4期，中央研究院历史语言研究所，1933年，第681页。

[2] 中国社会科学院考古研究所编著：《殷墟的发现和研究》，文物出版社1994年版，第93页。

北、冀南地区手工业内部分工更加明确和细化。

夏商时期豫北、冀南地区的手工业生产水平有了明显进步，考古发现有大量精美、雅致的手工产品。下面从几种主要的手工业门类，如铸铜、陶瓷、制玉等展现其手工技艺的提高。

铸铜业方面，古文献中有禹铸九鼎的记载，虽然至今没有发现九鼎实物，但从古代礼器铸造的确凿看当有其事。① 考古发掘到商代大量精美绝伦的青铜器，依常理推知，如果没有长期的冶铸技术经验的积累，绝不可能铸造出如此高水平的青铜器。唐兰先生研究了郑州出土的早商青铜器，"这个时期的青铜技艺，并不那么简单。尽管那时的铸造工序比较多，例如铸盉的主体包括腹和足是一道工序，尊上的兽首棱牙等装饰是一个一个地用热焊的方法焊接上去的。一直到西周和春秋前期都还采取这样的方法……"② 晚商时期铸铜工艺更趋精熟。以殷墟出土的青铜器为例，其种类有礼器、乐器、工具、生活用具、装饰艺术品和车马器等。礼器有鼎、甗、瓿、斝、爵、盉、尊、罍、卣、壶、瓶、觯、簋、盂、觥、方彝、盘、鬲、甑、缶、罐等20余种；乐器有铜铙1种；兵器有戈、矛、戳、钺、大刀、胄、镈、镞、弓形器等；工具有斧、锛、凿、削、刀、锥、铲、钻、箕等10余种；车马器有軎、辖、辕饰、踵饰、马衔、铜镳、铜泡等；装饰艺术品有人面具、人头面具、铜牛、铜虎、铜铃、铜眉和尺形器等；生活用具有铜镜、杖首、漏、勺、箸、笄、器柄、器座、角形器、管状器等。③ 从中可以看出，晚商时期青铜器的使用已渗透到社会生活的方方面面。

商代青铜铸造业尽管有了高度发展，但主要是铸造礼器和兵器，一般不铸造日常生活用器。当时无论是平民还是贵族，普遍使用的仍是陶器。豫北、冀南地区的制陶业照旧是当时重要的手工业生产部门，规模很大。除了烧制日用陶器外，还烧制建筑用陶和工艺陶模等，为制陶业的发展开辟了新领域。工艺技术水平也得到改进与提高，制陶原料的选择更为精细，窑炉结构的改进提高了烧制陶器的温度，釉的发现及应用等，为瓷器

---

① 唐兰：《从河南郑州出土的商代前期青铜器谈起》，《文物》1973年第7期，第5—14页。
② 唐兰：《从河南郑州出土的商代前期青铜器谈起》，《文物》1973年第7期，第5—14页。
③ 陈旭：《夏商考古》，文物出版社2001年版，第205—206页。

的广泛制造打下了基础。

代表早商陶瓷业水平的是硬陶和原始瓷器，这两种陶瓷器烧制时温度高，成品质地硬，颜色不丰富，没有显著的吸水性。如郑州发现的早商原始瓷器，胎骨一般细腻坚硬，以灰白色居多，部分有近似纯白略呈淡黄色的，只有极少数为灰绿色或浅褐色。[①] 晚商时期的陶瓷业最有代表性的是刻纹白陶。刻纹白陶同原始瓷器一样，用高岭土作坯胎，烧制时温度高达1000℃，陶质非常坚硬。器形种类颇多，有鼎、簋、豆、爵、尊、觯、罍、卣等，几乎全是礼器，花纹丰富，有饕餮纹、夔纹、云雷纹以及人体纹等，与铜器风格颇为相似。这些白陶造型秀丽，刻镂精美，色泽皎洁，达到了陶器制作的极高水平。[②] 从形制和器表纹饰看，它们与同期的青铜礼器一样是极为珍贵的工艺美术品。此期，豫北、冀南地区的制陶业在社会分工进一步细化的基础上，开始向专业化迈进。如，特别认真地选择、淘洗、提炼各种制陶原料，选择接近瓷土及高岭土成分的黏土作原料，用含铁量低的黏土烧制白陶，用含铁量较高的黏土烧制印纹硬陶等。有学者研究认为，商周时代的制陶实践说明当时人们已经掌握了精选泥土的标准，从而烧制出了原始瓷器。[③]

窑炉结构的改进推动了豫北、冀南地区制陶技艺的提高。商朝之前的烧陶窑炉主要有竖穴窑和横穴窑，结构较为简单，虽有窑壁阻隔冷空气，但难以控制空气量，窑内温度提不高，陶制品成色不好。到了商朝晚期，出现了升焰式的圆窑和方窑，如河北邢台曹寅庄发现陶窑3座，其中2号陶窑保存最好。整个陶窑由窑膛、窑箅、火膛三部分组成；挡火板的设置使得火焰只能在窑膛内迂回，延长了火焰在窑膛内的时间，有利于提高窑内的温度；烟最后从窑墙四周的七个烟孔冒出。邢台的西关、邯郸的涧沟等地也发现有与此形制类似的陶窑。窑炉修筑技术的改进，提高了炉内的温度，为原始瓷器的制作提供了基础条件。

我国虽然很早就发明了制陶术，但商朝之前的陶器都不带釉。无釉陶

---

① 安金槐：《谈谈郑州商代瓷器的几个问题》，《文物》1960年第Z1期，第68—70页。
② 北京大学历史系考古教研室商周组编著：《商周考古》，文物出版社1979年版，第49页。
③ 李家治：《我国古代陶器和瓷器工艺发展过程的研究》，《考古》1978年第3期，第179—188页。

器储存液体时容易渗漏，不易清洗，易裂且外观粗糙，后来制陶过程中虽有所改进，如使用色料对器物表面实施彩绘，用光滑的砾石磨光陶器表面等，但都不能从根本上解决这些缺憾。直到商朝时，各种偶然的机会让陶工发现，烧制陶器的燃料柴草燃烧后留下灰烬，和处于红热状态的坯体、窑壁或窑具接触后，就会在它们表面生成一层玻璃状物质，这些物质一定程度上可以解决无釉陶器存在的那些问题。在这一现象的启发下，陶工经过不断摸索终于发明了釉。商朝釉的发现和使用在中国陶瓷史上是一项重大的技术突破，它虽然具有一定的原始性，但透明光亮、不吸水、与胎体容易结合等特点，对于陶瓷制作的意义重大。商朝后期，豫北、冀南等地出土的原始瓷器就是釉发明后的成果展现，如安阳小屯殷墟、辉县琉璃阁南区、河北藁城台西村等地的遗址和墓葬中均发现有原始瓷器。

新石器时代晚期，我国制玉工艺已达到相当水平。夏商时期，青铜工具的使用，进一步推动了社会经济的发展和文明程度的提升，制玉业中的玉琢工艺取得重大进展。夏朝时期，北方红山文化、南方良渚文化中的玉器制造工艺较中原地区先进，其玉器风格对中原龙山文化的玉器制造产生了一定影响。商朝中原地区的琢玉技艺在吸收、融合边远地区先进工艺技术的基础上，形成了自己的特色，工艺水平取得了长足进步。殷墟出土的玉器充分证实了这一点。

商朝中期前，豫北、冀南地区出土玉器的地点不多，河北藁城台西村有少量出土。商朝晚期，豫北、冀南地区的玉器出土点明显增多，且数量可观，制造工艺更是大为提高。如，妇好墓出土的一件铜内玉援戈，玉援为灰白色，内为曲内岐冠式，用青铜制成，上面遍镶绿松石片，这是铜镶玉工艺。商朝晚期的玉器制作常以动物形、人像造型或几何图形作为装饰，玉人、玉龙、玉虎、怪鸟、玉鳖、玉龟等圆雕俏色玉器制品，造型生动，琢制精巧，栩栩如生，就像一件件艺术品，商朝早、中期时很少见到。从这些玉器可看出，商晚期制造玉器的手工业者已经掌握了难度较大的研磨削切、勾线阴刻、阳刻浮雕、钻孔、抛光等多种琢制玉器的技艺。①

---

① 北京市玉器厂技术研究组：《对商代琢玉工艺的一些初步看法》，《考古》1976 年第 4 期，第 229—233 页。

综上所述，夏商时期豫北、冀南地区的手工业已取得很大成就，为两周时期处于此地的卫国手工业发展打下了良好基础。

二 两周时期手工业的发展与变化

两周时期卫国手工业不断向前发展，为其整体经济实力的强大做出了重要贡献。但政治大环境的改变，也对其手工业产生了一定的影响。

（一）手工业概述

两周时期社会的进步、需求的增多，王室及各诸侯国的手工业均处于上升阶段。手工业生产门类更加齐全，生产规模进一步扩大，生产能力提高。《考工记》载，周代手工业有攻木之工五，攻金之工六，攻皮之工五，设色之工五，刮磨之工五，搏埴之工二。分工已相当精细。有些地方甚至出现了专精产品，"郑之刀，宋之斤，鲁之削，吴、粤之剑，迁乎其地而弗能为良：地气然也"①。虽说《考工记》中没有提及卫国专精的手工业门类，但位居天下之中的卫国，想必不会落后，地理位置的优越为其吸收周边诸侯国手工技艺的精华，提供了便利条件。

西周时期，周王室对封于殷商故地的卫国相当重视，把其作为自己稳定和控制东方诸侯国的军事据点，从政策和经济方面给予卫国很大的帮助和支持。仅从手工业方面看，商朝王室贵族手工业，种类多、分工细、生产规模大、技术水平高，这些使得封于殷商故地的卫国在继承商王室手工业作坊、技术、工匠方面具备了得天独厚的优势。如上文提到，卫初封时分到"殷民七族"，陶氏、施氏、繁氏、锜氏、樊氏、饥氏、终葵氏，七族多是以制造某专一手工产品而闻名的氏族，他们以自己从事的职事为族名，形成父子相承、世代相袭的手工业家族，技术水平相当高，为卫国手工业发展提供了技术优势。两周时期卫国官营手工业至少包括以上几种。除了分得具有较高技术水平的手工工匠外，卫国还分得大路、少帛、綪茷、旃旌、大吕等精美的手工制品，为卫国手工业产品向高水平发展提供了蓝本。

西周时期的卫国从上到下都是力争上游，积极进取，不仅获得了极高的政治地位，位为"诸侯之长"，而且社会呈现繁荣昌盛态势。能取得如

---

① 杨天宇：《周礼译注》，上海古籍出版社2004年版，第600页。

此成就，依常理推知，除了农业发挥基础作用外，手工业当也做出了不小的贡献。考古材料显示，西周时期卫国各手工业门类都取得了很大成就。如，青铜铸造业，在商朝先进青铜铸造工艺基础上，又采用了错金银、鎏金、镶嵌、线刻等工艺，铸造的器物更加美观。1984年10月，鹤壁市辛村出土4件西周青铜器，尊、觯、削、凿，质地厚重，制作精良，根据其铭文可判定为西周早期的遗物。① 纺织业方面，卫人已懂得使用染色技术。《诗经·邶风·绿衣》"绿兮衣兮，绿衣黄里"，当时的人们已身穿颜色鲜亮的衣服。西周卫国的一些墓葬中，还发现有雕琢生动逼真的玉蚕，可知卫人对蚕已相当熟悉，养蚕织丝在人们的日常生活中占有重要地位。漆木业采用了雕花、镶嵌、贴金箔等新工艺。河南浚县辛村卫墓出土有镶嵌蚌片的漆器。文献记载卫人已专门种植漆树，《鄘风·定之方中》"椅桐梓漆，爰伐琴瑟"，种植梓、漆、椅桐等树木，长成后作为制作琴瑟的材料，漆树的漆液素有"涂料之王"的美誉，是天然树脂涂料。《卫风·淇奥》"如切如磋，如琢如磨"，切、磋、琢、磨就是对骨器、象牙器、玉石器制造过程的形象描绘，说明这些手工制作已相当普遍，以致在民间诗歌中用之打比喻。由上可知，卫国手工业在西周时期十分兴盛。

东周时期，卫国整体上处于下滑趋势。这与卫国不能适应大环境的改变，且自身矛盾接连不断密切相关。从经济方面看，春秋时期各诸侯国为了扩充实力及争强称霸，相继进行改革。如，齐国齐桓公统治时，为了富国强兵，争霸诸侯，政府对全国土地和人口开展清查，同时承认私田的合法性，推行"案田而税"②"相地而衰征"③，根据人们占有土地的多少和好坏，规定应缴纳的贡赋。此外，齐桓公为增加军赋，根据罪犯犯罪情节的轻重让其上交兵器和铜铁，用来铸造兵器或农具。齐国因此有了充足的武器装备，增强了军事实力；金属农具的增多和广泛使用，又提高了农业生产力。齐桓公改革，农、工、商各业都得到发展，他也得以"九合诸侯，一匡天下"④。

---

① 王文强：《鹤壁市辛村出土四件西周青铜器》，《中原文物》1986年第1期，第126页。
② 李山：《管子》，中华书局2016年版，第129页。
③ 李山：《管子》，中华书局2016年版，第136页。
④ 司马迁：《史记》，中华书局2008年版，第2131页。

晋国早在晋惠公被秦俘虏时，大臣们为挽回形势，争取民心，就曾矫称君命，废除土地分配制度，把田地赏给国人，"作爰田"①。接着又"作州兵"②，扩大兵源。在此基础上，晋文公轻徭薄赋，奖励农桑；节省开支，振困救乏；开通贸易，便利商旅；一系列举措的推行使晋国政平民富、财用充足，迅速强大。楚、秦等国也为称霸做了一系列调整和改革。卫国却没能顺应时代潮流有所变革，而是不断发动战争，破坏了社会经济发展的环境。

从文献记载看，西周到东周时期卫国手工业实力不凡，官营手工业与其他诸侯国相比较为发达。周王所赐的殷民七族，是卫国官营手工业的主体力量，加上其他手工业门类的劳动者，卫国官营手工业的工匠人数肯定不少。如若不然，春秋末年也不会接连爆发两次匠人起义。春秋时期匠人起义总共爆发三次，卫国就占了其二，说明卫国官营手工业者不仅人数众多、力量强大，他们还对卫国的政治、经济有着较大的影响，就连卫国贵族都发出"苟卫国有难，工商未尝不为患"③的感叹。

除了官营手工业，卫国民间手工业也大为发展。春秋战国时期，由于生产力发展，特别是铁工具的大量使用，为个体劳动的开展提供了可能，私营手工业者大量出现。再加上官营手工业者逃亡的增多，怠工斗争的加剧，迫使统治阶级不得不减轻对官营手工业的控制，并在一定程度上允许私营手工业的存在。上文提到的"苟卫国有难，工商未尝不为患"，其中的工，就不仅仅是指官营手工业者，还应包含私营手工业者。《管子·轻重乙》载："桓公曰……请以令断山木，鼓山铁，是可以毋籍而用足。管子对曰：不可。今发徒隶而作之，则逃亡而不守，发民则下疾怨上，边境有兵则怀宿怨而不战，未见山铁之利而内败矣。故善者不如与民量其重，计其赢，民得其十，君得其三，有杂之以轻重，守之以高下，若此则民疾作而为上掳矣。"这是管子劝谏齐桓公要对官营手工业进行政策调整，并允许民间私营手工业存在。其实，这种情况各诸侯国都有，统治阶级已从政策上允许某些官营手工业私营。卫文公时推行"通商惠工"政策，也

---

① 杨伯峻：《春秋左传注》，中华书局 2000 年版，第 361 页。
② 杨伯峻：《春秋左传注》，中华书局 2000 年版，第 363 页。
③ 杨伯峻：《春秋左传注》，中华书局 2000 年版，第 1567 页。

为民间手工业的发展提供了相对宽松的环境。

卫国民间手工业主要存在两种形式：小农家庭手工业和个体小手工业。小农家庭手工业，顾名思义是与农业相结合的一种手工业形式。恰如马克思所说："最初，农业劳动和工业劳动不是分开的，后者包含在前者中。农业氏族、家庭公社或家庭的剩余劳动和剩余产品，既包含农业劳动，也包含工业劳动。二者是同时并行的。狩猎、捕鱼、耕种，没有相应的工具是不行的。纺和织等等当初是农业中的副业。"① 卫国小农家庭手工业主要指家庭妇女承担的纺织业。《考工记》："治丝麻以成之，谓之妇功。"《卫风》中描写妇女从事纺织业的记载很多。《邶风·绿衣》"绿兮丝兮，女所治兮"，男主人公看着身上的衣服，不由得想起这是妻子所织做。《墨子·非乐上》载，当时"农夫早出暮入，耕稼树艺，多聚升粟，此其分事也。妇人夙兴夜寐，纺绩织纴，多治麻丝葛绪捆布绾，此其分事也"。男人多从事耕稼树艺，妇女则以纺绩织纴为主业。《邶风·简兮》"有力如虎，执辔如组"，组，意为穿梭往来。男子表演武舞时，手执缰绳左右驰骋，如穿梭织锦，舞蹈中运用女子经常从事的织锦动作，说明纺纱织布为人们日常生活所熟知。《鄘风·干旄》"素丝纰之""素丝组之""素丝祝之"，闻一多先生《诗经新义》注释，"纰、组、祝，皆束丝之法"，编织、缝纫、织作等与丝织生产相关的活动都有了专用名词指代，可见卫人纺织业内部的分工已相当精细。而《邶风·绿衣》"绿衣黄裳"，《卫风·硕人》"衣锦褧衣"，《鄘风·君子偕老》"瑳兮瑳兮，其之展也。蒙彼绉绤，是绁袢也"，均表明两周时期的卫人已能制作各种各样的衣物。

要纺织制衣，原材料丝必不可少。卫国境内种植的大量桑树，为卫人养蚕、缫丝提供了可能。《卫风》有很多关于卫人种植桑树的记载，《鄘风·桑中》"期我乎桑中，要我乎上宫，送我乎淇之上矣"。桑中，卫地名，也名桑间，在今河南省滑县东北；也有人认为此桑中泛指桑树林。② 淇水两岸种植了很多的桑树，青年男女常常在此约会。

除了纺织业外，两周时期卫国家庭手工业中还有结网、编织草席等，

---

① 马克思、恩格斯：《马克思恩格斯全集》第二十五卷，人民出版社2016年版，第713页。
② 程俊英：《诗经译注》，上海古籍出版社2006年版，第86页。

这些产品既是时人生活中的必需，剩余的还可以销售以贴补家用，"农有余粟，女有余布"，则能"通功易事"①。在商品经济不很发达的两周时期，这种以农业为基础、依靠农业存在的家庭手工劳动，成为当时手工业中的一种基本的、主要的经济形式。

东周时期卫国个体小手工业有所发展，与当时的时代潮流正相吻合。春秋战国时期，随着商品交换与货币经济的增多，社会分工扩大，新的手工业门类和产品不断涌现。井田制的瓦解、新的生产关系萌芽，独立工商业者普遍出现，尤其是春秋中期以后，个体小手工业者增加，成为促进商品经济发展的一支重要力量。这些个体手工业者，一部分是通过斗争从官营手工业中挣脱出来，一部分是脱离于农业生产。"百工居肆以成其事"②，他们从事个体生产，独立经营，自产自销，谋生要比农民容易，能够"一日作而五日食"③。

卫国统治者对个体手工业大力扶持。春秋初年，经历了灭国之痛的卫文公厉行节俭，并"通商惠工"，最终使卫国有了短暂复兴。但由于史料缺乏，我们还看不到有关卫国个体手工业的具体记载。但从周边诸侯国个体手工业发展的情况，能够合理推测春秋战国时期个体手工业应已普遍存在。《吕氏春秋·召类》载："士尹池为荆使于宋，司城子罕觞之。南家之墙犨于前而不直；西家之潦径其宫而不止。士尹池问其故，司城子罕曰：'南家工人也，为鞔者也。吾将徙之。其父曰："吾恃为鞔以食三世矣，今徙之，是宋国之求鞔者不知吾处也，吾将不食。愿相国之忧吾不食也。"为是故，吾弗徙也。'"此处记载了春秋时期宋国一位三代从事制鞋业的手工业者，他祈求子罕不要让他们搬家，害怕搬迁后人们找不到地方买鞋，而产品无法卖出也会影响他们的生活。靠制造出售鞋子过生活，只是当时个体手工业的一种，《墨子·节用》载，战国时期个体手工业者所从事的生产门类已无所不在，"凡天下群百工，轮车鞼匏，陶冶梓匠，使各从事其所能，曰，凡足以奉给民用则止"。

春秋战国时期，列强环伺下的卫国，国力衰微。国内执政力量争权

---

① 万丽华、蓝旭：《孟子》，中华书局2016年版，第130页。
② 张燕婴：《论语》，中华书局2007年版，第293页。
③ 李山：《管子》，中华书局2016年版，第264页。

夺利、斗争不止，影响了经济发展。春秋晚期各诸侯大国相继出现私营大手工业时，卫国没有。不过卫国被列强掠走的土地上，却出现了不少的私营大手工业。如，战国时期赵国都城邯郸，是赵国最重要的冶铁中心，附近有丰富的铁矿石资源。今武安境内的磁山山头仍呈赭色，当地群众称之为红山，红山矿、矿山村矿、凤凰山矿也都是邯郸著名的铁矿。① "邯郸郭纵以铁冶成业，与王者埒富"②，将这些铁矿与司马迁的记载相比对，郭纵能富裕到与王者对等的程度并非夸张之词。考古发掘同样证实了这一点，如邯郸故城内先后发现战国时期炼炉残址二十多处。③ 邯郸市郊和周围各县均发现大量战国铁器遗物，表明当时邯郸地区的冶铁业相当兴盛。

(二) 主要手工业门类

两周时期卫国手工业门类已相当齐全，并有了长足发展。传统手工业门类有制陶业、青铜铸造业、玉石业、纺织业、制骨业、车船木作业等。其中制陶业、青铜铸造业、纺织业、车船木作业在卫国手工业中占有重要地位。新兴的手工业主要是冶铁业。

1. 制陶业

从卫国出土的陶器数量和种类看，制陶业仍是两周时期卫国手工业的一个重要组成部分，陶器是卫人日常生活的必需品。卫康叔授封的"殷民七族"中以烧陶为职事的陶氏，为卫国制陶业的发展提供了技术和人力方面的优势。

卫国制作的陶器主要是灰陶，还有少量的红陶和黑皮褐陶。从材质上看，泥质陶多于夹砂陶。陶器制作主要采取轮制，手制的很少见。产品主要是日常生活所用容器，如炊器有鬲、甗、甑、釜等；食器有簋、豆、盘、碗、杯等；盛器有罐、瓮、盆、盂、钵等。容器大多有纹饰，以绳纹为主，另有少量的旋纹、弦纹、附加纹、划纹、三角绳纹、反S形纹、突棱纹等。除了容器外，陶制品还有陶拍、纺轮、圆陶片、陀螺等，建筑材料所用陶制品有板瓦、筒瓦、薄砖。

---

① 沈长云等：《赵国史稿》，中华书局2000年版，第229页。
② 司马迁：《史记》，中华书局2008年版，第3259页。
③ 沈长云等：《赵国史稿》，中华书局2000年版，第229页。

西周初年的卫国陶器主要发现于灰坑和墓葬中。新中国成立前的周代田野考古，以西周贵族阶级卫康叔后裔的葬地为代表，如河南浚县辛村卫墓。浚县辛村卫墓除了出土较多的青铜礼器外，还有很多陶器。陶器是本地自制的，而其中的釉陶则是自南方输入的。[1] 由于浚县辛村卫墓被盗掘严重，出土遗物并不丰富。墓中所出陶器，以鬲为最多，总数才30个，分出在30座墓中。报告认为，卫国当时的贵族，尚仍用陶鬲来炊饭，故反映在墟墓中，亦必有陶鬲随葬。[2] 以M1出土的一件陶鬲标本为例，其形制为反唇、敛颈、矮袋足、近于平底，腹壁近直，绳纹较粗，无炊烟，似未经用过。而M53出土的陶鬲，则袋足较高，有足跟，底也露出，绳纹较细，满身炊烟，显然是使用过后又用以随葬的。[3] 浚县辛村卫墓中出土的陶器还有大口尊、陶罍、釉陶豆、釉陶罍、釉陶盖及一件连底器。

新中国成立后的考古发掘，出土卫国陶器较多的地点在安阳。2004年，河南省文物考古研究所对安阳市西高平遗址进行了发掘，总面积达2300平方米。西周文化遗存丰富，出土遗物较多，为了解安阳地区商周时期的文化面貌提供了较丰富的实物资料，尤其是西周早期文化遗存的发现，对研究商代晚期的王畿地区在商灭亡后的文化特征及其反映的社会变迁等具有十分重要的意义。[4] 西周时期的出土物以陶器为主，有较多的骨器和少量的石、蚌、玉器等。[5] 陶器多出土于灰坑中，无论是圆形坑、椭圆形坑，还是长方形坑，包含物中数量最多的是陶容器，多为泥质灰陶，有陶鬲、罐、盆、簋、豆、瓮、甗、盂等。陶鬲是该遗址西周遗存中发现最多的器物，有499件，多为夹砂灰陶，个别为褐陶。器形为扁方体、折岩、方唇、鼓腹、分裆、三袋足；腹饰绳纹。[6] 其次是陶罐，158件，多泥质灰陶，个别为泥质褐陶。皆小口矮立领，深腹，凹圜底，

---

[1] 郭宝钧：《浚县辛村》，科学出版社1964年版，第62页。
[2] 郭宝钧：《浚县辛村》，科学出版社1964年版，第62页。
[3] 郭宝钧：《浚县辛村》，科学出版社1964年版，第61—62页。
[4] 河南省文物考古研究所：《安阳市西高平遗址商周遗存发掘报告》，《华夏考古》2006年第4期，第3—44页。
[5] 河南省文物考古研究所：《安阳市西高平遗址商周遗存发掘报告》，《华夏考古》2006年第4期，第3—44页。
[6] 河南省文物考古研究所：《安阳市西高平遗址商周遗存发掘报告》，《华夏考古》2006年第4期，第3—44页。

腹饰绳纹。① 陶盆，93件，皆是泥质陶，多为灰陶，个别陶色发黑或褐。形制为折沿或卷沿，方唇，深腹，平底微凹。腹饰绳纹，绳纹以中、粗绳纹为主，有少量细绳纹，且上腹部绳纹皆竖行，部分器物的下腹绳纹斜行。② 瓮35件，都是泥质灰陶。器形口部小，立领，斜折肩或圆肩。③ 此遗址还出土陶簋15件，也是以泥质灰陶居多，敞口或直口，圜底，下附圈足。④ 其他几种陶容器出土数量较少，不再介绍。而墓葬中出土的陶器很少，两座墓葬均只出土一件。

1992—1995年，河南省考古研究所联合其他几个单位对辉县孟庄进行了发掘，共发掘面积4600平方米。⑤ 西周文化遗存主要集中在孟庄城址内，遗迹有灰坑、陶窑、墓葬等，遗物出土于这些遗迹内。⑥ 灰坑中出土陶器较少，多为碎陶片。墓葬中出土的生活用具主要是陶器，一般比较完整。陶质以泥质灰陶和夹砂灰陶为主，另有少量泥质红陶。陶器质地坚硬，火候较高，以轮制为主。纹饰以绳纹为主，分粗绳纹、中绳纹和细绳纹三种，纹理较清晰，除此之外还有弦纹等。器形有鬲、簋、罐、高领瓮、豆、平底盆等。⑦ 此遗存中还发现了西周时期卫国的两座陶窑，其中编号为ⅧY1的陶窑，平面形状呈不规则形，顶部大，底部小，窑身后部较前部宽。四壁用草拌泥涂抹，后用火烧成青灰色。火门位于火膛东南部，形状为长方形，直壁，斜底与火膛连在一起。火膛位于窑室和火门之间，形状为椭圆形，和窑室及火门相连的两壁为直壁，另外两壁为弧壁，且火膛的底部大于口部。火道3个，纵向分布于ⅧY1底部的东、中、西部，在窑室的后部连通为一体。窑顶，以残存现状和窑底基本，推测其顶

---

① 河南省文物考古研究所：《安阳市西高平遗址商周遗存发掘报告》，《华夏考古》2006年第4期，第3—44页。
② 河南省文物考古研究所：《安阳市西高平遗址商周遗存发掘报告》，《华夏考古》2006年第4期，第3—44页。
③ 河南省文物考古研究所：《安阳市西高平遗址商周遗存发掘报告》，《华夏考古》2006年第4期，第3—44页。
④ 河南省文物考古研究所：《安阳市西高平遗址商周遗存发掘报告》，《华夏考古》2006年第4期，第3—44页。
⑤ 河南省考古研究所：《辉县孟庄》，中州古籍出版社2003年版，第4页。
⑥ 河南省考古研究所：《辉县孟庄》，中州古籍出版社2003年版，第339页。
⑦ 河南省考古研究所：《辉县孟庄》，中州古籍出版社2003年版，第345—346页。

部可能比残存的现状要小，即从四周向内收缩到一定程度后顶部留一小口，以便保温。烟囱位于陶窑的最后边。① 此陶窑的构筑已较商代有了许多改进，窑的容积也有所增大，是卫国制陶业兴盛的实证。

入春秋后，不能自保的周王室已无法再给卫国支持和帮助，卫国国内又常年处于政治斗争中，导致其国力大为衰弱；另外，卫国还不断受到各诸侯大国的欺凌和压迫，甚至于不得不几次迁都，这些都对其手工业产生了影响。以安阳西高平遗址为例，此遗址出土的西周陶器，不仅种类齐全，而且数量众多。但东周文化遗存中仅出土陶器6件，鬲、罐、豆各2件，完全不能与西周时期相提并论。相比于西高平遗址来说，新乡县后高庄东周遗存出土的陶器相对丰富些。2003年5月，新乡市文物工作队发掘了后高庄遗址，发现灰坑三座，保存有春秋早、中、晚期至战国时期的一批丰富的文化遗物。② 遗物中主要是陶器。以编号为H13的灰坑为例，出土陶器以泥质灰陶为主，占44%，泥质褐陶占28.5%，夹砂灰陶占26%，还有少量的夹砂褐陶，占1.5%。陶器多数带有纹饰，以绳纹为主，还有33%的陶器素面无纹饰。器形以豆为最多，61件，占到总数的三分之一；其次是罐、盆，另还有高领罐、双腹盆、瓮、鬲、甑、钵、碗、杯、三足盘和小玩具陀螺等。③ 从陶质方面看，与西周时期相同，以泥质灰陶为主；纹饰方面也相似，以绳纹为主，素面陶器占有比率较西周时期有所增加；器形方面不是太丰富。但根据此东周遗存出土遗物的特征，其文化分期可分为春秋早、中、晚三期，每期都有固定的器物组合，从中能判别出每个分期大致的年代范围。④

1995年，安阳市文物工作队对安阳县水冶镇阜城村进行了发掘，发现3座窑址、1座房址。⑤ 简报称，这3座窑址是紧密地集中在一起的，

---

① 河南省考古研究所：《辉县孟庄》，中州古籍出版社2003年版，第341—342页。
② 新乡市文物工作队：《河南新乡县后高庄东周遗存发掘报告》，《华夏考古》2006年第3期，第3—12页。
③ 新乡市文物工作队：《河南新乡县后高庄东周遗存发掘报告》，《华夏考古》2006年第3期，第3—12页。
④ 新乡市文物工作队：《河南新乡县后高庄东周遗存发掘报告》，《华夏考古》2006年第3期，第3—12页。
⑤ 安阳市文物工作队：《安阳县阜城村战国窑址发掘简报》，《华夏考古》1997年第2期，第64—77页。

再配上1座房址，则形成了一个小小的窑场。① 这说明战国时期卫地陶器生产仍具有一定规模。根据简报介绍的陶窑形状，可知此地陶窑的结构设计已采用当时较为先进的建筑技术。而Y2曾分为三期使用②，充分证明此窑的构造合理，非常耐用。简报称，3座陶窑的结构演变有一个承继关系，即Y1、Y2早期→Y2中期→Y2晚期→Y3。说明时人在烧窑实践中，不断总结经验，由起初火膛在窑室下，烟囱在窑室正上或旁侧，改为火膛与窑室分开，排烟系统安排在与火门相对的一侧平行建造。③ 这种合理的陶窑结构被后世长期沿用。此窑场的出土遗物主要是生活器皿和建筑材料的碎片，生活器皿包括陶豆、壶、盆、碗、瓮、甑、罐等，建筑材料主要有土坯、板瓦、筒瓦、薄砖等物件。④ 据此推测，这应是一处规模较大的民间窑场。2004年9月，河南省文物考古研究所为配合南水北调中线干渠工程进行文物调查，发现了温县陈家沟遗址。2005年开始对该遗址发掘，截至2006年9月底，共揭露面积7950平方米，清理出灰坑、墓葬、壕沟、陶窑、房址等文化遗存，其中东周时期的陶窑就有9座之多。⑤ 一个地方就发现如此多的陶窑，充分说明东周时期此地制陶业十分兴盛。

1994年，河南省文物考古研究所为配合京珠公路的建设，对安阳县高庄乡张河固村进行考古发掘，从出土遗物看这是一处东周遗址。⑥ 发掘墓葬9座，除M2、M5外，其余均随葬有陶器，少者3件，多者8件。⑦ 陶质仍是以泥质灰陶为主，夹杂有少量的夹砂褐陶、泥质褐陶；制法以轮

---

① 安阳市文物工作队：《安阳县阜城村战国窑址发掘简报》，《华夏考古》1997年第2期，第64—77页。

② 安阳市文物工作队：《安阳县阜城村战国窑址发掘简报》，《华夏考古》1997年第2期，第64—77页。

③ 安阳市文物工作队：《安阳县阜城村战国窑址发掘简报》，《华夏考古》1997年第2期，第64—77页。

④ 安阳市文物工作队：《安阳县阜城村战国窑址发掘简报》，《华夏考古》1997年第2期，第64—77页。

⑤ 河南省文物考古研究所：《河南温县陈家沟遗址发现的西周墓》，《华夏考古》2007年第2期，第18—29页。

⑥ 河南省文物考古研究所：《河南安阳张河固遗址东周墓葬的发掘》，《华夏考古》2000年第2期，第36—42页。

⑦ 河南省文物考古研究所：《河南安阳张河固遗址东周墓葬的发掘》，《华夏考古》2000年第2期，第36—42页。

制为主；纹饰除素面外，还有绳纹、凸弦纹、浅瓦棱纹；器形有鬲、罐、鼎、豆、壶、盆、匜等。①

通过对以上考古材料的分析，不难看出卫国西周时期的制陶业相当兴盛，出土陶器极为丰富。而东周时期的出土陶器，无论是数量、种类，还是器物的制作技术，都较西周时期逊色。

2. 青铜铸造业

铁器出现之前和出现之初，无论是社会经济的发展，还是人们的生活需要，都对青铜铸造业提出了更多的要求，卫国青铜铸造业也是如此，需求的刺激下取得了发展进步。两周时期，卫国青铜铸造业的发展主要得益于受封于殷商故地。商王室遗留下来的铸铜作坊、青铜器物、铸铜技艺及工匠等，为卫国青铜铸铜业的提升打下了基础、创造了条件。社会需求的扩大，则是卫国青铜铸造业成长的动力。

文献中有很多关于卫人使用青铜器的记载。以《卫风》为例，涉及的青铜器种类有兵器、酒器、车部件等。《邶风·击鼓》"踊跃用兵"，兵是戈、戟类的兵器；《邶风·简兮》"公言赐爵"，爵是酒器的一种；《邶风·泉水》"载脂载舝，还车言迈"，舝即辖，车部件的一种，是插在车轴两端的销钉，可以卡住车轮使不脱落，现在的车辖都是铁做的，但当时还没有铁制车辖，青铜车辖被广泛地使用着。《邶风·柏舟》"我心匪鉴，不可以茹"，鉴即镜子，也是青铜制品。

考古发掘到的青铜实物，更能证实卫国青铜铸造业的兴盛。西周时期，卫国青铜铸造业获得迅猛发展。1931年浚县辛村发现了卫国墓葬群，1932年起，以郭宝钧先生为首的中央研究院历史语言研究所的考古工作者们对之先后进行了4次发掘，历时约8个月，共发现卫墓80余座，分布在6个区。郭宝钧先生对这次发掘的成果作了报道，详见考古学专刊《浚县辛村》②。其中，墓葬出土的青铜器可分为礼器、兵器、工具、车马器、杂器5类，乐器很少见。共有59种，2208件。③ 礼器共16件，出于

---

① 河南省文物考古研究所：《河南安阳张河固遗址东周墓葬的发掘》，《华夏考古》2000年第2期，第36—42页。

② 郭宝钧：《浚县辛村》，科学出版社1964年版。

③ 郭宝钧：《浚县辛村》，科学出版社1964年版，第70页。

7座墓中，都是自成组合，有鼎、甗、簋、尊、卣、爵、盉、方彝等。[①]兵器有戈、矛、戟、钩戟、镞、甲泡、兽面、盾等。工具有斧、凿、削等。[②] 车马器在收藏品中不被看重，并且车马器上面的花纹少，铭文更是罕见，也为盗墓者所不取，所以车马器保存得较丰富，车器各个部位的青铜器原件都能找到，如长毂、辖、軧、轴、辕、䡇、軏首、軏足、马镳、兽面、铜管、马衔、当卢、马冠、马笼嘴、节约、铃等，非常全面。[③] 杂器类有樽顶饰、象首饰、云纹饰、人面饰铜管、腰带饰、銮管、铜鱼、小圆牌、合页、大铜构等。[④] 郭宝钧先生认为，这个墓葬群大致是西周时代到东周初年卫国贵族的埋葬地。[⑤]

1961年，鹤壁市东南郊庞村南边的断崖上出土一批青铜器，共31件，有礼器、兵器、车马器。其中礼器15件，鼎3、甗1、鬲1、簋3、爵3、觯1、尊1、卣1、盉1；兵器2件，矛和戈；车马器14件，有车䡇、当卢、锁形饰、圆形饰、泡形饰等。"这批青铜器和辛村所出铜器具有同一风格，地理位置亦颇相近，也应属于西周早期卫国贵族墓葬遗物。"[⑥] 1974年，武汉市文物商店在武汉钢材厂拣出一件残破的青铜尊，专家鉴定后认为是西周早期的卫尊。[⑦] 温县陈家沟遗址发现的西周墓，只出土1件残缺不全、形状不辨的铜片。研究者认为可能是棺上的小饰件。[⑧] 以上是西周时期卫国青铜器的发现情况。因一些墓葬曾被盗掘，出土器物与其他诸侯国相比并不突出。但与春秋战国时期卫国青铜器出土情况相比，已是相当丰盛。

春秋战国时期卫国青铜器物出土数量相当少，并且断代方面存在不同认识。郭宝钧先生虽然将浚县辛村卫墓断到了东周初年，但仍认为其属于

[①] 郭宝钧：《浚县辛村》，科学出版社1964年版，第34页。
[②] 郭宝钧：《浚县辛村》，科学出版社1964年版，第37页。
[③] 郭宝钧：《浚县辛村》，科学出版社1964年版，第47页。
[④] 郭宝钧：《浚县辛村》，科学出版社1964年版，第59—61页。
[⑤] 郭宝钧：《浚县辛村》，科学出版社1964年版，第74页。
[⑥] 周到、赵新来：《河南鹤壁庞村出土的青铜器》，《文物资料丛刊》第3辑，文物出版社1980年版，第38页。
[⑦] 徐鉴梅：《西周卫尊》，《江汉考古》1985年第1期，第103页。
[⑧] 河南省文物考古研究所：《河南温县陈家沟遗址发现的西周墓》，《华夏考古》2007年第2期，第18—29页。

春秋时期墓葬的可能性较小。"因为上村岭的戈制、车制和器物的纹饰可以作为东周划时代的标尺，我们根据它衡量此墓地（浚县辛村墓地）的晚期，可以晚到幽平时代（但并未跨入春秋期）。"① 李学勤先生也持此观点，但指出了一些具体墓葬应属于春秋时期，"（浚县辛村墓葬群）是周初以来的卫国墓地，曾有极重要的西周前期器物出土。这里的晚期墓，可举出 17 号墓、5 号墓和 24 号墓。……这两座墓（M17、M5）和车马坑，从出土青铜器观察，应属于春秋前期偏晚"②。

卫国境内的辉县地区，发现多处从殷商到东汉时的贵族墓葬。其中东周时期的墓葬具体应归属于哪一时间段，考古学界争论颇多。《山彪镇与琉璃阁》把琉璃阁地区发现的甲乙墓归属于战国墓葬。③ 李学勤先生认为，辉县琉璃阁是卫国迁都楚丘后所开辟，"根据历史地理和墓葬规模，肯定是卫国公室的墓地"④。"甲、乙墓的情况，我们了解得较少……青铜器大部分出自甲墓，有些器形还保留春秋前期的型式，如圈足下有三小足的瓦纹簠、足上有镂空花纹的铺等；同时也出现了不少新的器形和纹饰。总的说来，我们认为应列为春秋中期。"⑤ 另外，琉璃阁墓葬群中的 M80 和 M55，都是七鼎墓。根据出土器物的铭文以及与新郑李家楼、侯马上马村出土器物的器形、纹饰相比较，李学勤先生认为，"这两座墓应为春秋晚期之初的卫国公子墓"⑥。而 M60 是一座九鼎墓，出土礼乐器多达 90 件，"这座墓的青铜器上，已经出现了扁平陶纹和所谓的浪花纹，显然晚于 80 号、55 号两墓，应定为春秋晚期"⑦。不过，郭宝钧先生《商周铜器群综合研究》将其归为战国墓，属于魏国。目前，这些墓葬属于卫国的说法，正赢得更多支持者。

中华人民共和国成立前琉璃阁西区发掘到几座战国时期的卫国墓葬。其中 M1、M56、M59、M75、M76 属于战国前期。1950 年，中国科学院

---

① 郭宝钧：《浚县辛村》，科学出版社 1964 年版，第 74 页。
② 李学勤：《东周与秦代文明》，文物出版社 1984 年版，第 69—70 页。
③ 郭宝钧：《山彪镇与琉璃阁》，科学出版社 1959 年版，第 72 页。
④ 李学勤：《东周与秦代文明》，文物出版社 1984 年版，第 70 页。
⑤ 李学勤：《东周与秦代文明》，文物出版社 1984 年版，第 71 页。
⑥ 李学勤：《东周与秦代文明》，文物出版社 1984 年版，第 71 页。
⑦ 李学勤：《东周与秦代文明》，文物出版社 1984 年版，第 72 页。

考古研究所又在此地发掘到战国墓葬 27 座，车马坑 1 座。[1] 李学勤先生认为这些墓葬是战国时期卫国墓葬，"辉县古代名共，春秋时为卫国所有，到战国改属于魏，不过何时归魏，载籍并无明文。琉璃阁墓葬群既然是从春秋延至战国前期，就只能是卫国的，不能同辉县固围村的魏国大墓混为一谈"[2]。这 27 座战国墓中有 10 座被盗掘，未破坏的仅有 17 座，且都是陶器墓葬，铜器甚少。战国晚期，卫国已名存实亡，土地大部分归属于魏国。卫国青铜器物发现非常少，传世的战国晚期卫器仅有 2 件平安君鼎，其特点与魏器同，反映了卫从属于魏的史实。

由于春秋战国时期卫国青铜器物出土、传世品都较少，并且历史原因造成很多器物在国内无法见到，也没有发现可以用来断代的标准器，所以，在此仅对属于卫国的青铜器物作一介绍。

浚县辛村发现的春秋前期卫墓有 M17、M5、M24，都是大型墓，遭到过严重盗掘，遗留下来的青铜器物很少。M17 中出土铜戈 1 件、铜削 1 件，皆为男子用物。郭宝钧先生认为这座墓的主人是一位贵族男子。铜戈的上刃和内上缘成直线形，锋端成等斜边的圭头形；无上齿，以一个小方穿代上齿；内的比例较长，且有长方孔。[3] 这件戈的形制与上村岭虢太子墓出土的戈形制相近，应都是春秋初期新出现的形制。铜削的柄较小，直背凸刃，削尖后曲，柄直无环。[4] M5 的规模与 M17 相同，填土方法和南墓道中腰扩出的形式也相同。墓中出土有红玛瑙串饰和女子使用的发饰，应为一女子墓。郭宝钧先生认为此墓"与墓 17 应为一对夫妇的异穴合葬墓，合于《礼记·檀弓》'卫人之祔也离之'的习惯"[5]。M5 出土青铜礼器彝 1 件，较小，上有盖，四角有觚棱，底带圈足；盖作蟠云纹，脊上斜饰四兽；腹部饰以饕餮宽带纹，足部饰以重环纹。此器有铭文，李学勤先生识读为"卫夫人□姜作其行鬲用"[6]。另外，M5 还出土 10 余件车马器，有铜辖、钘、軎、辖、马衔等，均饰有美丽花纹。还有衡饰、轭饰、铜

---

[1] 中国科学院考古研究所编著：《辉县发掘报告》，科学出版社 1956 年版，第 32 页。
[2] 李学勤：《东周与秦代文明》，文物出版社 1984 年版，第 72 页。
[3] 郭宝钧：《浚县辛村》，科学出版社 1964 年版，第 42 页。
[4] 郭宝钧：《浚县辛村》，科学出版社 1964 年版，第 47 页。
[5] 郭宝钧：《浚县辛村》，科学出版社 1964 年版，第 18 页。
[6] 李学勤：《东周与秦代文明》，文物出版社 1984 年版，第 70 页。

构、铃环、衔镳、小兽面、铜泡、铜环等小件青铜器，制作很精美。①M24出土青铜器更少，有残器耳，可能是大器的残脱物，饰以粗线条花纹。②

辉县琉璃阁地区发现的甲乙墓是春秋中期卫国墓葬出土青铜器物较多的墓葬。甲墓随葬器物较为丰富，礼器、兵器、车马器、乐器等都有。礼器有鼎15件、鬲4件、甗1件、簋4件、簠14件、豆8件、罍2件、壶7件、尊1件、鉴3件、盘1件、匜（破为碎片）、舟1件、匕1件、炉1件等，还有很多器物碎片。兵器有戈8件、矛9件、斧4件、剑2件、镞417件、削2件。车马器较多，共183件，軎30件、辖28件、马衔105件、环15件、銮5件。乐器有编钟4件、甬式编钟8件、复钮编钟9件、单钮编钟9件。③乙墓出土青铜礼器有鼎10件、鬲4件、甗1组、簋4件、簠4件、豆1件、鉴2件、盘1件、匜1件、舟2件。车马兵工器只有铜辖、铜镞。④

琉璃阁地区还发现有春秋晚期的卫国墓葬，如M80、M55、M60等。M80、M55并列，都是七鼎墓，"它们应是一对夫妇的异穴祔葬墓，80号墓是男，在左；55号墓是女，在右"⑤。M80出土铜礼器大鼎1件、有盖列鼎5件、无盖列鼎7件、鬲6件、甗1组、簋4件、簠4件、罍2件、盂1件、盘1件、匜1件、舟1件、壶1件等；兵器戈6件、矛5件、剑3件、镞若干；工具斧8件、锯1件、凿1件；车马器衔26件、铜镳10余件；乐器铙1、编钟3。⑥M55出土铜礼器，有盖列鼎5件、无盖列鼎7件、小鼎2件、鬲6件、簋4件、簠4件、豆2件、壶2件、鉴2件、盘1件、匜1件、舟1件；工具削1件；车马器軎辖2件。⑦M60随葬器物极丰富，青铜礼乐器就达90件之多。礼器大鼎1件、有盖列鼎5件、有盖列鼎9件、无盖列鼎9件、不成列的小鼎5件、鬲6件、甗甒1组、簠

---

① 郭宝钧：《浚县辛村》，科学出版社1964年版，第47—59页。
② 郭宝钧：《浚县辛村》，科学出版社1964年版，第61页。
③ 郭宝钧：《山彪镇与琉璃阁》，科学出版社1959年版，第70—71页。
④ 郭宝钧：《山彪镇与琉璃阁》，科学出版社1959年版，第71—72页。
⑤ 郭宝钧：《山彪镇与琉璃阁》，科学出版社1959年版，第55页。
⑥ 郭宝钧：《山彪镇与琉璃阁》，科学出版社1959年版，第56页。
⑦ 郭宝钧：《山彪镇与琉璃阁》，科学出版社1959年版，第57页。

4件、簋6件、豆1件、罍2件、盉1件、壶3件、鉴3件、盘2件、盆1件、舟1件、勺1件；乐器镈4件、甬钟8件、复钮钟8件、单钮钟9件；兵器戈14件、剑3件、斧2件、镞若干；工具锯1件、削1件；车马器軎辖32件、衔镳45件。[1]

辉县琉璃阁卫国墓葬出土的春秋中晚期青铜器物，纹饰方面以蟠螭纹、垂叶纹、瓦垅纹为主，花纹大多印制；器物组合上与春秋中晚期中原一带其他诸侯国墓葬相似，存在严重的僭越现象，这是礼崩乐坏，王纲解纽的现实状况在随葬器物组合上的反映。新郑郑公大墓、淅川下寺楚墓、寿县蔡侯墓、随县曾侯乙墓等都存在随葬礼器逾制现象。甲墓也是如此，从其出土的鼎数看，不会低于诸侯一级。器物形制方面，琉璃阁卫墓与春秋中晚期的新郑郑公大墓有着异曲同工之妙，都是传统和创新的结合。如甲、乙二墓的青铜器物中部分保留了西周末到春秋早期的风格，同时还具备了春秋晚期到战国初期的新器形。以鼎为例，造型上仍有流行于西周末到春秋早期的附耳和沿耳蹄足敞口形制。同时还出现了带盖环纽列鼎的新形制。簋、豆的组合与形制，保留了西周末年以窃曲纹和瓦垅纹为主的兽耳圈足簋、方座簋、环带纹豆，还出现了髹漆的蟠螭纹簋和盖豆。壶出现了新型的匏壶和扁壶。乐器组合方面，与春秋前期郑国乐器组合形式一致。新郑墓编钟组合为4件大镈与20件钮钟，甲乙墓是4件大型镈钟与中小型的甬钟8、镈钟9、钮钟9结合。镈、钟在音乐中的使用，为郑、卫两地新颖歌唱风格的形成创造了载体，郑卫之声成为春秋时期的新乐代表。

战国时期卫国墓葬的代表是琉璃阁西区的M1。但考古工作者发掘前，此墓已被盗掘一空，残余随葬铜器只有"大半个铜鼎，一个方壶"[2]，及一件有碎铜片拼合而成的舞乐狩猎纹奁。[3] 此奁盖纹分三层，每层间都有一道或两道绳纹，各层皆刻着多条纠绕的群龙。壁纹三层，分别为鸟树相间纹、复线垂花纹、乐舞狩猎纹，纹路细如毛发，应该是用尖刀刻成。

除了这些发掘比较集中的青铜器物外，卫国青铜器还有零星出土。

---

[1] 郭宝钧：《山彪镇与琉璃阁》，科学出版社1959年版，第59页。
[2] 郭宝钧：《山彪镇与琉璃阁》，科学出版社1959年版，第62页。
[3] 郭宝钧：《山彪镇与琉璃阁》，科学出版社1959年版，第65页，图版五陆。

如，安阳张河固遗址东周墓葬中，发现铜带钩 1 件、铜铃 4 件。① 安阳西高平遗址商周遗存中，出土铜环 1 件。②

作为西周时的强国，卫国青铜铸造业本拥有先进的生产技术和众多精良的手工工匠，但入春秋后政治上的迅速衰败，导致其青铜铸造业的发展受到了很大限制。春秋战国时期虽说已不是青铜铸造业的鼎盛时期，但仍占有重要地位，青铜铸造业生产技术、艺术水平和器物种类、形制、纹饰等方面呈现出新的面貌，青铜文化的发展进入第二个高峰期。与卫国历史相似，卫国的青铜铸造业也没能跟上时代步伐，同样在走下坡路，青铜技艺上既不如春秋初期兴盛一时的郑国，也不如后起的三晋。当然，也不能因此就忽略其向前发展的一面，只有全面了解卫国此期的青铜铸造业，才能更全面地认识东周时期卫国手工业的全貌。

3. 玉石业

石器制作由来已久，从人类诞生之时即已开始。新石器时代晚期，石器制作中增添了新品种——对玉石的加工和制作。夏商时期，豫北、冀南地区玉石制作工艺达到相当水平。以玉器为例，商代晚期考古发掘到的玉器出土地点已达 50 余处，其中最具代表性的是安阳殷墟，玉器种类齐全、数量众多、工艺高超、产品精美，有的已采用高超的琢玉技术。如，妇好墓出土了 10 多件玉雕人像和人头像，它们或戴冠或盘发，匠人们运用写实手法，把不同阶层、不同性别的人物及其服饰、发饰，作了比较细腻的刻画。有的交领窄袖、腰束宽带；有的无衣无褐。人像面部都是粗眉大眼、高颧骨，特征明显。出土的玉雕动物形象，大多为现实生活中常见的飞禽、走兽、鱼鳖、虫豸，匠人们运用线雕、浮雕和圆雕等不同手法，使之非常形象而真实。③ 这些玉器制品，不仅具有一定的艺术价值，而且对研究时人的社会生活，动物的种类、形态等，具有重要的参考价值。

两周时期，卫国玉石制造业同周王室和其他诸侯国一样，不仅有玉器

---

① 河南省文物考古研究所：《河南安阳张河固遗址东周墓葬的发掘》，《华夏考古》2000 年第 2 期，第 36—42 页。

② 河南省文物考古研究所：《安阳市西高平遗址商周遗存发掘报告》，《华夏考古》2006 年第 4 期，第 3—44 页。

③ 中国社会科学院考古研究所编：《新中国的考古发现和研究》，文物出版社 1984 年版，第 327 页。

作坊，还设置有专门的官员管理。《礼记·曲礼下》："天子之六工：曰土工、金工、石工、木工、兽工、草工，典制六材"；《周礼·冬官·玉人》条下疏云："玉人之事者，亦以所攻之材名工也。《左传·襄公十五年》：'宋有玉人。'"石工、玉人是专门管理玉石制造业的官员。宋国与卫国地位相似，又是邻国，推之卫国，也应有这样的管理机构和专职人员。

  文献对卫人制造和使用玉石的情形记载颇多。《卫风·淇奥》"如切如磋，如琢如磨"，切、磋、琢、磨是当时玉石工匠加工玉石器的真实写照。"有匪君子，充耳琇莹，会弁如星""有匪君子，如金如锡，如圭如璧"，匪借用作"斐"，指才华，会弁，束发器，或谓皮帽，上面缀满了玉石器物，像星星一样闪闪发光；文采风流的君子，如金如锡地光辉，如圭如璧地洁净，其中圭、璧是用玉做的比较重要的两种玉器饰物，常用来祭祀神。这些晶莹的玉石佩饰，为才华横溢的君子增添了无上光辉，令诗人爱慕不已。《鄘风·君子偕老》"副笄六珈"，指用玉饰加于笄（簪子）上，汉代称为步摇，走起路来叮当作响，显得人摇曳多姿；"玼兮玼兮，其之翟兮"，"玉之瑱也，象之揥也，扬且之晳也"，"瑳兮瑳兮，其之展也"，玼、瑳是指玉色鲜洁；"玉之瑱也"指耳旁垂玉；《卫风·木瓜》中琼琚、琼瑶、琼玖均是佩玉。《左传·哀公十四年》载，"向魋出于卫地，公文氏攻之，求夏后氏之璜焉。"卫国公文氏为了一件夏后氏之璜，不惜对逃亡到卫国的宋人向魋发起进攻。虽然公文氏此举不合情理，但从侧面说明了卫人对玉器的喜爱。以上这些文献记载表明，两周时期的卫人对玉有一种特殊爱好。不仅贵族阶层喜欢佩玉，将佩玉作为一种身份、地位的象征，一般平民也喜欢。卫人对美玉的制作和使用，使得爱玉、佩玉、馈赠玉成为一种习俗，为他们的社会生活平添了无限情趣。

  浚县辛村卫墓出土的玉石器，显示了两周时期卫人制作和使用玉的情况。浚县辛村卫国墓葬群中13座墓出土了玉器，共42件，还不算不成器的玉条。[①] 玉器种类较多、造型美观、用途广泛。玉礼器有玉璧、玉玦等；玉兵器有玉戈、玉匕首等；种类最齐全、数量最多的还是一些玉佩饰。报告对之做了统计，鸟兽虫鱼形的玉器就有15件，达到玉器总数的三分之一强。计有：玉鸟2件、玉兔2件、玉牛头1件、玉鹿头1件、玉

[①] 郭宝钧：《浚县辛村》，科学出版社1964年版，第63页。

蝉 1 件、玉珑 1 件、玉蚕 2 件、玉鱼 5 件。① 这些动物形的玉器制品，应是商代玉器制作中动物造型风格的延续。以玉蚕为例，M24 出土的似是一只眠蚕，头大身细，环节未伸，玉呈白色，用圆雕手法制作而成，长 1.8 厘米；M28 出土的玉蚕，似三眠蚕，身微环，环节伸开，玉质黄白，也是圆雕手法制成，长 4.6 厘米，连头共 13 节，是一个写实的制作。M1 出土 2 件玉鱼。其一，玉质碧绿透明，扁平，两面雕纹，以目为系孔，姿态平直，长 4.6 厘米；另一件，姿态更为生动，作屈伸跃尾状，身体玉质白色，鳍尾玉皮绛色，已隐有后世因玉色赋形的技巧，圆雕手法制作而成，以口为穿孔，像鱼吞钩初出水摆尾状，长 5.4 厘米，伸直长 6.3 厘米。② 这些动物造型的玉制品中有孔能系绳者多为佩饰，做工细腻，制作精巧。

除了这些动物造型的玉制品外，辛村卫墓出土的玉器还有多种。如，玉璧、系璧、玦、璇玑、马蹄形玉、射决、玉韘、玉匕、玉戈、长方板、玉柱等。M80 出土一件玉璧，形圆，孔小，色碧绿，边存薄刃。M1 的系璧，是车器上的装饰物，出土于车的陈列层，中孔因系绳已磨去一半，色褐带白，直径上面 2.8 厘米，下面 3.2 厘米，厚 0.9 厘米。璇玑出土于 M1，形近圆而有回旋式的三个机牙，向同一方向回旋，中有小孔，古人谓之"璿机"，与玉衡联用。玉韘出土于 M28，半环形，两端有孔，可以施韦系，玉表面篆纵沟三道，深绿色，高 2 厘米，半环引直长 5 厘米。③《说文解字》"韘、射决也，所以拘弦。以象骨、韦系，箸右巨指。从韦、枼声"。《卫风·芄兰》"芄兰之支，童子佩觿"，觿，锥也，以象骨为之，所以解结，成人之佩，非童子之饰也。④ 可知，韘与觿作用同，都是射箭时环绕拇指的拘弦物。玉匕出土于 M1 的一个陶鬲旁，报告认为，这个玉匕应与匕饭有关，而非武器的象征。此匕平扁形，匕首微阔外凸，中腰细，方便手握。碧玉质，精莹翠润，上半篆刻饕餮纹及垂花纹，刚劲精工，是所出全部玉器中的第一佳品。⑤ M51 出土的玉戈是一种武器的象征，平扁形，有锋有刃有内，内有小孔，锋援皆开刃，很锋利，玉色淡

---

① 郭宝钧：《浚县辛村》，科学出版社 1964 年版，第 63—64 页。
② 郭宝钧：《浚县辛村》，科学出版社 1964 年版，第 64—65 页。
③ 郭宝钧：《浚县辛村》，科学出版社 1964 年版，第 65 页。
④ 朱熹：《诗集传》，岳麓书社 1989 年版，第 46 页。
⑤ 郭宝钧：《浚县辛村》，科学出版社 1964 年版，第 65 页。

青，长9.3厘米，中宽2.4厘米。①

辛村卫墓出土的石器类装饰品中，有用绿松石制者，有用红玛瑙制者，还有用天然的腰圆白石子随葬在墓中者，发音的石磬则以青白的细石灰石制作而成。以 M24 出土石磬为例，青石质，磨制光润，形制边角与《考工记》所记的磬氏为磬、博一、股二、鼓三、倨勾一矩有半相近，为编磬之一。②

另外，温县陈家沟遗址西周墓出土玉玦 2 件③；安阳西高平遗址西周文化遗物中出土玉玦 2 件、石玦 1 件、石斧 1 件、石镰 2 件、石片 1 件、石饰 1 件、石饼 1 件。④

东周时期，卫国玉器出土地主要集中在辉县琉璃阁。李学勤先生认为，"辉县琉璃阁的墓地，是卫国都于楚丘后开辟的。这里没有发现证明属于卫国的文字材料，但根据历史地理和墓葬规模，肯定是卫国公室的墓地"⑤。其中的甲乙墓出土不少玉器。甲墓中出土玉佩 2 组，及觿、牒、环、玦等。佩玉中有瑗 2 件、珩 4 件、璜 4 件、冲 2 件、玭珠琚瑀等 44 件，另有大环 1 件，小系环 2 件，玉觿 1 件、玉牒 1 件及玉燕、玉狻、玉虎、玉螭各 1 件。乙墓出土玉器有圭、璋、环、玦，无佩玉。⑥ M55 出土玉器墨玉玦 2 件，墨玉椭方片 8 件，白玉珠 2 件，红玛瑙珠 24 件，绿松石珠 16 件，红褐色砺石 1 件。这些玉石品摆放在面颈周围，报告认为是"含珠鳞施"，已含有《抱朴子》中记载的道家"金玉在九窍，则死人为不朽"用玉寓意。M60 出土玉璧 1 件、石璧 2 件、玛瑙杯 3 件、雕玉佩 2 件、玉珩 6 件、玉冲 2 件、玉牙 4 件、玉蛙 1 件、玉琉 16 件、玛瑙管 16 件、红玛瑙珠 35 件、白玛瑙珠 10 件、紫玛瑙珠 2 件、玛瑙长珠 12 件、绿松石珠 7 件，共 119 件。M1 残存 20 余件玉器，围绕在身旁。头左上方有一大环、一小环，右上方同，再远些有一中环。胸前有龙佩，左臂有二

---

① 郭宝钧：《浚县辛村》，科学出版社 1964 年版，第 65 页。
② 郭宝钧：《浚县辛村》，科学出版社 1964 年版，第 66 页。
③ 河南省文物考古研究所：《河南温县陈家沟遗址发现的西周墓》，《华夏考古》2007 年第 2 期，第 18—29 页。
④ 河南省文物考古研究所：《安阳市西高平遗址商周遗存发掘报告》，《华夏考古》2006 年第 4 期，第 3—44 页。
⑤ 李学勤：《东周与秦代文明》，文物出版社 1984 年版，第 70 页。
⑥ 郭宝钧：《山彪镇与琉璃阁》，科学出版社 1959 年版，第 71—72 页。

环，右臂有一环、一龙佩。腹部横列大小四环及彩色珠、玑、琚、瑀等十余件。下部正中横置龙佩一件，玉珩一对。左股外有方玉、圆珠各一。①这样的摆放，应具有特殊的含义。

综上所述，两周时期的卫国玉石制造业有了很大发展，产品种类繁多，制作精细，其中不乏造型美观、纹饰瑰丽、艺术价值较高的精品。

4. 纺织业

纺织业是古代手工业中的一个重要门类。两周时期卫国的纺织业也是如此。卫国纺织业的原料有丝、葛、麻等；纺织技术水平很高，纺纱、织造、染色等制作衣服的整套工艺逐步形成，日趋完善。

豫北、冀南地区历来有种桑养蚕获取收益的传统。《尚书·禹贡》载，大禹治水后，兖州地区"雷夏既泽，灉沮会同，桑土既蚕，是降丘宅土"。孔传曰："大水去，民下丘居平土就桑蚕。"《新语·道基》载，周朝始祖后稷曾"列封疆，画畔界，以分土地之所宜……种桑麻，致丝枲，以蔽形体"，在治理过水害的地方发展桑蚕业。《诗经》中尤以《鄘风》《卫风》言桑事者为多。"景山与京，降观于桑"②，赞美卫文公为了重振卫国走遍高丘和山岗，下到田里看蚕桑；"期我乎桑中，要我乎上宫，送我乎淇之上矣"③，桑中指桑树林，淇水两岸种植了大量茂密的桑树，成为青年男女的约会场所；"氓之蚩蚩，抱布贸丝"④，农民利用农闲走村串巷进行蚕丝交易。这些记载说明两周时期的卫国桑树种植普遍，养蚕、织丝是卫人极为熟悉的生产活动，诗人们就景歌诵，记录在诗篇当中。

从一些青铜器刻纹也能看出卫国桑树种植的普遍。辉县琉璃阁 M76 出土的猎壶，壶盖中心是采桑图，桑树二株，分七人为二组，一组三人，一组四人，有跪者，有举双手者，有攀桑枝且采且回顾者。⑤ 跪着采桑，说明此地桑树极低矮，可能是后世所谓的地桑或鲁桑。这种桑树不但低矮便于摘采，而且叶多嫩润，营养价值高，宜于饲养，在周代种植面积有所

---

① 郭宝钧：《山彪镇与琉璃阁》，科学出版社1959年版，第58—62页。
② 程俊英：《诗经译注》，上海古籍出版社2006年版，第72页。
③ 程俊英：《诗经译注》，上海古籍出版社2006年版，第69页。
④ 程俊英：《诗经译注》，上海古籍出版社2006年版，第85页。
⑤ 郭宝钧：《山彪镇与琉璃阁》，科学出版社1959年版，第68页。

扩大。① 桑树种植的增多，为养蚕织丝的发展提供了可能。《诗经·大雅·瞻卬》"妇无公事，体其蚕织"，西周时妇女的主要工作应该是养蚕织帛绢，而不是涉足国事。《礼记·月令》更是详细记载了不同月份纺织业的主要事务，三月"妇使劝蚕事"，四月"蚕事毕，后妃献茧，乃收茧税"。从统治阶级到普通民众中的大多数妇女都要从事养蚕织丝，说明统治者对蚕桑生产的积极提倡，养蚕织丝成为政府税收的重要来源。

有关卫国的考古发掘出土了不少玉蚕。如浚县辛村西周墓 M24 出土有一眠蚕，头大身细，环节未伸，白玉圆雕，长 1.8 厘米；M28 出土玉蚕三眠蚕，身微环，环节伸开，玉质黄白，圆雕，长 4.6 厘米，连头共长 13 节。② 从这些雕琢简练、形态生动的玉蚕身上，可以看出卫人对蚕的熟悉。养蚕业的兴盛一定程度上说明卫国丝织业较为发达。《卫风》中关于丝织品的记载很多。《卫风·硕人》"衣锦褧衣"，锦是丝织品的一种，以二色以上的彩色经丝或纬丝用平纹或斜纹多重组织织成。《鄘风·干旄》中旄、旂、旌等各种各样的旗帜，原料也是蚕丝。《左传·闵公二年》载，齐侯帮助卫国重建时，曾"归夫人鱼轩，重锦三十两"，杜预注：重锦，锦之熟细者。《左传》《仪礼》中多次提及，两周时期诸侯和贵族之间的交往，会将束锦作为馈赠或酬谢的物品。由于丝织品不易保存，有关卫国的考古发掘中没有出土过完整的丝织品，不过一些器物的表面能寻找到零星的丝织品痕迹。如，浚县辛村卫墓 M60 的一件铜尊口上，发现了凝锈的丝质细绢复幂纹，用十字相交的织法制作而成。③

两周时期，丝织品主要是贵族们使用，对于一般老百姓来说，他们穿的最多的仍是麻、葛制成的衣物，所以卫国对麻葛纺织业的看重丝毫不亚于蚕丝业。《谷梁传·襄公二十七年》载，卫侯之弟出奔于晋，在邯郸织绚。绚是一种麻丝混纺的织品。④ 卫侯之弟身为贵族，尚要从事此类纺织业，说明麻纺织业在卫国应相当普遍。河南浚县辛村 M1 的椁顶上发现有粗质麻布数片，虽不大，但用肉眼可分辨出经纬线条及十字相交的织纹，

---

① 陈振中：《先秦手工业史》，福建人民出版社 2008 年版，第 520 页。
② 郭宝钧：《浚县辛村》，科学出版社 1964 年版，第 64 页。
③ 郭宝钧：《浚县辛村》，科学出版社 1964 年版，第 35 页。
④ 史念海：《河山集》，三联书店 1963 年版，第 107 页。

报告认为这些麻布片属于疏布之类。① 《卫风·硕人》"衣锦褧衣",褧即是用麻织成的衣服。毛传:"嫁则锦衣加褧襌""衣锦褧裳,嫁者之服"。郑玄笺:"褧,襌也……庶人之妻嫁服也""褧……《说文》作檾。"《说文解字》檾字下释云:"褧衣者,以檾所绩为之。""檾者草名也……今檾麻,本草作苘麻,其皮不及枲麻之坚韧,今俗为粗绳索多用之。"又说"蘔即檾字之异者。蘔苎出于泽,与葛出于山不同,又作颖"。

新石器时代晚期,人们已经用葛纤维纺织制作夏天的衣服。《尚书·禹贡》载,豫州贡纳的物品中有"缔";孔安国传:"缔,细葛",即精细的葛织品。两周时期,葛织品仍是卫人的主要衣物种类。《卫风》中多处提及葛及葛织品。《鄘风·君子偕老》"蒙彼绉缔",毛传曰:"缔之靡者为绉";《说文解字》"绉,缔之细者也";《邶风·绿衣》"缔兮绤兮,凄其以风",绤,粗葛布。卫国的葛织品已分为绤、缔、绉等不同档次。

两周时期卫人除了用丝、麻、葛等原料制作各种各样的衣服外,还懂得运用染色技术对衣物做进一步加工。《邶风·绿衣》"绿衣黄裳",绿色上衣,黄色下衣;卫人已懂得对丝线染色,制成颜色鲜亮的衣服。卫人使用的纺织工具有纺轮、梭等。安阳市西高平遗址出土西周陶纺轮3件,呈扁平体,圆形,中间有一圆孔。② 《邶风·简兮》"有力如虎,执辔如组",组,意为穿梭往来;舞师武舞时手执缰绳左右驰骋,如穿梭织锦,舞蹈时选用此动作,说明梭在日常生活中使用较多,为时人所熟悉。

5. 制骨业

卫国制骨业是其手工业的一个重要部门。石器时代即已开始用骨角作器。夏商时期,由于生产部门增多,使用骨器的范围更广,骨器的生产规模、品种等呈现扩大趋势。两周时期,青铜工具的使用促进了骨器生产技术的提升,卫国制骨业有了较快发展,其境内丰富的动物资源为骨器制作提供了充足原料,骨角器数量明显增多。

西周时期,卫国骨器已由实用器向艺术品过渡。浚县辛村卫墓出土的

---

① 郭宝钧:《浚县辛村》,科学出版社1964年版,第70页。
② 河南省文物考古研究所:《安阳市西高平遗址商周遗存发掘报告》,《华夏考古》2006年第4期,第3—44页。

骨器，"石器时代那种朴素骨角器的使用比重已甚小，其中十之八九都作为艺术品"①。出土骨器中工具很少，多为装饰品，有雕花骨板、鱼形佩系、骨弧形花笄、骨鸳鸯笄头、骨笄、象牙短柱、鸟骨管、骨珠、牌形牙饰、粗骨管、鹿角枝、有齿骨板、骨觽、骨贝等。M5出土一件骨弧形花笄，用薄骨制成，屈为半弧形，合于人头的弧度；较厚的一端，雕刻有四个小生物，前后追随；有一似蛙，以绿松石为目，精美活跃，堪称工艺珍品。②出于此墓的一件笄头，是用骨雕刻成一对浮游状的鸳鸯，鸳鸯昂首翘尾，姿态生动，羽毛细致。鸳鸯腹下各有小孔，以针形骨笄插入，可以绾发或斜插鬓发间，是华美的装饰佳品。③李学勤先生认为M5是卫夫人之墓，这两件制作精美的骨制品可能归卫夫人所有。这也证实《鄘风·君子偕老》"副笄六珈"并非夸张之语，当时贵夫人的头饰有可能就是如此之多。M61出土的骨觽，截取天然的细羊角制作而成，从截取处钻一孔，穿挂佩戴，预备用此细角尖解松绳结。④《卫风·芄兰》"芄兰之支，童子佩觽"中的觽，即是此物，俗称角锥，为成年人所佩戴。

春秋战国时期的卫国墓葬很少有骨器出土，骨器生产呈减少趋势。这可能与春秋以后铁器的铸造和使用有关，导致骨质、木质、蚌质等生产工具逐渐退出生产领域。

6. 车船木作业

木作业是人类历史上最为古老的行业之一，工艺技术源远流长。早期的木作业类型比较单一，只是制作一些木质工具、用具等。随着社会的进步，木作业日益扩大，特别是进入文明社会后，造车业、造船业，也被归入木作业范畴。两周时期，卫国木作业在延续夏商工艺技术的基础上继续向前发展。但由于木器极易腐烂，遗物很难保存下来，因而要准确了解卫国的木作工艺极其困难，仅能从有关文献记载和少量遗迹，窥其发展一斑。

从西周开始，为了满足贵族们的需要，木作业同其他手工业一样在管

---

① 郭宝钧：《浚县辛村》，科学出版社1964年版，第68页。
② 郭宝钧：《浚县辛村》，科学出版社1964年版，第68页。
③ 郭宝钧：《浚县辛村》，科学出版社1964年版，第68页。
④ 郭宝钧：《浚县辛村》，科学出版社1964年版，第68页。

理方面得到了加强。《周礼·冬官·考工记》"凡攻木之工七","攻木之工：轮、舆、弓、庐、匠、车、梓"。郑玄注曰："轮、舆、弓、庐、匠、车、梓，此七者，攻木之工官别也。"木作业内部分类7种，各有各的官名。"庐"，制作兵器戈、矛、戟柄的工种；匠，营造宫室城郭沟洫的工种；车，制造农具耒耜和牛车、马车的工种；梓，制造钟磬等乐器的摆设木架的工种，等等。这些工种的差异证实当时官府木作业分工已很细化和专业，各有各的作坊和管理人员。卫国木作业想必也是如此。而从车、轮制作的不同看，当时交通工具车船的制作已从传统木作业中分离了出来。

两周时期，木工工具多为青铜所作，如锛、斧、斤、凿、削等。浚县辛村卫墓出土的青铜工具就包括以上几种。M2出土的凿，其形如单斜面的斧而极窄，适于在竹木上凿方孔用。上有梯形孔，可纳短木柄，然后以锤击短木柄使下刃凿木。① 春秋中晚期冶铁业发展起来后，木作业中开始使用铁质工具。《管子·小匡》载："美金以铸戈、剑、矛、戟，试诸狗马；恶金以铸斤、斧、锄、夷、锯、欘，试诸木土。"恶金，铁也，用铁制作斤、斧、锯等工具，用于木作业、农田开垦。

卫国两周时期的木作业产品遗存物极少，仅有一些保留在其他器物上的零屑残迹，能看出是木质器物，但不能准确判定属于哪种木工具或产品。浚县辛村M5出土有木纹土，报告称木纹土属于木质物上的雕花和涂朱印在夯土上的印痕，从印痕可看出当时的木质物刻纹，从刀法上看，那时的木器图案，较铜器略为活泼。② 一些墓葬中还保存有棺椁残痕，可判断棺椁的长短厚薄及上边所附的涂料，有的还可以略查知组织结构的一部。③ 一些车马坑和墓葬中，往往保存有包裹在铜饰里的车材和兵器柄。从这些零星的考古发现，可知两周时期卫国木作业产品种类应有不少。农业生产工具木耒、木叉、木锹等，已在当时农业生产中广泛使用。生活用器类，饮食器有木碗、木杯、木豆、木盆、木勺、木匕等，日常用器有床几、桌凳等，都是人们生活中必不可少的器物。攻战用具云梯、观楼、木盾以及武器的木柄等，在战争频繁的春秋战国时期应是木工日常劳作的主

---

① 郭宝钧：《浚县辛村》，科学出版社1964年版，第46页。
② 郭宝钧：《浚县辛村》，科学出版社1964年版，第69—70页。
③ 郭宝钧：《浚县辛村》，科学出版社1964年版，第70页。

要产品。而卫国一些大型宫殿"新台""上宫"等，肯定会用到很多的木质建筑构件。民间则会建筑木屋作为住处，《卫风·考槃》"考槃在涧，硕人之宽"，贤人在山涧间建造木屋居住，心胸多么宽广。考，筑成之义。姚际恒《诗经通论》引《左传》"考仲子之宫"，"考"筑成之意；槃，木屋。方玉润《诗经原始》引黄一正曰："槃者，架木为室，盘结之义也。"

车船制造同样归属于木器制作范畴。两周时期卫国车的使用比较普遍。《邶风·旄丘》"狐裘蒙戎，匪车不东"；《鄘风·定之方中》"星言夙驾，说于桑田"；《左传·闵公二年》"卫懿公好鹤，鹤有乘轩者"，杜注曰："轩，曲辀而有藩蔽之车，大夫以上乘之。"这些是贵族阶级驾车的记载。普通民众也使用车，《邶风·北风》"惠而好我，携手同车"；《卫风·氓》"以尔车来，以我贿迁"；《史记·货殖列传》"子贡结驷连骑，束帛之币以聘享诸侯"等。

考古发掘时也发现不少卫国的车。浚县辛村墓地出土两座大型车马坑。其中，第3号车马坑遗存物较为丰富，坑内出车约12辆，马骨72架、犬骨8架，规模颇大。① 车器均是拆散投入，出土时往往相距甚远。考古工作者依据其形制，如衡之于轭，牙之于轮等，分别予以组合或复原，使之配合成组，最终得到约12辆车。轮、舆、衡、轭饰等成组出土的车部件，与《周礼·考工记》"故一器而工聚焉者车为多"的记载相一致。车的制造是综合性的工业技术，需要很多工序。第25号车马坑，埋葬浅且大，被盗掘得很厉害，遗存物比第3号车马坑少很多。但按此坑面积大、杂乱马骨多推证，倘不破坏，至少应存车器七八辆，马骨三四十架，规模不可谓小。②

卫国境内多河流，为了出行方便，卫人使用舟船的概率很大。文献记载卫人有多种水上交通工具。《邶风·匏有苦叶》"匏有苦叶，济有深涉"，匏是葫芦，有体轻、防湿性强、浮力大等优点，南北普遍种植，可能很早就被人类用作渡水浮具，两周时期的卫人仍在使用。《卫风·河广》"谁谓河广，一苇杭之"，苇，用芦苇编的筏子，杭通航。远古时，

---

① 郭宝钧：《浚县辛村》，科学出版社1964年版，第28页。
② 郭宝钧：《浚县辛村》，科学出版社1964年版，第32页。

一段树干就可以是一件桴具,但树干呈圆柱形,在水中易于滚动,为使其平稳,人们便将两根以上的树干用藤或绳并系起来使用,便产生了筏。古文献中,筏因其大小或使用材质的不同名称各异。《尔雅》"桴,柎,编木为之,大曰柎,小曰桴",郭璞注:"木曰□,竹曰筏,小筏曰泭。"《说文解字》:"编木以渡曰泭,或柎,统称作桴。"筏因其取材较易、制作简单、稳定性好等优点,成为两周时期卫人的主要水上交通工具。除了匏、筏、柎、桴外,卫人使用最多的恐怕还是舟。"卫风"39篇中,篇名带"舟"字的有三,《柏舟》二、《二子乘舟》;诗歌含"舟"字的更多,《邶风·谷风》"方之舟之",《卫风·竹竿》"淇水悠悠,桧楫松舟"等,都是卫国有舟和使用舟的记录。两周时期卫国造船技术水平很高。汲县山彪镇M1出土水陆攻战纹铜鉴上的水战图案,双方使用了双层战船,甲板上有击鼓、射箭、持戈作战的武士,船底舱内是面向前方奋力挥桨的操船者,船前水中又有两名敌我双方的战士在厮杀。① 这种纹饰虽然已经图案化,却是当时水上战船格斗情景的真实再现。

7. 冶铁业

两周时期,卫国与其他诸侯国一样手工业门类中出现了新兴的冶铁业。但由于文献记载较少,铁器又不易保存,现今已不能对两周时期卫国的冶铁业作系统研究,只能简要叙述。

冶铁业的发明在人类历史上具有重要意义,它的出现真正把石器、木器、青铜器等从社会生产领域排挤了出去。铁以其强度、韧性、硬度等优越性能,适合制作各种不同用途的工具、兵器、日用器具及要求迥异的工程构件,而被广泛应用于一切生产部门,表现出强大生命力,不仅促使社会生产力快速提升,而且带来了人类社会生活的巨大变化。恩格斯对铁的使用给予了很高评价:"铁已在为人类服务,它是在历史上起过革命作用的各种原料中最后的和最重要的一种原料。"② 古代中国,最早使用的是陨铁而不是后世的锻造铁。豫北、冀南地区的考古发掘中,不断发现早期使用陨铁的情况。1972年,河北藁城台西村商代中期遗址出土一件铁刃铜钺。铜钺的铁刃宽达60毫米,铜外部分已经断失;铜身夹住的部分约

---

① 郭宝钧:《山彪镇与琉璃阁》,科学出版社1959年版,第19页。
② 马克思、恩格斯:《马克思恩格斯选集》第四卷,人民出版社2012年版,第179页。

厚 2 毫米，深 10 毫米。残刃已全部氧化。有关部门研究后认为，此铁刃的原材料只能来自天体的碎块，即当时或早些时候陨落的流星铁。①

西周后期卫国已有冶铁术，铁器出现。春秋中期后，社会需求增大的刺激下，生铁被大量冶铸，铁器产品种类、数量增多，质量提高。战国时期，铁器得到广泛应用，按其用途大致可分为农具、手工工具、兵器、生活用具及其他铁器。1934 年，安阳侯家庄南遗址的战国层表面，出土有铁铲。② 1953 年，安阳大司空村战国墓出土铁带钩 1 件。③ 1935 年，汲县山彪镇遗址出土大量战国墓，其中 M5、M7、M8 各出铁带钩 1 件，M11 出土铁片 1 件。④ 1951—1952 年，考古工作者对辉县地区的固围村、琉璃阁、褚邱等遗址进行发掘时出土很多铁器。上文已经提到，仅固围村就出土有各类铁器 179 件。几乎囊括了整个耕作过程中使用的全套铁农具。琉璃阁区出土铁斧 1 件。⑤ 褚邱区出土错金银铁带钩 1 件。⑥ 这些铁器是否属于卫国有待考证，但出土如此多的铁器，往前推卫国也应有类似的铁器存在。

三　手工业生产的地位与作用

农业、手工业、商业三者之间有着密不可分的关系，卫国手工业的发展对农业、商业影响颇大。一般情况下，手工业的发展与繁荣离不开农业的兴盛，农业能为手工业生产提供丰富原料，手工业为农业生产提供先进工具。手工业与商业的关系更为密切，手工业的发达和全面繁荣能为商业兴盛提供丰富商品，为商品贸易的开展提供交通运输工具，同时也能生产商品交换的媒介物——货币，而商业的兴盛反过来又会刺激手工业提升。探究卫国手工业生产的地位与作用，主要是看其对农业、商业及社会生活的影响。

---

① 叶史：《藁城商代铁刃铜钺及其意义》，《文物》1976 年第 11 期，第 56—59 页。
② 石璋如：《殷墟最近之重要发现附论小屯地层》，《考古学报》1947 年第 2 期，第 1—81 页。
③ 马得志、周永珍、张云鹏：《一九五三年安阳大司空村发掘报告》，《考古学报》1955 年第 1 期，第 25—90 页。
④ 郭宝钧：《山彪镇与琉璃阁》，科学出版社 1959 年版，第 48—51 页。
⑤ 中国科学院考古研究所：《辉县发掘报告》，科学出版社 1956 年版，第 45 页。
⑥ 中国科学院考古研究所：《辉县发掘报告》，科学出版社 1956 年版，第 132 页。

（一）对农业的影响

两周时期，卫国手工业的发展为农业生产提供了较为先进的工具，促使农业生产率大为提高。主要表现为：青铜农具与铁农具的生产和使用；铁犁的制造、使用及牛耕的出现。

从考古发掘看，两周时期卫国农业生产工具还存在一定数量的石、骨、木质器，但青铜农具的数量明显增多。青铜农具较其他材质的生产工具坚韧、锋利，能极大地提高农业生产率。再加上农业种植技术水平的提高，两周时期的农作物产量大为增加。《诗经》中有当时粮食收获情形的描写，"曾孙之稼，如茨如梁。曾孙之庾，如坻如京。乃求千斯仓，乃求万斯箱"①。贵族所收割的粮食，堆成了如山样高大的粮堆，能装千箱、万箱。虽有点夸张，但却是当时农业生产收获量增大的表现，这与青铜农具的使用密不可分。而冶铁术出现后，铁质农具在农业生产中的应用，更是带来了农业生产率的提高。考古发掘证实，战国时期卫国及其附近地区使用铁质农具较多。

辉县固围村战国铁犁的出土证实了当时铁犁牛耕的存在。而铁犁出现前是否有牛耕，学界认识并不一致。一些学者依据古文献，认为商代、西周时期已存在牛耕，但考古工作没有发现用于牛耕或马耕的确凿实物资料。不过，从史料记载及出土文物等方面考察，牛耕出现于春秋时期比较符合历史实际。铁犁牛耕的配套使用，结束了春秋以前"千耦其耘""十千维耦"的耕作方式，农民个体可以从事大面积的农田耕作，这对农业生产意义重大。

（二）对商业的影响

卫国手工业的发展进步，带动了商业的兴盛与繁荣。手工业不仅为商业贸易的展开提供了产品，也为商品贸易区的扩大提供了必要的交通运输工具，更生产出了用于商品交换的媒介物——货币。

两周时期，手工业发展的直接表现就是手工产品的增多。考古发掘到的手工作坊和各种各样的手工产品，证实了当时手工业的兴盛。不同地区的产品出土于同一个地方，说明当地商品贸易较为繁荣，商人们的长途贩运使得这些手工产品在不同地域间实现了交换。商人们从事着"负任担

---

① 程俊英：《诗经译注》，上海古籍出版社2006年版，第334页。

贺，服牛辂马，以周四方；料多少，计贵贱，以其所有，易其所无，买贱鬻贵。是以羽旄不求而至，竹箭有余于国；奇怪时来，珍异物聚"[1] 的工作，为当时手工产品在各个诸侯国间互通有无、集结和转运做出了贡献。孔子弟子卫国人子贡就是春秋战国时期的一位著名商人，在诸侯国间开展商业贸易发家致富，富可敌国，诸侯国君对之以礼相待。

卫国发达的车船制造业为其商业贸易的开展提供了交通运输工具。子贡"结驷连骑"，用马拉车运输货物，形成了具有一定规模的商队。卫国没落贵族宁戚想去齐国谋职，"穷困无以自进，于是为商旅将任车以至齐"[2]，任，装载之义；任车，装载货物的车子。宁戚因贫困不得已加入运载货物的车队，替人赶车。此商队"爝火甚盛，从者甚众"[3]，应是一支专门受雇于商人，往来四方运送货物的车队，其运输工具主要是车。考古发掘出土有规模很大的卫国车马坑，文献中也颇多卫人使用舟船的记载，这些交通运输工具一定程度上促进了卫国商业贸易的繁荣。

卫国手工业对商业影响的另一个表现是金属货币的使用。金属货币是商品交换扩大的结果，冶铸业的发展则是铸币出现的前提。西周时期，卫国商品交换主要是以物易物。春秋战国时期，商品生产的发展，商品交换的增多，冶铸水平的提高，使货币的铸造成为可能。春秋前中期，卫国墓葬中还普遍保存有殉贝风俗。辉县琉璃阁甲墓殉贝的种类、数量较多。有包金铜贝1548枚，骨贝210枚，真贝数千枚，铜贝、骨贝的形状是仿制真贝制作的。[4] 贝是商代、西周时期商品交换时使用的一般等价物，而仿真贝的铜贝，应该就是早期货币。春秋晚期以后，殉铸贝的情况极为少见，可能是铸币代替了一般等价物贝，贝的特殊意义不复存在，人们也不再用之殉葬。商品交换的日益扩大，铜贝已远远不能满足需要，铜质铸币随之应运而生。考古发掘中还没有找到卫国的铸币工场，但其他诸侯国发现有比较集中的铸币中心，如周王室的国都洛阳，齐国的临淄、历城、莒

---

[1] 李山：《管子》，中华书局2016年版，第135—136页。

[2] 张双棣、张万彬、殷国光、陈涛：《吕氏春秋译注》，北京大学出版社2009年版，第594页。

[3] 张双棣、张万彬、殷国光、陈涛：《吕氏春秋译注》，北京大学出版社2009年版，第594页。

[4] 郭宝钧：《山彪镇与琉璃阁》，科学出版社1959年版，第71页。

邑，燕国的燕下都、襄平，赵国的西都、邯郸、柏人、晋阳，楚国的寿春、陈、鄩，秦国的咸阳、皮氏、平原、济等，都是铸币中心。①虽说入春秋后卫国国力日衰，但作为一个独立诸侯国，也应当会有自己的铸币工场。货币的铸造与使用，推动了商业贸易的发展。

(三) 对社会生活的影响

衣、食、住、行是人们日常生活的重要内容，既是整个社会发展水平的表现，也是各地地域文化特色的展现。手工业对这几个方面的影响尤为突出。两周时期卫国的手工业，反映着卫人的生活水平和生活质量。

两周时期，卫国传统手工业门类中的纺织业获得发展，纺织技术不断进步，纺织品数量日益增多、质量提高。以纺织品为主要原料的服饰制作业也获得成长，从纺织业中脱离出来，成为独立的手工业部门。从《卫风》中有关服饰的描写，可以看出卫国服饰业的兴盛。《邶风·绿衣》"绿兮衣兮，绿衣黄裳"，绿色的上衣，黄色的下衣，卫人衣着颜色已相当鲜亮。《鄘风·君子偕老》"如山如河，象服是宜""玼兮玼兮，其之翟也""瑳兮瑳兮，其之展也"；朱熹注曰："象服，法度之服也。""翟衣，祭服，刻绘为翟雉之形，而彩画之以为饰也。""展衣者，以礼见于君及宾客之服也。"②象服，也名袆衣，即花袍，《孔疏》："象鸟羽而画之，故谓之象服也。"《说文解字》袆字注引《周礼》曰："王后之服。"展衣，也作襢衣，用白纱制成。从卫人的这些不同种类、不同场合的着装，可知卫国已有专门从事服饰制作的手工作坊。除了衣服外，还有专门从事鞋、帽生产的作坊，如宋国的制鞾工匠，有自己的制鞾铺子。鲁国有一对夫妻，丈夫善于制鞋，妻子善于织缟，想从鲁国到越国去经营自己的手工作坊。像这样从事单一产品制作的民间作坊，春秋战国时期很多，卫国应该也有。

民以食为天，自古皆然。卫国手工业的发展对于提高卫人的生活水平、丰富他们的日常生活意义重大。最突出的表现就是生活用器的大量制造和使用，如用陶（黏土）、青铜（铜、锡、铅）、木材等原料制成的饮食器、炊煮器，为卫人的日常饮食提供了方便。而罐、瓮、盆等器皿，在

---

① 蔡锋：《中国手工业经济通史·先秦秦汉卷》，福建人民出版社2005年版，第368页。
② 朱熹：《诗集传》，岳麓书社1989年版，第34页。

酱醋、肉类、干果的加工和腌制、酿酒、农副产品的再加工中都会大量用到。以酱醋加工业为例,西周时官府设有醢人与醯人等官职,掌管着生产酱醋等调味品的手工作坊。醢,《释名·释饮食》"醢,晦也,晦,冥也。封涂使密冥乃成也。醢多汁者为醯……醢有骨者曰臡。"即肉酱。两周时期,人们用蔬菜或者肉类制成各种各样的酱。蔬菜中可酿酱的有韭、昌本（菖蒲根）、菁（蔓菁）、茆（茅芽）、葵（秋葵）、芹、深蒲、箈（水衣）、筍（竹笋）等;肉中可酿酱的有麋、鹿、麇、臝（蜬蝓）、脾析（牛百叶）、蚔（蛾卵）等。《邶风·谷风》"我有旨蓄,亦以御冬",旨,美;蓄,聚;御,当也。① 腌制的干咸菜储藏起来可以用来过冬。用这些器皿制作出来的食物,丰富了卫人的生活。

　　酿酒业对卫人的生活影响甚大。封于殷商故地的卫国,受封之初就被周公要求吸取商末贵族酗酒亡国的教训,"封！汝典听朕毖,勿辩乃司民湎于酒。"② 要吸取商朝酗酒亡国的教训,不要使卫国的民众官员沉湎于酒。但酒是祭祀、宴飨、日常生活中不可或缺的物品,从周王室到各诸侯国都很重视酒的酿造,设置有专门的机构管理酿酒。《周礼·天官·冢宰》"酒正掌酒之政令,以式法授酒材。凡为公酒者,亦如之。"酒正掌管有关酒的政令,按照法式授给造酒材料。凡为公事酿酒的,也按法式授给造酒的材料。③ 似乎各个地方都设有酿酒作坊,但酿酒的工艺与原料来自王室。文献中卫人饮酒的记载较多,如"赫如渥赭,公言锡爵"④,爵,古代酒器名,这里代指酒;"出宿于泲,饮饯于祢"⑤,饯,饯行之义,《郑笺》:"饯,送行饮酒也。"《左传·哀公十六年》"六月,卫侯饮孔悝酒于平阳",卫侯用酒招待大夫。这些记载表明,两周时期卫人的饮食结构有所改善,生活水平提高。当然,这是生产力发展的结果,其中就包括手工业的极大进步。

　　卫国手工业发展对卫人住、行方面的影响也很大。居住方面,大到统治者的宫室、宗庙、墓室、园林,小到普通民众的居室,都与手工业生产

---

①　朱熹:《诗集传》,岳麓书社1989年版,第26页。
②　李民、王健:《尚书译注》,上海古籍出版社2004年版,第277页。
③　杨天宇:《周礼译注》,上海古籍出版社2004年版,第74页。
④　程俊英:《诗经译注》,上海古籍出版社2006年版,第55页。
⑤　程俊英:《诗经译注》,上海古籍出版社2006年版,第57页。

密切相关，如建筑工具、建筑原件的制作等。建筑工具都是手工制作自不必说，一些建筑原件，如陶水管、瓦、砖、金属构件等，也都是手工产品。陶水管的使用较早，河南淮阳平粮台龙山文化遗址发现了用于排水的陶水管，为泥质灰陶，表面饰以篮纹。安阳殷墟的宫室建筑中也发现有用于排水的陶水管。殷墟白家坟村西，曾发现埋在地下的一条南北走向的陶管道，此管道与另一条东西走向的陶管道作"丁"字形连接，连接处采用了三通管。① 建筑材料中的瓦，考古发掘到最早的是西周时期的。此后瓦的制作增多，西周晚期大型建筑中已普遍使用。近年来，丰镐遗址古滈水南岸发现许多建筑基址，从其出土的大量晚期遗物和地层来看，其中不乏西周晚期的大型基址，基址中均发现大量残瓦片，仅从其数量就可以推断出这里的晚期大型建筑同样也是全部用瓦覆顶的。② 东周时期，瓦的数量和品种增多，出现了板瓦、筒瓦、瓦当等不同类型，且瓦的形制有了较大改进。大概重要建筑的屋顶都覆瓦，人们对瓦已相当熟悉。《春秋经·隐公八年》载："秋七月庚午，宋公、齐侯、卫侯盟于瓦屋。"瓦屋，杜注云："周地"，在今温县西北。③ 以"瓦屋"为名，该地可能是最早建瓦屋的地方。砖大概是受到土坯烧烤陶化的启发发明的，迄今最早的砖发现于陕西扶风云塘公社西周灰窑中，发掘者推测，此砖大概是用来给土墙砌墙面，用以防风挡雨的。④ 此外，建筑中金属构件的使用增多，遗址中常出土合页、活铰、铺首等金属构件。浚县辛村M24中出土一件合页，形如一"T"字形，横方处是一单层长方铜片，有五六个钉孔，可固定在木器上。下垂部分是双层铜片，中可夹物，另有四小穿可缚皮条以固定所夹之物。下垂部分有柱钮与横方中部连结，可以活动。⑤ 从这些出土物及文献记载看，两周时期卫国手工业的发展改善了卫人的居住条件。

手工生产中车船的制造为卫人的出行带来了方便。《卫风·硕人》：

---

① 陈振中：《先秦手工业史》，福建人民出版社2008年版，第490页。

② 岳连建：《西周瓦的发明、发展演进及在中国建筑史上的意义》，《考古与文物》1991年第1期，第98—101页。

③ 杨伯峻：《春秋左传注》，中华书局2000年版，第57页。

④ 罗西章：《扶风云塘发现西周砖》，《考古与文物》1980年第2期，第108页。

⑤ 郭宝钧：《浚县辛村》，科学出版社1964年版，第61页。

"硕人敖敖，说于农郊。四牡有骄，朱幩镳镳，翟茀以朝，大夫夙退，无使君劳。"说通"税"，停驾休息；农郊，近郊；四牡，驾车的四匹雄马；有骄，即骄骄，健壮的样子；朱幩，马嚼两旁用红绸缠绕成的装饰；镳镳，盛美的样子。这是卫人赞美卫庄公夫人庄姜的诗，从中可以看出卫国贵族出行时乘坐的马车装饰得相当豪华。卫国车造业的发展，车辆的增多，普通民众也多有使用。《卫风·氓》"以尔车来，以我贿迁"，一个走街串巷的小商人都会用车接新娘，搬嫁妆。

舟船对于境内多河流的卫人来说，更是一种方便的交通工具，乘坐者很多，以至于卫国出现了以摆渡为生的人，"招招舟子，人涉卬否"[1]，舟子就是靠摆渡谋生的人。

综上所述，两周时期卫国手工业的发展，对其农业、商业、日常生活产生了重大影响，为卫国整体经济水平的提升做出了贡献。

第三节 卫国的商业

原始社会时期，生产力水平低下，未能形成社会分工。人们在长期的劳动过程中，不断改进生产工具，畜牧业首先从农业中分离出来，出现第一次社会大分工。第二次社会大分工即手工业与农业的分离。商业是生产力发展到一定水平，社会分工扩大、产品有所剩余后逐渐产生的。一般认为，原始社会以物易物的交换行为是商业最初的萌芽状态，生产者之间直接进行的物物交换，由最初的偶然发生，逐步变为经常而刻意，也就形成了商业。《周易·系辞下》炎帝时期"日中为市，致天下之民，聚天下之货，交易而退，各得其所"，表明那时的交换已比较经常，并且有了相对固定的时间和场所。

一 源远流长的商贾遗风

豫北、冀南地区除了农业、手工业等早期文明外，还出现了商业活动。原始社会是简单的物物交换；夏商时期，在农业、手工业发展的刺激和推动下，物物交换的范围扩大，用于交换的产品种类增多。从当时的贸

---

[1] 程俊英：《诗经译注》，上海古籍出版社2006年版，第47页。

易情况看，豫北、冀南地区拥有悠久的商贾遗风。

(一) 原始社会的物物交换

原始社会的物物交换主要在氏族、部落间进行。豫北、冀南地区很早就有部落间的物物交换，有虞氏部落的首领舜就擅长这一点。传说，舜"作什器于寿丘，就时于负夏"①，《尚书大传》曰：舜"贩于顿丘，就时负夏。"寿丘，今山东曲阜县东北六里；负夏，今山东兖州；顿丘，今河南濮阳市清丰县；"就时"即乘时逐利进行交易；贩，货物买卖。先秦文献《尸子》载，舜"顿丘买贵，于是贩于顿丘；传虚卖贱，于是债于传虚"。顿丘在今河南濮阳，传虚在今山西运城。舜往来于这些地方，利用两地间东西的多少、贵贱的不同，从中谋利。商部落更是以善于交换著称，他们的祖先相土创作"乘马"，王亥创作"服牛"，为部落间开展贸易提供了方便，以至于后人认为"商人""商业"均是来源于商部落。先商部族靠着四处游走，贩运货物，逐渐发展壮大，为推翻夏王朝，建立商王朝奠定了经济基础。

生产力的发展，社会分工的细化，一些生产部门如制陶业、玉石业等，需要专门的生产技术和长期固定的操作人员，某些氏族、家族开始从事某项单一产品的制作。这就使得交换不但对外，也在同一氏族部落内发生了。交换过程中，一些氏族首领损公肥私，首先富裕起来；生产的发展、交换的扩大也促使一些个体家庭积累了财富，有了私有财产。这就为私有制的出现、原始社会的解体打开了缺口。可以说是交换推动了私有制的形成、发展和巩固，加速了原始公有制的崩溃。

(二) 夏商时期贸易的扩大

夏朝时，物物交换范围扩大，除了牲畜、生产工具等成为一般交换媒介外，贝作为一般等价物，具有了早期货币的职能，《盐铁论·错币》载"夏后以玄贝"。商王朝建立后，商品生产有了更大的发展，手工业内部分工扩大，专门生产某种产品的手工作坊兴起，随之而来的是交换、贸易的增多。张光直先生称，"商王国的臣民都精于商品贸易，他们的后人大多以商品贸易为职业，时至今日'商'字仍有'商人'之意，和当时所

---

① 司马迁：《史记》，中华书局2008年版，第32页。

指的商人为同一个词"①。考古资料显示，商代特别是晚商时期商业已相当兴盛。安阳殷墟出土的遗物很多非本地所造或所产，而是来自远方。如铸铜用的原料，大部分可能由长江中下游地区运来；青铜中的锡和铅可能来自云南、湖南；玉料，大多来自新疆和田；占卜用的灵龟既有内陆龟，也有海龟，殷墟还发现过鲸鱼骨。这些物品"主要是通过交换的方式获得的"②。由此可知，商王朝与遥远的外地已有广泛的交通贸易。《尚书·盘庚》"具乃贝、玉"，贝，《说文解字》："海介虫也。"③ 商朝多用贝壳作货币，贝产于海滨，当时生活在黄河中下游地区的居民不会那么容易获取，极有可能是通过交换得来。

商品贸易不断扩大的过程中，贝充当一般等价物的职能更加固定，很多资料显示贝在商末已作为货币使用。如殷墟出土的甲骨文中，常见"赐贝""取贝"字样；晚商时期的青铜器物上，常见"赐贝""赏贝"铭文，且往往以"朋"为计算单位，把贝作为货币进行赏赐。殷商墓葬中无论是贵族墓还是平民墓普遍随葬有贝。1953年大司空村发掘的160座平民墓中，有83座都殉有贝。④ 一墓之中，少者1枚，多者20枚；其中两座墓殉有铜贝共3枚。后岗的杀殉坑中，也有类似的殉贝情况，如第二层27号人架的殉贝，有海贝3串，排列很整齐，第一串20贝，第二串10贝，第三串5贝。⑤ 妇好墓中的殉贝近7000枚。除这些海贝、铜贝外，还有用骨、蚌、石等材料做成的仿制品。这些出土物足以证明殷商晚期以贝作为流通货币。⑥

古文献中有很多关于商人从事商业贸易的记载。《尚书·酒诰》"肇牵牛车远服贾"，贾，商人中的行商，商代晚期可能已有专门从事长途贩

---

① 张光直：《商文明》，辽宁教育出版社2002年版，第236页。
② 中国社会科学院考古研究所：《中国考古学·夏商卷》，中国社会科学出版社2003年版，第421页。
③ 李民、王健：《尚书译注》，上海古籍出版社2004年版，第161页。
④ 马得志、周永珍、张云鹏：《一九五三年安阳大司空村发掘报告》，《考古学报》1955年第1期，第25—90页。
⑤ 中国科学院考古研究所安阳发掘队：《1958—1959年殷墟发掘简报》，《考古》1961年第2期，第63—76页。
⑥ 中国社会科学院考古研究所：《中国考古学·夏商卷》，中国社会科学出版社2003年版，第422页。

运货物的商人。《管子·地数》"昔者桀霸有天下，而用不足。汤有七十里之薄而用有余。天非为汤而雨粟，而地非为汤出财物也。伊尹善通移轻重，开阖决塞，通于高下徐疾之策，坐起之费时也。""薄"，成汤之都亳；"通移轻重，开阖决塞"指进行货物流通。可见商王朝已把开展贸易作为国策，伊尹是其中一位精明的执行者。武王克商后，曾问商朝旧臣箕子商亡原因，箕子不忍直说商朝的不是，但对商王朝的施政纲领作了全面介绍，名之曰"八政"，其前三政是："一曰食，二曰货，三曰祀。"①《汉书·食货志》云："《洪范》'八政'：一曰食，二曰货。食谓农殖嘉谷可食之物，货谓布帛可衣，及金刀龟贝，所以分财利通有无者也。"可知"货"就是贸易。人们通常根据《左传·成公十三年》刘康公所云"国之大事，在祀与戎"，认为商王朝将祭祀作为国家头等大事，其实这与事实不符。《洪范》中清楚地将食与货置于祀之前，食与货才是国家的头等大事，只要有了食与货，才可能进行祀。

商朝中晚期长期定都在豫北地区，作为政治、经济、文化中心的都城一定程度上促进了豫北、冀南地区商品贸易的发展。当时统治者居住的地方称为"邑"，人们交易的场所称为"市"，两者最初是分开的，后来为了迎合统治者的需要，市迁到了邑内。邑内设置有各式各样的"肆"，即分门别类的店铺。《诗经·商颂》"商邑翼翼，四方之极。赫赫厥声，濯濯厥灵"，商都的富丽堂皇、兴盛繁荣，成为四方的榜样。相传商代君主善治宫室，中设九市。《史记·齐太公世家·索隐》谯周曰："吕望尝屠牛于朝歌，卖饮于孟津。"姜太公吕尚曾在朝歌（今河南淇县）和孟津（今河南孟津县境内）的市肆里干过屠宰牛和卖酒的营生。安阳殷墟出土了数量众多的贝，如安阳小屯的一个中型墓 M5 出土 6000 多枚海贝。② 重商传统的影响下，商朝民众进一步加强了与周围四方的互通有无、贸易往来，对于利益的追求也使其手工产品的制作技艺不断提高，生产出大量精巧且经济价值高的产品。手工业和商业间互相影响、互相促进得以充分体现。

商朝可谓是因商而起，因商而亡。周武王在商人吕尚的辅佐下，起兵

---

① 李民、王健：《尚书译注》，上海古籍出版社 2004 年版，第 220 页。
② 北京大学历史系考古教研室商周组编著：《商周考古》，文物出版社 1979 年版，第 55 页。

推翻了奢侈暴戾的商纣王，建立了西周王朝。西周实行分封制，封于殷商故地的卫国统治者虽是周人，但境内仍保留有大量的商遗民，其重商风俗推进了卫国商业的发展。

二 商品贸易与货币

西周初年，受封于殷商故地的卫康叔，遵照周公的谆谆告诫统治殷民。"呜呼！封，汝念哉！今民将在祇遹乃文考，绍闻衣德言。往敷求于殷先哲王，用保乂民。……恫瘝乃身，敬哉！天畏棐忱，民情大可见，小人难保，往尽乃心，无康好逸豫，乃其乂民。……王应保殷民，亦惟助王宅天命，作新民。"[①] 周公教导康叔，殷地的遗患很多且民情复杂，前往殷人的故土治理殷民时要用先王的治国之道谨慎安定、保护民众，使殷民成为周朝的新臣民。周公虽劝说康叔要保护殷商遗民，但还是想改造他们，使之与周人有相同的生活习性。如要求他们重视农业生产，"妹土，嗣尔股肱，纯其艺黍稷，奔走事厥考厥长"[②]。但对于不擅长农田耕作的殷人来说，仅靠农田收获难以维持生计。所以，周公又允许他们"肇牵牛车远服贾，用孝养厥父母"，农闲时节可以牵牛驾车到远方做生意，以商业获利贴补家用。在这种社会风气的影响下，卫国商业较为兴盛，商品贸易发达，货币广泛使用。

（一）商品贸易状况

两周时期，社会处于剧烈变革动荡中，从贵族到下层民众都受到了不同程度的影响。但不管如何，人们追逐财富免遭饥寒之苦的起码要求不会改变，甚至有人要"以富应变"。班固这样总结当时的社会，"礼谊大坏，上下相冒，国异政，家殊俗，耆欲不制，僭差亡极"[③]，"饰变诈为奸宄者，自足乎一世之间，守道循理者，不免于饥寒之患"[④]，结果社会上下都以"取世訾"为"时尚"，"士庶人，莫不离制而弃本，稼穑之民少，商旅之民多，谷不足而货有余"[⑤]。人们为追逐财富或弃官经商、弃农经

[①] 李民、王健：《尚书译注》，上海古籍出版社2004年版，第259—260页。
[②] 李民、王健：《尚书译注》，上海古籍出版社2004年版，第270页。
[③] 班固：《汉书》，中华书局1962年版，第3682页。
[④] 班固：《汉书》，中华书局1962年版，第3682页。
[⑤] 班固：《汉书》，中华书局1962年版，第3681页。

商、弃学经商，或既官又商、亦农亦商，纷纷兼营商业，促进了商业的繁荣。有学者这样评价当时的商业，"中国的商品经济出现很早，在早期阶段——从春秋末年到西汉中叶约四百年当中，发展还是相当迅速的，达到的水平也是相当高的"①。

商品贸易发达与否，是衡量一个国家经济实力的重要指标之一。在这样的大环境下，卫国商品贸易肯定也处于快速上升期。西周卫国国富民强，位为诸侯之长，能达到如此政治地位，与其商业的发达不无关系。建国之初，卫国统治者并没有完全扼杀殷遗民的经商行为，仍允许他们从事商品贸易。本身就具有经商天赋的殷遗民在国破家亡后，更以经商为业，将其才能发挥得淋漓尽致。在他们的带动下，卫国国内的商品贸易肯定会日益兴旺。春秋战国时期，虽说卫国整体呈没落态势，但其社会生产力与时代大背景一致，处于上升阶段。特别是在牛耕普遍推广，铁器大量制作和使用的情况下，农业和手工业的生产力水平提高，与之相适应的必定是商业的日臻繁荣。而工商食官制的逐步瓦解，为商业发展解除了枷锁。

首先，卫国商品贸易范围广，既有近地交易，也有远方贸易。《卫风·氓》"邙之蚩蚩，抱布贸丝"，是近地交易的写照；魏源《诗古微》载，"邙"从"亡"从"民"，"谓流亡之民也"。这个字古代也写作"甿"，可解释为"亡田之人"，丧失了土地的人。他从事的"抱布贸丝"是一种小商业行为，不管布在当时是指布匹还是货币，贸肯定指贸易，这点不会有错。他在娶妻后，得到了妻子丰厚的嫁妆"以尔车来，以我贿迁"和倾力地协助"夙兴夜寐，靡有朝矣"，生意越做越大，财富越聚越多，逐渐变成了富商。身份也由过去的"子"升为"士"，应该是生意做大后靠金钱买来了政治地位的提升。

远地贸易是两周时期诸侯国间经常的商业行为。特别是在礼崩乐坏的春秋时期，统治者们感觉有必要订立一些条约来维护彼此的关系。所以，诸侯国间频繁会盟、订盟约，盟约里常有关于经济贸易的条款。《左传》《孟子·告子下》记载，齐桓公主持的两次葵丘会盟卫国都有参与，第一次葵丘会盟规定要"无忘宾、旅""无曲防，无遏籴"，诸侯国间要保护过往的宾客和商旅，保障彼此之间粮食能顺利买卖。这是春秋时期诸侯会

---

① 傅筑夫：《中国古代经济史概论》，中国社会科学出版社1981年版，第198页。

盟中涉及商品贸易的最早记载。《左传·成公十二年》晋、楚弭兵之会，订立的盟约中规定"好恶同之""同恤灾危，备救凶患""交贽往来，道路无壅"等内容，虽对中小诸侯国不公平，但对于发展南北双方的经济贸易往来意义重大。《左传·襄公十一年》载，晋、鲁、宋、卫、郑、曹、齐、莒、邾、滕、薛、杞、小邾等国在亳地会盟，订立"凡我同盟，毋蕴年，毋壅利，毋保奸，毋留慝，救灾患，恤祸乱，同好恶，奖王室"的盟约。年，《说文》曰："谷熟也。"杨伯峻先生认为："此谓毋积粮而不救邻国之灾。"① 利，指山林川泽之利；毋蕴年，毋壅利，就是各同盟国要保证彼此之间粮食和山林川泽产品的相互流通。这些盟约对促进中原地区的商品贸易有利。卫国是这些盟会的参与者，虽然有些盟约的内容对卫国而言是欺凌和压榨，但从发展对外贸易看还是有一定作用的。

其次，众多商人的存在是卫国商品贸易兴盛的另一表现。卫国的小商人很多。《卫风·氓》中的男主人公，从一个走街串巷的小商贩逐渐积累财富，最终提升了社会地位。《邶风·匏有苦叶》"招招舟子，人涉卬否"，舟子靠摆渡为生，他所从事的职业按现代人的观点也属于商业，只不过生产的是非物质性的服务产品。卫国境内河流众多，如《卫风·硕人》《邶风·新台》中的黄河，《鄘风·桑中》《卫风·淇奥》《卫风·有狐》中的淇水，《卫风·氓》中的漯河，《卫风·竹竿》中的百泉等等；《邶风·谷风》"就其深矣，方之舟之"，人们为了出行方便，遇到深水要用船和筏子渡河，这就为摆渡者提供了大量生意。

卫国大商人中值得一提的是孔子弟子子贡，他曾"退而仕于卫，废著鬻财于曹、鲁之间，七十子之徒，赐最为饶益"②。《仲尼弟子列传》"子贡好废举，与时转货赀。……常相鲁卫，家累千金"。《集解》"废举谓停贮也，与时谓逐时也。夫物贱则买而停贮，值贵即逐时转易，货卖取资利也"。孔子对于子贡的经商才能给予褒扬，称他"亿则屡中"，亿，猜度也，子贡善猜行情，贱则买进，贵则卖出，从中牟利。子贡自己也进行了总结，认为商品价格高低取决于供求关系，"君子艺所以贵玉而贱珉

---

① 杨伯峻：《春秋左传注》，中华书局1990年版，第989页。
② 司马迁：《史记》，中华书局2008年版，第3258页。

者，何也？为夫玉之少而珉之多邪！"① 典型的物以稀为贵论。战国时期政商奇才吕不韦，《战国策》记载其为卫国濮阳人。《史记》载，吕不韦"阳翟大贾人也，往来贩贱卖贵，家累千金"②。

另外，春秋末期晋国理财谋士计然，蔡丘濮上人。他曾提出系统的贸易理论，其实践来源大概是中原地区特别是卫国的商品交易。计然主张"旱则资舟，水则资车"③，就是说要预测商机；"积著之理，务完物，无息币"④，积藏的货物，要保管完好，并及时售出；"贵出如粪土，贱取如珠玉"⑤，物品价高时要大量售出勿吝惜，价贱时要尽量购入勿失时机；"财币欲其行如流水"⑥，货币要不停地周转。后来范蠡用计然的贸易理论发家致富，人称"陶朱公"。商鞅，卫国公室后裔，又称卫鞅或公孙鞅。他在秦国任职时曾提出过多条重农抑商政策，《史记·商君列传》载，商鞅提出"僇力本业，耕织致粟帛多者复其身。事末利及怠而贫者，举以为收孥"⑦，如果努力耕织，收获粟、帛多者，可以免除徭役；如果是从事商业取利或怠惰而导致贫困的人，官府要收为奴婢。从这些抑商政策可以看出，商鞅对商业贸易了解且熟悉，他对问题的分析非常透彻，如果没有长久商业知识的积累，常年的耳濡目染，绝不可能提出如此之多、之精的抑商理论。卫国商品贸易影响广泛由此可见。

再次，卫国统治者重视工商业的发展，且与私营工商业者关系密切。春秋中期，卫国被狄人灭国，后在他国的帮助下复国。卫文公为了振兴经济，实行"通商惠工"政策，允许私营工商业自由发展，卫国经济得到复苏，为卫国的短暂中兴做出了贡献。之后，这些工商业者与卫国统治者保持着长久合作关系。《左传·定公八年》载，卫侯欲叛晋，又害怕晋国讨伐，不得不征求工商业者的意见，"苟卫国有难，工商未尝不为患"。但工商业者支持卫侯，能执干戈以卫社稷，"五伐我，犹可以能战"，这

---

① 张觉：《荀子译注》，上海古籍出版社2012年版，第448页。
② 司马迁：《史记》，中华书局2008年版，第2505页。
③ 徐元诰：《国语集解》，中华书局2002年版，第568页。
④ 司马迁：《史记》，中华书局2008年版，第3256页。
⑤ 司马迁：《史记》，中华书局2008年版，第3256页。
⑥ 司马迁：《史记》，中华书局2008年版，第3256页。
⑦ 司马迁：《史记》，中华书局2008年版，第2230页。

些工商业者力量强大，他们与统治者休戚与共，成为封建政权的重要支撑力量。

当然，当统治者压迫欺凌严重时，他们也会愤然而起，发动暴乱，领导者往往是管理工商业的官吏。春秋时期各诸侯国皆设有专职管理市场的官吏，郑、宋、卫等国的市官称为"褚师"。《左传·昭公二年》载，郑国大夫子晳将死，"请以印为褚师"。杜预注："印，子晳之子。褚师，市官。"春秋末期，卫国发生的几次起义都与"褚师"有关。《左传·昭公二十年》载，卫齐豹、北宫齐、褚师圃作乱，卫灵公奔齐；哀公十六年，卫司徒瞒成欲与褚师比伐卫庄公，未果而奔宋；哀公二十五年，卫褚师比、公文要、司寇亥发动手工业者作乱，卫出公奔越。这些起义的领导者中，都有管理商品贸易的褚师，说明他们在商品贸易中权力很大。

（二）货币的流通

《史记·平准书》载，"农工商交易之路通，而龟贝金钱刀布之币兴焉。"货币的出现及参与流通，是商品贸易发展到一定阶段的产物，经历了由一般等价物即物品货币到固定金属货币的演进。金属货币的出现，是社会经济发展到崭新阶段的标志。两周时期特别是春秋战国时期，我国广泛铸造和使用金属货币。但史料缺乏卫国货币铸造和使用情况的记载，考古发掘到的一些货币还不能明确是否属于卫国，因此对卫国的货币流通目前还不能作出系统研究。但从卫地出土的两周时期货币看，卫国商品贸易中已使用金属货币。

焦智勤先生《耸肩尖足空首布考辨》一文，研究了安阳市出土的耸肩尖足空首布。文章指出，安阳市区近年来陆续出土两批耸肩弧裆尖足空首布，一批出自北郊；一批出自洪河屯村，均为窖藏。出土时无盛装器，作环状叠压排列，锈结在一起，根据叠压痕迹，可知每环约46枚。[1] 这批空首布的特征是：耸肩，弧裆，尖足，銎部细长呈楔形，銎内有泥范芯，币四周有郭，面背各有三条垂直纹饰，币面无文字。[2] 20世纪50年代初期，河南林县东南部也曾发现耸肩弧裆尖足空首布窖藏。现林州市文

---

[1] 焦智勤：《耸肩尖足空首布考辨》，《华夏考古》1996年第1期，第64—71页。

[2] 焦智勤：《耸肩尖足空首布考辨》，《华夏考古》1996年第1期，第64—71页。

管所藏有其中的4枚。①张增午先生研究后认为，此为三晋耸肩尖足布。一整三残，完整的一枚重27.4克，长13.2厘米，宽6.4厘米，尖肩尖足圆裆，面有三直纹。②林县还出土了战国时魏国"垂"字平首布39枚，每枚重10克，长5—5.3厘米、宽2.9—3.3厘米。布首两侧均有一个锐角，布身直腰、方足、三角形裆，面有篆书阳文"垂"字，背有两直纹。魏国"垣"字圜钱2枚，每枚重6.7—10.2克，直径4厘米，穿径0.6—0.9厘米，背平素，面文"垣"字。秦"半两"钱2枚，每枚重4.3—7.4克，直径3.1—6.2厘米，穿径0.7—0.8厘米，周边不很圆，面背皆无内外郭。钱文高挺、狭长，"半"字下平画较短，"两"字上平画短而模糊，"两"字的"人"字上有很长的竖笔，边有铸口茬。③安阳市西郊距殷墟8公里处的洹河中，也出土一批小方足布，无流通痕迹，品相极好，有四五千枚之多。④

河南浚县多次出土耸肩弧裆尖足布，县西南20公里处的小艾庄遗址窖藏有百枚耸肩弧裆尖足布，现存浚县博物馆。⑤汲县山彪镇M1出土耸肩平首弧裆型尖足空首布，数量众多，不易计数。⑥淇县城关镇发现的战国货币，一枚是圆肩布，通长5.7厘米，宽3.8厘米。另一枚长6厘米，宽4厘米。城南镇南杨庄大队战国墓出土一批战国铜币，完整者60枚，形制、大小、纹饰全同，均为"公"字方肩布，长5.8厘米，宽2.7厘米。⑦1981年，鹤壁市石林乡狮跑泉村的村民在村西边取土时，挖掘出3个南北排列一致的圜底陶罐。陶罐内贮藏古币4870枚，约重35公斤。⑧这批货币基本上没有散失，种类很多，有锐角平首布3569枚，圆肩弧裆

---

① 焦智勤：《耸肩尖足空首布考辨》，《华夏考古》1996年第1期，第64—71页。
② 张增午：《河南林县出土古钱币》，《中国钱币》1992年第1期，第65—67页。
③ 张增午：《河南林县出土古钱币》，《中国钱币》1992年第1期，第65—67页。
④ 刘新明：《安阳出土战国方足布》，《中国钱币》1993年第2期，第50页。
⑤ 焦智勤：《耸肩尖足空首布考辨》，《华夏考古》1996年第1期，第64—71页。
⑥ 郭宝钧：《山彪镇与琉璃阁》，科学出版社1959年版，第36—37页。
⑦ 耿青岩、李树广：《河南淇县发现一批战国铜币》，《考古与文物》1985年第1期，第112页。
⑧ 刘素霞、牛晓梅、钟莉芹：《鹤壁狮跑泉窖藏战国货币》，《中原文物》2001年第3期，第66—70页。

平首布11枚；平肩、方足、平首小布计110枚。①

虽说这些货币目前还不能确认是不是属于卫国，但货币种类众多，不同诸侯国的货币在同一地点出土，均能证明当时此地的商品贸易较为发达。

三　城市与交通

两周时期卫国城市数量增多、规模较大，这些同样是卫国商品贸易兴盛的表现。此外，卫国水陆交通发达，也为其商品贸易的繁荣创造了条件。

（一）商业城市的兴起与发展

两周时期，社会生产的发展，分工的细化，三大产业的依存性越来越强，"农不出则乏其食，工不出则乏其事，商不出则三宝绝"②。缺少哪一个行业，社会就不能正常运行。"出"与"不出"是指物品是否进行交换，交换就需要场所。市便成为商品交换的集中地，即所谓"处工，就官府；处商，就市井"③。

"市"在我国起源很早，但发展比较迟缓。《周易·系辞下》载，神农氏时就曾"日中为市，致天下之民，聚天下之货，交易而退，各得其所"，这实际上是原始部落间的互通有无，这种"市"未必形成了固定的地点与时间。但是随着社会分工的扩大，生产力水平的提高，产品的日益丰富，人们交换频率、交换次数随之增多，逐渐有了固定的"市"来满足人们的需要。这样的"市"往往设在工商业较为发达的城中，特别是各诸侯国的都城，《管子·揆度》"百乘之国，中而立市，度五十里"，以便"四方之民"。

两周时期"市"由司市管理。《周书·地官·司徒》载："司市掌市之治、教、政、刑、量度、禁令。"司市掌管听断市场的争讼、教道经营，掌管有关的政令、刑罚、度量单位和禁令。④ 并且还要征收关税，

---

① 刘荷英：《鹤壁市狮跑泉战国窖藏货币研究》，《中州钱币》（五），1995年，第121页。
② 司马迁：《史记》，中华书局2008年版，第3255页。
③ 徐元诰：《国语集解》，中华书局2002年版，第219页。
④ 杨天宇：《周礼译注》，上海古籍出版社2004年版，第206—207页。

"国凶荒、札丧，则市无征，而作布"。国有大灾荒、大瘟疫，就不征收市场税，而多铸钱币。① 反之，平常年景在"市"内进行的货物交易要征税。诸侯国间的贸易行为，除了市场税，还要征收关税。有史料显示，一些贸易集散区仅凭关税征收就能富国。如宋的陶和卫的濮阳，因赋税收入的丰厚而成为各国争夺的目标。秦昭王时穰侯专权，攻得定陶后占据为自己的封地，以致"穰侯之富，富于王室"②。私营工商业繁华的地方是当时人最想要的封地。鲁仲连给燕将的信中曾要求："请裂地定封，富比陶、卫。"③ 陶、卫是当时工商业较为繁华的地区，同时它们也成为诸侯国争夺的焦点，如魏国曾"数年东向攻尽陶、卫"④，不惜花费数年时间攻打这两个地方，恐怕也是想要获取那里丰厚的工商税收入。

《诗古微》记载："三河为天下都会，卫都河内，郑都河南……据天下之中，河山之会，商旅之所走集也。"卫国居于天下之中，这种地理优势对其商品贸易非常有利，卫国都城即是政治中心，又是经济中心。春秋战国时期卫国曾数次迁都，其作为都城的几个地方，如朝歌（今河南省淇县）、曹（今河南省滑县西南）、楚丘（今河南省滑县东）、帝丘（今河南省濮阳县西南）、濮阳等，都是当时重要的商品贸易中心。春秋战国时期，各诸侯国还出现了一些新兴城市。如秦之雍、栎邑，韩之阳翟，周之洛阳，宋之定陶，魏之大梁，赵之中山、邯郸、上党，齐之临淄，楚之郢都，巴蜀之邛都等，这些大大小小的城市不仅有贸易分工精细的市场，而且还能"诸侯四通，货物所交易也"⑤。卫国天下之中的地理优势，更使其成为天下商品贸易的集散地。恐怕也正是这一优势，使其又成为诸侯国争夺的焦点，无力抵抗的情况下只能任人宰割，国力日弱，国土日削。

除了城市，一些乡村的交换具有自发性，没有时间、地点限制，可以随时随地进行，也没有市官管理。《卫风·氓》中的顿丘（今河南清丰县），也许就是人们常在此进行货物交换而逐渐形成的一个小集镇。戚（今河南省濮阳县戚城村），卫都濮阳附近的一个小城邑，卫国当权大臣

---

① 杨天宇：《周礼译注》，上海古籍出版社2004年版，第210页。
② 司马迁：《史记》，中华书局2008年版，第2325页。
③ 刘向：《战国策》，北方文艺出版社2013年版，第202页。
④ 陈奇猷：《韩非子新校注》，上海古籍出版社2000年版，第338—339页。
⑤ 司马迁：《史记》，中华书局2008年版，第3257页。

孙氏的采邑。东周时期,诸侯国多次在戚地会盟,恐怕与其"交通便利,便于四方人士会集"①密切相关。这些集镇形成后,除了会有平时的交易外,也会慢慢形成较为固定的交换日子,十里八村的人们往往会在这个日子里,"男女弃其旧业,亟会于道路,歌舞于市井尔"②,妇女"不绩其麻,市也婆娑"③,停下手中的活计到集市上或做生意,或耍乐。小集镇成为集交换与娱乐为一体的场所,热闹非凡,人们即使不做生意,也能尽兴而归。这些小集镇存在的意义,远远超出了商品交换本身。慢慢地,这些集镇周围的居民会越来越多,逐步发展成具有强大生命力的商业城市。

（二）发达的水陆交通

中国古代的交通起源甚早,很可能是为畅通贸易而开辟。大禹治水"开九州,通九道,陂九泽,度九山"④,九州所指虽有争议,但此记载表明远古时代华夏范围内的主要交通道路已具雏形。帝尧时,能够做到"协和万邦",应该也开辟有方便彼此间往来的道路。

商朝时道路已比较普遍。1986—1987 年,花园庄村西南角发掘骨料坑一个,并在坑口表层的兽骨上发现了 14 条车辙。这是第一次在殷墟发现车辙,其后于 2000 年在郭家湾新村发现商代大型道路一条。⑤ 这条道路呈南北走向,路宽约 9 米,长约 280 米,中间为可供两辆马车并排行驶的车马道,路的两侧各有宽约 1.8 米的人行道,道路的表面,并排的四道车辙印清晰可见,每对车辙之间距离为 1.9 米左右。专家推测,当时的道路,车辆已经可以双向行驶。野外的道路也不会狭窄,当时车轨距一般 2 米左右,为行车安全,路必宽于两轨,故商朝的道路,一般不应窄于 5 米。

从甲骨卜辞和文献,可大致勾勒出商人的几条主干道走向。向西,从安阳到洋镐之间,到王室"田猎区"沁阳一带,当有主要干道;向南的道路可达今湖北境内,甲骨文中有至"曾"的记载,即今湖北京山、枣

---

① 张新斌:《戚城与卫国孙氏研究》,《中原文物》2002 年第 5 期,第 55—61 页。
② 程俊英:《诗经译注》,上海古籍出版社 2006 年版,第 193 页。
③ 程俊英:《诗经译注》,上海古籍出版社 2006 年版,第 193 页。
④ 司马迁:《史记》,中华书局 2008 年版,第 51 页。
⑤ 崔志坚:《科学发掘 90 年,殷墟告诉我们什么》,《光明日报》2021 年 7 月 23 日。

阳、随县一带①；向东方的道路，以今河南商丘为一交汇点，行军往来都曾经过此地，商军从此处向南可至亳（今商丘南谷熟集）至枚（今河南永城、安徽宿县、蒙城一带）再至淮（今淮水），然后南下攻击林方（今安徽凤阳）；向北，可达竹国，即孤竹，其地在今河北省卢龙县境内。

西周王朝非常重视对道路的整治，《诗经·小雅·大东》："周道如砥，其直如矢。"周道，大路；砥，磨刀石；道路平整得像磨刀石。"《周制》有之曰：'列树以表道，立鄙食以守路。国有郊牧，疆有寓望，薮有圃草，囿有林池，所以御灾也。'"② 表，识也；鄙，四鄙也。十里有庐，庐有饮食也。国外曰郊；牧，放牧之地也。疆，境也；境界之上，有寄寓之舍、候望之人也。从中可以看出，西周时期已有较为完整的道路规制。此记载或许有理想和夸张的成分，但也表明当时政府对道路的重视和总体设想。

西周时期的交通呈现出系统化和网格化趋势，初步形成了以都城丰镐为中心向外辐射的几条交通干道，成为西周王朝经略全国、控制各族的大动脉。如武王伐纣灭商后，为加强对东方各部族的统治，开通了一条东西交通干线，由周原经丰镐至雒邑再往东延伸直达齐国和鲁国，成为西周王朝控制东方的一条主动脉。卫国正处于这条交通大动脉的中心。

春秋战国时期，生产力的发展，社会产品的丰富，促进了商业的繁荣。而商品经济要快速发展，发达的交通是必备条件。商品生产、流通等各个环节客观上都要求有顺畅的道路、发达的交通；否则商品无法运转，商品经济的发展必然会受到限制。卫国地处中原，天下之中的地理优势使其成为南北交通要津，陆路四通八达。《春秋大事表卷四·列国疆域表》载："卫地西邻晋，东接齐，北走燕，南拒郑宋"，卫国与很多诸侯国接壤。这种四通八达的陆路交通使其成为商品交易的集散地。

卫国众多河流的存在及船、筏、舟的制造和使用，带来了其水路交通的发达。《史记·货殖列传》载："邯郸亦漳、河之间一都会也，北通燕涿，南有郑卫。"司马迁此处特意提到漳、河，也许正是因为邯郸是水陆交通交汇点，它才成为天下都会。战国时期，魏惠王开挖鸿沟运河，从今

---

① 江鸿：《盘龙城与商王朝的南土》，《文物》1976年第2期，第42—46页。
② 徐元诰：《国语集解》，中华书局2002年版，第66页。

郑州北引黄河水入圃田泽,然后从圃田泽开大沟到大梁(今开封)。后又从大梁开大沟向南折,通过颍水、涡河与淮河相连。"自是之后,荥阳下引河东南为鸿沟,以通宋、郑、陈、蔡、曹、卫,与济、汝、淮、泗会。于楚,西方则通渠汉水、云梦之野,东方则通鸿沟江淮之间。于吴,则通渠三江、五湖。于齐,则通菑济之间。于蜀,蜀守冰凿离碓,辟沫水之害,穿二江成都之中。此渠皆可行舟。"① 由此可以看出,战国时期的水路交通更加发达,卫国的商业贸易必定会从中受益。

综上所述,两周时期卫国商业在社会生产力提高、产品增多、悠久经商习俗、发达的水陆交通等影响下,获得进一步的发展。商品贸易范围的扩大,金属货币的大量应用,商业城市的出现,都是其商业兴盛的表现。

---

① 司马迁:《史记》,中华书局2008年版,第1407页。

第十章

卫国文化

卫国文化对后世影响最大的即是诗歌，《卫风》在《诗经》中占有重要地位，成为华夏民族重要的历史记忆和生活因素。

审美方面，卫人以硕大为美，生活中崇尚白色。长期对抗狄人，养成了尚武风俗。祭祀上继承了商文化的尊神敬鬼传统。这些特色鲜明的区域文化，随着中国历史上多次的民族融合，或逐渐消失，或成长为全民族的风俗。

第一节 诗歌文化之卫风

卫国历史文化中最为典型的是其诗歌文化，即卫风[①]。《诗经》共收集十五国风、160篇诗歌；卫国就有三个国风：卫风包括邶风（19首）、鄘风（10首）、卫风（10首），共39首，占到十五国风的近四分之一；占当时所收集诗歌的1/5—1/4。从《诗经》所收集的乐歌可以看出，卫国是一个诗的国度。至今卫国"投我以木瓜，报之以琼琚；匪报也，永以为好也"的诗句，还在我国脍炙人口，妇孺皆知。这些诗句表现出卫国民众善良感恩，对生活的热爱和激情；也表现了卫国民众的文化水平和创作能力。

《毛诗正义·邶鄘卫谱》云："北鄘卫，商纣畿内方千里之地。其封

[①] 十五国风之一。《诗经》在内容上分为风、雅、颂三部分，其中"风"是从周王朝及各诸侯国直接统治的周南、召南、邶、鄘、卫、王、郑、齐、魏、唐、秦、陈、桧、曹、豳 15 个地区采集上来的地方民歌，共 160 篇，称十五国风。

域在《禹贡·冀州》太行之东,北逾衡漳,东及兖州,桑土之野。周武王伐纣,以其京师封纣子武庚为殷后,三分其地为三监,使管叔、蔡叔、霍叔伊而教之,以监殷氏。自纣城之北谓之邶,南谓之鄘,东谓之卫。武王即丧,管叔及其群弟见周公将摄政,乃流言于国内:'公将不利于孺子。'成王既黜殷命,杀武庚,更于此三国建诸侯,以殷遗民封康叔于卫,使之为长……《地理志》曰:'武王崩,三监叛。'周公诛之,更以其地封弟康叔,号曰孟侯。迁北鄘之民于洛邑,故北鄘卫三国之诗,相与同风。"孔颖达《诗·邶鄘卫谱》中分析了"相与同风"且均在卫地的三国之诗为何没有统称为卫风的原因,"并北鄘分为之国,郑并十邑不分之者,以郑在西都十邑之中无郑名,又皆国小,土风不异,不似北鄘之地大于卫国,又先有卫名,故分三也。虽分从邶、鄘,其实卫也。故序每篇言卫,犹唐实是晋,故序亦每篇言晋也。"后世学者孙作云先生也认为:"邶鄘卫三风皆卫风。"[①] 由此可见,邶鄘卫三风均是出自卫国的诗歌,实为一体。这39首诗不仅在中国古代文学史、文化史上占有重要地位,也是我们研究卫国历史文化的重要资料。

一 卫风的成因

地理因素。春秋时期,吴公子季札就已经认识到十五国风的不同地域文化特色,《左传·襄公二十九年》载,(季札)请观于周乐。使工为之歌《周南》《召南》,曰:"美哉!始基之矣,犹未也。然勤而不怨矣。"为之歌《邶》《鄘》《卫》,曰:"美哉,渊乎!忧而不困者也。吾闻卫康叔、武公之德如是,是其《卫风》乎!"为之歌《王》,曰:"美哉!思而不惧,其周之东乎!"为之歌《郑》,曰:"美哉!其细已甚,民弗堪也。是其先亡乎!"[②] 季札通过自己的观察,认为地理环境和民风民俗对文学创作影响甚大。《汉书·地理志》关注了各国风诗和地理位置的关系。郑玄《诗谱序》同样从地域方面对各国风诗进行了描述和考证。后世学者更是多方面、多角度地展开了诗歌地理学的研究。清代孙诒让《邶鄘卫考》详细考证了邶、鄘、卫的地理位置,对于我们研究卫地风诗

---

① 孙作云:《孙作云文集》,河南大学出版社2003年版,第77页。
② 杨伯峻:《春秋左传注》,中华书局2000年版,第1162页。

具有重要参考价值。两周时期,卫国的自然地理环境,温暖湿润的气候特点,大量的天然原始植被,是卫风形成的重要因素。正如《中国文化概论》中所说:"不同的地理环境与物质条件,使人们形成了不同的生活方式与思想观念。"① 卫风中的风土人情和历史故事,正是当时卫地特殊地理环境的产物。

传承(继承与演变)因素。邶、鄘、卫作为殷商王畿旧地,决定了诞生于此的卫风必然带有殷商文化痕迹;殷商毕竟是一个拥有500余年历史和灿烂辉煌文明的王朝,这是周王朝必须面对的客观现实。周人虽以西土小邦的身份,最终战胜了殷商,尽占商之地,尽有商之民,成为天下共主。但周人意识到只有在继承殷商文明的基础上才能建立高度发达的礼乐文明,因而"周因于殷礼"②"周监于二代"③。西周时期,康叔受封除了得到殷商故地、殷民七族外,还被周公叮嘱要"启以商政,疆以周索"④,这就使得卫风必然会保留有殷商文化的内容。但卫毕竟是受封于周的诸侯国,周王朝的礼乐制度是卫国必须遵守的规范,这就使得保留有殷商文化遗风的卫风必定会在正统礼乐文化的冲击下发生演变,且异常剧烈。王国维先生曾对之这样描述,"中国政治与文化之变革,莫剧于殷周之际",其根本体现是"旧制度废而新制度兴,旧文化废而新文化兴"。⑤ 举例来说,制度方面,殷商王朝是君统、尊尊,西周王朝是宗统、亲亲;信仰行动方面,殷人尊神事鬼、宗天尚鬼,周人尊礼尚施、敬德保民;文化的演变则体现在卫风中。

政治经济因素。西周时期,卫国特殊的政治地位和发达的商业经济,是卫风形成独特艺术风貌的重要因素之一。卫国是西周初期周王室比较重视的一个诸侯国。卫康叔是成王时的司寇,诸侯之长,被"赐卫宝祭器,以章有德";卫武公"修康叔之政,百姓和集",周平王"命武公为公",卫武公成为周王室的辅政大臣。由此可见,整个西周时期卫国都拥有着重要的政治地位。《卫风·淇奥》"瞻彼淇奥,绿竹猗猗。有匪君子,如切

---

① 张岱年:《中国文化概论》,北京师范大学出版社1994年版,第30页。
② 杨伯峻:《论语译注》,中华书局1990年版,第21页。
③ 杨伯峻:《论语译注》,中华书局1990年版,第28页。
④ 杨伯峻:《春秋左传注》,中华书局2000年版,第1538页。
⑤ 王国维:《观堂集林(外二种)》,河北教育出版社2001年版,第287—288页。

如磋，如琢如磨，瑟兮僩兮，赫兮咺兮。有匪君子，终不可谖兮"。毛诗《序》曰："《淇奥》，美武公之德也。有文章，又能听其规谏，以礼自防，故能入相于周，美而作是诗也。"卫武公为周王室卿相，谨慎廉洁从政，宽容大度，虚心纳谏，很受人们的尊敬。

卫风的独特，也与当地的商业经济有关。史载，春秋之前卫国商业活动基本集中在东部地区，《尚书·酒诰》称殷商故地之民"肇牵车牛远服贾"，商业活动已远近闻名；《史记·货殖列传》提到邯郸是漳河之间的经济都会，"北通燕涿，南有郑卫"，卫是其中的商业集散地之一；春秋时期陶、卫并称，卫国的经济繁荣程度能与列国间最大的经济都会陶相比肩。《卫风·氓》中穿梭于乡间里巷"抱布贸丝"的小伙子，同样说明卫地商人的活跃和商业活动的广泛。魏源《诗古微》云："商旅集则货财盛，货财盛则声色轃"，商人的众多、交通的便利促进了商业的繁荣发达，商业的兴旺又带来了物质消费和文化交流的频繁，当然也进一步推动了卫风的兴盛。

二　卫风的主题

主题是指文艺作品或社会活动等所要表现的中心思想，泛指主要内容。在描绘性艺术中，主题关涉个人或事物的再现，也涉及艺术家创作灵感的来源，即经验。卫风因为时代久远且属于文学作品，绝大多数诗篇没有史料加以佐证，因此对卫风的主题存在着多种解读，恰如董仲舒《春秋繁露》中所称"诗无达诂"。卫风39首，通过分析其诗歌中的基本思想和观点，可以将其主题分为以下六类：婚姻爱情诗、赞美诗、怨刺诗、征战诗、忧思诗、政治出仕诗。

婚姻爱情诗。反映爱情和婚姻生活的诗歌，是卫风诗歌主题中表现最为突出的内容。受殷商声色娱乐的影响，卫风秉承了殷商自由文化因素，也造就了这里独特的民风，多为桑间濮上之咏。且周初统治者出于巩固统治、繁衍人口的需要，在一定时期内提倡男女间的自由恋爱，《周礼·地官·媒氏》云："媒氏掌万民之判。仲春之月，令会男女，于是时也，奔者不禁。若无故而不用命者罚之，司男女之无室家者而会之。"以上种种，造就了卫风中多篇描写男女间自由恋爱的经典之作，如《邶风·静女》《邶风·匏有苦叶》《鄘风·桑中》《卫风·木瓜》等。两情相悦下的青年男女往往互赠信物表达自己的心意。有些诗篇则是表达主人公崇尚忠贞专一的爱情,如《邶风·击鼓》中的经典名句"死生契阔,与子成说。执子之手,与子偕老",成为后世人们追求爱情婚姻的至高境界。《鄘风·柏舟》"之死矢靡它"、《鄘风·君子偕老》"君子偕老"、《卫风·氓》"及尔偕老"、《邶风·谷风》"德音莫违,及尔同死"、《卫风·木瓜》"永以为好也"等,均表现了主人公对永恒爱情的期盼。卫风婚姻爱情诗中虽不乏率性任情之作,但也有不少作品反映出当时男女间的交往与恋爱已受到父母之命、媒妁之言的限制,与《周礼·地官·媒氏》所云一致,"媒氏,掌万民之判。凡男女自成名以上,皆书年月日名焉。令男三十而娶,女二十而嫁。凡娶判妻入子者,皆书之。……司男女之无夫家者而会之,凡嫁子娶妻,入币纯帛无过五两。禁迁葬者与嫁殇者,男女之阴讼,听之于胜国之社。其附于刑者,归之于士"。如《鄘风·柏舟》《鄘风·蝃蝀》《卫风·氓》等,或表现主人公为追求爱情自由,不顾父母家人反对、世人指责,想要冲破礼教束缚而奋起抗争;或表现主人公不顾父母之命,与人私奔;或表现主人公即使相爱但因无媒人牵线搭桥也不能结合,有些还要通过占卜来决定婚姻的幸与不幸。更有甚者,有些婚姻中的女性因当地人的"薄恩礼,好生分"① 而遭到遗弃,《卫风·氓》《卫风·谷风》就是典型的弃妇诗。受当时人同姓不婚的影响,卫风中还有多篇远嫁诗,如《邶风·燕燕》《邶风·泉水》《卫风·竹竿》《卫风·河广》《卫风·硕人》等。

赞美诗。卫风中赞美诗多是对国君、贵族女子和士大夫的赞美,采用细节刻画的表现手法,描写得细腻到位,且注重人物内在美与形象美的统一,品德高尚、卓著功绩、受人爱戴、体貌、容颜、服饰等成为诗歌歌颂的主题。以体貌美为例,既有总而言之者,如《邶风·泉水》"娈彼诸姬",《邶风·静女》"静女其姝""静女其娈";也有分而述之者,具体描写女子的体态、容貌、服饰,甚至于注重女性的手、额头、眉目、牙齿、颈部、笑靥、头发、步态等点部的精描细绘,体现出细致化的特点。《卫风·硕人》是《诗经》中描写美人的典范篇章,此美人多被认为是庄姜。庄姜的美丽根基在于"硕",出身家势、出嫁仪仗、相貌体态等无一

---

① 班固:《汉书》,中华书局1962年版,第1647页。

不是"硕"的表现,"齐侯之子,卫侯之妻。东宫之妹,邢侯之姨,谭公维私",点明了主人公高贵不平凡的出身;"四牡有骄,朱幩镳镳。翟茀以朝""葭菼揭揭,庶姜孽孽,庶士有朅",描述了庄姜出嫁时车马仪仗的盛大和随从男女的众多;"手如柔荑,肤如凝脂,领如蝤蛴,齿如瓠犀。螓首蛾眉,巧笑倩兮,美目盼兮",绝世美人高贵端庄,素净典雅的形象跃然纸上。清人姚际恒赞誉《硕人》:"千古颂美人者无出其右,是为绝唱。"①《卫风·淇奥》也是《诗经》中的名篇,多数研究者认为是赞美卫武公高尚品德的作品。毛诗《序》载:"《淇奥》,美武公之德也。有文章,又能听其规谏,以礼自防,故能入相于周,美而作是诗也。"该诗从多个层面展现了卫武公的美,"宽兮绰兮""如切如磋,如琢如磨""如金如锡,如圭如璧",赞美卫武公胸怀宽大、性情温和、从谏如流、善于自修;"充耳琇莹,会弁如星",展现卫武公外在装饰的华美;"宽兮绰兮,猗重较兮",描绘卫武公乘坐车驾的豪华。《鄘风·君子偕老》从多个方面对贵族女子的美进行了精细、绚烂、真切的形容,表达了诗作者的欣赏和赞美。墨色如云的"鬒发",白皙宽广的额头,清澈秀丽的眼眸是对俏丽外貌的描写;"副""笄""六珈""玉瑱""象揥"是对精美华丽首饰的描绘;"象服""翟服""展衣""绁袢"是对绚丽华贵、剪裁合身的服饰展现;"委委佗佗,如山如河""展如之人兮,邦之媛也"是对雍容华贵、大方庄重的仪态刻画。《鄘风·定之方中》是士大夫赞美卫文公的诗歌,"匪直也人,秉心塞渊,騋牝三千";毛诗《序》载:"《定之方中》,美卫文公也。卫为狄所灭,东徙渡河,野处漕邑。齐桓公攘夷狄而封之。文公徙居楚丘,始建城市而营宫室,得其时制,百姓说之,国家殷富焉。"作为卫国历史上的中兴之主,卫文公功绩卓著,受到老百姓的爱戴和歌颂。《鄘风·干旄》是赞美卫国大夫善于招纳贤才的诗。朱熹《诗集传》认为是卫大夫访求贤人的诗作,"言卫大夫乘此车马,建此旌旄,以见贤者。彼其所见之贤者,将何以畀之,而答其礼意之勤乎?"②诗中的干旄、干旌、干旟均是春秋时期纳贤招士时所用到的物品。

怨刺诗。《汉书·礼乐制》"周道始缺,怨刺之诗起",怨刺诗即后来

---

① 姚际恒:《诗经通论》,中华书局1958年版,第83页。
② 朱熹:《诗集传》,岳麓书社1989年版,第38页。

的政治讽刺诗，其内容多是对当时腐朽、黑暗政治的揭露，针砭时弊，讽刺统治者生活中的丑行，可谓是我国文学史上最早的一批暴露文学。卫风中的怨刺诗多出自劳动人民之口，诗作的战斗性很强，采用生动、活泼、短小、辛辣的笔法，对统治阶级和专制制度进行抨击和揭露。如《邶风·新台》讽刺卫宣公娶了原本为太子迎娶的新娘，将他比作癞蛤蟆。"新台有泚，河水㳽㳽。燕婉之求，蘧篨不鲜。新台有洒，河水浼浼。燕婉之求，蘧篨不殄。鱼网之设，鸿则离之。燕婉之求，得此戚施。"诗歌用假借的笔法，表达了齐女内心的怨恨，张起网来本为了捕鱼，但哪知遇到了一只癞蛤蟆，本想着求一个如意郎君，竟嫁了一个丑八怪。形象的比喻、嬉笑怒骂的口气，直接剥下宣公的面皮，表达了人们对荒淫统治者的极端厌恶和鄙弃。《邶风·北风》则揭露了统治者的残暴威虐统治，最终导致民众"携手同行""携手同归""携手同车"，相携而去的情景得以再现。《鄘风·墙有茨》讽刺了卫国统治者的荒淫无耻，诗歌以无法用扫帚打扫的墙头蒺藜草，比喻不可张扬明说的宫室秘密，暗示宫中令人不齿的丑闻。《鄘风·鹑之奔奔》讽刺卫宣公的荒淫无度，"人之无良，我以为兄？""人之无良，我以为君？"联系卫国史事，卫宣公先夺子之妻占为己有，宣公死后，宣姜又嫁子之庶兄，卫国宫廷的混乱难以言说。《鄘风·相鼠》则以火山爆发式的愤怒和诅咒，语气强烈地直斥违背周礼的行为，"人而无仪，不死何为""人而无止，不死何俟""人而无礼，胡不遄死"，将违礼之人和鼠类相提并论，甚至于不如鼠类，可见憎之深、恨之切，表达了对无礼者的憎恶和讽刺。《卫风·考槃》讽刺卫国君主不选用贤能之士，反而使其安贫于山林。《卫风·芄兰》则讽刺了卫惠公因骄纵无礼而受到臣民的诟病，郑玄笺："惠公以幼帝即位，自谓有才能而骄慢于大臣，但习威仪，不知为政以礼。"

　　征战诗。"国之大事，在祀与戎"，战争的重要性不言而喻，卫国作为周王室分封于东土的重要姬姓方伯，参与或引发战争的行为，不仅关乎自身的兴衰，还与周王室关系密切。《邶风·击鼓》为战争中兵卒将士思归之诗，"不我以归，忧心有忡"。毛诗《序》云："《击鼓》，怨州吁也。卫州吁用兵暴乱，使公孙文仲将而平陈与宋。国人怨其勇而无礼也。"《毛诗正义》云："《春秋》传曰：'宋殇公之即位也，公子冯出奔郑。郑人欲纳之。及卫州吁立，将修先君之怨于郑，而求宠于诸侯，以和其民。

使告于宋曰：'君若伐郑，以除君害，君为主，敝邑以赋与陈、蔡从，则卫国之愿也。'宋人许之。于是陈、蔡方睦于卫，故宋公、陈侯、蔡人、卫人伐郑'是也。"诗歌不仅记述了主人公参加战事的过程，也表达了战士们对战争的忧虑厌倦和思乡怀亲。《邶风·雄雉》《卫风·伯兮》《卫风·有狐》则是国内之人思念征夫，忧思征战的诗作。《雄雉》"瞻彼日月，悠悠我思"，妻子思念出征在外的丈夫。《伯兮》妇人思念久役不归的亲人，毛诗《序》载："《伯兮》，刺时也。言君子行役，为王前驱，过时而不反焉。"《有狐》表达了后方臣民对出征在外将士们的忧虑与关心，"无裳""无带""无服"是忧心的具体表现。

忧思诗。卫风中的忧思诗篇幅不多，主题多聚焦思归、思乡、忧国。《邶风·泉水》系远嫁卫女思归之作，毛诗《序》云："《泉水》，卫女思归也。嫁于诸侯，父母终，思归宁而不得，故作是诗以自见也。"远嫁女子思乡想要返归故国，但父母已没不能归省，又不能违礼归国因而内心忧虑不已。《鄘风·载驰》为许穆夫人忧国之作，表达了许穆夫人感伤许国不能救母国，自己想要回去却又被阻拦，既有思归不得的忧伤愁绪，又有浓烈的爱国之情。毛诗《序》"载驰，许穆夫人作也。闵其宗国颠覆，自伤不能救也。卫懿公为狄人所灭，国人分散，露于漕邑。许穆夫人闵卫之亡，伤许之小，力不能救。思归唁其兄，又义不得，故赋是诗也。"《卫风·竹竿》女子思念家乡但迫于礼道而难以归宁的忧愁之作，"岂不尔思，远莫致之"，路途遥远，女子不得回归；"远父母兄弟"，女子远离父母兄弟，为遵守礼道不得归宁，产生了强烈的思念之情。《卫风·河广》则为侨居卫地的宋人思乡之作。

政治出仕诗。共四首，《式微》《旄丘》《北门》《二子乘舟》，集中在《邶风》中。《式微》《旄丘》是其中的代表作。《式微》黎国大夫劝黎侯归国的诗，毛诗《序》"《式微》，黎侯寓于卫，其臣劝以归也"。郑玄笺："黎侯为狄人所逐，弃其国而寄于卫，卫处之以二邑，因安之。可以归而不归，故其臣劝之。"诗中"中露""泥中"暗喻黎侯处境艰难、大夫劝其早归。《旄丘》则为黎国大臣指责卫伯没有尽职帮助黎国，毛诗《序》："《旄丘》，责卫伯也。狄人迫逐黎侯，黎侯寓于卫，卫不能修方伯连率之职，黎之臣子以责于卫也。"《北门》刺仕诗的代表。主人公应为一位位卑多劳，生活贫困，忧苦无告的小官，郁郁不得志不免会怨天尤人。《二子乘舟》卫人思念贤公子伋和寿的诗作，虽同情二人的遭遇，但又不认可二人拘泥于礼法的所作所为，故诗作者对之持批评讽刺态度。

三 卫风的艺术特色

作为十五国风重要组成部分的卫风，以绚丽多彩的画面展现了周代卫地劳动人民真实的生活情景，抒情与叙事的有机统一、精致传神的细节描绘、赋比兴手法的灵活运用、深刻巧妙的构思表述，现实主义的表现形式和高超的文学造诣等，使其成为十五国风中的一枝奇葩，具有特殊的地位。同时，也对后世人们的思想观念、文学审美方式等产生了深远影响。

抒情与叙事的有机统一。世界各国的诗歌大多以长篇叙事为后人所瞩目，但《诗经》却以情节连贯、细节生动、形象鲜明的抒情成为经典。卫风代表性的叙事抒情诗有《卫风·氓》《邶风·谷风》《邶风·静女》《鄘风·桑中》等，这些诗歌的突出特点是主人公抒发情感时对一件事情进行了相对完整的叙述，《氓》和《谷风》是长故事，《静女》和《桑中》是短故事。《氓》《谷风》主题鲜明、结构完整，以细腻完整、突出概括相结合的手法为我们讲述了弃妇遭欺的经历与感情。钱锺书先生曾这样评价《氓》的叙述特点："层次分明，工于叙事。"[1] 陈子展先生也认为，"《氓》与《谷风》皆为弃妇之辞，一伤其夫得新忘旧，一怨其夫始爱终弃。此皆关于民间男女婚变之故事诗，同可作为短篇小说读"[2]。《氓》可谓是被遗弃妇女的内心独白。诗中女主人公完整地叙述了她与氓相识、相恋、成婚到婚变的历程，她的身份一变再变，由一位纯洁多情的少女，到辛劳忍辱的妻子，再到坚强刚毅的弃妇，真实地再现了中下层妇女的婚姻和感情的悲惨经历。主人公在讲述的同时抒发了内心的哀愁与怨愤，读来不免让人心生同情，也形成了《氓》诗叙事与抒情相结合的独特风格，"《氓》是一篇甜美的恋歌、缠绵的情歌和悲苦的怨歌相交织的人生协奏曲"[3]。《谷风》的女主人公比较柔顺，无辜被遗弃后，还一味留恋原来的婚姻和家庭，想通过往日美好的回忆，促使悍夫回心转意，

---

[1] 钱锺书：《管锥编》第一册，生活·读书·新知三联书店2001年版，第188页。
[2] 陈子展：《诗经直解》，复旦大学出版社1983年版，第184页。
[3] 虎维尧：《〈诗经·国风〉里的女性世界》，硕士学位论文，苏州大学，2003年，第29页。

"《谷风》句句怨,句句缠绵,与薄幸人作清厚语。"①《静女》《桑中》展现的仅是一次完整的约会过程。《静女》的约会氛围非常具有生活气息,"静女其姝,俟我于城隅。爱而不见,搔首踟蹰。"姑娘的活泼、小伙子的焦躁跃然纸上。接下来就是相见—赠物—出游—再赠物,情节连续完整,情趣层生。诗人通过细节的捕捉释放大量信息,营造了《静女》流美欢愉、轻松舒畅的基调。《桑中》则描绘了主人公们在沫地的桑中和上宫约会,畅情快意后于淇水边深情告别。

  精致传神的细节描绘。卫风的细节描绘集中体现在对人体美与服饰美的刻画方面。卫国乃殷商王畿故地,文化的地域特色与积淀传承,使得卫风自然沿袭了殷商的文化色彩。《礼记》载,殷人"尚鬼""尚声";商代青铜器的神秘图案、豪华精美装饰等,证实本居于东方海滨一带的殷人具有海洋文化的某些特征,这点与崇尚人体美与服饰美的古希腊海洋文化相一致。到了夏朝衰落之际,殷人逐渐向西扩张,灭夏建商,征服四方,建立了商王朝。经过600余年的发展,商代的音乐、诗歌、青铜艺术等得到了长足发展,其水平远远超过西周前期的周王室。邶、鄘、卫三风在传承殷商文化风格的基础上,对人体、容貌与服饰的精美细致刻画更是达到了极致。《邶风·简兮》通过对一位"万舞"的描写,展现了男性之美。主人公肤色红润,身材高大健壮、强如猛虎,成为力与美的完美结合。《卫风·硕人》是展现女性美的典范篇章。首章第一句"硕人其颀",直接展现了美人身材的硕大修长;第二章着重描绘美人体态和容貌的动人,"手如柔荑,肤如凝脂,领如蝤蛴,齿如瓠犀。螓首蛾眉,巧笑倩兮,美目盼兮",色彩方面素净典雅;在一连串静态描写后,诗人又用画龙点睛的手法巧妙地展现了美人妩媚动人的微笑、顾盼神飞的秋波,形神兼备,跃然纸上,动静结合恰到好处。《卫风·淇奥》将卫武公刻画得伟大辉煌,"有匪君子,充耳琇莹,会弁如星,瑟兮僩兮,赫兮咺兮……"如果说《硕人》是"美女赋"的话,那么《淇奥》便是"美男赋"。这种对人体美、容貌美、服饰美的细致描绘,对后世诗歌产生很大影响,《羽林郎》《陌上桑》《孔雀东南飞》等对之有着不同程度的吸收与继承。

  赋比兴手法的灵活运用。说到《诗经》的文学艺术表现形式,人们

---

① 刘毓庆等:《〈诗经〉百家别解考(国风)》,山西古籍出版社2002年版,第67页。

会自然而然地想到"赋、比、兴"手法,这一手法在卫风中得到了很好的灵活运用。由于《诗经》影响深远,历代都有研究,所以对"赋、比、兴"的解释也不尽相同。宋代朱熹集前人研究成果,着眼于表现方法本身,用通俗易懂的语言对赋、比、兴作了如下定义:"赋者,赋陈其事而直言之也;比者,以彼物比此物也;兴者,先言他物以引起所咏之词也。"① 并对赋、比、兴手法在邶、鄘、卫三风中的使用情况做了统计,具体情况见下表②。

表 10-1

	三地总数	邶风	鄘风	卫风
赋	18	7	5	6
比	11	8	1	2
兴	10	4	4	2

赋诗有叙事,也有写人。赋诗叙事时,少数篇章会夹杂少许议论或抒情。以赋叙事的篇目有《邶风·式微》《邶风·简兮》《邶风·静女》《邶风·二子乘舟》《鄘风·桑中》《鄘风·干旄》《鄘风·载驰》《卫风·考槃》《卫风·氓》等。如,《鄘风·载驰》首章即直赋其事,描写了许穆夫人为了救自己的母国,而载驰载驱,忧心忡忡;诗的二、三、四、五章直抒胸臆,表达了许穆夫人对许国诸大臣的强烈不满及自己的忧国之情。赋诗写人的篇目,往往描摹得生动形象,栩栩如生。如,《鄘风·君子偕老》首章描写主人公"委委佗佗,如山如河"的德容;但赋中带刺,德容美则应"象服是宜",但结尾却是"子之不淑",反言其行为不适宜。第二章极力铺写服饰仪容之美,色彩斑斓的翟衣,如云的鬓发,精美名贵的耳饰、头饰,皮肤的白皙等。最后一章继续铺陈容貌之美,由外到内,从展衣写起,到绉绨再到褝袇,描写得细致入微,最后称赞她的面貌"清扬",可谓"邦之媛";赋陈其事的同时又直抒胸臆。

比兴的手法在卫风中往往杂糅在一起。如,《卫风·伯兮》中"自伯

---

① 朱熹:《诗集传》,岳麓书社1989年版,第2—5页。
② 依据朱熹《诗集传》。

之东，首如飞蓬"，把女子的头发比作杂乱的蓬草，暗指女子内心对男子的深切思念。《卫风·硕人》更是连用 6 个比喻描摹美人，"手如柔荑，肤如凝脂，领如蝤蛴，齿如瓠犀，螓首蛾眉"。诗人根据长期积累的审美经验，采撷生活中日常所见的事物，分别比喻庄姜的双手、皮肤、颈项、牙齿、前额和眉毛，本体与喻体之间具有十分相似的特征，贴切、形象、生动，无懈可击，可谓千古绝唱，开启了后世博喻写美人的先河。

深刻精妙的构思表述。这类作品中最具代表性的是《卫风·伯兮》，这是一篇思妇诗，该诗的结构布局严谨巧妙。首章写主人公勇武俊美的丈夫随王出征多时，阐明思夫的原因；二、三、四章抒发思夫之情，顺理成章，可谓因果分明，连接自然。后三章都是描写思夫，但并非简单并列，而是层层深入。"自伯之东，首如飞蓬"，自从丈夫出征东行后，主人公的头发散乱如飞蓬，联系下面的诗句"岂无膏沐？谁适为容"，可以想象主人公的丈夫在家时，她肯定特别注意头发的修洁；但是丈夫不在家，除了思念，她已无意沐发，任其曲卷。现实生活中，无发、披发、蓬发都是有失常态的，可一经入诗就有了神韵，有了情致，别有一番风味。真挚而深刻的相思之情，人人都会有所体悟，但并非人人都能表述出来，《伯兮》的作者却通过巧妙的构思将微妙难言、刻骨相思的深情形象地呈现出来。

第二节 民俗文化

民俗，即民间风俗，是一个国家或地区的人们在长期生活过程中形成的风俗习惯，是特定社会文化区域内人们共同遵守的行为模式或规范，具有多样性的特点。我国古代，人们虽然常将民俗与风俗混淆使用，但两者还是有一定差别。人们习惯上将自然条件不同造成的行为规范差异称为"风"，社会文化差异造成的行为规范不同称之为"俗"。所谓"百里不同风，千里不同俗"，正反映了民俗因地而异。《周礼·夏官》疏曰："俗者，习也。上所化曰风，下所习曰俗。"统治阶级为了维护其统治，经常派一些官员到民间了解民情，"命太师陈诗，以观民风"[1]，"古有采诗之

---

[1] 杨天宇：《礼记译注》，上海古籍出版社 2004 年版，第 147 页。

官,王者所以观风俗,知得失,自考正也。"① 《风俗通义》云:"为政之要,辩风正俗,最其上也。"② 可见,了解民俗对古代的王朝统治意义重大。

汉代班固第一次提出了风俗与地理环境的关系。《汉书·地理志》云:"凡民函五常之性,而其刚柔缓急,音声不同,系水土之风气,故谓之风;好恶取舍,动静亡常,随君上之情欲,故谓之俗。"③ 不同的地理环境会影响人们的生活,从而导致民俗的地域性区别,地域文化由此形成。影响地域文化的关键因素有二:自然环境和社会结构。自然环境决定了生活在某一特定地域的人们的生活方式,而生活方式的差异致使人类所创造的文化表现出不同的特点,这就是十五国风反映的不同地域风俗的最好注解。十五国风覆盖的区域西起陕甘,东至山东半岛,北至山西、河北,南到江汉流域,不同的地理环境为我们留下了先民不同的歌唱,为我们保留了大量上古时期的社会习俗、风土人情等社会生活资料。邶、鄘、卫地处中原,是殷商旧都所在地,周平定"三监之乱"后,封康叔于卫,要求卫地治理时"启以商政,疆以周索",因而卫地保存了大量殷人的文化传统与习俗观念。《礼记·王制》云:"凡居民材,必因天地寒暖燥湿,广谷大川异制。民生其间者异俗:刚、柔、轻、重、迟、速异齐,五味异和,器械异制,衣服异宜。修其教不易其俗,齐其政不易其宜。中国、戎夷五方之民,皆有性也,不可推移。"不同地域的风俗不同,都有其独特表现。虽然当时周礼盛行,但卫地的殷商风俗余韵一直绵延不断。可以说,卫国的政治现实、历史渊源及特殊的地理位置,使得卫风呈现出有别于其他十二国风的独有特质,既保留有殷商文化的痕迹,同时又受到周代礼乐文化的影响;卫地的民俗也是如此,既有对殷商民俗的承继,又受到周代礼乐文化的熏染。整体上看,卫国民俗有以下几种:尚武风俗、祭祀文化、婚恋风俗、审美风俗、宴饮文化、服饰习俗。

一 尚武风俗

恶劣的自然环境和物质供给极度匮乏的状况,是人类最早形成尚武风

---

① 班固:《汉书》,中华书局1962年版,第1708页。
② 应劭:《风俗通义》,上海古籍出版社1990年版,第3页。
③ 班固:《汉书》,中华书局1962年版,第1640页。

气的重要原因。强健的体魄和具备一定的勇力武艺是想要生存下去的人们适应自然、抵御外敌、猎取食物、自我保护的必备能力，由此人类逐渐形成了习武和尚武的风气。远古时期人类对龙虎图腾的崇拜、部落战争胜利后杀俘虏饮敌血的习俗、物资资源贫乏下的频繁抢夺，也是形成远古人类尚武风气的原因之一。殷商文化的一个显著特点就是崇武尚力。《商颂·玄鸟》《商颂·长发》《商颂·殷武》等篇，均把烈祖武力夺取并统治天下的丰功伟绩作为颂扬的重点。《玄鸟》："古帝命武汤，正域彼四方。方命厥后，奄有九有。商之先后，受命不殆，在武丁孙子。武丁孙子，武王靡不胜。龙旂十乘，大糦是承。邦畿千里，维民所止，肇域彼四海"，简单回顾商族的发迹史后，诗人用过半篇幅描写成汤征服四方，武丁以武力重振成汤基业，全篇洋溢着作为征服者的自豪之感。《殷武》："挞彼殷武，奋发荆楚。罙入其阻，裒荆之旅。有截其所，汤孙之绪。维女荆楚，居国南乡。昔有成汤，自彼氐羌。莫敢不来享，莫敢不来王，曰商是常"，此诗展现了武丁的中兴之功。全诗共六章，除末章言其营造宗庙外，其余五章均是表达伐楚之功、伐楚之由、告诫荆楚，塑造了征服者英武威猛的神态和气概。殷商时期青铜器物上庄严、神秘、狞厉的饕餮纹、夔龙纹，也是殷人夸饰武功，崇尚武力的表现。甲骨卜辞中有大量与征伐有关的卜辞，一方面说明战争在殷商时代的重要，另一方面也说明战争在殷商时代的频繁，当然也是殷人尚武的明证。

  邶、鄘、卫作为殷商王畿旧地，承继了殷商文化崇尚武力的习俗。《邶风·简兮》："简兮简兮，方将《万》舞。硕人俣俣，公庭《万》舞"，其中的"万舞"即是殷商文化的遗留，祭祀、军事训练、宫廷宴赏、庆祝胜利等重要场合都会以舞师的勇武美来展现武力。毛《传》曰："简，大也。方，四方也。将，行也。以干羽为万舞，用之宗庙山川。故言于四方"。舞师"有力如虎，执辔如组。左手执籥，右手秉翟。赫如渥赭，公言锡爵"，舞者身材高大，动作强劲有力，且以象征力量的翟羽、籥为舞具，充分展现了西周时期卫国以武力为美的风俗。春秋时期，万舞得到了一定程度的发展，"文舞""武舞"均有。《左传·隐公五年》载："万，舞名，包括文舞与武舞。文舞执籥与翟，故亦名籥舞、羽舞，《诗·邶风·简兮》所谓'公庭万舞，左手执籥，右手秉翟'者是也；武舞执干与戚，故亦名干舞。"尚武风俗影响下，人们重视并崇尚身体的健壮和丰硕，男女皆以"硕"为美，《卫风·硕人》表现了女人的丰硕，《卫风·考槃》则展现了男性的雄壮和有德。《卫风·伯兮》夸赞"伯"："伯兮朅兮，邦之桀兮。伯也执殳，为王前驱。"毛《传》："朅，武貌。"诗中用"执殳"①"前驱"②证明伯的神武。《鄘风·定之方中》"骙牝三千"赞美国君的丰功伟绩。这些记载显示卫国有着浓厚的崇武尚力风俗。

二 祭祀文化

《左传·成公十三年》"国之大事，在祀与戎"，祀指祭祀，无论是对国家还是平民百姓，祭祀祖先都是一件大事要事。《礼记·表记》载："殷人尊神，率民以事神，先鬼而后礼"，殷商祭祀文化的典型便是尊神敬鬼。神权至上的情况下，商王既是部落首领又是群巫之长。分封于此的卫国，很大程度上受到殷商祭祀文化的影响。卫风的许多诗篇反映了邶、鄘、卫三地的宗教信仰、祭祀习俗。《邶风·简兮》中的万舞即是一种具有图腾崇拜性质的巫舞，是巫师沟通神灵，企求神灵降福和保佑的娱神舞蹈。张光直先生曾说："商人的世界分为上下两层，即生人的世界和鬼神的世界。这两者之间可以互通：鬼神可以下降，巫师可以上陟。"③巫师的另一个重要任务就是占卜。殷人重视占卜，几乎是每日必卜，每事必卜，祭祀征伐、婚丧嫁娶、田猎农作、生老病死、天气变化等，事事都要占卜。卫人继承了殷人的占卜习俗，三风中均有体现。《鄘风·定之方中》是歌颂卫文公复国中兴的诗，其中"卜云其吉"就是占卜定都楚丘的吉凶，结果是吉兆。《卫风·氓》"尔卜尔筮，体无咎言"，卜、筮即占卜吉凶的方式方法。卫人的祭祀场所也承袭了殷商的做法。殷商最典型的祭祀场所是桑林。先秦文献中，桑林有两种含义：一为乐舞，用来娱神或娱人的乐舞。《庄子·养生主》载："合于《桑林》之舞，乃中《经首》之会。"《左传》杜预注："桑林，殷天子乐名。"司马彪《庄子注》"桑林，汤乐名"。二为祭祀场所，《墨子·明鬼下》"燕之有祖，当齐之社稷，宋之有桑林，楚之有云梦也，此男女之所属而观也"。《吕氏春秋·

---

① "殳"砸击敌人、敌车的长柄重兵器，非国之勇士不能操持。
② "前驱"为护卫、导引之仪仗，或军队作战之先锋，需勇武之人才能胜任。
③ 张光直：《中国青铜时代》，生活·读书·新知三联书店1999年版，第279页。

慎大览第三·慎大》："武王胜殷……立成汤之后与宋，以奉桑林。"均明指桑林乃祭祀场所。卫风中虽并无直言"桑林"，却有涉及"桑"的诗歌，《鄘风·桑中》《鄘风·定之方中》。《桑中》："期我乎桑中，要我乎上宫，送我乎淇之上矣"，诗的主题是男女相邀约会，似与祭祀无关，但殷商巫风盛行，祭祀时多以色悦神，桑林之舞颇涉淫佚，此为男女借桑林掩饰约会。而诗中"沬之乡矣""沬之北矣""沬之东矣"，沬，商代称妹邦、牧野，卫都朝歌是也，这就表明男女主人公约会的地方在卫国都城朝歌附近，与祭祀之地在国都附近相符。《定之方中》卫文公"定之方中""降观于桑""灵雨既零"，建宫室、植树木、观地势、察农桑等营建楚丘的每一个环节中都伴随着对神明的敬重、对礼俗的遵从，实为一条祭祀线索。

三　婚恋风俗

从卫风中数量众多、叙事生动的情诗，可以看出卫人的婚恋观念和特点：社会生活中自由恋爱较受认可；婚姻大事受到"父母之命、媒妁之言"的约束；贵族政治婚姻中存在一定数量的一夫多妻情形；平民阶层一夫一妻制较为普遍。

卫风中有很多青年男女自由婚恋的生动细腻描写。这些自由恋爱的青年男女，婚前不仅能同歌共舞，邂逅偕臧，传递爱情信物，甚至还有用于幽会的特定场所。这一方面说明周礼初实行时还没有形成绝对的权威；另一方面说明上古时期男女之间自由结合的习俗在当时还有着很大的影响力。《邶风·简兮》是一首思念的情歌。诗中的女主人公大胆地说出对男方的思念，"云谁之思，西方美人。彼美人兮，西方之人兮"。我想谁呢？想念那位西方的美男子。并且女方还热情地赞美男方，"简兮简兮，方将万舞。日之方中，在前上处。硕人俣俣，公庭万舞"。身材魁梧，仪表堂堂的男子落落大方地在大型舞队的最前方表演着，"有力如虎，执辔如组。左手执籥，右手秉翟。赫如渥赭，公言赐爵"，男子好像猛虎般的威武有力表演，赢得了国君赏赐的美酒，也收获了女子的倾心爱慕，是以作诗坦露心迹。这样大胆的表白，就是今天也不多见，说明在儒家礼教一统天下前，先人们的爱情交往相当奔放和自由。《邶风·式微》描写了青年男女约会时的相互等待，"式微式微，胡不归？微君之故，胡为乎中露。

式微式微,胡不归?微君之躬,胡为乎泥中?"男女双方约定了见面的时间,但是一方迟迟没来,等候者为了与情人相见,即使天下露水、身处泥中也不以为意。今天读来,也让人忍不住感叹爱情力量的伟大。当然,也有约会时的欢乐。《邶风·静女》"静女其姝,俟我于城隅。爱而不见,搔首踟蹰",贞静美丽、婀娜多姿的姑娘约小伙子在城隅相见,到了约会时间仍看不到姑娘的身影,不知道隐藏在哪个角落了,急得小伙子搔头抓耳、左顾右盼。诗作将女方的美丽、俏皮,小伙子的老实、善良,刻画得形象生动。"静女其娈,贻我彤管。彤管有炜,说怿女美",见面后女子赠送男方一支红光闪闪的乐管,男方欣喜不已,看着这个乐管就像看到了美丽的姑娘。"自牧归荑,洵美且异。匪女之为美,美人之贻",野外归来送我以嫩芽,真真美好,目悦神怡,不是嫩芽多么美好,只因它是美人赠与,爱屋及乌的心情一览无余。男女双方互生爱慕,会互赠礼物以示对对方的喜爱。《卫风·木瓜》"投我以木瓜,报之以琼琚,匪报也,永以为好也""投我以木桃""投我以木李",这些并非十分珍贵的花草、花果、佩玉等,成为男女双方的定情信物,热恋中的人儿把它们看作爱情的传递。互赠爱情信物在当时应是普遍现象。频繁约会需要合适的场所,浪漫之处有桑林、上宫等,《鄘风·桑中》"爱采唐矣,沫之乡矣。云谁之思,美孟姜矣。期我乎桑中,要我乎上宫,送我乎淇之上矣",男女双方往往选择桑林、上宫等地游玩,共度美好时光,送别时又依依不舍,直至送到淇水岸边。桑林的茂深使之成为绝佳的幽会场所,以至于后人仍把桑林作为青年男女幽会的象征。

  青年人可以自由恋爱,成年人的交往却有了"男女授受不亲"的苗头。《卫风·芄兰》"芄兰之支,童子佩觿。虽则佩觿,能不我知。容兮遂兮,垂带悸兮"。男子成年后将佩戴成年人的饰物,就不能再与女子直接接触,不能再像以往那样自由亲近地交谈。按照当时的风俗,未成年男女的交往相对来说比较自由,而一旦到了谈婚论嫁的年龄,就不能像之前那样堂而皇之地在一起谈笑聊天了。上述几首诗说明,周人在建立新的社会制度和文化形态时,传承几千年的古老习俗并没有被完全摒弃,他们尊重渊源古老的民间习俗,允许青年男女自由恋爱。但也开始制定措施规范人们的交往、婚姻关系,宗法制度在相当程度上影响着成年人的社交活动。

周代礼制的制定是要使社会生活"约之以礼",婚姻上的表现就是"父母之命、媒妁之言"的限制。《诗经·齐风·南山》"娶妻如之何,必告父母……娶妻如之何,非媒不得";《礼记·曲礼》"男女非有行媒不相知名",即使男女双方两情相悦,到了婚嫁的年龄,仍要聘请媒人按礼俗行事,且要遵守一定的仪节程式。《仪礼·士婚礼》记载了关于聘婚的"六礼":纳采、问名、纳吉、纳征、请期、亲迎,这是聘婚时的必要程序。《邶风·匏有苦叶》"雝雝鸣雁,旭日始旦",男方家的人手执嘎嘎鸣叫的大雁作为礼物,清晨赶往女家报喜;这是六礼中的纳吉。《卫风·氓》的男女主人公虽是自由恋爱,但仍需要媒人从中牵线搭桥,"匪我愆期,子无良媒。将子无怒,秋以为期",面对急于结婚的男子,女方理智地告诉对方要良媒礼聘,且秋天才是迎娶的好时候。婚礼举办的时间一般选在秋冬农闲时,"士如归妻,迨冰未泮",娶妻应在冰解之前,大概是为了不影响农业生产。可见,"父母之命,媒妁之言"已成为社会上普遍遵守的婚姻礼俗,明媒正娶被视为男婚女嫁所应遵循的婚姻法则。

自由恋爱有时也会遭到父母的反对,没有父母的同意,青年男女就很难结合。《鄘风·柏舟》写一位年轻女子爱上了在河中泛舟的男子,愿意以身相许,自誓永不变节。但父母不同意,女子虽心有所依,也只能自己苦闷,无奈地发出"之死矢靡它,母也天只,不谅人只"的呼喊。当然,也有一些青年男女面对父母的阻拦,仍会不管不顾地结合。《鄘风·蝃蝀》"蝃蝀在东,莫之敢指。女子有行,远父母兄弟",蝃蝀,即虹。古人认为虹是雌雄之蛇交配的姿态,比喻男女私通。虹在东方,没有人敢指着它。女子出嫁了,远离了自己的父母兄弟。但是由于女子选择的对象不是父母安排的那位,所以遭到了世人的非议,"乃如之人也,怀婚姻也。不无信也,不知命也"。女主人公对婚姻礼俗的反抗受到了社会的指责和讥讽,说明没有"父母之命、媒妁之言"的婚姻得不到舆论支持。

两周时期,青年男女虽能自由恋爱,但上层社会为了维护宗法制,防止血族媾和,周礼规定同姓不婚。他们已明白"男女同姓,其生不蕃"的优生学原理,重视自然选择规律并遵守"附远厚别"原则。同时,等级观念渗入到婚姻制度中,讲究门当户对,因而上层社会出现了很多带有明显政治意图和经济目的的跨国婚姻,成为国与国之间建立外交关系的手段。这种贵族间的政治联姻,大多实行一夫多妻制。《卫风》中有关贵族政治婚姻的篇幅很多，如《卫风·硕人》《邶风·绿衣》《邶风·柏舟》《邶风·泉水》《邶风·燕燕》《鄘风·载驰》等，从不同角度记载了贵族阶层的政治联姻。《卫风·硕人》最为典型，诗中的"硕人"是"齐侯之子，卫侯之妻，东宫之妹，邢侯之姨"，显然是卫、齐联姻。齐国公主与卫侯地位相当，可谓门当户对。《硕人》除了夸赞庄姜家世高贵外，还极力盛赞新娘的美丽，"硕人其颀，衣锦褧衣""手如柔荑，肤如凝脂，领如蝤蛴，齿如瓠犀，螓首蛾眉。巧笑倩兮，美目盼兮"，出场时光彩耀人；"硕人敖敖，说于农郊。四牡有骄，朱幩镳镳，翟茀以朝。大夫夙退，无使君劳。"迎亲队伍豪华气派，场面相当宏大。《邶风·柏舟》描写了贵族政治婚姻中一夫多妻制下的一个悲剧人物，"忧心悄悄，愠于群小。觏闵既多，受侮不少。静言思之，寤辟有摽"，悄悄，忧貌；愠，怒也；群小，众妾也。女主人公在众妾的围攻下，生活困难重重，还经常受到侮辱，苦闷不已。《邶风·绿衣》同样是写一夫多妻制下女主人公的悲惨生活，"绿兮衣兮，绿衣黄里。心之忧矣，曷维其已。"朱熹注为：绿，苍胜黄之闲色；黄，中央土之正色；闲色贱而以为衣，正色贵而以为里，言皆失其所也。卫庄公惑于嬖妾，夫人庄姜贤而失位，故作此诗，言"绿衣黄里"，以比贱妾尊显，而正嫡幽微。[①] 女主人公庄姜是齐国的公主，嫁给了卫庄公，是卫庄公的正妻——嫡夫人，但卫庄公宠幸嬖妾，对庄姜不理不睬，庄姜十分痛苦。从这些记载可以看出，一夫多妻制往往使贵族政治婚姻中的女性苦楚不堪。《邶风·泉水》的女主人处在贵族政治婚姻下受到很多约束，《诗序》言："卫女思归也，嫁于诸侯，父母终，思归宁而不得，故作是诗以自见也。"卫女，即许穆夫人。公元前632年，狄人破卫，懿公死，戴公立于漕邑。许穆夫人想回卫国探视，却被许人限制，不得归宁，"出宿于干，饮饯于言。载脂载舝，还车言迈。遄臻于卫，不瑕有害"。为什么会如此呢？大概是因为夫国也是一个小国，害怕放其回乡探视会被大国怪罪。所以许穆公夫人只能处于思国的煎熬中，而不能跨越礼制的规范。

两周时期的婚姻形态，已处于从野蛮婚向文明婚过渡的基本完成阶段。群婚时代男女关系以性欲为基础，带有极大的随机性和杂乱性，两性

[①] 朱熹：《诗经集传》，岳麓书社1989年版，第19页。

之间不可能萌发真正的爱情。对偶婚时代，无论是主夫和众妻还是主妻和众夫，他们之间的婚姻关系均以方便和需要为基础，双方之间也不可能建立两情相悦、生死相依的牢固感情。随着社会的发展和进步，人们之间逐渐形成了较为稳定的组成单位——家庭，从而使婚姻形态迈入了以一夫一妻制为主的文明婚时代。卫风中虽没有篇章明确描写当时的婚姻形态以一夫一妻制为主，但大量的以专一爱情为主题的颂歌使我们确认，一夫一妻制应是当时婚姻的主导形态。只有一夫一妻制婚姻的存在，才能为男女之间爱情的产生、存在和发展开辟道路。《邶风·击鼓》即是一首歌颂专一爱情的恋歌。丈夫远离家乡去服兵役，非常怀念家中的妻子。茫茫无期的战争导致两人分别时的爱情誓言"死生契阔，与子成说，执子之手，与子偕老"再难实现，为此他苦闷不已，"于嗟阔兮，不我活兮。于嗟洵兮，不我信兮"。这几句爱情誓言成为几千年来人们赞美纯真爱情的经典。《邶风·雄雉》《卫风·伯兮》《卫风·有狐》等篇中也有丈夫怀念妻子、妻子挂念丈夫的细腻感情描写。由此可以看出，一夫一妻制下的婚姻，男女之间往往有着深厚的感情。

《卫风·氓》中女主人公的丈夫婚后有了三心二意的想法，忘记了婚前的山盟海誓，"士也罔极，二三其德""及尔偕老，老使我怨""信誓旦旦，不思其反"；本想与丈夫白头偕老的女子，对丈夫不忠于婚姻的行为越来越怨恨。这说明一夫一妻制下，人们不仅将爱情的专一设定为一种通行的道德观念，同时还要有信誓来坚定之。但是也应看到，男权占主导地位的两周时期，要求男性绝对遵守婚姻中的一夫一妻很难。男女不平等的阶级社会里，男子的主导地位使他们拥有了欺辱、奴役女性的特权，在婚姻中的表现即是婚后对女子的欺侮和遗弃。

宗法社会强调的传宗接代，到了贵族们这里就出现了诸侯有媵、卿大夫有姪、士有妾的普遍现象，就是一般平民，经济条件允许的情况下也会纳小妾。《邶风·谷风》中的女子勤劳、善良，凡家中短缺的，她必"黾勉求之"，邻家有灾难，也会"匍匐救之"。初来夫家时，家境贫困，她与丈夫同甘共苦，经过夫妻俩的辛勤劳作境况得以改变，逐渐富裕起来。但丈夫却变了心，厌弃她，视她为"毒"，并且另有所娶，要将其赶走。"谁谓荼苦，其甘如荠"，女主人公内心悲伤不已，苦菜之苦也远远赶不上她的悲痛，真是万念俱灰，痛不欲生。在丈夫"不我能慉，反以我为僻"的情况下，女子仍希冀丈夫能回心转意，与自己重修前好。但丈夫的态度却是"不念昔者，伊余来塈"，丝毫不念旧情，对女子不予理睬。《卫风·氓》中的女主人公从恋爱时的痴心热情，不恤人言；到婚后的辛勤劳作，勤俭持家，"夙兴夜寐，靡有朝矣"，终于使家有了起色。但是丈夫却"至于暴矣"，女子最终也被遗弃。

以上，便是卫风中所展现的两周时期的婚恋习俗。从中可以看出，两周时期人们的婚前恋爱较为自由，但婚姻关系的确立要受"父母之命、媒妁之言"的约束，否则将会遭受世人的指责和非议。贵族政治婚姻中多存在一夫多妻制现象，平民阶层的婚姻则以一夫一妻为主。

四 审美风俗

卫国的审美风俗主要表现为硕大为美，尚白习俗，喜用玉石等方面。

什么是美？美字虽然直到汉代许慎的《说文解字》才得到文字学的总结，但其源头可以追溯到甲骨文。美在甲骨文中是上羊下人，人们在举行巫术、图腾活动时把羊角、羊皮当作头上的装饰物。《说文解字》曰："美，甘也。从羊从大。羊在六畜主给膳也。美与善同意。"三层意思，第一层意思即是从羊从大。萧兵从巫术文化的角度阐释美："'美'的原来含义是冠戴羊形或羊头装饰的'大人'，最初是'羊人为美'，后来演变为'羊大则美'。"[①] 巫术宗教文化中的羊人为美、羊大为美也许对殷人的审美产生了重要影响。邶、鄘、卫三地在承继殷商文化的过程中充分展现了以硕大为美的一面。《卫风·硕人》中"硕"字即为高大、健硕之意，女主人公最为人称道的地方就是身材高大、体格丰满。而其深层次含义则是指内在之贤德，古人有内美、外美互为表里的认识，外在之壮硕往往意味着内在品行之贤德。《卫风·伯兮》"伯兮朅兮，邦之桀兮。伯也执殳，为王前驱"，夸赞伯是一名身材健硕，神武有力之人。《邶风·简兮》中"有力如虎，执辔如组"的舞师，以其高大、强壮、健硕、魁梧的身躯吸引了女子们的注意。《卫风·考槃》"考槃在涧，硕人之宽。独寐寤言，永矢弗谖。考槃在阿，硕人之薖。独寐寤歌，永矢弗过。考槃在陆，硕人之轴。独寐寤宿，永矢弗告"，这里的贤者也是一位身材高大的

---

① 萧兵：《楚辞审美观琐记》，《美学》（第三期），上海文艺出版社1981年版，第225页。

硕人。

古人崇信阴阳五行说，每个朝代都有一种特别崇尚的颜色，形成了以某一色为美的审美习俗，夏尚黑、殷尚白、周尚赤。殷人的尚白源自其先祖东夷人。东夷人实行太阳崇拜，太阳光即为白色，这点也影响了东夷人的分支——殷人。关于"殷人尚白"，古文献多有记载。《礼记·檀弓上》："夏后氏尚黑，大事敛用昏，戎事乘骊，牲用玄；殷人尚白，大事敛用日中，戎事乘翰，牲用白；周人尚赤，大事敛用日出，牲用骍。"《史记·殷本纪》载："孔子曰：'殷路车为善，其色尚白。'"《论衡·指瑞篇》："推此以况，白鱼、赤乌，犹此类也。鱼，水精；白者，殷之色也；乌者，孝鸟，周之应气也。先得白鱼，后得赤乌，殷之统绝，色移在周矣。据鱼、乌之见以占武王，则知周之必得天下也。"服装上，殷人将白色衣服当作高贵、纯洁的象征，隆重正式场合才会穿，有点像后来的礼服。如，成汤举行建国大典时"易服色，上白"[1]。《礼记·王制》有类似记载，"殷人而祭，缟衣而养老"，祭祀是一件严肃的事情，殷人穿白色缟衣以示重视。除此之外，像婚嫁类的喜事也要穿白色衣服。《周易·贲》六四载："贲如皤如，白马翰如，匪寇，婚媾。"这里的"皤如"，本是指老人的白发，此为不加修饰的白色；"贲如皤如，白马翰如"，前去迎亲的人穿着白色衣服骑在白马上飞驰而来，远远望去一片白光；"匪寇，婚媾"，那些奔驰而来的人们不是盗贼，不是抢劫的，而是娶亲的队伍。邶、鄘、卫地处殷商王畿故地，殷人尚白的观念对卫人影响很大，这点在卫风中也有表现。《鄘风·干旄》是一首赞美卫大夫善于招贤纳士的作品，诗歌描写了春秋时期招纳贤士时所用之物，"素丝纰之"的"干旄"、"素丝组之"的"干旟"、"素丝祝之"的"干旌"，这些物品皆以白色丝线作装饰。清代马瑞辰《毛诗传笺通释》云："是古者聘贤招士多以弓旌、车乘。此诗干旄、干旟、干旌，皆历举召贤者之所建。"[2] 用白色丝线装饰的旗帜吸纳贤才，卫地也是推崇白色的。《邶风·静女》"自牧归荑，洵美且异。匪女之为美，美人之贻。"郑笺云："茅，洁白之物也。"诗篇以茅荑之"洵美且异"比喻静女纯洁无瑕。《鄘风·君子偕老》

---

[1] 司马迁：《史记》，中华书局2008年版，第98页。
[2] 马瑞辰：《毛诗传笺通释》，中华书局1989年版，第189页。

写一位贵妇人"扬且之皙也",因皮肤的白净获得了赞美;"瑳兮瑳兮,其之展也,蒙彼绉绤,是绁袢也",瑳,玉色鲜明洁白;穿着白色礼服的美丽贵妇高贵而端庄。《卫人·硕人》中新娘结婚时穿象征着纯洁的白色礼服,寓意要白头偕老。由以上可知,卫地有着浓厚的尚白习俗。

玉石习俗产生时间很早,玉器制作也是我国古代特有的技艺。据考古学家和历史学家考证,中国玉器诞生于新石器时代早期。新石器文化遗址中发现玉器的有良渚文化、红山文化、龙山文化等。殷商时期,玉器制造技术和工艺发展到成熟阶段。安阳殷墟出土过大量精美的玉器。1976年发掘的妇好墓出土玉器多达755件;这批玉器,不仅数量多,而且造型多样,品种齐全。特别是雕琢成人物和各种动物形象的装饰品,姿态多样,造型优美,线条流畅,工艺极为讲究,虽在地下被埋藏了三千多年,但其光泽多数依然晶莹鲜润,显示出当时的琢玉工艺和抛光技术已达到相当高的水平[1]。商代"统治者甚至制定了一整套的玉佩制度,用以区别阶级和等级,所谓'佩以表德'、'君子必佩玉',便说明这样一种小小的东西,并非单纯是为了装饰,而是带有强烈的阶级性。"[2] 受此影响,两周时期的卫人也是非常喜用玉石,佩玉、赠玉在卫风中有多处记载,且卫地的玉石制作工艺有了进一步的提升。《卫风·木瓜》提到了琼琚、琼瑶、琼玖三种玉饰,虽都是美玉,但由于制作材质不同,又有所区别,可知当时人对玉已有相当程度的了解。《卫风·竹竿》"巧笑之瑳,佩玉之傩",傩,行有节度。《礼记·玉藻》"古之君子必佩玉,右徵、角,左宫、羽,趋以《采齐》,行以《肆夏》,周还中规,折旋中矩,进则揖之,退则扬之,然后玉锵鸣也。……君子无故玉不去身。君子于玉,比德焉"[3]。古代男女腰间皆佩玉,行走时随着脚步移动,玉佩相互撞击发出悦耳之声,可以起到协调脚步、调整行走节奏、速度的作用,更增添了美感,使佩戴者显得庄重大方,仪貌不俗。除此之外,佩玉还是身份与地位的象征,佩戴玉饰的不同是社会地位高低贵贱的体现。《礼记·玉藻》载:"天子佩白玉""公侯佩山玄玉""大夫佩水苍玉""士子佩瑜玉""士佩瓀玟"。《卫风·

---

[1] 中国社会科学院考古研究所编著:《殷墟妇好墓》,文物出版社1980年版,第114页。
[2] 陈茂同:《中国历代衣冠服饰制》,百花文艺出版社2005年版,第13页。
[3] 杨天宇:《礼记译注》,上海古籍出版社2004年版,第378—379页。

芄兰》"芄兰之支,童子佩觿",宋朱熹《诗集传》载:"觿,锥也。以象骨为之,所以解结,成人之配,非童子之饰也。"《礼记·内则》"子事父母,左佩小觿,右佩大觿",佩玉觿并没有严格的年龄限制,但能佩戴说明男子对内已有能力主家,侍奉父母。除了用玉,卫人还以玉比喻人的品德。《卫风·淇奥》"有匪君子,如切如磋,如琢如磨""有匪君子,充耳琇莹,会弁如星""有匪君子,如金如锡,如圭如璧",用玉来比喻君子胸怀宽大、性情温和、从谏如流、善于自修的内在性情品德。以上记载表明,时人已积累了丰富的玉石知识,拥有先进发达的玉石制造业,"切、磋、琢、磨"就是采石、暴玉、雕琢、磨光等制造玉器的基本工艺流程。

五　宴饮文化

地处黄河中下游殷商故地的卫国,继承了殷商遗留的饮酒风俗。从卫风中可以了解卫人的宴饮风俗和传统礼仪。酒文化在中国源远流长。河姆渡文化遗址、大汶口文化遗址、龙山文化遗址中,都出土有不同形态的酒器,数量之多令人咋舌。商代制酒业发达,饮酒器品种繁多,酿酒规模宏大,酒成为贵族的主要消费品之一。甲骨文和《诗经》中均有记载,《商颂·烈祖》"既载清酤,赉我思成。亦有和羹,既戒既平",祭祀时用清酒祭祖,祈佑事业成功。《史记·殷本记》载,商纣王"戏于沙丘,以酒为池,悬肉为林,使男女裸相逐其间,为长夜之饮"。荒淫无度的商纣王居然积酒以为池,悬肉以为林,让男女歌伎赤裸身体在酒池肉林中追逐嬉戏,挥霍作乐。考古发掘的商代器物中饮酒器占到了很大比例,一定程度上反映出殷人有着嗜酒的风习。周公制礼作乐时,对宴饮礼仪也有所规定。如,饮酒时的上下有序、各居其位、敬重长者等,成为人们在饮酒和宴飨时必须遵循的行为规范和仪式礼节。卫风中有多处与酒相关的描写,展现了卫地的宴饮风俗。《邶风·泉水》"出宿于沛,饮饯于祢""出宿于干,饮饯于言",饮酒送行;《邶风·柏舟》"微我无酒,以敖以游",日常饮酒以祛愁散忧;《邶风·简兮》"赫如渥赭,公言锡爵",爵是一种酒器,用以温酒和盛酒,此处王公贵族以酒作为赏赐物。两周时期的卫人已形成了一定的饮酒风俗和宴饮礼仪,成为我国优秀传统文化的重要组成部分和传统美德的表现。

六 服饰习俗

服饰习俗是指以衣服和装饰为内容的民俗文化。服饰可谓是人类伟大的创造，是人类生活史上一个极其重要的内容，但随着生产水平的提高、物质文明的发展、社会习俗与审美观念的演变，服饰的功用由最初的御寒蔽体，发展到周代形成一种制度，拥有了性别、阶级、社会地位、身份等文化内涵。卫国也是如此。卫风中涉及服饰的有11首之多，《邶风》的《绿衣》《旄丘》、《鄘风》的《柏舟》《君子偕老》、卫风的《淇奥》《硕人》《氓》《竹竿》《芄兰》《有狐》《木瓜》。这些诗作中既有通篇描写卫夫人服饰的《君子偕老》，也有专门描写诸侯服饰的《旄丘》《淇奥》，还有对礼服、宴服、佩饰、发型等的特写。从卫风的服饰描写，可知此时的服饰已有很大的革新和进步。服装除了上衣下裳的区分，更懂得了色彩的协调搭配。《易·系辞下》："黄帝、尧、舜垂衣裳而天下治，盖取诸乾坤。"乾坤指天地。周锡保先生认为："天在未明时为玄色，故上衣像天而服色用玄色。地为黄色，故下裳像地而服色用黄色。这种上衣下裳的形制以及上玄而下黄的服色，就是由于对天地的崇拜而产生的服饰上的形和色。"[①]《邶风·绿衣》"绿兮衣兮，绿衣黄裳"，衣服的颜色已丰富多彩。《卫风·有狐》"心之忧矣，之子无裳""心之忧矣，之子无带""心之忧矣，之子无服"；《卫风·硕人》"硕人其颀，衣锦褧衣"；《邶风·旄丘》"狐裘蒙戎，匪车不东"；此时衣服的制式、款式、材质等琳琅满目。《君子偕老》中描述的服装种类更多，有象服、翟衣、展衣、绉絺、缲袢等，每一种服装都有其特定用途。如象服，毛传曰："象服，尊者所以为饰。"郑笺："象服者，谓揄翟、阙翟也。人君之象服，则舜所云'予欲观古人之象，日月星辰'之属。"清人马瑞辰《毛诗传笺通释》中说："诗上言'副笄六珈'，则所云象服者，盖袆衣也。《明堂位》《祭统》并言'夫人副袆立于房中'，此首服副则衣袆衣之证。诗首言袆衣，次言翟衣，再次言展衣，各举其一以明服饰之盛，与《周官内司服》王后之六服次序正同。"[②] 据此可知，象服为贵族命妇们的祭服，非一般人能穿着。狐裘皮

[①] 周锡保：《中国古代服饰史》，中国戏剧出版社1984年版，第2页。
[②] 马瑞辰：《毛诗传笺通释》，中华书局1989年版，第171页。

介，是贵族士人夫的尊贵服饰；锦衣、袭衣、垂带等为贵族男子常用，一般平民也可以使用。

第三节 卿族政治

"卿族"一词最早见于《左传》是在公元前548年，卫国大叔文子云："九世之卿族，一举而灭之"①，大叔文子对卫国九世卿族宁氏的灭亡发出了无限的感叹。此后，卿族这一称呼成为春秋时期任卿世族的通称。颜师古《汉书·薛宣传》注也称："赵魏，晋之卿族"②，赵、魏二氏历代为晋国卿族。清代学者阎若璩、高士奇，近代春秋史研究专家童书业，当代先秦史专家朱凤瀚、晁福林等先生也都使用这一名称。卿族的来源与周朝的分封制有着很大关系。《礼记》："别子为祖，继别为宗，继祢者为小宗"，这是宗法血缘关系分流的具体描述，与《左传·桓公二年》所载"天子建国，诸侯立家，卿置侧室，大夫有贰宗"一致，是西周到春秋初期逐层分封的表现。诸侯分封出去的"公子"后代，是卿族的主流，当然还有其他途径形成的卿族。顾颉刚先生说："所谓卿、大夫、士，除王官外，就是诸侯的诸侯；他们的职位虽不必全是世袭，但绝没有一个庶人可以突跃而为卿大夫的。"③顾先生所说的"诸侯的诸侯"就是"天子建国，诸侯立家，卿置侧室，大夫有贰宗"层面上依次递进的分封关系，尤其是春秋时期的世族卿族，就是如此形成的。春秋时期，卿族出任卿士、掌握政权，累代为卿的他们凭借根深蒂固的家族势力，不仅是社会层面的支配力量，政治上更是居于主导地位。卿族在诸侯国国家权力、政权交替等方面产生的影响和作用，称之为卿族政治。

卫国卿族作为春秋时期卫国的施政主体之一，影响着社会经济生活的方方面面。探讨卫国重大卿族的源流谱系和卿族政治的历史变迁，是研究卫国历史不可缺少的内容。春秋卫国的卿族，与君主同姓的公族占有绝对优势。卫国公族之显要者有石氏、宁氏、孙氏、北宫氏、太叔氏、公叔氏

---

① 杨伯峻：《春秋左传注》，中华书局2000年版，第2108—2109页。
② 班固：《汉书》，中华书局1962年版，第3389页。
③ 顾颉刚：《顾颉刚古史论文集》第一册，中华书局1988年版，第299页。

等。异性卿族之强者唯有孔氏一族。

一　石氏

《左传》隐公三年石氏有石碏；次年有石碏之子石厚；庄公十二年有石祁子，成公二年有石成子等。《通志·氏族略》"石氏，姬姓，卫靖伯之孙，石碏有大功于卫，世为卫大夫"，石氏，姬姓，春秋时期卫国卿族中势力较大者。依据《左传》《世本》《春秋世族谱》等典籍，春秋时期石氏世系考证如下：

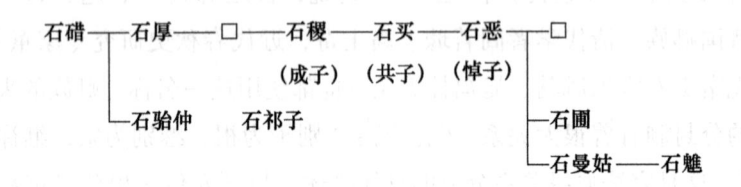

```
石碏──┬─石厚──□──石稷──石买──石恶──┬─□
      │      （成子）（共子）（悼子）│
      └─石骀仲  石祁子              ├─石圃
                                    └─石曼姑──石魋
```

石氏为卫国卿大夫的时间较长，从《左传·隐公四年》石碏大义灭亲杀州吁弑子厚，到《左传·哀公十七年》石圃逐君起，延续了大概240年。纯臣石碏是卫国历史上著名的贤臣。

二　宁氏

《左传》闵公二年卫有宁庄子，僖公二十八年有宁武子，成公二年有宁相等。《通志·氏族略》："宁氏，姬姓，卫武公生季亹，食采于宁，因以为氏。"《左传·襄公二十五年》杜注："宁氏出自卫武公。"可知，宁氏为姬姓，源于卫康叔，近祖为卫武公姬和。武公的儿子宁亹，食采于宁，因以为氏。宁氏的谱系为：

武公──公子季亹──顷叔──文仲跪──穆仲静──庄子速──武子俞──成子相──惠子殖──悼子喜

宁氏秉承周礼，信守忠良，崇尚道义，家世绵延甚久，为卫国"九世之卿族"。

三 孙氏

《左传》文公元年卫有孙昭子，宣公七年有孙桓子，成公十四年有孙文子等。《通志·氏族略》"孙氏，姬姓，卫武公之后也。武公和生公子惠孙，惠孙生耳，为卫上卿，食邑于戚；生武仲，亦曰孙仲，以王父字为氏。孙仲生炎，曰孙昭子。自昭子六世至孙嘉，世居汲郡。晋有孙登，即其裔也"。《尔雅注疏·释训》云："父为考，母为妣。父之考为王父，父之妣为王母。"武仲乙"以王父字为氏"，就是以他祖父惠孙的字为氏，即孙氏。唐代林宝《元和姓纂》卷四："周文王第八子卫康叔之后。至武公生惠孙；惠孙生耳，为卫上卿，耳生武仲，以王父字为氏。卫孙良夫，生林父，林父生嘉。"可知，孙氏姬姓，与宁氏同出卫武公。孙氏的谱系如下：

武公——惠孙——耳——武仲乙——昭子炎——庄子纥——宣子鳍——桓子良夫——文子林父┬孙蒯
　　　　　　　　　　　　　　　　　　　　　　　　　　　　├孙嘉
　　　　　　　　　　　　　　　　　　　　　　　　　　　　└孙襄

孙氏与宁氏同是春秋卫国的两大卿族，他们之间有着复杂关系，时而联手一致对外，时而矛盾重重纠缠不休。尤其是从《左传》襄公十四年到二十九年的15年间，先是两卿族合力废逐了献公；接着宁喜为了实现"受命于先人，不可以贰"[①]的诺言，伐孙氏，杀孙襄，协助献公复位。献公归国复位后，宁喜被杀。孙氏基本上退出历史舞台。

四 北宫氏

《左传》襄公二十六年有北宫遗，襄公三十一年有北宫文子等。《春秋经》成公十七年杜注："北宫氏出于卫成公，姬姓。"《通志·氏族略》"北宫氏，卫之公族也"。《左传·襄公十七年》"卫侯梦于北宫"，北宫氏是以居住地为氏的卿族。北宫氏的谱系如下：

---

① 杨伯峻：《春秋左传注》，中华书局2000年版，第1112页。

```
成公──顷子──去疾──北宫括─┬─北宫遗
                          └─北宫佗──北宫喜
```

《左传·定公七年》记载有北宫结，谱系不详，因公叔戍而出奔鲁，此后再无北宫氏的记载。

五　太叔氏

《左传》襄公十四年有太叔仪，哀公十一年有太叔疾。《潜夫论·志氏姓》"太叔氏为卫之公族，僖侯八世孙。""世"和"太"古义相通，太叔氏又作世叔氏。太叔氏的谱系如下：

```
太叔仪──□──太叔懿子─┬─太叔悼子疾
                      └─太叔僖子遗
```

六　公叔氏

《左传》襄公二十九年有公叔发，定公六年作公叔文子，定公十三年有公叔戍。《潜夫论·志氏姓》"公叔氏出于卫献公，姬姓。"《通志·氏族略》"公叔氏，姬姓，卫献公之公孙之后"。公叔氏谱系如下：

```
献公──成子当──公叔文子发─┬─公叔戍
                            └─公叔木
```

七　孔氏

《左传》闵公二年有孔婴齐（谱系不详），文公元年有孔达，成公十四年有孔成子等。《左传》哀公十一年，孔氏女曰孔姞，孔氏为姞姓，是卫国历史上少有的异姓卿族。孔氏的谱系如下：

```
孔达──□──孔成子烝鉏──顷叔孔羁──□──孔文子圉──孔悝
```

孔达时孔氏卿族实力达到顶峰，从卫成公复国到卫穆公时期，孔达率师侵郑、伐晋、入宋，军政大权集于一身，俨然为卫国执政卿。孔成子在卫灵公时期也算小有成就，但终不及孔达。《左传》哀公十六年，孔悝奔宋，结束了孔氏卿族在卫国的历史。

春秋时期卫国卿族与国君之间、卿族与卿族之间存在着纷繁复杂的矛盾和斗争，各卿大夫之间更是你方唱罢我登场，纠缠不休中又有着和睦共处。卿族的活跃可以说是卫国政坛跌宕起伏的一个不容忽视的因素。为了对卫国卿族政治有一个比较清晰的了解，可以根据公室与卿族、卿族与卿族之间的关系，将卫国卿族政治的演变分为三个阶段：卿权附庸于君权；卿权膨胀与君权势均力敌；卿权干预君权并最终蜕变为君权。

春秋初年，各地诸侯竞起纷争，社会面临兼并混战的局面，卫国公室却处于激烈的内部斗争中。卫庄公外退贤者内惑嬖庶，导致州吁杀桓公；卫宣公荒淫无度，上烝夷姜、下取伋妇，滥杀公子伋与寿；卫惠公逐公子黔牟、杀左公子洩与右公子职，如此等等。面对国力的削弱、国君的昏庸无能及外部强敌的压境，此期的卫国卿族以联合为主，同心勠力、一致对外。以石氏卿族的典型代表石碏为例，他本是卫庄公时的老臣，为人耿直。面对州吁杀桓公自立、祸乱国家的恶行，他不惜与陈国国君密谋，联手杀死州吁和自己的儿子石厚，让卫国逃过一劫。先人赞叹曰："石碏，纯臣也。……'大义灭亲'，其是之谓乎？"① 石碏在州吁之乱中的表现，说明石氏卿族在春秋初年已很强大，虽然石碏是用计才让卫国转危为安，但从中可以看出以石碏为代表的石氏卿族有着较强的外交能力，能以卿族身份与邻国国君交好足以证明石氏卿族的深厚家底。

卫宣公淫乱及政务处理上的失误，造成了卫国在卫惠公奔齐前后数十年的政权混乱。卫惠公时期见于经传的卿大夫只有7人，公族为太子伋、公子寿、左公子洩、右公子职、公子黔牟，卿族为宁跪、石祁子。惠公奔齐，是卫国公族内部争权夺位斗争的结果。8年后，在齐国帮助下返国的卫惠公实施了一系列报复行为，逐公子黔牟，杀左、右公子，放逐宁跪。放逐宁跪，说明惠公对宁氏卿族相当记恨和忌惮，虽恨得咬牙切齿，但也仅仅放逐了事。由这些大事件可知，春秋初年卫国卿权是君权的附庸，石氏、宁氏两大卿族效忠国君，实力很强的他们试图凭借自身的努力使卫国

---

① 杨伯峻：《春秋左传注》，中华书局2000年版，第38页。

有所发展。

春秋中叶,卫国卿族势力日益壮大,宁氏、孙氏是其中的佼佼者。卿权强化过程中,虽在政治、军事、外交等方面不断蚕食君权,但尚未发展到威胁君权的程度,不过两者的矛盾逐渐浮出水面。《左传·哀公二十六年》"宁武子、孙庄子为宛濮之盟而君入",杜注:盟在僖二十八年。宛濮之盟,宁武子协和内外,相见以诚。卫侯得以复国,宁武子曰:"天祸卫国,君臣不协,以及此忧也。今天诱其衷,使皆降心以相从也,不有居者,谁守社稷?不有行者,谁扞牧圉?……自今日以往,既盟之后,行者无保其力,居者无惧其罪。有渝此盟,以相及也。明神先君,是纠是殛。国人闻此盟也,而后不贰。"① 虽然宁武子一片赤诚,但盟约却成了一纸空文。成公复国后,叔武子高兴地捉发而出,成公却派人杀了叔武。元咺出奔晋国,并就此事诉之于晋,引发了卫国历史上君臣争讼的闹剧。"卫侯与元咺讼,宁武子为辅,针庄子为坐,士荣为大夫"②,如此强大的诉讼阵容,理屈的卫成公仍是败诉,被囚于京师。卫侯被囚当然与晋国为元咺撑腰有关,但也证明了卿大夫已不再视君权为权威,国君的威信力下降,卿大夫的势力膨胀,有了独立发展的意识和能力。如果国君的言行与道义相悖、逆礼仪行事,卿大夫就会按照自己的价值取向通过一定的手段为自身谋取利益。但君权的威望仍在,卫国国内仍有一批忠心耿耿,愿为国君赴汤蹈火的卿大夫,宁俞就是其中之一。卫侯被囚后,"晋侯使医衍酖卫侯。宁俞货医,使薄其酖,不死"③。后卫成公在外"行玉二十毂"④ 让鲁僖公替自己向周襄王求情;对内许诺周歂、冶廑"苟能纳我,吾使尔为卿"⑤,让他们做自己的内应。可见,卫侯仍然掌握着任命卿士的大权,在元咺与成公争讼这件事上,最终的赢家仍然是卫成公,他凭借手中的权力以及国君的权威和尊严,重返卫国,并将与自己对立的卿族斩尽杀绝!

卫成公到卫定公时期,近 60 年内卫国历经三代国君,虽然君权仍旧

---

① 杨伯峻:《春秋左传注》,中华书局 2000 年版,第 469—470 页。
② 杨伯峻:《春秋左传注》,中华书局 2000 年版,第 472 页。
③ 杨伯峻:《春秋左传注》,中华书局 2000 年版,第 478 页。
④ 徐元诰:《国语集解》,中华书局 2002 年版,第 153 页。
⑤ 杨伯峻:《春秋左传注》,中华书局 2000 年版,第 478 页。

至高无上，但卿权有所膨胀，且有意对君权进行蚕食和掠夺，尤其是军权和外交方面。成公、穆公、定公执政时期，卫国国君共参加诸侯会盟6次，征伐1次；而这一时期卿族会盟征伐的次数分别是5次和7次。卿族征伐的次数远远多于国君，卫国的军权应该是被卿族控制着；会盟聘问方面，卿族与国君不相上下，势均力敌。国君对卿族的控制有所弱化。《左传·成公七年》载，卫定公恶孙林父，林父奔晋。孙林父的实力让卫侯非常忌惮，但对诸卿族的崛起又无计可施，遂生厌恶，两者之间的矛盾日趋白热化。孙林父感到危机来临，便见机行事，举家携邑逃奔晋国。孙氏的实力虽让国君心有余悸，但并不意味着单个卿族势力强大到能够威慑国君的程度，况且卫国诸卿族间也存在着复杂关系，与君权抗衡还达不到完全的同舟共济、步调一致。因此，面对卫之良将的孔氏、协成公复国的宁氏这些忠心耿耿的卿族，即使已掌控了卫国执政卿大权的孙林父也不敢贸然行事，只能奔晋以待时机。成公十四年，晋国强使卫定公恢复孙林父在国内的地位。但"孙文子自是不敢舍其重器于卫，尽置诸戚，而甚善晋大夫"[1]。为防不测做着准备。襄公十四年，孙文子联合宁殖驱逐卫献公，立公孙剽为卫君。后来宁殖害怕弑君的罪行被记录在史册里，临死前反复叮嘱子孙要为其正名。襄公二十六年，献公以"政由宁氏，祭则寡人"[2]为条件，联合宁氏赶走了孙氏，献公得以复位。孙林父以戚如晋，成为晋国的附庸。献公即位后，宁喜专权，邑多势大，献公对此甚为不满，又利用公孙免余诛灭了宁氏。孙、宁两大卿族"视君不如弈棋"[3]，卫国国君形同傀儡，政权落在孙氏、宁氏手中。至此，卫国政权重心下移，君权与卿权的斗争成为社会的焦点。通过献公被废的前前后后，可以看出，即使卫国卿权的势力发展到可以干预君权的程度，但卿族仍做不到问鼎国君宝座。卫国国君仍能利用卿族集团内部的矛盾，拉拢能为自己效劳的一方，在与诸卿族的斗争中铲除异己。

孙氏、宁氏衰落后，齐氏、北宫氏、公叔氏、太叔氏、孔氏、南氏等继之而起，影响着春秋后期卫国政治的走向。卫灵公在位期间，卿族争斗

---

[1] 杨伯峻：《春秋左传注》，中华书局2000年版，第870页。
[2] 杨伯峻：《春秋左传注》，中华书局2000年版，第1112页。
[3] 杨伯峻：《春秋左传注》，中华书局2000年版，第1109页。

的主角是齐氏和北宫氏，两者之间的争斗从诸卿诛杀卫灵公弟公孟絷开始，史称齐豹之乱。卫灵公的兄长孟絷轻贱齐豹，"夺之司寇与鄄，有役则反之，无则取之"①，齐豹与北宫喜、褚师圃、公子朝等作乱，杀公孟絷。靠废嫡立庶得到君位的灵公闻讯内心惶恐，载宝潜逃，由此可知其君位并不稳固。灵公本人又不思进取，昏庸无道，"卫灵之无道也，宫中荡乱，夫人宣淫，桑中、有狐之刺，复见于今日也，礼仪消亡，至此极也"②。齐豹之乱虽不是因灵公而起，但与其为君不君，让臣子心寒不无关系。实力权力均日益壮大的卿族，遂对君位有了一定的觊觎之心。逼灵公出奔边邑时，本就对君位虎视眈眈、垂涎三尺的齐氏作出了放冷箭暗杀灵公的举动，还好冷箭仅射中南楚的后背，灵公得以逃脱。这一射杀灵公的做法与北宫氏等卿族的初衷相背离，本为联合体的两大卿族产生了分歧，"齐氏之宰渠子召北宫子。北宫氏之宰不与闻，谋杀渠子，遂伐齐氏，灭之"③。北宫氏之宰背叛家主攻灭齐氏，迎灵公复国。灵公复国后，"赐北宫喜谥曰贞子，赐析朱鉏谥曰成子，而以齐氏之墓予之"④，卫灵公为稳固其君位不得已对卿族作出了如此让步。待其君位稍固后，旋即对一些卿族展开了无情的打击，卫灵公驱逐了富而逼君的公叔戍及其同党北宫结，公叔氏、北宫氏自此从卫国政坛消失。此期卿权实则已盖过君权，君权的存在成为卿族扩张政治、经济权益的障碍，控制、削弱、干预君权成为卿族争斗的目标。但卿族之间错综复杂、此消彼长的关系，往往又成为国君利用、拉拢、控制卿族的方式和手段，当国君达到排除异己的目的后，会将矛头对准那些曾经有功的卿族，利用种种借口驱逐、打压他们。虽然这种方式确实起到了一定的作用，但从长远来看，卿权对君权仍是一种威胁。

春秋末叶，卫国政坛更是乌烟瘴气，卫出公时甚至发生了父子争国的闹剧。追溯原因，仍与卫灵公有关，灵公宠幸夫人南子，竟纵容南子与宋朝淫乱。太子蒯聩不堪此辱，欲杀其母，事败后被灵公驱逐出国，这就为

---

① 杨伯峻：《春秋左传注》，中华书局 2000 年版，第 1410 页。
② 马骕：《左传事纬》，齐鲁书社 1992 年版，第 526 页。
③ 杨伯峻：《春秋左传注》，中华书局 2000 年版，第 1412 页。
④ 杨伯峻：《春秋左传注》，中华书局 2000 年版，第 1413 页。

此后更为激烈的君位争夺埋下了祸根。卫灵公死,立蒯聩之子辄为君,是为出公。出公时,孔氏是最强的卿族,曾威逼太叔疾出奔。后太叔氏虽复位,但已元气大伤,难以再有作为。晋国扶持前太子蒯聩,将其送回戚地,以伺机发动政变,谋求回国复位。卫卿族孔悝怀有野心,也尽力促成蒯聩回国。一番斗争后,公元前480年,蒯聩入国为君,是为庄公,出公奔鲁。庄公暴虐无道,"害故政,欲尽去之"①,引起卿族的不满;"居外,怨大夫莫迎立。元年即位,欲尽诛大臣,曰:'寡人居外久矣,子亦尝闻之乎?'群臣欲作乱,乃止。"② 因其在外,臣子没有迎立就要杀戮,昏庸由此可见。卿族、大夫们不拥护他,先是瞒成、褚师比出奔宋,接着孔悝出奔宋,后又诛杀卫浑良夫。人民对其暴虐统治忍无可忍,发动了匠人起义。卫庄公出逃,为戎州己氏所杀。晋人立襄公孙般师为君。齐伐卫,俘虏般师,另立公子起。不久,卫君起被卿族石圃所逐,奔齐。出公自齐回国复位。石圃驱逐二君,可见其权势之大。两年之内卫国君位几次更迭,每次都有外部势力的参与,卫国国政已身不由己。出公复位后,驱逐石圃,石氏自此衰败。出公为政专横,一些贵族又利用工匠发起暴动。出公逃亡,死于越。出公季父黔攻出公之子而自立,是为悼公,南氏相之。春秋末期的卫国,君位争夺与君卿斗争相互交织、纷乱复杂。卫国诸卿族在斗争中相继衰败,南氏则蓦然崛起。南氏之祖为公子郢,卫灵公之子,字子南。灵公曾欲立其为太子,公子郢见公室内部斗争激烈,坚辞不受。但其子公孙弥牟在卫国颇有影响,公元前470年,公孙弥牟主谋驱逐卫出公,第二年,越、鲁、宋等国出兵纳卫出公,公孙弥牟征求众人意见,是接纳卫出公还是自己出逃,众人表示不接纳卫出公,也不赞成公孙弥牟逃亡,结果卫出公不敢复入,公孙弥牟立悼公而自为其相,出公卒于越。梁玉绳《史记志疑》云:"《周纪·集解》引臣瓒曰,《汲》冢古文谓卫将军文子为子南弥牟,故《左传》称弥牟为南氏,《战国策·卫策》称南文子。"③ 公孙弥牟也即卫将军文子,为相时已专卫国军政大权。《大戴礼记·卫将军文子》载,文子向子赣问孔门弟子之事,曰:"吾闻之也,国

---

① 杨伯峻:《春秋左传注》,中华书局2000年版,第1696页。
② 司马迁:《史记》,中华书局2008年版,第1602页。
③ 杨伯峻:《春秋左传注》,中华书局2000年版,第1725页。

有道则贤人兴焉，中人用焉，百姓归焉。若吾子之语审茂，则一诸侯之相也，亦未逢明君也。"晁福林先生说："可见这位卫卿很想招纳儒家贤才，以助其成为'明君'。"[1] 这一分析很有道理。弥牟后裔子南劲，最终夺取了卫国君位。古本《纪年》载："卫将军文子为子南弥牟，其后有子南劲，朝于魏。后惠成王如卫，命子南为侯。"《韩非子·说疑》将子南劲和齐田恒等共列为"上逼君、下治乱，援外以扰内"的篡位之臣。子南劲的援外当即《纪年》所谓"朝魏"，魏惠王命子南劲为侯，当在卫声公末年。《卫康叔世家》载，从武公到声公，卫国国君皆称公，声公后则称侯，或即"命子南为侯"的结果。若此，在子南劲之时，卫国南氏已夺取君位，卫国卿权蜕变为君权。[2]

综上所述，春秋早期卫国卿族政治的斗争焦点是公室内部的君位之争。春秋中叶，随着卿族势力的壮大，卫国政权重心下移，君主与卿族之间的矛盾逐步激化。春秋晚期，卫国君位争夺与君卿斗争相互交织，内乱频仍。南氏乘机崛起，并在战国时期夺得了政权。

---

[1] 晁福林：《论周代卿权》，《中国社会科学》1993 年第 6 期，第 201—219 页。
[2] 晁福林：《论周代卿权》，《中国社会科学》1993 年第 6 期，第 201—219 页。

第十一章

卫国文化名人

由于孔子周游列国时，曾长时间生活在卫国，卫地人物在儒家典籍中出现较多。纯臣石碏、贤人蘧伯玉、谏臣史鱼等，均为后世所敬仰。影响中国历史进程的变法者商鞅，亦是卫人；儒商代表人物、孔门弟子子贡，亦是卫人。

卫地名人以其鲜明的家国情怀和独特贡献，成为华夏名人的重要成员，其所遗留的规则意识、进取意识和变革思想，时至今日，仍在闪闪发光。

第一节 名臣君子

卫国800余年的历史长河中，除了卫康叔、康伯懋、卫武公、卫文公、卫襄公等有作为的君主外，还出现了一些正直贤明的仁能志士，如纯臣石碏、为官有方的政治家宁武子、贤人蘧伯玉、谏臣史鱼等。正是这些人使得卫国以一蕞尔小国的身姿在春秋战国的乱世中维持了极长的国祚，也是他们帮助卫国度过重重劫难得以存活下来。春秋初期的卫国与宋国一样受到郑国的压迫；春秋中期的卫国不断受到霸主国的侵扰，卫国君子们在内在外均能尽忠职守，坚守立场，维护国君尊严，为国家谋取最大利益；即使到了卿权压迫君权的春秋晚期，卫国的君子群体依旧尽心尽力，排除任何对君权造成威胁的阻碍，特别是面对国君遭到权臣放逐的困境时，卫国君子鲜少像齐、晋等大国的卿族那样结党营私，反而团结一心，内外辅佐，尽一切可能将国君迎接回国，使家不至于受制于人。周室衰微、礼崩乐坏的时代，动荡的卫国正好成为一个试炼君子品行的场域，种种事迹展现了卫国群君子在面对国家困境时的铮铮风骨。而正是因为这些贤才君子为国家存亡所做的不懈努力，才使得卫国得以在一连串的内忧外患中存活下来。故季札曰："卫多君子，未有患也。"① 这样的卫国，也成为孔子周游列国时所长期驻留的国家。孔子从鲁定公十三年去鲁适卫开始，周游列国 14 年之久，其中有 12 年时间停留在卫国，孟子曰："于季桓子，见行可之仕也；于卫灵公，际可之仕也；于卫孝公，公养之仕也。"② 卫灵公、卫出公（也称卫孝公）两位国君对国内人才的栽培，也许是孔子周游列国时长时间驻留在卫国的原因之一。当然，卫国自身浓厚的人文精神及众多君子的存在，也是吸引孔子的重要因素。这一节，我们就介绍一下卫国比较知名的君子人物。

一　纯臣石碏

石碏，春秋康叔六世孙卫靖伯的孙子，卫庄公的上卿，著名贤臣。汉代王符《潜夫论·志氏姓》载："卫之公族，石氏、世叔氏、孙氏、宁氏……皆卫姬姓也。"唐代林宝《元和姓纂》载："石，卫大夫石碏之后。"宋代郑樵《通志·氏族略》载："石氏，姬姓，靖伯之孙石碏，有大功于卫，世为卫大夫。"宋代邓名世《古今姓氏书辩证》载："石，出自卫大夫石碏，其先以王父字为氏。碏生石厚，碏孙骀仲生祁子，及庶子五人，骀仲孙曰成子稷，稷生共子买，买生悼子恶。"由以上可知，石碏是以王父字为氏的石氏家族的先祖，他是卫康叔的后代，在卫庄公时位至上卿，因有大功于卫，石氏成为卫国重要卿族之一，他的后代多为卫大夫。

石碏大功于卫的历史事件即平定州吁之乱。在此事件中，他妙杀州吁，拥立卫宣公，维护君臣人伦、君臣之义，并牺牲父子天伦、亲亲之道，杀子石厚。著名典故大义灭亲即来源于此。《左传》记叙史实后，发出了这样的评价，"石碏，纯臣也。恶州吁而厚与焉。'大义灭亲'，其是之谓乎？"③

---

① 杨伯峻：《春秋左传注》，中华书局 2000 年版，第 1166 页。
② 万丽华、蓝旭：《孟子》，中华书局 2016 年版，第 228 页。
③ 杨伯峻：《春秋左传注》，中华书局 2000 年版，第 38 页。

春秋早期，卫庄公对其宠妾所生的儿子州吁溺爱，而正妻庄姜所养的公子完（卫桓公）才是太子，按照当时"长幼有序，尊卑有别"的礼法，州吁的地位不能超越公子完。但卫庄公全然不顾礼法，独宠州吁；州吁"有宠而好兵"①，恃宠而骄，舞刀弄枪，蛮横奢荡。庄公和州吁的所作所为，引起了国内外的不满，石碏身为卫国大夫，看到州吁行为不端必将祸乱卫国，遂向庄公进谏，直接表达了自己对教育后代的看法，即"爱子，教子以义方，弗纳于邪"②，这句话将造成州吁独大的原因归咎于卫庄公。之后，石碏追根溯源，推理招致邪祸的根源是州吁的种种劣迹。并表明这样做的结果会引来"六逆"，即"贱妨贵，少陵长，远间亲，新间旧，小加大，淫破义"③，而使有利于国家安定的"六顺""君义，臣行，父慈，子孝，兄爱，弟敬"④远离卫国。最后，石碏指出，如果卫庄公再继续宠爱州吁必定会给卫国带来祸患。身为人臣的石碏不畏权威敢于直言进谏，勇敢非常。只可惜卫庄公没有听从石碏的劝谏，最终州吁谋反，杀了兄长桓公而自立。

隐公四年，州吁杀桓公而自立，春秋卫国内乱自此始。州吁虽自立为君，但国人不服。为了得到国内外的认可，上台后的州吁更加穷兵黩武，挑起了与郑国间的战争。州吁为了让其他诸侯国承认自己的合法地位，拼命地讨好各国诸侯，利诱与郑国同样有矛盾的宋、陈、蔡等国攻打郑国，围郑国东门长达5日。同年秋，诸侯再次攻郑，卫、宋、陈、蔡四国的联合军队仅战胜了郑国的步兵，未曾伤到郑国元气。早在东门之役时，鲁隐公与自己的大臣祭仲就曾分析当时形势，并预言像州吁那样狂妄自大的人必定会引火自焚。

战争结束后，州吁仍没有得到百姓和诸侯国的认可。石碏的儿子石厚（州吁的智囊）问策于已告老还乡的父亲，如何才能稳定州吁的国君之位。石碏借机用计联合陈国把州吁和石厚都抓了起来，并派右宰到陈国杀了州吁，派自己的家臣杀了石厚。《左传》盛赞石碏的大义灭亲之举，杜

---

① 杨伯峻：《春秋左传注》，中华书局2000年版，第31页。
② 杨伯峻：《春秋左传注》，中华书局2000年版，第31页。
③ 杨伯峻：《春秋左传注》，中华书局2000年版，第32页。
④ 杨伯峻：《春秋左传注》，中华书局2000年版，第32页。

预注曰:"子从弑君之贼,国之大逆,不可不除,故曰大义灭亲。明小义则当兼子爱之。"① 后世学者多默认赞同这一评价。石碏不徇私情、大义灭亲的故事成为千古美谈。

石碏大义灭亲后,另立了卫宣公,也因此赢得了整个石氏家族在卫国的繁荣发展。他的子孙在卫国世代公卿,枝繁叶茂,他也成为石姓的始祖。

二 为官有方宁武子

宁武子,卫文公、卫成公时的大夫,姓宁,名俞,谥"武子",故称宁武子。宁武子是卫国宁氏卿族的重要成员,对卫君忠心耿耿,在礼崩乐坏的春秋时代他却是一位特别重礼的人,其从政时大智若愚的表现更为后人津津乐道。

宁武子的父亲是宁速宁庄子。宁庄子出任卫国大夫时,卫国实力已大不如前。卫懿公的昏庸无能更是让卫国遭受到亡国之祸,宁庄子在卫懿公生前受命以武力捍卫卫国,"公与石祁子玦,与宁庄子矢,使守"②,矢,箭也;宁庄子在朝臣中应是以武功见长的。石祁子、宁庄子临危受命,带领卫国民众出逃,并建新都,立新君(卫戴公、卫文公),使卫国得以存续。宁庄子作为三朝重臣,积极辅佐卫文公完成复兴大业。公元前641年,面对邢国与狄人的接连来犯,宁庄子劝谏卫文公一定要讨伐背叛卫国且与狄人结盟的邢国。《左传·僖公十九年》载:"秋,卫人伐邢,以报菟圃之役。于是卫大旱,卜有事于山川,不吉。宁庄子曰:'昔周饥,克殷而年丰。今邢方无道,诸侯无伯,天其或者欲使卫讨邢乎?'从之。师兴而雨。"宁庄子面对占卜不利的结果,仍坚定信念维护卫国尊严,忠君之态立现。宁庄子还是一位敢于直谏的言官。《国语·晋语四》载:"宁庄子言于公曰:'夫礼,国之纪也;亲,民之结也;善,德之建也。国无纪不可以终,民无结不可以固,德无建不可以立。此三者,君之所慎也。今君弃之,无乃不可乎!晋公子善人也,而卫亲也,君不礼焉,弃三德矣。臣故云君其图之。康叔,文之昭也。唐叔,武之穆也。周之大功在

---

① 杜预:《春秋经传集解》,上海古籍出版社1988年版,第28页。
② 杜预:《春秋经传集解》,上海古籍出版社1988年版,第222页。

武,天祚将在武族。苟姬未绝周室,而俾守天聚者,必武族也。武族唯晋实昌,晋胤公子实德。晋仍无道,天祚有德,晋之守祀,必公子也。若复而修其德,镇抚其民,必获诸侯,以讨无礼。君弗早图,卫而在讨。小人是惧,敢不尽心。'公弗听。"宁庄子审时度势,为卫文公认真分析了当时天下的形势,可惜没有被采纳。

宁武子秉承了父亲宁庄子的君子品行,同样对卫君忠心耿耿、矢志不渝。《论语集注》载:"宁武子,卫大夫,名俞。按《春秋传》,武子仕卫当文公、成公之时,文公有道,而武子无事可见,此其知之可及也。成公无道,至于失国,而武子周旋其间,尽心竭力,不避艰险,凡其所处,皆知巧之士所深避而不肯为者,而能卒保其身以济其君,此其愚之不可及也。"这里朱子评论了宁武子的智与愚,关于这点我们下文再探讨。从此记载可知,卫文公时宁武子已经出仕,卫文公励精图治使卫国呈现中兴之势,清平之世下宁武子并没有特别突出的建树和功绩,史籍所载甚少。但卫成公时,卫国国内外的形势发生了很大变化,特别是成公与文公的所作所为截然不同,成公的昏庸无道使得宁武子忠君不渝的品质得以表现。卫成公初年,齐国因齐桓公逝世丧失霸业,天下失其共主的情况下诸侯国再次在中原展开角逐。其中晋、楚两国实力最强。晋国不断向外扩张以谋取天下霸权,虢、虞、耿、霍、魏等姬姓小国皆被晋献公所灭。晋文公继位后,与楚国展开争夺霸权的斗争,郑、卫、曹等姬姓诸侯,大多因"夷夏之防"的顾虑不支持晋国,反而支持楚国成为新一代的霸主。但楚国城濮之战的失利,给予晋国称霸的机会,郑、卫、曹等国遭到了晋国的清算。卫成公无道,被晋国攻打时失国,其本人先后奔逃到楚、陈,但最终还是被晋侯所执。卫成公最艰难的时候,卫国政权中的智巧之士都只求自保,不愿前去设法救援,以免祸患殃及自身。只有宁武子忠心耿耿,与卫成公一同流亡。流亡初期,宁武子担任成公与卫人之间的桥梁,协助成公归国复位;成公归国后因公子颛犬、华仲两人误杀叔武,元咺向晋文公投诉,宁武子挺身而出,义无反顾地替成公辩护;当晋文公发现无法借由刑事诉讼谋害成公,企图借机毒杀成公时,宁武子更是从中周旋,尽心竭力,不避艰险,阻止了晋文公的计划,最终保全了成公。可以说,卫成公是仰赖宁武子的先知先觉才得以幸免于难,这也充分证明了宁武子是一位不畏强权、不怕牺牲的忠君爱国之士。

孔子曾这样评价宁武子,"宁武子邦有道则知,邦无道则愚。其知可及也,其愚不可及也。"[1] 邦,古时国家的别称。文公时,卫国政治走上正轨,宁武子对政事有所建议,这是"知",他人也可以做到。成公无道失国后,宁武子周旋其间、尽心竭力、不避艰险,这是他人都以为愚而不愿去做的,宁武子却"保其身以济其君",帮助成公脱离险境。后世"愚不可及"即来源于此。孔子对宁武子的"知、愚"持肯定态度。"愚"并非指宁武子为了韬光养晦而故意装傻,而是指他面对险恶困境,依旧能够义无反顾地为国君尽忠,邦有道也罢,邦无道也罢,宁武子做到了忠贞不渝,始终如一。班固《汉书·古今人表》将宁武子的品性评断为极高的"上中"等级。

即使处在礼崩乐坏的春秋时代,宁武子仍是一位重礼之人。《左传·文公四年》载,宁武子到鲁国聘问,"卫宁武子来聘,公与之宴,为赋《湛露》及《彤弓》。不辞,又不答赋。使行人私焉,对曰:'臣以为肄业及之也。昔诸侯朝政于王,王宴乐之,于是乎赋《湛露》,则天子当阳,诸侯用命也……今陪臣来继旧好,君辱贶之,其敢干大礼以自取戾?'"宁武子为什么闻赋不答,还诚惶诚恐?毛诗《序》云:"《湛露》,天子燕诸侯也。""《彤弓》,天子锡有功诸侯也。"《湛露》《彤弓》是天子宴飨诸侯的诗,守礼的宁武子作为大夫自然是不能也不敢应对。也许有人会说,这只是音乐而已,但依周礼而言,乐有着固定的使用场合,即使是形式上也要以礼而行,要符合赋诗者和闻诗者的身份。

祭祀方面,宁武子更是主张依礼行事。《左传·僖公三十一年》载:"冬,狄围卫,卫迁于帝丘,卜曰三百年。卫成公梦康叔曰:'相夺予享。'公命祀相。宁武子不可,曰:'鬼神非其族类,不歆其祀,杞、鄫何事?相之不享于此久矣,非卫之罪也,不可以间成王、周公之命祀,请改祀命。'"孔颖达《正义》云:"昭七年《传》称晋居夏虚,祀鲧而晋侯疾瘳。此卫居帝丘,而不合祀相者,《祭法》云:'鲧障洪水而殛死',载在祀典。传称'实为夏郊,三代祀之'。周室既衰,晋为盟主,当代天子祭绝祀之神,故祭鲧为得礼。相无功德于民,惟当子孙自祭,故称'杞、鄫何事?非卫之罪',与鲧异也。"宁武子依据周礼,认为除祖宗之

---

[1] 钱逊:《论语》,国家图书馆出版社2017年版,第152页。

外有功于民者才可以祭祀，他族之人皆不用祭祀。经过宁武子的力谏，卫成公最终放弃了他改祭的荒唐想法。

三　贤德君子蘧伯玉

卫国民风淳朴，厚重多君子。《史记·孔子世家》载，吴延陵季子使过卫，见蘧伯玉、史鳅，发出了"卫多君子，其国无故"的感慨。而蘧伯玉就是一个非常典型的君子，曾得到孔子的赞美。《论语·卫灵公》孔子赞美蘧伯玉："君子哉，蘧伯玉！"《论语》臧否人物时只对四个人冠以君子称号，蘧伯玉便是其中之一。

蘧伯玉，名瑗，字伯玉，谥成子。春秋后期卫国蒲邑（今河南省长垣县）人。卫国著名政治家、思想家、社会活动家，曾辅佐过献公、襄公、灵公三位国君，因贤德闻名诸侯。关于蘧伯玉，我们需要了解其君子称呼的由来，他于卫国的政治成就，他与孔子的交往及对孔子的影响。

蘧伯玉虽然早在献公、襄公时已贤名远播，但卫灵公并未重用他，直到史鱼"我即死，治丧于北堂。吾生不能进蘧伯玉而退弥子瑕，是不能正君者，死不当成礼。而置尸于北堂，于我足矣"[1]。蘧伯玉的君子风度赢得史鱼为之尸谏。《礼记·礼器》论礼乐中，蘧伯玉被冠以"君子之人达"，可见其时时以君子之操自警。蘧伯玉的君子形象闻名遐迩，其人其事散见于《左传》《庄子》《淮南子》《韩诗外传》《说苑》《列女传》《新序》等古籍。这些记载虽未能完整复原蘧伯玉的生平事迹及思想，但也依稀可见其为人风范。

《左传》中蘧伯玉的记载最早见于襄公十四年，当时卫国国君是卫献公。卫献公时，卿族权力上升，对君权威胁极大，但卫献公仍不思与臣子搞好关系，反而多次激化两者之间的矛盾。如，卫献公多次羞辱孙文子和宁惠子，与两子约期共食却迟迟不召见，见时不释皮冠而与之言，"君见臣，臣若朝服，依当时仪节，应脱去皮冠……孙林父、宁殖着朝服，卫献见之不脱皮冠，盖故意辱之"[2]。卫献公还在孙文子的儿子孙蒯侍酒时歌《巧言》之末章，"彼何人斯，居河之麋。无拳无勇，职为乱阶"。杜注：

---

[1] 王聘珍：《大戴礼记解诂》，中华书局1981年版，第66页。
[2] 杨伯峻：《春秋左传注》，中华书局2000年版，第1011页。

"公欲以喻文子,居河上而为乱。"① 卫献公借诗歌暗示孙文子将会作乱,引起孙文子的恐慌,加速了他叛乱的进程。孙文子在作乱前企图威逼蘧伯玉加入自己的阵营,对于孙文子的拉拢,蘧伯玉严词拒绝,并表明自己的立场和观点,臣子是不可以弑杀一国之主的,杀掉现任国君,继任者也未必强过旧君,国家或许会每况愈下。"(文子)曰:'君之暴虐,子所知也。大惧社稷之倾覆,将若之何?'对曰:'君制其国,臣敢奸之?虽奸之,庸如愈乎?'遂行,从近关出。"② 之后蘧伯玉相机行事,出国避难。

孙文子迫使卫献公出奔齐国后,孙、宁两大卿族之间又发生矛盾。宁惠子的儿子宁喜等人想要协助卫献公归国复位,"初,献公使与宁喜言,宁喜曰:'必子鲜在。不然,必败。'故公使子鲜……宁喜告蘧伯玉。伯玉曰:'瑗不得闻君之出,敢闻其入?'遂行,从近关出"③。蘧伯玉面对宁喜并非出于公心的迎献公回国复位,选择了回避出走,实为不愿卷入政治斗争。蘧伯玉的这两次出走他国,被孔子赞誉为"邦有道则仕,邦无道则可卷而怀之"④,这句评价概括了蘧伯玉的行事风格,始终能做到认清政治清浊。政治清明时,出仕行道求其用;晦暗之时主动退避求其隐。朱熹称赞其为"伯玉出处合于圣人之道,故曰君子"⑤。孙、宁两大卿族早已有弑君之心,并且拥有较大的政治和军事力量,蘧伯玉无力与之抗衡,劝阻无果时便涉身事外,保全自我以备后用,避免无谓牺牲。《礼记正义》云:"内乱不与焉,外患弗辟也。""谓卿大夫也。同僚将为乱,己力不能讨,不与而已。至于邻国为寇,则当死之也。"⑥ 蘧伯玉两次被不同的大卿族所拉拢,说明他早在卫献公时已具有相当大的政治影响力和号召力。

卫灵公时,史鱼的尸谏使灵公幡然悔悟,任命蘧伯玉为相。"子贡往视之,曰:'何以治国?'曰:'以弗治治之'"⑦,蘧伯玉所说的弗治治

---

① 杨伯峻:《春秋左传注》,中华书局 2000 年版,第 1011 页。
② 杨伯峻:《春秋左传注》,中华书局 2000 年版,第 1012 页。
③ 杨伯峻:《春秋左传注》,中华书局 2000 年版,第 1112 页。
④ 阮元:《论语注疏》,中华书局 1980 年版,第 2517 页。
⑤ 朱熹:《论语集注》,中华书局 1983 年版,第 163 页。
⑥ 阮元:《礼记正义》,中华书局 1980 年版,第 1568 页。
⑦ 何宁:《淮南子集释》,中华书局 1998 年版,第 51 页。

之，并不是不干涉民众的无所作为，而是以德治国，体恤民生；加强自身修养，为民众做好表率，以德化人。几经战乱、内讧的卫国，虽早已衰落，处在诸侯争霸的夹缝中艰难生存，但在蘧伯玉主政下，经由卫国众大臣的不懈努力，卫仍屹立于中原，民众安居乐业，以至于孔子周游列国到达卫国时，发出了"庶已哉"① 的惊叹。《吕氏春秋》载："赵简子将袭卫，使史默往睹之，期以一月。六月而后反，赵简子曰：'何其久也？'史默曰：'谋利而得害，犹弗察也。今蘧伯玉为相，史鳅佐焉，孔子为客，子贡使令于君前，甚听。《易》曰：'涣其群，元吉。'涣者贤也，群者众也，元者吉之始也。'涣其群元吉'者，其佐多贤也。'赵简子按兵而不动。"② 赵简子看到蘧伯玉率领下的卫国群大夫阵容，遂放弃了偷袭计划。孔子高度认同蘧伯玉的做法，"无为而治者，其舜也与！夫何为哉？恭己正南面而已矣。"③《淮南子·泰族训》也对蘧伯玉的政绩大加赞赏，"蘧伯玉以其仁宁卫，而天下莫能危也"。

蘧伯玉与孔子可谓忘年之交。据钱穆先生考证："襄公十四年卫献公之出，蘧伯玉始见于《左传》，时必名德已重，故孙宁思引以共事。最少亦当三十。后八年孔子生。"④ 钱穆先生认为蘧伯玉与孔子的年龄差至少有30年。两者之间的交往见之于《史记·孔子世家》。公元前497年，孔子"去即过蒲。月余，反乎卫，主蘧伯玉家"⑤。公元前493年，"孔子既不得用于卫，将西见赵简子……而反乎卫，入主蘧伯玉家"⑥。孔子周游列国时，很长时间是待在卫国，在卫的大部分时间又是寄宿在蘧伯玉家，有着相同或相近思想和政治追求的两人生活上相互关照、学术上相互切磋、事业上同殿为臣，关系非同寻常。孔子所推崇、尊敬"严事"⑦ 之人共6位，蘧伯玉是其中之一，也是与孔子交往时间最长、次数最频繁、

---

① 张燕婴：《论语》，中华书局2007年版，第214页。
② 张双棣、张万彬、殷国光、陈涛：《吕氏春秋译注》，北京大学出版社2009年版，第616页。
③ 张燕婴：《论语》，中华书局2007年版，第232页。
④ 钱穆：《先秦诸子系年》，中华书局2015年版，第32页。
⑤ 司马迁：《史记》，中华书局2008年版，第1920页。
⑥ 司马迁：《史记》，中华书局2008年版，第1926页。
⑦ 《史记·仲尼弟子列传》记载，"孔子之所严事：于周则老子；于卫，蘧伯玉；于齐，晏平仲；于楚，老莱子；于郑，子产；于鲁，孟公绰。"

感情最好的一位,两人之间是一种亦师亦友的关系。即使在离别后,两人还经常遣使问候。

蘧伯玉认同孔子礼乐治国的主张。在春秋礼崩乐坏的大环境下,孔子的以礼乐治国并不被时人所接受,但蘧伯玉却对之持肯定和认可的态度。孔子居卫时,卫人司徒敬之去世,孔子前往吊唁,看到主人家并不哀伤悲痛,孔子稍停片刻便离开了。听闻此事后,蘧伯玉对孔子说:"卫鄙俗,不习丧礼,烦吾子辱相焉。"① 孔子答应后开始在卫国教习丧礼,改变当地习俗。孔子的学生子游对此还发出了质疑,"君子行礼,不求变俗,夫子变之矣"。孔子回答说:"非此之谓也,丧事则从其质而已矣。"② 蘧伯玉采用孔子的主张以礼治国,通过教授礼节来感化民风,改变卫国的鄙俗。孔子也深知蘧伯玉的用意,并非仅让民众习得具体的礼节,而是以礼为载体淳化民风,最终达到民治。蘧伯玉深知正乐对治国安邦的重要,劝谏卫灵公不能沉湎于靡靡之音。卫灵公的乐师师涓曾创作新曲四时之乐代替古声,卫灵公听后沉湎、心感,荒于政事。蘧伯玉谏曰:"此虽以发扬七律,终为沉湎靡曼之音,无合于风雅,非下臣宜荐于君也。"③ 蘧伯玉认为不合于风雅的乐曲不应推荐给国君,卫灵公听从蘧伯玉的劝谏,不再沉湎其中。蘧伯玉担心后世传承制造师涓的乐器,将其焚毁,师涓创作的乐曲随之湮灭。以正乐要国君合乎其所为,这点正合于孔子礼乐治国的主张。

除了礼乐治国外,蘧伯玉与孔子还有很多相通之处,如君子以达、明礼忠君、知非寡过、善省其身等。《礼记正义》载:"礼也者,反其所自生;乐也者,乐其所自成。是故先王之制礼也以节事,修乐以道志。故观其礼乐,而治乱可知也。蘧伯玉曰:'君子之人达。'"蘧伯玉认为君子必是通达义理,明晓事理的人,这样的人才能够把国家治理好。孔子也有这样的认识,季康子曾问孔子:"赐也可使从政也与?"曰:"赐也达,于从政乎何有?"④ 孔子认为子贡通于事理,这是他能够从事政治的优势。《论

---

① 杨朝明、宋立林:《孔子家语通解》,齐鲁书社2009年版,第521页。
② 杨朝明、宋立林:《孔子家语通解》,齐鲁书社2009年版,第521页。
③ 李昉:《太平广记》,中华书局1961年版,第1531页。
④ 张燕婴:《论语》,中华书局2007年版,第73页。

语》中还有孔子关于"达"的解说，"子曰：'君子上达，小人下达。'"君子只有通晓义理，循乎天理，才会愈加高明。蘧伯玉是明礼忠君的典范。《礼篇》载，"灵公与夫人南子夜坐，闻车声辚辚，至阙而止。南子曰：'此蘧伯玉也。'公曰：'何以知之？'南子曰：'礼，下公门，式路马，所以广敬也。君子不以冥冥堕行，伯玉，贤大夫也。敬以事上。此其人必不以暗昧废礼。'公使问之。果伯玉也。"蘧伯玉时时处处遵守礼节，并不以深夜无人察觉而废礼。卫国内乱时，蘧伯玉两次拒绝了危害国君的叛逆举动，忠君由此可见。孔子的明礼忠君思想更是根深蒂固，甚至以牺牲自己的政治前途为代价"隳三都"。

蘧伯玉勤于自我反省以改正错误，常思己过，与时俱进。《淮南子·原道训》载："蘧伯玉年五十而知四十九年非。"《论语·宪问》载："蘧伯玉使人于孔子。孔子与之坐而问焉，曰：'夫子何为？'对曰：'夫子欲寡其过而未能也。'使者出，子曰：'使乎！使乎！'"蘧伯玉虽为君子，但终究不是完人。使者的话表明蘧伯玉常常省身克己，勇于改过，这种高贵品质蘧伯玉坚守了一生，难能可贵。《论语》中有多处记载孔子要求改正过错、好学求新的言论，"过则无惮改。"[1] "过而不改，是谓过矣。"[2] "君子食无求饱，居无求安，敏于事而慎于言，就有道而正焉，可谓好学也已。"[3] 孔子提倡有错即改，认为能够做到这点就可以称得上好学和君子。曾子在孔子的教导下坚持每日"三省吾身"，颜回更是"不迁怒，不贰过"[4]。

四 刚直不阿的史鱼

史䲡，字子鱼，又称史鱼、史鰌，名佗。史䲡在卫灵公时担任宗庙祭祀事务的大祝职务，故又有祝佗的称号。祝佗有着杰出的外交才能，且口才出众，令后人永记的是其刚直不阿的尸谏举动。

祝佗擅长宗庙和宗族事务，这在当时是公认的。公元前506年，中原

---

[1] 张燕婴：《论语》，中华书局2007年版，第5页。
[2] 张燕婴：《论语》，中华书局2007年版，第243页。
[3] 张燕婴：《论语》，中华书局2007年版，第9页。
[4] 张燕婴：《论语》，中华书局2007年版，第70页。

诸侯国盟于召陵，其间卫、蔡争夺盟会时的排序，蔡以当初始封之君年长为由，欲先卫而盟，祝佗据理力争，细说了西周成王时封建诸侯的过程，并详述了成王在周公辅佐下对鲁公、康叔、唐叔所做的政治安排。祝佗追述的内容共525字，看上去不多，但条理清晰，逻辑缜密。祝佗首先分析了成王封建诸侯的缘由，"以先王观之，则尚德也。昔武王克商，成王定之，选建明德，以藩屏周"①。接着祝佗敷陈了成王册封鲁、卫、晋的具体情形，赏赐的礼器宝物、民人及分封的区域等，且用"命书"文诰的形式给予颁布。祝佗理直气壮的陈述，最终"长卫侯于盟"②，挽回了卫国在会盟时的不利局面。祝佗会盟时的说辞，与出土的各诸侯国"命书"高度吻合。将《左传》和金文资料相比较，可知西周封建诸侯的"命书"的确存在，并被各诸侯国所保存。卫国的"命书"一直到春秋后期还保存着，且为史祝人员所熟悉。《论语·宪问》载："子言卫灵公之无道也，康子曰'夫如是，奚而不丧？'孔子曰'仲叔圉治宾客，祝佗治宗庙，王孙贾治军旅。夫如是，奚其丧？'"卫灵公虽为无道国君，但卫国却能屹立不倒，孔子给出的理由之一：卫国有管理宗庙事务的祝佗。

祝佗的好口才，从上文中他与周王室大夫苌弘的对话可见一斑。但孔子评价祝佗的好口才时却用了一个"佞"字，引发了后世对其不同的理解。《论语·雍也》"子曰'不有祝佗之佞，而有宋朝之美，难乎免于今之世矣。'"佞的意思有二，其一是惯于用花言巧语谄媚人；其二是有才智。那么此处，孔子的意思是哪种呢？有人根据孔子反复强调做人要"敏于事而慎于言"③"巧言令色，鲜矣仁"④的记载，认为孔子此处把祝佗与宋朝并列，是说祝佗是个花言巧语、阿谀奉承的谄媚之人。《公冶长》中孔子针对有人对冉雍的评论，发出了"不知其仁，焉用佞"的看法，认为人只要有仁德就足够了，根本不需要能言善辩，伶牙俐齿。很明显，孔子认为仁与佞是对立的，善说的人肯定没有仁德，而有仁德者则不必有辩才，以德服人足矣。对佞字的解释同样属于第一种。但何晏《集

---

① 杨伯峻：《春秋左传注》，中华书局2000年版，第1535—1536页。
② 杨伯峻：《春秋左传注》，中华书局2000年版，第1542页。
③ 张燕婴：《论语》，中华书局2007年版，第9页。
④ 张燕婴：《论语》，中华书局2007年版，第3页。

解》中祝佗在时人的眼中又是难能可贵的人才,"孔曰:'佞,口才也。祝佗,卫大夫子鱼也,时世贵之。'"《论语注疏》中的解释更是如此,"佞,口才也。祝佗,卫大夫子鱼也。有口才,时世贵之。宋朝,宋之美人,善淫,时世疾之。言人当如祝佗之有口才,则见贵重,若无祝佗之佞,而反有宋朝之美,难乎免于今之世害也"。将祝佗与宋朝对比后,认为祝佗的善辩口才拯救了卫国,使其免遭乱世的危害。

祝佗能被后世经常提到的还是其刚直不阿的尸谏行为。《论语·卫灵公》载:"子曰:'直哉史鱼!邦有道,如矢;邦无道,如矢。君子哉蘧伯玉!邦有道,则仕;邦无道,则可卷而怀之。'"历代诸家对该章的注解基本无争议,对"如矢"的理解也大体相同。何晏《集解》:"孔安国曰:'有道无道,行直如矢不曲也。'"皇侃《义疏》"云邦有云云者,证其为直譬矢箭也"。朱熹《集注》卷八:"如矢,直也。史鱼自以不能进贤退不肖,既死犹以尸谏,故夫子称其直。事见《家语》。"刘宝楠《论语正义》卷十八引《诗经·大东》"周道如砥,其直如矢",注曰:"以矢行最直,故取为喻焉。"[1] 注疏家皆以"如"为"像","矢"为"箭",意为"像箭一样"。钱穆先生解释"如矢":"言其直。矢行直前,无迂回也。"并将此句译作:"史鱼可算得直了。邦国有道,他挺直地像一支箭(向前)。邦国无道,他还是挺直地像一支箭(向前)。"[2] 杨伯峻先生《论语译注》中将此句译作:"好一个刚直不屈的史鱼!政治清明也像箭一样直,政治黑暗也像箭一样直。"[3]

史鱼尸谏的做法史籍多有记载。《韩诗外传》"昔者卫大夫史鱼病且死,谓其子曰:'我数言蘧伯玉之贤而不能进,弥子瑕不肖而不能退。为人臣生不能进贤而退不肖,死不当治丧正堂,殡我于室足矣。'卫君问其故,子以父言对。君造然召蘧伯玉而贵之,而退弥子瑕,徙殡于正堂,成礼而后去。生以身谏,死以尸谏,可谓直矣。"文中将史鱼"生以身谏,死以尸谏"视为"直",意为史鱼并没有因为对方是君主而隐藏对于蘧伯玉、弥子瑕贤与不肖的看法。卫灵公在史鱼尸谏后,真的开始亲贤臣、远

---

[1] 刘宝楠:《论语正义》,中华书局1990年版,第618页。
[2] 钱穆:《论语新解》,巴蜀书社1985年版,第375页。
[3] 杨伯峻:《论语译注》,中华书局2009年版,第161页。

小人。孔子对之大发感慨:"古之列谏之者,死则已矣。未有若史鱼死而尸谏,忠感其君者也,可不谓直乎?"① 尸谏一词从此进入历史,史鱼也因其刚直不阿受到后人的敬仰。

第二节　知名女性

先秦时期女性能出现在历史舞台上并为后代所流传,实属不易。卫国的知名女性有许穆夫人、南子。

一　许穆夫人

卫国知名女性中排名第一的非许穆夫人莫属,后世对她的定位常常加上这样的字眼"最早的、杰出的、爱国的"女诗人。本节对许穆夫人的介绍就从以上着眼点展开,尽力为大家还原一位最早的杰出的爱国女诗人形象。

许穆夫人姬姓,春秋时期卫人,生卒年不详。许穆夫人的生平事迹,先秦史籍可考者仅见于《左传·闵公二年》"许穆夫人赋《载驰》",不足 10 个字的叙述,却使其成为中国悠久历史长河里有明确史传记载的第一位女诗人。《诗序》云:"《载驰》,许穆夫人作也,闵其宗国颠覆,自伤不能救也……思归唁其兄,又义不得,故赋是诗也。"与《左传》记载同。因而对于《载驰》的作者是谁古今认识一致,毫无争议。自《诗经》收录她的诗篇后,历朝历代传颂不衰。西汉刘向编撰历史上第一部女性人物史籍《列女传》时,将其载入《仁智篇》。

> 许穆夫人者,卫懿公之女,许穆公之夫人也。初许求之,齐亦求之。懿公将于许。女因其傅母而言曰:"古者诸侯之有女子也,所以苞苴玩弄,系援于大国也。言今者许小而远,齐大而近,若今之世,强者为雄,如使边境有寇戎之事,维是四方之故,赴告大国,妾在不尤愈乎?舍近而就远,离大而附小,一旦有车驰之难,孰可与虑社稷?"卫侯不听,而嫁之于许。其后狄人攻卫,大破之,而许不能

---

① 杨朝明、宋立林:《孔子家语通解》,齐鲁书社 2009 年版,第 273 页。

救。卫侯遂奔走，涉河而南至楚丘。齐桓往而存之，遂城楚丘以居。卫侯于是悔不用其言。当败之时，许夫人驰驱而吊唁卫侯，因疾之而作诗云："载驰载驱，归唁卫侯；驱马悠悠，言至于漕；大夫跋涉，我心则忧；既不我嘉，不能旋返；视而不臧，我思不远。"君子嘉其慈惠而远识也。

此篇记载后世流传颇广，许穆夫人"慈惠而远识"的爱国女诗人形象得到鲜明彰显。但她的身世、被谁远嫁、是否归卫等，因与其他典籍记载不同，而引起了后世的诸多分歧。为理顺关系，可以参看第六章第二节中整理的社会关系图。

从图中可知，许穆夫人并非卫懿公之女，而是卫宣公的庶子昭伯与卫宣公夫人宣姜所生，"初，惠公之即位也少，齐人使昭伯烝于宣姜。不可，强之，生齐子、戴公、文公、宋桓夫人、许穆夫人。"[①]"不可"是昭伯公子顽的态度，"强之"是齐人的做法，许穆夫人及卫戴公、卫文公、齐子、宋桓公夫人是这次政治婚姻的果实。《诗经·毛氏传》云："戴公与许穆夫人，俱公子顽、宣姜所生也。"出现这样的复杂关系，罪魁祸首当然是上烝夷姜，下夺子妇的淫荡昏君卫宣公。宣姜以子媳的身份嫁与宣公，宣公死后又从于母国之命，改嫁庶子。之后，构陷太子，助品行不好的儿子朔登上王位，宣姜的能力或者强势个性从中可见。春秋时期，父夺子妻、上烝下报、夺嫡之争、夺储之战虽屡见不鲜，但卫宣公、宣姜的这些事在当时还是耸动天下，宣姜本人也成了春秋时期著名的"祸国红颜"之一。

公元前700年，卫宣公去世，卫惠公朔继位。惠公即位违背伦理，国人反对并驱逐了惠公，改立伋之同母弟黔牟为君。8年后，惠公在齐襄公的帮助下回国复位。《卫康叔世家》这样记载宣公到懿公年间的卫国历史：

> 十八年，初，宣公爱夫人夷姜，夷姜生子伋，以为太子，而令右公子傅之。右公子为太子娶齐女，未入室，而宣公见所欲为太子妇者

---

① 杨伯峻：《春秋左传注》，中华书局2000年版，第266页。

好，说而自娶之，更为太子娶他女……惠公四年，左右公子怨惠公之谗杀前太子伋而代立，乃作乱，攻惠公，立太子伋之弟黔牟为君。……黔牟立八年，齐襄公率诸侯奉王命共伐卫，纳卫惠公。……三十一年，惠公卒，子懿公赤立。懿公即位，好鹤，淫乐奢侈。九年，狄伐卫，卫懿公欲发兵，兵或叛……狄于是遂入，杀懿公。……百姓大臣……卒灭惠公之后而更立黔牟之弟昭伯顽之子申为君，是为戴公。

卫懿公的好鹤失国，《左传》记载更详。依据《左传》记载，宣公死后，齐人迫使宣公庶子昭伯顽与宣姜结合，育有三男二女，许穆夫人是二女之一。由此，可推测许穆夫人大约出生于公元前690年，而其诗作《载驰》大约著于公元前660年，卫国被狄攻灭后。从时间上看，许穆夫人作为诗人，要比柏拉图誉为世界"第十位文艺女神"的古希腊女诗人萨福早半个多世纪。白寿彝认为："《诗经·国风》里有不少歌咏妇女的诗，也可能有不少为妇女自己所作。但一直到现在，可确认女作者姓名的诗，以许穆夫人所赋《载驰》为唯一的诗篇。如单以作诗的时间而论，许穆夫人的《载驰》要比屈原的《离骚》早三百几十年。"[①] 因此，称许穆夫人为最早的爱国女诗人一点也不为过。

许穆夫人幼年时即闻名于诸侯，许国、齐国都向卫国求婚。从古人结婚较早推断，许穆夫人待嫁时期在公元前675—前670年，此时卫国国君是卫惠公。据《史记·十二诸侯年表》卫惠公在位共31年，继位前已与其母密谋杀害太子，并导致同胞兄弟寿死于非命。卫惠公即位3年后，卫人拥立夷姜之子伋之弟黔牟为君，8年后惠公又在齐国的武力支持下得以复位。黔牟去周，此怨本可了结，谁知20年后，卫惠公仍怨"周之容舍黔牟，与燕伐周"[②]。继位后的卫惠公迫于齐国强大，不得不在齐国导演下听任昭伯与其母宣姜同居。从这些事例可以看出，卫惠公是一位残忍且隐忍的人。这点在许穆夫人择嫁时也表现了出来，卫惠公以兄长和国君的双重身份完全掌控了其小妹许穆夫人的婚姻。卫惠公虽也由齐拥立，但对

---

① 白寿彝：《中国通史》第四卷，上海人民出版社2002年版，第1453页。
② 司马迁：《史记》，中华书局2008年版，第1594页。

于齐国让其母与昭伯同居心存芥蒂，连带着对两人所生的孩子也怀有恨意，遂有意冷落姻亲齐国，而把许穆夫人嫁给了弱小的许国。即使有着政治远见力的许穆夫人自求嫁齐，对其傅母说："古者诸侯之有女子也，所以苞苴玩弄，系援于大国也。言今者许小而远，齐大而近。若今之世，强者为雄。如使边境有寇戎之事，维是四方之故，赴告大国，妾在，不犹愈乎！今舍近而就远，离大而附小，一旦有车驰之难，孰可与虑社稷?"①许穆夫人想通过政治联姻的方式加强卫国与诸侯大国之间的政治同盟关系，为卫国在诸侯国间地位的巩固增加筹码，但结果"卫侯不听，而嫁之于许"②。自求嫁齐一事体现出许穆夫人以宗国利益为重，为卫国长远的安危考虑，有着强烈的爱国情。但卫惠公从个人狭隘的报复心理出发，固执己见地将许穆夫人远嫁于许。后"翟人攻卫，大破之，而许不能救，卫侯遂奔走涉河，而南至楚丘。齐桓往而存之，遂城楚丘以居。卫侯于是悔不用其言。"③刘向动情地称颂许穆夫人"君子善其慈惠而远识也"④。王先谦《诗三家义集疏》评论此事云："盖齐桓不救者，怀失妇之私嫌；败然后救者，存霸主之公义。向使女果适齐侯，卫可不至破灭，则许穆夫人之事关系至重，而经传不载。"这种说法可能高估了许穆夫人的历史作用，但至少从一个侧面说明，当时的许穆夫人对时局有着明晰的洞察和远见。

被迫远嫁，听闻母国遭变的许穆夫人，用她那铿锵有力的言辞和行动回答了古代"君子"对她的高度赞许；卓尔不群的思想和诗章，又成就了她在我国古典文学史上"最早的杰出爱国女诗人"的地位。许穆夫人一生命运崎岖坎坷，与卫、许两国的国运紧密相连。《诗经》辑录了许穆夫人的3篇诗作，《载驰》《泉水》《竹竿》，分列邶、鄘、卫三"风"，内容方面主要是抒发国难发生后许穆夫人的忧国之情，既有豪迈的巾帼之气，又有哀婉动人的眷恋，诗歌的思想性和艺术性达到了完美统一。

《载驰》以"载驰载驰，归唁卫侯"发端，一开头就把读者带入了那

---

① 刘向：《古列女传》，哈尔滨出版社2009年版，第73页。
② 刘向：《古列女传》，哈尔滨出版社2009年版，第73页。
③ 刘向：《古列女传》，哈尔滨出版社2009年版，第73页。
④ 刘向：《古列女传》，哈尔滨出版社2009年版，第73页。

个战火频仍的动荡时代，女诗人听闻母国惨遭亡国之祸，百姓陷入流离之苦，心急如焚。载，语助词；驰，策马急驱之意。一辆马车疾驰而来，道路上尘土飞扬，焦灼加鞭的女诗人，迫不及待地要去吊唁自己的兄长。"驱马悠悠，言至于漕"，悠悠，既指道路遥远，也表明女诗人心中的悲恸、忧思的深长；言，我；漕，卫侯所居之地漕邑。短短四句诗，不仅叙事明白，而且迫切、跳荡，富于节奏感。读者不仅能听到马蹄翻飞、车轮滚滚的声音，而且能感受到作者那激动不安的脉搏和心跳。但是，许国君臣鼠目寸光，不明大义，竟然阻拦她，并责备她的爱国行为，不让她到漕邑去。亡国的悲伤本已充塞女诗人的心胸，而今又遭到许国君臣的阻挠，悲痛中又生出压抑的忧愤，"既不我嘉，不能旋反。视而不臧，我思不远。既不我嘉，不能旋济。视而不臧，我思不閟"。嘉，许可；旋，回头转身之意；视，显示；臧，隐藏；閟，即闭，停止之意。面对许国君臣的阻挠和反对，许穆夫人做出了义正言辞的反击，激烈的思想斗争后，强烈的爱国情坚定了其返卫的决心，连用8个"不"字表明自己义无反顾，绝不妥协。

  诗歌进入第三章，受阻的车马再次奔驰，许穆夫人抛下许国大夫扬长而去。"陟彼阿丘，言采其蝱"，陟，登；阿丘，山丘；蝱，指贝母，可治郁闷之症。一场激烈冲突后，女诗人内心仍愤懑难解，她恨不能登上高高的山丘，采来贝母治疗自己的郁闷。"女子善怀，亦各有行。许人尤之，众穉且狂"，女诗人深怀宗国，对许国大夫的责难，愤怒地斥为幼稚和狂妄。对母国爱得深沉、爱得强烈、爱得坚定的许穆夫人，进一步提出了寻求大国援助以拯救母国的主张，"控于大邦，谁因谁极？""大夫君子，无我有尤。百尔所思，不如我所之"，这四句诗运用"呼告"手法，表达了作者内心热切的充满战斗精神的呼喊，决心将自己的母国从危亡中挽救出来。我们也仿佛直接听到了爱国女诗人发出的振聋发聩、斩钉截铁，令须眉为之侧目的铮铮誓言。难怪许穆夫人赋《载驰》，东方霸主齐桓公即派遣公子无亏率师出援卫国，"齐侯使公子无亏帅车三百乘，甲士三千人以戍曹"[①]。齐国不仅解救卫国于危难困境，还给予其经济上援助，卫文公才得以中兴卫国。这也证明了许穆夫人之前想要依靠大国的想法是

---

① 杨伯峻：《春秋左传注》，中华书局2000年版，第267页。

正确的。

对诗文字词理解的不同,造成了从古至今存在着许穆夫人是否归卫的争辩,但《载驰》是许穆夫人创作的爱国诗篇,没有任何异议。归卫与否对许穆夫人而言,是一场情感与礼制的斗争,尚处在形成中的礼制很难抑制住许穆夫人强烈的爱国情怀。作为一首爱国政治抒情诗,《载驰》多了几分血缘亲情的厚重,多了几分摧刚化柔的女性美,也充分展现了许穆夫人柔中带刚的个性,超出众人的智慧及俯视一切的自信。

许穆夫人的另外两篇诗作,也展现了她浓厚的爱国情。《竹竿》抒写了诗人初嫁许国时,对少女时代美好生活的回忆和对母邦的深深怀念。"籊籊竹竿,以钓于淇。岂不尔思?远莫致之。泉源在左,淇水在右。女子有行,远兄弟父母。淇水在右,泉源在左。巧笑之瑳,佩玉之傩。淇水滺滺,桧楫松舟。驾言出游,以写我忧。"诗风清新朴实,感情真挚浓厚。母国秀美的自然风光,常常勾起女诗人无限的回忆和思念,祖国的一切都使她无限眷恋,铭记肺腑。《泉水》描写了许穆夫人在漕邑谋划救卫的前后经过,抒发了她救国无路的苦闷心情。诗人在反复吟咏、长歌浩叹的迭唱中淋漓尽致地表达了自己对故国的眷恋,对国难的忧愁及自己内心的愤慨,身寄异邦,只能作诗向远嫁他国的同姓姐妹倾诉衷肠。

通过以上分析,把许穆夫人称为最早的杰出爱国女诗人恰如其分,她当之无愧。许穆夫人热爱生活,勇敢地突破封建礼制的束缚,为拯救破碎的母国奔走呼号,奋力抗争。作为一名女子,在当时的时代里能有这样的情感,能有这样的创作,难能可贵,把她的诗篇看作彪炳千古的爱国乐章,也不是什么溢美之词。

二 南子

南子,史籍所载其身份是卫灵公夫人,春秋时期女政治家,宋人,子姓,河南商丘人。她的具体出身,文载不详,不知是国君之女还是宗室之女,但春秋时期已讲究"门当户对",作为卫灵公的夫人,她的出身必定高贵。据统计,南子是《论语》中唯一留下名字的女性,也是春秋时期活跃在政治舞台上少数女性之一。其事迹见于《左传》《史记》《列女传》《论语》《孔子家语》等典籍,主要涉及两方面内容:第一,她是春秋女性中难得的具备政治能力且"美而淫"的女性;第二,她与孔子的见面即"子见南子"引起的是是非非。

史籍中所见对南子的评价仅三个字"美而淫"。作为春秋美女,南子的美艳史籍没有详细记载,但"淫"却多处可见。如,她不顾春秋礼法,未出嫁时即与宋宗室公子朝暧昧不清,弄得国人皆知,被作诗暗讽。"既定尔娄猪,盍归吾艾豭",杜预作注时明确把国人歌词中的"娄猪"附会为南子,又把"艾豭"指为宋朝。① 南子嫁给卫灵公后,灵公为南子召来宋朝,使二人相会于洮,"卫侯为夫人南子召宋朝,会于洮"②,杜注:"南子,宋女也。朝,宋公子,旧通于南子,在宋呼之。"③ 此处记载在现代人看来似乎匪夷所思,但却是卫灵公宠爱南子的确证。高方认为,卫灵公召见宋朝,可能有两个原因:"一者是对南子的弥补。《韩非子·说难》中记载了卫灵公与弥子瑕分食一桃的故事,说明卫灵公可能是双性恋。大概卫灵公因为宠爱弥子瑕,时常会忽略南子,出于弥补心理,为南子召见宋朝。二者可能是为了满足自己的私欲。宋朝是当时有名的美男子,《论语》中,孔子也赞叹过'宋朝之美',卫灵公既喜欢美男子,所以也便借着南子的名头将宋朝召至卫国与其玩乐。"④《论语·雍也》"不有祝鮀之佞,而有宋朝之美",公子朝是当时出名的美男子。细审之,后说似较为合理,卫灵公再宠爱南子也不可能同意其召幸别的男子,况且卫灵公本就好色又有同性相恋倾向。公子朝与南子同为宋国人,且宋朝又享有盛名,南子与其保持密切关系也不排除有扩展政治势力的意图。南子的作风,甚至到了但凡男子与她见一面都要被怀疑的地步,连圣人都无法避嫌。《论语·雍也》载:"子见南子,子路不说。夫子矢之曰:予所否者,天厌之!天厌之!"孔子以为子路怀疑自己和南子有见不得人的勾当,立即予以澄清,发誓如果与南子发生过什么,天打五雷轰!圣人都要被怀疑,可见南子的魅力之大与淫名之盛了。

但以一句"美而淫"概括南子的一生,有失偏颇。特别是她身为卫国的王后,没有祸国殃民,没有任性妄为,而是对卫国政治稳定作出了突

---

① 杨伯峻:《春秋左传注》,中华书局 2000 年版,第 1597 页。
② 杨伯峻:《春秋左传注》,中华书局 2000 年版,第 1597 页。
③ 李学勤主编:《春秋左传正义》,北京大学出版社 1999 年版,第 1603 页。
④ 高方:《左传女性研究》,黑龙江大学出版社 2010 年版,第 128 页。

出贡献。可以说，沉溺酒色、胡作非为的卫灵公能在卫国维持长时间的统治，与南子礼贤下士、虚心纳谏的影响和尽心尽力辅佐分不开。《宪问第十四》载："子言卫灵公之无道也，康子曰：'夫如是，奚而不丧'？孔子曰：'仲叔圉治宾客，祝佗治宗庙，王孙贾治军旅。夫如是，奚其丧？'"卫灵公虽无道，但其尊贤重才，有仲叔圉、祝佗、王孙贾等那么多的贤才管理外交、内政和国防，灭亡不大可能。孔子一生留恋卫国，舍不得弃卫而去，也正因如此。而卫灵公之所以能做到这点，与南子的影响不无关系。如上文所述南子对卫贤大夫蘧伯玉的高度认知，说明她有着过人的识人之智，且对贤臣深信不疑。当时灵公和南子开玩笑说，来的根本不是伯玉，南子赶忙斟酒，双手捧着酒杯，恭恭敬敬拜贺灵公，"妾独以卫为有蘧伯玉尔，今卫复有与之齐者，是君有二臣也。国多贤臣，国之福也。妾是以贺。"① 南子乖巧的表现、讲话的技巧，深得卫灵公喜爱。南子慧眼识才、尊重贤德的做法，同样深深地影响着卫灵公。

南子利用自己的聪明才智、风情万种，不仅在政治上影响了卫灵公，也把自己渗透到政治生活中，以睿智且有心机的形象活跃在卫国政治舞台上。

南子的事迹首见于《左传·定公十三年》：

初，卫公叔文子朝，而请享灵公。退，见史䲡而告之。史䲡曰："子必祸矣！子富而君贪，其及子乎！"文子曰："然。吾不先告子，是吾罪也。君既许我矣，其若之何？"史䲡曰："无害。子臣，可以免。富而能臣，必免于难。上下同之。戌也骄，其亡乎！富而不骄者鲜，吾唯子之见。骄而不亡者，未之有也。戌必与焉。"及文子卒，卫侯始恶于公叔戌，以其富也。公叔戌又将去夫人之党，夫人诉之曰："戌将为乱。"

杜预注曰："灵公夫人，南子；党，宋朝之徒。"② 南子以夫人身份拥有着自己在卫国政治斗争中的党羽。她向卫灵公进言"戌将为乱"，迎合

---

① 刘向：《古列女传》，哈尔滨出版社2009年版，第80页。
② 杨伯峻：《春秋左传注》，中华书局2000年版，第1592页。

了卫灵公厌恶公孙戍的心思。公孙戍出奔鲁国,南子终为自己铲除了异己,获得了这场政治博弈中的胜利。可以看出,南子有一定的政治才能,且极受卫灵公的宠爱与信任。《定公十四年》中的一段记载,同样能证明南子极受宠爱且在政权斗争中能做到游刃有余。

> 卫侯为夫人南子召宋朝。会于洮,大子蒯聩献盂于齐,过宋野。野人歌之曰:"既定尔娄猪,盍归吾艾豭?"大子羞之,谓戏阳速曰:"从我而朝少君,少君见我,我顾,乃杀之。"速曰:"诺。"乃朝夫人。夫人见大子。大子三顾,速不进。夫人见其色,啼而走,曰:"蒯聩将杀余。"公执其手以登台。大子奔宋。尽逐其党,故公孟驱出奔郑,自郑奔齐。①

这一段文字,介绍了南子与太子蒯聩的争斗。蒯聩是卫灵公先夫人之子,南子是卫灵公的继任夫人,处于不同立场的两人之间存在着难以避免的矛盾。南子在政权中不断培植自己的势力,威胁到了太子蒯聩的地位,太子欲杀之。但机敏、善于察言观色的南子,却使危机反转,驱逐了太子及其党羽。《史记·卫康叔世家》有同样记载,"三十九年,太子蒯聩与灵公夫人南子有恶,欲杀南子……公怒,大子蒯奔宋,已而之晋赵氏"②。

南子在卫国政治上的影响力并未随着卫灵公的逝世而消亡,她在卫灵公去世后参与了卫国继承人的计议。"初,卫侯游于郊,子南仆。公曰:'余无子,将立女。'不对。他日又谓之。对曰:'郢不足以辱社稷,君其改图。君夫人在堂,三揖在下,君命只辱。'夏,卫灵公卒。夫人曰:'命公子郢为大子,君命也。'对曰:'郢异于他子,且君没于吾手,若有之,郢必闻之。且亡人之子辄在。'乃立辄。"③ 子南就是公子郢,卫灵公庶子,卫灵公所说的"余无子"指的是蒯聩出奔后自己已没有嫡子。公子郢所说"君夫人在堂,三揖在下",说明当时南子有权在立储之事上发表意见。卫灵公死后,南子以灵公有命为由与卫大夫们计议立公子郢为太

---

① 杨伯峻:《春秋左传注》,中华书局 2000 年版,第 1597 页。
② 司马迁:《史记》,中华书局 2008 年版,第 2008 页。
③ 杨伯峻:《春秋左传注》,中华书局 2000 年版,第 1611—1612 页。

子，但公子郢了然南子的权力欲，以"守节"避让君位，推却不当太子。

从以上分析不难看出，南子以其聪明才智、机敏乖巧深受卫灵公的宠爱和信任，在卫国政治权势中实力强劲。南子的知人善任，也影响和帮助卫灵公维持了在卫国的长久统治。

南子为后人所熟知的另一个原因，是"子见南子"说引起的是是非非。"子见南子"章是《论语》千年聚讼纷纭的一大公案。清儒赵翼认为"《论语》惟'子见南子'一章最不可解"①。王元化先生也指出，"《论语》子见南子章是最难理解的，几乎成了千古疑案"②。

"子见南子"之事，首见于《论语·雍也》："子见南子，子路不说。夫子矢之曰：'予所否者，天厌之！天厌之！'"《史记·孔子世家》对此叙述得更为详细："灵公夫人有南子者，使人谓孔子曰：'四方之君子不辱欲与寡君为兄弟者，必见寡小君。寡小君愿见。'孔子辞谢，不得已而见之。夫人在絺帷中。孔子入门，北面稽首。夫人自帷中再拜，环佩玉声璆然。孔子曰：'吾乡为弗见，见之礼答焉。'子路不说。孔子矢之曰：'予所不者，天厌之！天厌之！'"显然，司马迁相关叙述较《论语》更加生动详细，补充了孔子见南子的原因和会面时除交谈之外的大致情况，虽未用"淫乱"字眼直接形容南子，但诸如"孔子不得已""环佩玉声璆然"，已流露出贬低和轻浮描绘南子形象的倾向。但"子见南子"这一历史公案却在《左传》中没有记载。因为事关至圣孔子，因而历朝历代学者都试图对"子见南子"说进行注解，观点有二：

一是认为"子见南子"之事不存在。如《孔丛子·儒服》载："平原君问子高曰：'吾闻子之先君亲见卫夫人南子，又云南游遇乎阿谷而交辞于漂女，信有之乎？'答曰：'士之相保闻流言而不信者何哉？以其所已行之事占之也。先君在卫，卫君问军旅焉，拒而不答。问不已，摄驾而去，卫君请见犹不能终，何夫人之能规乎？'"③ 子高用《论语·卫灵公》篇的记述推翻《论语·雍也》篇的记述，形成交错反证，难以为人信服。之后汉代人多有记载"子见南子"之事者，说明"子见南子"应确有

---

① 赵翼：《陔余丛考》，河北人民出版社1990年版，第55页。
② 王元化：《"子见南子"与前人注疏》，《学术月刊》1992年第9期，第42—46页。
③ 王钧林、周海生：《孔丛子译注》，中华书局2009年版，第163页。

其事。

二是承认"子见南子"是事实，但南子为何见孔子、孔子为何答应见南子、两人见面为何让子路不悦、孔子为何又有发誓的过激反应？如此种种，引发了后人的种种猜想。现将历朝历代典型评论摘录如下：

《列女传·孽嬖传》载："南子者，宋女卫灵公之夫人，通于宋子朝"，颂曰："南子惑淫，宋朝是亲，谮彼蒯聩，使之出奔，悝母亦嬖，出入两君，二乱交错，咸以灭身。"① 汉人王充在《论衡》中说："南子，卫灵公夫人也，聘孔子，子路不说，谓孔子淫乱也。孔子解之曰：'我所为鄙陋者，天厌杀我！'"何晏《论语集解》则称："孔安国等以为南子者卫灵公夫人，淫乱，而灵公惑之。孔子见之者，欲因而说灵公使行治道。矢，誓也。子路不悦，故夫子誓之。行道既非妇人之事，而弟子不悦，与之祝誓，义可疑焉。"由此可以看出，南子的形象在汉代已基本定型。后儒或略而不谈，其他多为附和。唐人刘知几说："睹仲由之不悦，则矢天以自明；答言偃之弦歌，则称戏言以释难。斯则圣人之设教，其理含弘，或援誓以表心，或称非以受屈。岂与夫庸儒末学，文过饰非，使夫问者缄辞杜口，怀疑不展，若斯而已哉！"②

《史记》中"子见南子"的主导者并不是孔子，而是南子。但南子为何要见孔子，古人论之者不多。今人高方的见解是："宋国本是殷商故地，有着浓厚的文化气息，南子的贵族身份也决定了她必定熟知诗书礼乐，那么像南子这样一个貌美如花、性情聪慧的，甚至连政治都举足轻重的女人，她能不为自己的畸形人生感到困惑和尴尬吗？她能对自己天下皆知的狼藉声名无动于衷吗？于是碰巧来到卫国的孔子难免被她当成了良药与仙丹。"③ 高方认为，南子见孔子的目的是想让贤人孔子为自己的人生答疑解惑。

但《左传》中有关南子的记载，表明南子在卫灵公时是主宰卫国政治的重要力量，特别是灵公年老怠政时，南子及其党羽其实是卫国的实际掌权者。为了使自己的势力更加强盛，南子谋求当时名满天下的孔子为自

---

① 刘向：《古列女传》，哈尔滨出版社2009年版，第234页。
② 刘知幾：《史通》，中州古籍出版社2012年版，第270页。
③ 高方：《左传女性研究》，黑龙江大学出版社2010年版，第135页。

己站台，一来可以提高自己在民众面前的美名；二来可以平息国内汹汹涌涌的反对浪潮；三来可以应对当时越来越严峻的国际局势。于是南子打着"四方之君子不辱欲与寡君为兄弟者，必见寡小君"① 的名义，约见了声誉满天下的名士孔子，两人的相见应是一场公开的政治活动。

孔子拜访南子的原因，后世论之者较多，可以归结为四类。一是迫于礼而见，如朱熹《论语集注》指出："孔子至卫，南子请见，孔子辞谢，不得已而见。盖古者仕于其国，有见其小君之礼。"二是依局势而见，如杨树达引用《汉书·王莽传》认为孔子见南子是"权时"的结果。三为弘道而见，如孔安国《论语孔氏训解》认为："南子者，卫灵公夫人，淫乱而灵公惑之，孔子见之者，欲因以说灵公，使行治道。"四为待遇而见，孟子认为孔子"于卫灵公，际可之仕也"②，为保住"六万粟"的待遇去见了南子。总而言之，无论是哪种原因，孔子去拜访南子都非自愿，而是迫不得已（迫于礼、迫于势、迫于道、迫于利）。当然，这些是基于当时形势作出的研判。

公元前498年，孔子是鲁国的大司寇兼摄相事，为加强中央集权实施堕三都，一年后失败，被迫离开鲁国，开始周游列国。孔子离鲁后的第一站就是卫国，时年孔子57岁。是年，卫国发生公孙戌叛乱事件，公孙戌叛乱不成逃亡鲁国，而孔子曾与公孙戌的父亲公孙文子有过交往，可能有人据此举报孔子与公孙戌过往甚密，卫灵公对孔子产生怀疑，疏远了孔子。孔子居卫10个月后离开。

孔子离开卫国前往陈国的路上，又经历了匡、蒲之难，不得已再次回到卫国。此时，孔子早已洞悉卫国潜伏的巨大危机。卫灵公已老，表面上对孔子敬重有加，但却不给孔子想要的政治前程。卫国的实际掌权者南子对孔子的示好，又给了孔子希望，使政治上失意的孔子产生东山再起的幻想，且见不见掌握实权的南子也是孔子政治倾向的表达。这种状况下，立足未稳的孔子不得不屈尊去见南子，这是一种政治意义上的会见，也是一种人际交往的策略与交锋。

孔子此去拜访南子，既是向卫灵公与南子示敬，修缮睦好，为在卫国

---

① 司马迁：《史记》，中华书局2008年版，第1920页。
② 万丽华、蓝旭：《孟子》，中华书局2016年版，第228页。

得君行道赢得机会；同时，也能实施自己的正礼之举，劝谏南子修德慎行，修德正身，劝说南子遵守妻道、母德、君夫人之礼，处理好各方关系，不专权、不僭越、不跋扈，遵守恭宽信敏惠等礼仪。于是，孔子顶着巨大的压力，拜访了南子，南子也盛装迎接，依礼答谢。至于双方交谈内容，史料未见记载，也因此引起了后世史家的种种猜想。

当然，引起猜想的另一个原因就是"子见南子"后子路的"不说"及孔子的"矢之"。"说"通"悦"，子路不高兴。不高兴的原因，可能是子路了解南子淫乱的名声，担心这会对孔子产生不好的影响，因而不悦。抑或，子路觉得孔子见南子违背了老师一贯依礼而行的做法。《史记·仲尼弟子列传》载："子路性鄙，好勇力，志伉直，冠雄鸡，佩豭豚，陵暴孔子。孔子设礼稍诱子路，子路后儒服委质，因门人请为弟子。"[1] 也就是说，子路跟随孔子是看上了孔子的"好礼"，并接受了孔子的"义之为上。君子好勇而无义则乱"[2] 理论，才做了孔子周游列国时的忠实卫士。当子路看到孔子以圣人之尊，为了政治前途，去拜访一位名声糟糕的风流女子时，内心实在是难以接受，认为此举有伤圣人体统，且与"君子坦荡荡"的道德追求相违背，耿直的子路就对孔子直接而粗暴地表达了自己的不满。

还有一种可能，子路深知孔子在卫获得施展抱负、得君行道的机会实属不易，与南子的见面虽说是一种政治倾向的表达，但却会使自身卷入卫国复杂的政治斗争中，孔子对南子的劝谏也许会适得其反，失去来之不易的发展机会。在此问题上，师徒双方产生分歧，子路不悦。孔子对子路的不理解也十分生气，指天发誓，自己的所作所为均是符合礼的，自己所否定的，老天一定会厌弃。在孔子看来，老天有好生之德，仁者有仁爱之心，切不可见义不为，听任卫国发生祸端、陷入危难而置之不理。孔子所否者，无外乎礼崩乐坏，即君不君、臣不臣、父不父、母不母、子不子、夫不夫、妻不妻。孔子所坚持者，正名也。

但孔子见南子并没有达到自己劝谏的目的。《孔子世家》载，"居卫月余，灵公与夫人同车，宦者雍渠参乘，出，使孔子为次乘，招摇市过

---

[1] 司马迁：《史记》，中华书局2008年版，第2191页。
[2] 司马迁：《史记》，中华书局2008年版，第2192页。

之"。这一行为终于使孔子意识到,自己不过是卫灵公和南子用以自饰的招牌而已,南子并没有接受自己的劝谏,也毫无息斗止纷、消解矛盾的决心和动作。孔子尤其对卫灵公纵容南子,对国事不闻不问、听之任之失望。所以,当卫灵公问陈于孔子的时候,孔子对曰:"俎豆之事,则尝闻之矣;军旅之事,未之学也。"[1] 再一次暗示卫灵公祸起萧墙。第二天孔子即离开卫国,再次踏上周游列国之途。孔子走后,南子因行为不端,专权跋扈,与太子之间的矛盾激化。公元前496年秋,太子刺杀南子未遂,逃奔国外。卫国自此陷入了长达几十年的父子兄弟相争、君臣相斗的内乱境地。

《左传》中没有记载南子的最后结局,但曾经的政治敌人蒯聩在卫伯姬与浑良夫的帮助下于公元前480年被孔悝立为卫庄公,重获大权,南子的结局可想而知。《列女传》载:"蒯聩遂立,是为庄公。杀夫人南子,又杀浑良夫。"[2]

第三节 生于卫地的名人

卫国历史上,除了上文提到的有为君主和贤明大臣外,还有一些出走别国、建立功业、名垂华夏的名人,如被誉为瑚琏之器的孔子弟子子贡、杰出的政治家改革家商鞅、著名军事家吴起、政商合一的秦国宰相吕不韦等。

一 端木赐

子贡(公元前520—前456年),春秋末期卫国(今河南浚县)人,复姓端木,名赐,字子贡。其事迹主要见于《论语》《左传》《荀子》《史记》等典籍。子贡是孔门七十二贤之一,并同颜回、子路、子夏等人一起被后世尊为"孔门十哲"。作为政治家,子贡曾官至卫、鲁两国国相,以善于"辞令"闻名天下,《论语·公冶长》中孔子赞誉子贡是深具治国才能的"瑚琏之器"。子贡善于经商,不仅是孔门弟子中的首富,还

---

[1] 张燕婴:《论语》,中华书局2007年版,第231页。
[2] 刘向:《古列女传》,哈尔滨出版社2009年版,第233页。

是名满天下的巨贾，被誉为"儒商鼻祖"。他的一生亦官亦商，两方面都取得了卓越成就。他还被后人赞誉为"尊师楷模"，生前追随且资助孔子周游列国，孔子逝世后，弟子们皆服丧3年，"唯子贡庐于冢上，凡六年，然后去"①，用实际行动表明自己对孔子的尊敬。

《论语》中记载的子贡，敏而好学，口才出众，思想活跃，是孔子最赏识的弟子之一。子贡在为人处世、做学问、治国理政等方面，处处向孔子请教。他曾请教孔子有没有可以终身奉行的话，孔子回答说："其'恕'乎！己所不欲，勿施于人。"② 对待朋友上，孔子建议子贡："忠告而善道之，不可则止，毋自辱焉。"③ 做官为士方面，孔子指出应："行己有耻，使于四方，不辱君命，可谓士矣。"④ 首先要有羞耻之心，出使他国要能够完成君主的使命。子贡问其次，孔子说，让宗族称赞他孝顺父母，乡里称赞他尊敬师长。子贡再问其次，孔子答曰"言必信，行必果"⑤，告诫子贡做事一定要躬身实践。子贡问仁，孔子曰："居是邦也，事其大夫之贤者，友其士之仁者。"⑥ 敬奉大官中的贤人，结交士中的仁人，才可称之为志士仁人。《韩诗外传·卷七》载，子贡请教为人下之道，孔子曰："善哉！尔之问也！为人下，其犹土乎？"子贡未达，孔子曰："夫土者，掘之得甘泉焉，树之得五谷焉，草木植焉，鸟兽鱼鳖遂焉；生则立焉，死则入焉；多功不言，赏世不绝，故曰：能为人下者，其惟土乎！"孔子认为只有泥土才是真正的能为下者，这番话令子贡大为折服，并表示自己会按照这些去做事，"赐虽不敏，请事斯语"。

子贡非常善于辞令，这是他能成为政治家的先决条件。孔子曾根据众弟子的才能对他们进行分类，子贡被归于言语类，"德行：颜渊、闵子骞、冉伯牛、仲弓；言语：宰我、子贡；政事：冉有、季路；文学：子游、子夏。"⑦ 子贡曾让孔子评价一下自己是什么样的人，孔子说："女器

---

① 司马迁：《史记》，中华书局2008年版，第1945页。
② 张燕婴：《论语》，中华书局2007年版，第241页。
③ 张燕婴：《论语》，中华书局2007年版，第183—184页。
④ 张燕婴：《论语》，中华书局2007年版，第196页。
⑤ 张燕婴：《论语》，中华书局2007年版，第196页。
⑥ 张燕婴：《论语》，中华书局2007年版，第235—236页。
⑦ 张燕婴：《论语》，中华书局2007年版，第152页。

也。"子贡不解，又问"何器"，孔子回答说："瑚琏也。"① 瑚琏是古代祭祀时盛粟稷的贵重器皿；用来形容人是说此人能辅弼朝廷、担当大任。孔子除了高度评价子贡外，还说"自吾得赐也，远方之士日至，是非奔辏邪？"② 喜悦之情溢于言表。甚至称子贡的口才超越自己，"赐之辩贤于丘也"③。

《论语》《左传》两部典籍中的子贡，基本上是遵照儒家思想立世行政。《史记·仲尼弟子列传》载，子贡"常相鲁、卫"。《论语·雍也》载，季康子问子路、子贡、冉求是否可以从政，孔子回答三人皆可从政，并总结了三者的不同优点，"由（子路）也果""赐（子贡）也达""求（冉求）也艺"，并认为"达"是从政者不可或缺的。所谓"达"就是通达事理，试想一个从政的人如果能够"通达事理"，他就会高屋建瓴，从宏观上把握问题的全局和整体，把政事处理得有条不紊。而子路的"果"（果断）、冉求的"艺"（多才多艺），都不过是从政的必要条件而已。正因为子贡通达事理，又有杰出的"言语"才能，所以他才会被鲁、卫等国聘为相辅。正因为他杰出的政治才能，在出使齐、吴、越、晋四国时得心应手，圆满完成外交使命。

《史记》载，子贡曾"仕于卫"④。做官期间，子贡多次向孔子请教治理国家的方法。《论语·颜渊》载，"子贡问政。子曰：'足食，足兵，民信之矣。'子贡曰：'必不得已而去，于斯三者何先？'曰：'去兵。'子贡曰：'必不得已而去，于斯二者何先？'曰：'去食。自古皆有死，民无信不立。'"孔子认为，政务处理中要重视粮食、军队和民众，而让老百姓对政府有信心是其中的根本。子贡受教后，为政过程中非常注意取得百姓的信任。他在上任信阳地方官时，向孔子请教如何施政，孔子告诉他："力之顺之，因子之时，无夺无伐，无暴无盗。"⑤ 施政不仅要自身努力，奉法利民，而且用贤举善，把握时机，不强取，不攻伐，不施暴，不掠夺。子贡遵照老师的教导，走马上任后取得了不错的成绩。

---

① 张燕婴：《论语》，中华书局2007年版，第53页。
② 李殿元、王定璋、杜志国：《论语外编》，四川人民出版社2001年版，第420页。
③ 李殿元、王定璋、杜志国：《论语外编》，四川人民出版社2001年版，第305页。
④ 司马迁：《史记》，中华书局2008年版，第3258页。
⑤ 李殿元、王定璋、杜志国：《论语外编》，四川人民出版社2001年版，第196页。

子贡治国时重视教化。《韩诗外传》载:"季孙之治鲁也,众杀人而必当其罪,多罚人而必当其过。子贡曰:'暴哉治乎!'季孙氏闻之,曰:'吾杀人必当其罪,罚人必当其过,先生以为暴,何也?'子贡曰:'夫奚不若子产之治郑?一年而负罚之过省,二年而刑杀之罚亡,三年而库无拘人。故归之如水就下,受之如孝敬父母。……赐闻之,托法而治谓之暴,不戒致期谓之虐,不教而诛谓之贼,以身胜人谓之责。责者失身,贼者失臣,虐者失政,暴者失民。且赐闻,居上位行此四者而不亡者,未之有也。'于是季孙稽首谢曰:'谨闻命矣。'"治理国家时教化要比刑罚有用得多。子贡同样反对用武力处理国与国的关系,主张用外交谈判解决争端,"两国构难,壮士烈陈,尘埃涨天,赐不持一尺之兵,一斗之粮,解两国之难"①。

子贡作为外交家的经典案例是"存鲁,乱齐,破吴,强晋而霸越"②。《越绝书》载,齐国将伐鲁国,孔子派子贡存鲁,"昔者,陈成恒相齐简公,欲为乱,惮齐邦鲍、晏,故徙其兵而伐鲁。鲁君忧也。孔子患之,乃召门人弟子而谓之曰:'诸侯有相伐者,尚耻之。今鲁,父母之邦也,丘墓存焉,今齐将伐之,可无一出乎?'颜渊辞出,孔子止之。子路辞出,孔子止之。子贡辞出,孔子遣之。"齐国大夫田常欲叛齐,但忌惮鲍、晏两卿族势力,就派他们去攻打鲁国。鲁国是孔子的父母之邦,孔子想要保全鲁国,于是召集弟子们商议解救办法。颜渊、子路都表示愿意前往,但孔子没有同意。子贡请求前往,孔子立即答应了。由此可见,孔子心中是非常认可子贡的辞令及外交能力。之后子贡的一系列举动,证明其舌辩技巧已达到炉火纯青的地步。

子贡领师命,一路赶到齐国,见到田常,对田常说攻打鲁国是大错特错。原因是鲁国城矮国小,君臣昏聩,百姓厌战,不如攻打吴国;而又说吴国城高池阔,宝物满地,兵强马壮,攻打起来,一定马到成功。田常一听,气愤不已,这不是消遣自己嘛,说这样的反话,是何居心?子贡微微一笑,示意田常少安毋躁,依旧不疾不徐地娓娓道来,忧在内者攻强,忧在外者攻弱,田常的忧患在国内,所以要攻打强国。如果齐国打败鲁国,

---

① 李殿元、王定璋、杜志国:《论语外编》,四川人民出版社2001年版,第418页。
② 李殿元、王定璋、杜志国:《论语外编》,四川人民出版社2001年版,第418页。

齐国国君会因此骄傲,外派大臣会更尊贵,未领兵前往者是没有功劳的,这样下去,田常在齐国将无立锥之地了。所以说,倒不如派鲍、晏去攻打吴国,吴国难以攻打下来,齐国兵力久拖在战场上,田常就可以把持朝政了。这话直接说到了田常的心坎上,他对子贡竖起了大拇指。但田常表示,这个主意虽然好,但是已经发兵了,如果中途撤回,大臣们会怀疑吧。子贡说:"君按兵无伐,臣请往使吴王,令之救鲁而伐齐,君因以兵迎之。"① 田常同意。于是,子贡南下游说吴王伐齐,同时说服越王勾践发兵助吴,后又去晋国游说,让其"修兵休卒以待之"②。晋国照办,早早调兵遣将,做好应战准备。

子贡回到鲁国,鲁国边境之患已经解除,不辱使命完成任务。事情的发展也不出子贡事先设计好的结局:吴国打败齐国,然后乘胜加兵于晋国;但晋国以逸待劳,大败吴师,越王勾践得知吴国兵败,涉江袭吴,吴国不得已撤回攻打晋国的军队,与越军战于五湖。越军以精锐之师打败了吴国从晋国战场上奔回的疲惫之师。结果是,吴王被杀,吴国灭亡。

春秋时期各诸侯国鹬蚌相争,相生相克,战乱不已。在那样一个弱肉强食的大环境下,利用外交达到政治目的,须得纵横捭阖,充分利用各国复杂的地缘、人际关系,摸准各国的要害和主政者的心理,借力用力,因势利导。子贡出使过程中灵活应变,见招拆招,利用各种力量间的相互牵制,最终保全鲁国,出色完成孔子交办的任务,"子贡一使,使势相破,十年之中,五国各有变"③。子贡存鲁、乱齐、破吴、强晋、霸越,成就了其春秋时期最杰出的纵横家、外交家的称号。

作为儒商鼻祖的子贡,司马迁在《货殖列传》《仲尼弟子列传》等篇目中对其作了浓墨重彩的记载。《史记·货殖列传》中共记载了17个人的经商活动,子贡位列第二。"子贡既学于仲尼,退而仕于卫,废著鬻财于曹、鲁之间,七十子之徒,赐最为饶益。原宪不厌糟糠,匿于穷巷。子贡结驷连骑,束帛之币以聘享诸侯,所至,国君无不分庭与之抗礼。夫使

---

① 司马迁:《史记》,中华书局2008年版,第2197—2198页。
② 司马迁:《史记》,中华书局2008年版,第2200页。
③ 司马迁:《史记》,中华书局2008年版,第2201页。

孔子名布扬于天下者，子贡先后之也。此所谓得执而益彰者乎？"① 子贡是孔门弟子中最有经商头脑的人，富可敌国。孔子也高度称赞子贡的经商才能，"赐不受命，而货殖焉，亿则屡中"②。东汉王充《论衡》称子贡靠经商"富比陶朱"。既能与老师孔子坐而论道，又能在商战中与时转货赀并成绩斐然，子贡实则做到了集思想家与实业家于一体。子贡经商致富成功的秘诀成为后世学者关注探讨的重点。笔者不才，曾发表一篇短文，将子贡经商秘诀总结为四点：

1. 取信之秘：固守"孔子"品牌

为商之道，首在信誉。上文提到《论语·颜渊》中记载了子贡问政的内容，虽然师徒二人讨论的是治国之道。但考虑到子贡的人生轨迹，行商重于为官，他在探寻为政之道的同时应掺杂了对于经商问题的求索。治国之道，孔子认为应奉行"民无信不立"。作为孔门高徒，子贡很自然地将这种思想应用于商战中。

建立信誉，最有效的载体是品牌。春秋列国分立，商业品牌的建立要经历很多风险，因为销售敌国产品很有可能背负卖国的罪名。但如果找一位公认名人作为品牌，风险毫无疑问会大大降低。精明的子贡正是看中了这一点，所以在维护孔子方面不遗余力。其中，既有师徒情分使然，也有经济利益的驱动。

在鲁国时，三桓之一的叔孙武叔曾多次放话诋毁孔子。一次是在朝堂上公然声称"子贡贤于仲尼"③。对此，子贡迅速作出回击，并以围墙作比喻，讽刺叔孙武叔目光短浅，"不得其门而入"④，没能力看出孔子的博学高深。还有一次，面对叔孙武叔的挑衅，子贡直接把孔子比作日月，"无得而逾焉"⑤，指斥叔孙武叔"人虽欲自绝，其何伤于日月乎？多见其不知量也"⑥。

政敌的挑衅可以回击，但同门师兄弟中，也有人认为子贡贤于孔子。

---

① 司马迁：《史记》，中华书局2008年版，第3258页。
② 张燕婴：《论语》，中华书局2007年版，第161页。
③ 张燕婴：《论语》，中华书局2007年版，第300页。
④ 张燕婴：《论语》，中华书局2007年版，第300页。
⑤ 张燕婴：《论语》，中华书局2007年版，第301页。
⑥ 张燕婴：《论语》，中华书局2007年版，第301页。

如，陈子禽就曾问子贡："子为恭也，仲尼岂贤于子乎?"① 对于同门的疑问，子贡回答得很诚恳，"夫子之不可及也，犹天之不可阶而升也"②。和老师比贤能，就好像找阶梯登天一样难。老师这样的人，"其生也荣，其死也哀。如之何其可及也"③。鲁国之外，有一次在齐国，齐景公向子贡问及孔子，子贡更以天不知"高几何"来称赞孔子之贤。

子贡对孔子品牌的维护和坚守，后世史家和儒家学者多有注意。孟子就曾引述过子贡的一句话，"自有生民以来，未有夫子也"④。清代学者崔述在《洙泗考信余录》中也说："子贡之推崇孔子至矣，则孔子之道所以昌明于世者，大率由于子贡。"

结合子贡出色的商业表现，我们不妨认为，子贡维护孔子品牌之所以如此坚定，并不仅仅出于崇敬，还有其商业目的。

《货殖列传》虽并未明讲子贡是在树孔子之名以营商，但司马迁的评点，表面上是认为孔子的名扬天下，靠的是子贡的钱财。而文字背后，却也揭示出一个事实：子贡是先"学于仲尼"，然后才"鬻财于曹、鲁之间"。前后的逻辑关系足以证明：子贡在营商过程中，时刻打着孔子的旗号。正是对孔子品牌的坚守和巧妙使用成就了一代儒商子贡。

尤其值得说明的是，作为商人的子贡，为了经营孔子品牌，在敬重孔子方面常常做出许多出格之举。《孔子世家》载，孔子死后，"葬鲁城北泗上，弟子皆服三年。三年心丧毕，相诀而去，则哭，各复尽哀；或复留。唯子贡庐于冢上，凡六年，然后去"。别人守墓3年，唯独子贡守墓6年。行动是最好的语言，这一举动给子贡营商带来的好处不言而喻，对子贡的商业伙伴来说，6年守墓的潜台词就是：子贡是个值得信赖的人。

2. 交易之秘：恪守"忠恕"理念

建立信誉是拓展商业的开始，经营商业离不开大量的交易活动。交易方面，子贡始终恪守着孔子的"忠恕"理念。对于忠恕之道，子贡的理解是："我不欲人之加诸我也，吾亦欲无加诸人。"⑤ 这句话换成今天商家

---

① 张燕婴：《论语》，中华书局2007年版，第301页。
② 张燕婴：《论语》，中华书局2007年版，第301页。
③ 张燕婴：《论语》，中华书局2007年版，第302页。
④ 梁涛：《孟子》，国家图书馆出版社2017年版，第105页。
⑤ 张燕婴：《论语》，中华书局2007年版，第58页。

的话，就是说：我不希望别人拿假货欺骗我，我也不会卖给别人假货。

我们之所以认为"忠恕"之道是子贡坚守的交易之秘，在于这段话讨论的背景。子贡曾向老师讨教可以终身奉行的准则，孔子回答是"恕"。关于这一点，曾子也说过"夫子之道，忠恕而已矣"[1]。宋代朱熹《论语集注》解读为："尽己之谓忠，推己之谓恕。"大商人子贡在询问做人的道理，也隐含着在询问为商之道，因为商人面对最多的问题就是交易。由此可以推测，忠恕二字在子贡商业活动中的分量。

当然，忠恕之道并非简单的"己所不欲，勿施于人"，还有着深刻的内涵和外延。其中之一便是行"仁"。按子贡的理解，要做到"博施于民而能济众"[2]。扩展到商业活动，就是在商品交易中要惠及广大民众，不囤积居奇，不生产假冒伪劣产品，不欺骗客户。对于子贡所表达的意向和抱负，孔子相当赞赏，他夸奖子贡："何事于仁，必也圣乎！尧、舜其犹病诸！"[3] 如果能做到这样，比尧舜都还强呢。

怎样做到仁呢，孔子告诫子贡，"居是邦也，事其大夫之贤者，友其士之仁者"[4]。在一个地方，和当地的贤士仁人做朋友，自己就很容易做到"仁"。扩展到商业活动，就是要和诚实守信的商业伙伴打交道。如果供货商有问题，你销售的产品自然会有瑕疵。

从现有的典籍看，子贡经营的商品中，涉猎较多的应是玉器。《论语·子罕》中子贡就曾问孔子，我现在有一块美玉，是找个盒子存放起来呢，还是找个有钱识货的人卖了呢？孔子有感于自身的处境，随口建议："沽之哉，沽之哉！我待贾者也。"《荀子·法行篇》也记录有师徒二人关于商品交易的对话："子贡问于孔子曰：'君子之所以贵玉而贱珉者，何也？为夫玉之少而珉之多邪？'"

上述两个事例说明，孔子至少了解子贡的商业行为，他不仅没有反对，还常常提供意见和建议。由此推测，孔子在施教于子贡的时候，因材施教的习惯下应该会有试图影响子贡商业行为的意识。对于孔子有意无意

---

[1] 张燕婴：《论语》，中华书局2007年版，第46页。
[2] 张燕婴：《论语》，中华书局2007年版，第83页。
[3] 张燕婴：《论语》，中华书局2007年版，第83页。
[4] 张燕婴：《论语》，中华书局2007年版，第235—236页。

地引导和教诲，子贡结合商业实际加以吸收转化，进而形成自己营商的准则。

子贡在交易活动中执着于"忠恕"理念，即便是在其救鲁的政治连环计中，也严守着这一准则。子贡在救鲁的计划中给谈判对象所描绘的利润前景，最后基本得以实现。

需要说明的是，子贡商品交易中的"忠恕"理念，有时并不完全是获得金钱上的利润。《吕氏春秋·察微》载："鲁国之法，鲁人为人臣妾于诸侯，有能赎之者，取金于府。子贡赎鲁人于诸侯，来而让不取其金。"在此交易中，子贡充分显示了儒商鼻祖的风范：以扶危救困为目的的商品交易，不考虑利润，重要的是人的尊严和生命。"不取其金"的行为，虽为孔子所批评，但符合后世朱熹所说的"尽己"，也即忠恕理念中的"忠"。

3. 谈判之秘：注重情报搜集

站在商战的角度分析，仅靠恪守忠恕理念远不足以称雄于商界。《论衡·知实》载，子贡之所以能够"货殖多，富比陶朱"，在于其每每交易前，都进行了相当精细的情报收集工作。

收集情报的表现之一，便是"方人"。按宋代朱熹的解释，方，比也，比方人物而较其短长。深入研究谈判对象的性格、需求，以及商品交易底线，使得子贡在商战中无往而不胜。虽然孔子对子贡"方人"的习惯很不满，曾说"赐也贤乎哉！夫我则不暇"[1]。但子贡并不以意。相反，他多次用事实向孔子展示"方人"所产生的效益。救鲁乱齐就是"方人"的典型案例。子贡之前有两三位弟子请求前往解鲁之难，但最终是子贡成行，证明子贡的方案最为周密，可行性最大。实施救鲁连环计，首先要了解权臣君主们的需求，进而开展有效的说服工作。这一切，都建立在"方人"的基础上，如果没有绵密的情报网络，想要获得确切的信息是不可想象的。

仅以连环计中的吴、越来看，经历多次大规模战争后，双方的猜忌与防备心理异常严重：勾践对夫差来说，有杀父之恨；夫差对勾践来说，有几乎亡国的痛苦。要说服他们共同出兵伐齐，难度可想而知。更棘手的

---

[1] 张燕婴：《论语》，中华书局2007年版，第220页。

是，吴、越的距离又是如此接近，双方情报人员都在紧盯着子贡的一举一动。一着不慎，满盘皆输。特别是在越国的时候，越王对子贡"除道郊迎，身御至舍"①。这样的信息肯定会很快传到吴王耳中。在如此纷繁复杂的环境中，高超的战略眼光和精确的情报分析缺一不可。然而，子贡却出色地完成了这几乎不可能完成的任务。救鲁连环计的成功，足以证明子贡的情报网络人脉之丰沛，非一般商人可比。我们认为，在此次游说之前，子贡的商业足迹应该已经涉入齐、鲁、吴、越、晋诸国，并悄悄建立起一张不为外人所知的商业情报搜集网。

子贡有没有借战争生财，信史中无记载，我们也无从得知。《论衡·知实》盛赞子贡"善居积，意贵贱之期，数得其时"，司马迁称其"与时转货赀"②，甚至孔子也说"赐不受命，而货殖焉，臆则屡中"③。以此来看，子贡应该不会错过商机。

子贡处置复杂商业情报的能力，我们还可以从其留下的只言片语中窥知一二。《论语·子张》载，子贡曰："纣之不善，不如是之甚也。是以君子恶居下流，天下之恶皆归焉。"对于公认的大恶之人，子贡并不轻易相信，他要根据事实来下结论。作为一名成功商人，临事而惧最为可贵，在重大信息面前，保持足够的冷静，才能避免听风就是雨。子贡对于商纣的评论，印证了其谨慎的行事风格。

我们认为，绵密情报网加上冷静的头脑，是"七十子之徒，赐最为饶益"④ 的基本前提。

4. 发展之秘："富而无骄，富而好礼"

从现有典籍看，子贡不仅是一位成功商人，还是一位较受认可的商界领袖。他在劝越助吴时，声名已震动天下，就连勾践也装模作样地给他赶车。当其时，还未成为"陶朱公"的范蠡，正在勾践手下积极地布局灭吴大事，尚无余暇思考商业的经营技巧。子贡的越国之行，应该或多或少地影响了范蠡后来的人生轨迹。

---

① 司马迁：《史记》，中华书局2008年版，第2198页。
② 司马迁：《史记》，中华书局2008年版，第2201页。
③ 张燕婴：《论语》，中华书局2007年版，第161页。
④ 司马迁：《史记》，中华书局2008年版，第3258页。

我们认为，子贡如此强大的商业影响力来自其富有远见的发展策略，用《论语·学而》中的语言描述，就是"富而无骄，富而好礼"。围绕这一发展策略，子贡和孔子有过如下对话：

> 子贡曰："贫而无谄，富而无骄，何如？"子曰："可也，未若贫而乐，富而好礼者也。"子贡曰："诗云：'如切如磋，如琢如磨'，其斯之谓与？"子曰："赐也，始可与言诗已矣，告诸往而知来者。"

子贡认为，商业成功人士要不断地修正自己，经常反省自身不足，才能继续有所进步。"富而好礼"不只是表现在子贡的言谈中，他在行动上也是如此。《吕氏春秋·察微》载，子贡赎鲁人而拒绝国家奖赏。这一举动显然是"好礼"的表现。子贡"不取金于府"，一则施惠于百姓，让其获得人身自由；二则施惠于官府，让其保存钱财做更多的事。虽然子贡的义举被孔子批评为破坏法则，但事实上子贡是在用行动给富商们展示一种"好礼"导向。

"富而好礼"所带来的社会效益，汉代学者桓宽在《盐铁论·贫富》中有过评点："子贡以著积显于诸侯，陶朱公以货殖尊于当世。富者交焉，贫者赡焉。故上自人君，下及布衣之士，莫不戴其德，称其仁。"桓宽看到了子贡"博施于民而济众"所赢得的良好社会声誉，但桓宽没有点破的是，这种良好的社会声誉作为一种无形资产，又进一步推动了子贡商业上的成功。"端木遗风"既是指子贡遗留下来的诚信经商的风气，"君子爱财，取之有道"更是为后世商界所推崇，子贡遂成为民间信奉的财神。

子贡死后，唐开元二十七年追封其为"黎侯"，宋大中祥符二年加封为"黎公"，明嘉靖九年改称"先贤端木子"。

二 吴起

吴起（公元前440—前381年），卫国左氏（今山东定陶，一说山东曹县）人，战国初期著名的政治家、军事家。其用兵打仗方面与"武圣"孙武齐名，后世将他们连称为"孙吴"。《汉书·艺文志》载，吴起任西河守时借鉴前人经验并结合自身"大战七十六,全胜六十四"① 的作战实践,著有《吴子兵法》48 篇,被列入兵权谋家。现流传下来的仅存《图国》《料敌》《治兵》《论将》《应变》《励士》6 篇,涉及战争、治军、作战等内容,从中能窥探到吴起杰出的军事思想。除了是一位非凡的军事家,吴起还是一位出色的政治家。春秋战国时期战乱频仍的社会状况,促使各诸侯国为了富国强兵进行着适时的调整与改革,吴起是当时出类拔萃的改革家之一,其变法改革在当时产生了巨大影响,且较秦国的商鞅变法早 30 多年,为战国时期各诸侯国的制度变革做出了贡献。但不可否认,史料记载中吴起的一些做法,如"杀妻求将""贪而好色""刻暴少恩"等,还是让后世史家对其有着各种各样的非议。本节拟对吴起的思想渊源、性格特征、政治军事成就等作一介绍。

1. 思想渊源

吴起作为战国初期杰出的政治家、军事家,其成就的取得与其所学有着莫大的关系。《韩非子·和氏篇》将吴起、商鞅同看作"法术之士"的代表。《吕氏春秋·当然篇》则记载:"吴起学于曾子。"《史记·孙子吴起列传》记载更详,吴起自幼爱好兵学,志向远大;他家本来挺富有,但吴起在外边游仕没有成功,还把家产花完了,邻里同乡的人都嘲笑他。吴起就杀死了 30 多位讥笑自己的人。然后从卫国的东门逃跑了。他和母亲诀别时,咬破自己的胳臂发誓说:"起不为卿相,不复入卫!"② 外出拜师求艺的吴起"尝学于曾子"③,跟随曾子学习期间,吴起的母亲去世,因为有"不为卿相,不复入卫"的誓言,他并没有回卫奔丧。曾子是一位特别提倡孝道的人。战国苏秦就说:"且夫孝如曾参,义不离亲一夕宿于外。"④《新语·慎微》云:"曾子孝于父母,昏定晨省,调寒温,适轻重,勉之于糜粥之间,行之于衽席之上,而德美重于后世。"曾子之孝,在当时就闻名于世。吴起的不奔母丧,导致"曾子薄之,而与起绝"⑤,曾子断绝了与吴起的师生关系。之后,吴起又到鲁国学习兵学,并臣事

---

① 吴起:《吴子兵法》,中国社会出版社 2005 年版,第 44 页。
② 司马迁:《史记》,中华书局 2008 年版,第 2165 页。
③ 司马迁:《史记》,中华书局 2008 年版,第 2165 页。
④ 刘向:《战国策》,北方文艺出版社 2013 年版,第 520 页。
⑤ 司马迁:《史记》,中华书局 2008 年版,第 2165 页。

鲁君。

刘向《别录》载，吴起"受《左氏春秋》于曾申"。《经典释文》采用了这一说法，曰："左丘明作《春秋传》以授曾申，申传卫人吴起。"这些记载中的曾申是曾参之子。日本学者泷川资言《史记会注考证》卷65，"《通鉴》曾子作曾参，本于《吕览》。据刘向《别录》'起受《春秋左传》于曾申'，《礼·檀弓》：'鲁穆公母卒，使人问于曾子，对曰：申也闻诸申之父。'是曾申亦称'曾子'"。传授《左传》是否可信暂且不说，但汉代学者中已有人认为曾申与吴起之间是师承关系。

《史记·儒林列传》称吴起"受业于子夏"。子夏曾居西河教授，为魏文侯师；而吴起离鲁去魏后历魏文侯、魏武侯两代国君，故其师事子夏极有可能。

有关吴起师承关系的资料虽不甚丰富，但其学术和思想源自儒家则是可以肯定的，就像《吴子·图国篇》所载："吴起儒服，以兵机见魏文侯。"郭沫若先生认为："吴起尽管是兵家、政治家，但他本质是儒。"

但作为法术之士的代表，吴起身上又具有明显的法家思想倾向，吴起入楚后的行事作风充分证明了这一点。《孙子吴起列传》载："（起）相楚，明法审令，捐不急之官，废公族疏远者，以抚养战斗之士。要在强兵，破驰说之言纵横者。于是南平百越，北并陈蔡，却三晋，西伐秦。诸侯患楚之强。""吴起为楚悼王立法，卑减大臣之威重，罢无能，废无用，损不急之官，塞私门之请，一楚国之俗，禁游客之民，精耕战之士，南收杨越，北并陈、蔡，破横散从，使驰说之士无所开其口，禁朋党以励百姓，定楚国之政，兵震天下，威服诸侯。"[1]"将均楚国之爵而平其禄，损其有余而继其不足，是变其故而易其常也。"[2] 吴起显然已意识到仅靠儒家的教化思想难以解决楚国的问题，提出要以法治之。蒙文通先生认为吴起在楚国的行事完全是法家做派，"吴起之治，法家之治也"[3]。

当其时，儒家思想于诸侯争霸、弱肉强食的社会现状来说并不受执政者欢迎，适应时势的法家倒成为诸侯国君争相追捧的对象。吴起此时转向

---

[1] 司马迁：《史记》，中华书局2008年版，第2423页。
[2] 王天海、杨秀岚：《说苑译注》，中华书局2019年版，第763页。
[3] 蒙文通：《古族甄微》，巴蜀书社1993年版，第22页。

法家应该也是审时度势的结果。

推行法家思想的吴起因触及楚国贵族集团的利益，遭到他们的强烈反对和报复，最终惨死。《吕氏春秋·贵卒篇》载："荆王死，贵人皆来。尸在堂上，贵人相与射吴起。吴起号呼曰：'吾示子吾用兵也。'拔矢而走，伏尸，插矢，而疾言曰：'群臣乱王，吴起死矣。'且荆国之法，丽兵于王尸者尽加重罪，逮三族。吴起之智，可谓捷矣。"吴起临死前还不忘用法律重创对手，一方面体现出吴起的超凡智慧，另一方面也应是其骨子里法治思想的展现。《吴子·论将篇》中，吴起提出"禁令刑罚，所以威心""心威于刑，不可不严"等具有明显法家倾向的言论，在军事领域、社会治理中都有所应用。

2. 性格特征

史载，吴起是一位非常有个性的人。司马迁说他"节廉而自喜名也"①，司马光则说他"刚劲自喜"②，有自己的坚守和原则，节廉、刚劲，自视甚高，有时候执拗到不通人情的程度。后世学者根据史籍所载吴起的所作所为，甚至将其性格特征归结为褊狭、阴暗，品格低下。笔者则认为，吴起性格特征里最为突出的应是"严"，严于对己、严于治家、严于治军。

上文已述，少年时代的吴起因遭到别人嘲笑怒而杀人，与母告别时还发誓说不出人头地绝不返家。吴起杀人的激进做法，当然不能被认可和效仿。但这也说明吴起是一位追求完美的人，他对自己要求极为苛刻，不能容忍被嘲笑，更不能忍受将来的自己碌碌无为，所以他宁肯背井离乡也要谋求自我的不断提升。如果是胸无大志，遇到挫折就退缩的人，肯定不会有吴起那样的举动。为了达成目标，吴起在母亲去世时也不曾违背"不为卿相，不复入卫"的誓言。这一做法，同样遭到他人的非议。特别是他以孝道闻名的老师曾子看来，这是绝对不能接受的，"薄之，而与起绝"③。

《孙子吴起列传》中还记载了一件吴起对己严苛的事。吴起在鲁期

---

① 司马迁：《史记》，中华书局2008年版，第2167页。
② 司马光：《资治通鉴》，中华书局2007年版，第8页。
③ 司马迁：《史记》，中华书局2008年版，第2165页。

间，齐国攻打鲁国，鲁穆公打算用吴起为将。但因为吴起的妻子是齐国人，鲁穆公有疑虑。吴起知道原因后，"欲就名，遂杀其妻，以明不与齐也"①。吴起为了打消鲁穆公的顾虑，杀死妻子表明自己绝不会背鲁。鲁穆公遂任命吴起为将，大破齐军。且不说吴起"杀妻求将"之事是否真实存在，但为了实现自己的卿相志向，吴起可以做到不择手段，其实也是严苛对己的表现。当然，这也使吴起背上了不仁不义的恶名。

吴起严于治家的记载，见于《韩非子·外储说右上》。

> 吴起，卫左氏中人也，使其妻织组，而幅狭于度。吴子使更之，其妻曰："诺。"及成，复度之，果不中度。吴子大怒。其妻对曰："吾始经之而不可更也。"吴子出之，其妻请其兄而索入，其兄曰："吴子，为法者也。其为法也，且欲以与万乘致功，必先践之妻妾，然后行之，子母几索入矣。"其妻之弟又重于卫君，乃因以卫君之重请吴子，吴子不听，遂去卫而入荆也。一曰：吴子示其妻以组曰："子为我织组，令之如是。"组已就而效之，其组异善。起曰："使子为组，令之如是，而今也异善何也？"其妻曰："用财若一也，加务善之。"吴起曰："非语也。"使之衣而归。其父往请之，吴起曰："起家无虚言。"②

吴起因为妻子织组不符合尺度要求，让妻子更改，妻子虽然答应，但没有改，这在他看来与不遵守法度一样，因此出妻。而他离开魏国去楚国的原因，一种说法是，其妻之弟（卫国国君的重臣）曾以"卫君之重请吴子，吴子不听，遂去卫"；另一种说法是，其妻之父请求吴起让自己的女儿回到吴家，吴起以"起家无虚言"拒绝，遂"去卫"。无论谁为妻子说情，吴起也丝毫不通融。

吴起用兵打仗方面能与"武圣"孙武齐名，这与他严肃军纪、言行不贰，重诚信，守承诺，治军严格有着莫大关系。《吕氏春秋·慎小》载："吴起治西河，欲谕其信于民，夜日置表于南门之外，令于邑中曰：

---

① 司马迁：《史记》，中华书局2008年版，第2165页。
② 王先慎：《韩非子集解》，中华书局2003年版，第327页。

'明日有人偾南门之外表者，仕长大夫！'明日日晏矣，莫有偾表者。民相谓曰：'此必不信。'有一人曰：'试往偾表，不得赏而已，何伤？'往偾表，来谒吴起。吴起自见而出，仕之长大夫。夜日又复立表，又令于邑中如前。邑人守门争表，表加植，不得所赏。自是之后，民信吴起之赏罚。赏罚信乎民，何事而不成，岂独兵乎？"《韩非子》载："吴起为魏武侯西河之守，秦有小亭临境，吴起欲攻之，不去则甚害田者，去之则不足以征甲兵。于是乃倚一车辕于北门之外，而令之曰：'有能徙此南门之外者，赐之上田上宅。'人莫之徙也。及有徙之者，遂赐之如令。俄又置一石赤菽于东门之外，而令之曰：'有能徙此于西门之外者，赐之如初。'人争徙之。乃下令曰：'明日且攻亭，有能先登者，仕之国大夫，赐之上田上宅。'人争趋之，于是攻亭，一朝而拔之。"① 吴起在是否遵守军令上实行严格的惩罚制度。杜佑《通典·篡兵二》载："吴起与秦战，未合，一夫不胜其勇，前获双首而还。吴起立斩之。军吏谏曰：'此材士也。'起曰：'材士则是也，非吾令也斩之！'"不遵守军令，会受到斩头的惩罚。

3. 政治军事成就

吴起才能的显现应该是他以兵法事鲁穆公时。鲁穆公对吴起的军事才能素有耳闻，但又有所顾虑，吴起使用手段打消鲁穆公的顾虑后被任命为将军，率兵抵抗齐军，大胜。吴起因而得势，但还是遭到鲁国君臣的非议，最终鲁穆公辞退了他。

吴起听说魏文侯是贤能之君，想要到魏国一展宏图。对于吴起的政治军事才能，李克回答魏文侯的询问时用了"然用兵司马穰苴不能过也"②。司马穰苴原名田穰苴，春秋末期齐国人，田完的后代，是齐国继姜尚之后的一位著名军事家，曾率齐军击退晋、燕两国军队的入侵，因功被封为大司马，后世子孙称司马氏。司马穰苴的军事思想对后世影响巨大，唐肃宗曾将历史上10位武功卓著的名将供奉于武成王庙内，被称为武庙十哲，司马穰苴位列其中；宋徽宗时追尊司马穰苴为横山侯，宋武庙七十二将之一。由此可见，司马穰苴的军事成就非常突出。而李克认为吴起在用兵上

---

① 王先慎：《韩非子集解》，中华书局2003年版，第229—230页。
② 司马迁：《史记》，中华书局2008年版，第2166页。

远胜于司马穰苴，吴起是何等样的军事家可想而知。

吴起在魏治军时，实行武卒制。《荀子·议兵篇》载："魏氏之武卒，以度取之；衣三属之甲，操十二石之弩，负服矢五十个，置戈其上；冠胄带剑，赢三日之粮，日中而趋百里。中试，则复其户、利其田宅。"吴起的兵卒都是精挑细选而来，剽悍异常，作战能力极强。吴起还根据士卒的个人体质、身高、强弱、智商等安排不同的任务。杜佑《通典·篡兵二》载："吴起教战法，短者持矛戟，长者持弓弩，强者持旌旗，勇者持金鼓，弱者给厮养，智者为谋主。乡里相比，什伍相保，一鼓整兵，二鼓战陈，三鼓趣食，四鼓白辨，五鼓就行，闻鼓声合，然后举旗。"选士的精良、治军的严谨、训练的严格是吴起实现其军事成就的重要方面。吴起能够"与士卒最下者同衣食。卧不设席，行不骑乘"①，因而受到士卒的广泛爱戴，愿意并竭力辅佐吴起，造就了战斗力极强、屡战屡胜的吴起军队。纵观战国诸多名将，能做到这一点的只有吴起。

公元前409年至前408年，魏文侯以吴起为大将，吴起"击秦，拔五城"②，率兵夺取临晋（今陕西大荔县东南）、元里（今陕西澄城县南）、洛阴（今陕西大荔县西南）、郃阳（今陕西合阳县东南）等五城，随后魏军更是长驱直入到达郑地（今陕西华县）。而秦国只能退守至洛水，沿河修建防御工事，筑重泉城（今陕西蒲城县东南）加以防守。魏国占有全部河西地区，在此设立西河郡。魏文侯"以吴起善用兵，廉平，尽能得士心，乃以为西河守，以拒秦、韩"③。吴起以其杰出的军事能力，被任命为西河郡守，抵抗秦国、韩国，这是他的第一个重要政治军事职位。吴起为西河郡守时，战绩卓著，"守西河，与诸侯大战七十六，全胜六十四，余则均解；辟土四面，拓地千里，皆起之功也"④。《孙子吴起列传》"吴起为西河守，甚有声名"，"将三军，使士卒乐死，敌国不敢谋"，"治百官，亲万民，实府库"，"守西河而秦兵不敢东向，韩赵宾从"。⑤ 对内，吴起管理百官，百姓亲附，府库充盈，军队战斗力极强；对外，铸造了一

---

① 司马迁：《史记》，中华书局2008年版，第2166页。
② 司马迁：《史记》，中华书局2008年版，第2166页。
③ 司马迁：《史记》，中华书局2008年版，第2166页。
④ 吴起：《吴子》，中华书局1983年版，第1页。
⑤ 司马迁：《史记》，中华书局2008年版，第2167页。

道守卫魏国的钢铁屏障，致使秦国不敢渡过黄河，韩国、赵国不敢渡过渭河。

魏文侯去世后，吴起继续辅佐魏武侯，同样得到武侯重用。魏武侯执政第二年，到西河检阅军事，看到山河的险峻，不由得发出感慨。而吴起却认为治国之道在于修德亲民，而非山河形势的险要，"……在德不在险。昔三苗氏左洞庭，右彭蠡，德义不修，禹灭之。夏桀之居，左河济，右泰华，伊阙在其南，羊肠在其北，修政不仁，汤放之。殷纣之国，左孟门，右太行，常山在其北，大河经其南，修政不德，武王杀之。由此观之，在德不在险。若君不修德，舟中之人尽为敌国也"①。这就是著名的"西河晤对"。吴起列举了三苗、夏桀、殷纣，他们也拥有险要的山河，但却因德政不修被攻灭。因此，吴起认为立国之本在于修德修政，在于为民，而非山河的险固。对待战争上，吴起认为既不能穷兵黩武，给民众带来深重灾难，也不能不知守备，"若以备进战退守，而不求能用者，譬犹伏鸡之搏狸，乳犬之犯虎，虽有斗心，随之死矣。昔承桑氏之君，修德废武，以灭其国。有扈氏之君，恃众好勇，以丧其社稷。明主鉴兹，必内修文德，外治武备。故当敌而不进，无逮于义矣，僵尸而哀之，无逮于仁矣"②。统治者对待战争要有正确的态度，必须懂得什么时候才能出战，且战争要做到以义、以道、以谋、以礼、以仁。《吴子·图国》曰："昔之图国家者，必先教百姓，而亲万民；有四不和，不和于国不可以出军，不和于军不可以出阵，不和于阵不可以进战，不和于战不可以决胜，是以有道之主，将用其民，先和而后造大事。"又说："夫道者，所以反本复始；义者，所以行事立功；谋者，所以违害就利；要者，所以保业守成。若行不合道，举不合义，而处大居贵，患必及之；是以圣人绥之以道，理之以义，动之以礼，抚之以仁。此四德者，修之则兴，废之则衰。故成汤讨桀，而夏民喜悦；周武伐纣，而殷人不非；举顺天人，故能然矣。"吴起还说："凡制国治军，必教之以礼，励之以义，使有耻也。夫人有耻，在大足以战，在小足以守矣。"③ 在此思想的指导下，吴起的军事才能得

---

① 司马迁：《史记》，中华书局2008年版，第2167页。
② 吴起：《吴子》，中华书局1983年版，第1页。
③ 吴起：《吴子》，中华书局1983年版，第2—3页。

以充分展现。公元前389年，吴起在秦魏阴晋之战中以5万魏军击败了50万的秦军，造就了中国战争史上以少胜多的著名战役，也使魏国成为战国初期的强大诸侯国。吴起的军事才能与法治思想的结合在魏国得到完美的实施和展现。

不幸的是，战功无数、思想前卫、治世有才的吴起，却被魏武侯身边的谗臣算计，不仅没能成为魏国国相，反而遭到魏武侯的猜忌，不得不离魏去楚。

楚悼王任命吴起为"令尹"。吴起针对楚国的弊病实施变法，"砺耕战，废公族，与商君之治秦同"①。吴起在楚的变法取得了立竿见影的效果，但却触怒了楚国多家宗室的利益，遭到他们的强烈反对，吴起被射杀在楚悼王的墓前。楚国的变法因楚悼王和吴起的死而夭折。"（吴起）为楚谋改革，即以法家的政治家姿态出现。但他的兵学家的声名却掩盖了法家的地位"②，吴起为法而死，但其最突出的成就仍在军事上。

三 商鞅

商鞅（约公元前390—前338年），姓公孙，名鞅，其祖本姬姓，是卫国贵族中庶出的公子，以国为姓，故又名卫鞅。后因在河西之战中立功获封商（今陕西商洛市东南）、於（今河南内乡县东）两地，共15邑，号为商君，历史上多称之为商鞅。商鞅年轻时曾是魏国宰相公叔痤的门客，后由魏入秦，实施变法。商鞅变法取得巨大成功，秦成为战国七雄中最强的国家，商鞅也因此实现了自己的政治理想，但其变法损害了贵族的利益，最终遭车裂而死，下场极为凄惨。对其评价自古褒贬不一，但从商鞅取得的成就及对中华民族的影响看，他都不失为一位杰出的政治家、改革家、思想家。本节将在介绍商鞅人生历程的基础上，重点讲述其变法内容及影响。

1. 人物生平

《史记·商君列传》载，商鞅年少时"好刑名之学"③。作为贵族后

---

① 蒙文通：《古族甄微》，巴蜀书社1993年版，第22页。
② 侯外庐、赵纪彬、杜国庠：《中国思想通史》第一卷，人民出版社1957年版，第594页。
③ 司马迁：《史记》，中华书局2008年版，第2227页。

裔，商鞅有机会接触到丰富的文献书籍，早年深受李悝、吴起、尸佼等人的影响，勤奋学习、研究治国方略，吸收了杂家、法家、兵家的思想精髓，年纪轻轻便学有所成。商鞅虽出生在卫地，但却想在别国施展自身才华及实现政治理想，于是去了魏国，"事魏相公叔痤为中庶子"①。在魏期间，商鞅更是潜心研究早期法家李悝、吴起的变法经验，熟悉他们在魏国的变法理论与实践。公叔痤认为卫鞅有"奇才"，临死前请求魏惠王能委以国政；又对魏惠王说，如果不能任用商鞅，要"杀之，无令出境"②。魏惠王看到商鞅年纪轻轻，不像有啥才能的样子，就认为公叔痤是病糊涂了，因此既没有任用商鞅也没有杀掉他。公叔痤看到这样的结果，转而让商鞅赶紧离开魏国，商鞅说："彼王不能用君之言任臣，又安能用君之言杀臣乎？"③后来的结果，证明商鞅的判断正确。由此可以看出，商鞅拥有着过人的智慧，面对生死能够临危不惧、气度非凡。随着公叔痤的去世，商鞅在魏国的事业也告一段落。

秦国早在穆公时期已广纳贤士，穆公大胆任用非本国的人才，开了秦国任用客卿制度的先河。由余、百里奚、蹇叔、公孙枝、丕豹等，是穆公重用的客卿群体。这些客卿在穆公"得其精而忘其粗，在其内而忘其外"的相马之法下，辅助穆公造就了秦国的强盛时代，"益国十二，开地千里"④，整个广阔的西部地区为秦国所有。此后，秦国一直奉行尊重贤才、求贤任能的传统。

公元前 361 年，秦献公卒，秦孝公即位。虽有其祖简公、父献公的改革，但秦国内乱刚刚过去，现实仍是东方六国强大、秦国弱小，"秦僻在雍州，不与中国诸侯之会盟，夷翟遇之"⑤。秦孝公为了振兴秦国，称霸诸侯，即位当年即向天下发布"求贤令"，"昔我缪公自岐雍之间，修德行武，东平晋乱，以河为界，西霸戎翟，广地千里，天子致伯，诸侯毕贺，为后世开业，甚光美。会往者厉、躁、简公、出子之不宁，国家内忧，未遑外事，三晋攻夺我先君河西地，诸侯卑秦，丑莫大焉。献公即

---

① 司马迁：《史记》，中华书局 2008 年版，第 2227 页。
② 司马迁：《史记》，中华书局 2008 年版，第 2227 页。
③ 司马迁：《史记》，中华书局 2008 年版，第 2227 页。
④ 司马迁：《史记》，中华书局 2008 年版，第 194 页。
⑤ 司马迁：《史记》，中华书局 2008 年版，第 202 页。

位，镇抚边境，徙治栎阳，且欲东伐，复缪公之故地，修缪公之政令。寡人思念先君之意，常痛于心。宾客群臣有能出奇计强秦者，吾且尊官，与之分土"①。秦孝公对秦国的落后深以为耻，求贤令清晰地表明其欲变法的目的。商鞅听闻此令，离魏入秦，"卫鞅闻是令下，西入秦，因景监求见孝公"②。是年，商鞅30岁，这一年成为他人生中的一大转折点。

商鞅到秦国后，投靠到秦孝公亲信景监门下，并通过景监得以求见秦孝公。前两次，商鞅以"帝道""王道"游说孝公，未被采纳；第三次以"霸道"进谏孝公，两人"语数日不厌"③。商鞅后来对景监说："吾说君以帝王之道比三代，而君曰：'久远，吾不能待。且贤君者，各及其身显名天下，安能邑邑待数十百年以成帝王乎？'故吾以强国之术说君，君大说之耳。"④ 可见，秦孝公希望自己在位期间能实现强秦目标。而商鞅的"霸道"即"强国之术"正合孝公心意，于是决定由商鞅主持变法，达到富国强兵。

公元前359年，商鞅开始酝酿变法，却遭到甘龙、杜挚等秦国旧贵族的反对，他们认为"法古无过，循礼无邪"⑤。商鞅针锋相对地指出："治世不一道，便国不法古。故汤武不循古而王，夏殷不易礼而亡。反古者不可非，而循礼者不足多。"⑥ 这一反驳赢得孝公支持，商鞅被任命为"左庶长"，主持变法。为了提高变法的社会公信力，使新法取信于民，商鞅在都城南门立木赏金，以此来表明改革的决心，并传播变法信息，这便是历史上著名的"徙木立信"的故事。变法过程中，太子触犯了法律，商鞅为了保证变法的顺利展开和法令的威严，严惩了太子的师众，"刑其傅公子虔，黥其师公孙贾"⑦。这种做法沉重打击了旧贵族犯法的嚣张气焰，国内民众更是引以为戒，缄默守法。由此可见商鞅变法的决心及法不避权贵的品质。变法举措涉及政治、经济、社会、生活等方方面面，

---

① 司马迁：《史记》，中华书局2008年版，第202页。
② 司马迁：《史记》，中华书局2008年版，第202页。
③ 司马迁：《史记》，中华书局2008年版，第2228页。
④ 司马迁：《史记》，中华书局2008年版，第2228页。
⑤ 司马迁：《史记》，中华书局2008年版，第2229页。
⑥ 司马迁：《史记》，中华书局2008年版，第2229页。
⑦ 司马迁：《史记》，中华书局2008年版，第2231页。

如：改革户籍制度，实行什伍连坐法；明令军纪，奖励军功，禁止私斗；废除世卿世禄，建立二十等爵制；重农抑商、奖励耕织；改法为律，制定秦律；推行小家庭制等。这些措施既加强了对民众的控制，又提高了综合国力，秦国在对外战争中也不断取得新的胜利。公元前354年，商鞅作为秦国主将率领军队偷袭正在包围赵国首都邯郸的魏国军队，进攻魏国河西的重要据点元里（今陕西澄城县南），大败魏军，歼灭魏守军7000人并占领少梁（今陕西韩城市西南）。此战充分展现了商鞅的军事才能。之后，秦国逐渐强大，不仅获得了一些战争的胜利，很大程度上也提高了秦国在诸侯国中的地位。公元前352年，秦孝公封商鞅为大良造，"使卫鞅将而伐魏……卫鞅伏甲士而袭虏魏公子卬，因攻其军，尽破之以归秦。魏惠王兵数破于齐秦，国内空，日以削，恐，乃使使割河西之地献于秦以和。而魏遂去安邑，徙都大梁"①。以至于魏惠王喟然嗟叹："寡人恨不用公叔痤之言也！"② 商鞅打败魏国后，秦孝公"封之於、商十五邑，号为商君"③。

公元前351年，商鞅率秦军围攻固阳（今陕西延安市东），在秦军的强大攻势下固阳守军被迫投降。第二年，商鞅建议秦孝公迁都咸阳，咸阳的地理位置较栎阳（今陕西省西安市附近）优越，可以内立法度，外修兵备，"居三年，作为筑冀阙，宫廷于咸阳，秦自雍徙都之"④。公元前350年，商鞅开始第二次变法，这次变法是对第一次变法的深化。如：开阡陌封疆；废除井田制；推行郡县制；统一度量衡；革除落后风俗；焚烧儒家经典，禁止游说之士等，这些举措进一步集中了秦国的财力、物力。变法过程中，虽说遭到保守势力的诽谤和攻击，但商鞅多次说服秦孝公，坚持变法，没有中途而废。

公元前338年，秦孝公卒，秦惠文君即位。一批反对变法的贵族乘机攻击商鞅，诬陷他谋反，商鞅遭车裂而死，"遂灭商君之家"⑤。至此，商鞅彻底结束了其在秦国的政治生涯，也被迫结束了自己的一生。

---

① 司马迁：《史记》，中华书局2008年版，第2232—2223页。
② 司马迁：《史记》，中华书局2008年版，第2233页。
③ 司马迁：《史记》，中华书局2008年版，第2233页。
④ 司马迁：《史记》，中华书局2008年版，第2232页。
⑤ 司马迁：《史记》，中华书局2008年版，第2237页。

2. 变法内容

商鞅变法前后历 20 年之久，主要围绕耕战、赏罚、法治展开，"以农战为本，赏刑为用，而法治为体"①，三者之间相互联系、相互支撑，共同达成了富国强兵的变法目标。秦国由一个落后的、被东方诸国看不起的西戎边陲诸侯国变成了七雄中的最强者，"兵革大强，诸侯畏惧"②，为秦王朝的统一打下了基础。

第一，重视耕战。我国古代社会中，农业生产与军事战争是国家政治的头等大事，商鞅变法中实施的"耕战"政策就是最充分的展现。商鞅认为，"圣人之为国也，入令民以属农，出令民以计战。夫农，民之所苦；而战，民之所危也。犯其所苦，行其所危者，计也。故民生则计利，死则虑名。名利之所出，不可不审也。利出于地，则民尽力；名出于战，则民致死。入使民尽力，则草不荒；出使民致死，则胜敌。胜敌而草不荒，富强之功可坐而致也"③。属农，即指耕作，使农民从事农业生产；战就是战争；富国就要重视耕作，强兵就要重视战争；轻视耕战只会使国家贫弱。耕战可谓是富国强兵的关键，对解决国内矛盾、国外危机及实现统一目标至关重要。

商鞅认为农业是国家富裕的唯一途径，因此重农是商鞅变法的重要内容。商鞅变法时推行的重农举措主要有三：一是对努力生产的奴隶厚赏。奴隶农耕有功，则升为庶民；庶民惰于农耕，则降为奴隶。"僇力本业，耕织致粟帛多者复其身。事末利及怠而贫者，举以为收孥。"④"本业"指农业，"末利"指商业。以抬高粮食价格的方式提升从事农业耕作者的积极性，保障民众"归心于农"⑤。且以粮食捐官爵的方式推行重农政策，"民有余粮，使民以粟出官爵。官爵必以其力，则农不怠⑥。"二是打击商人，商业领域实行"倍其朴""重其租"，以此来减少商人的数量，增加

---

① 康珮：《〈商君书〉与商鞅治道之研究》，台北：花木兰文化出版社 2008 年版，第 64 页。
② 刘向：《战国策》，北方文艺出版社 2013 年版，第 33 页。
③ 石磊：《商君书》，中华书局 2009 年版，第 68—69 页。
④ 司马迁：《史记》，中华书局 2008 年版，第 2230 页。
⑤ 石磊：《商君书》，中华书局 2009 年版，第 36 页。
⑥ 蒋礼鸿：《商君书锥指》，中华书局 1986 年版，第 78 页。

从事农业的人数,"贵酒肉之价,重其租,令十倍其朴。然则商贾少"①。三是禁止贵族及官员利用私权危害农业生产,"禄厚而税多,食口众者,败农者也。……民无所于食则必农,农则草必垦矣"②,"无得取庸,则大夫家长不建缮。爱子不惰食,惰民不窳,而庸民无所于食,是必农"③。贵族、官员们不能因为俸禄高而养很多食客,食客们靠游说生存而不是从事农业生产,这不利于农业耕作,要使这些人没处混饭吃,他们就会去务农,那么荒地也能得到开垦。贵族、官员们的家人也是如此,同样要从事农业生产。

战国时期各诸侯国间的兼并战争愈演愈烈,形成了"强国事兼并,弱国务力守"④的竞争局面。"名尊地广,以至王者,何故?战胜者也。名卑地削,以至于亡者,何故?战罢者也。不胜而王,不败而亡者,自古及今未尝有也"⑤,一切都要凭实力、凭武力获得。战胜就可以称霸王天下,战败只能亡国。在这样的时代背景下,一个国家首先要解决的是自己不被列强所吞并,然后才能探讨富裕的问题。据此,商鞅变法时提出了重战政策,而要取得战争的胜利只能依靠民众。一是民众要乐于打仗,"富贵之门必出于兵,是故民闻战而相贺也,起居饮食所歌谣者,战也"⑥,民众听闻打仗就互相庆贺,茶余饭后的谈资也是打仗;"民之见战也,如恶狼之见肉"⑦,民众听闻要打仗,就像饿狼扑肉一样生猛;"民乐战者王",依靠乐战的士兵打仗才可以称王天下。二是民众要有斗志、要勇敢,"强者必刚斗其意,斗则力尽,力尽则备,是故无敌于海内"⑧,民众斗志高昂,尽力作战,就能无敌于天下。"民勇者,战胜"⑨,民众英勇就能取得战争胜利;"怯民勇,勇民死,国无敌者,必王"⑩,民众作战勇敢

---

① 石磊:《商君书》,中华书局2009年版,第17页。
② 石磊:《商君书》,中华书局2009年版,第13页。
③ 石磊:《商君书》,中华书局2009年版,第15页。
④ 石磊:《商君书》,中华书局2009年版,第81页。
⑤ 石磊:《商君书》,中华书局2009年版,第150页。
⑥ 石磊:《商君书》,中华书局2009年版,第145页。
⑦ 石磊:《商君书》,中华书局2009年版,第150页。
⑧ 石磊:《商君书》,中华书局2009年版,第105页。
⑨ 石磊:《商君书》,中华书局2009年版,第150页。
⑩ 石磊:《商君书》,中华书局2009年版,第58页。

不怕死，就能无敌而王天下。因此，商鞅认为实施重战政策，必须"使民怯于邑斗，而勇于寇战"①，从而达到"王者之政"②。

军队力量的来源上，商鞅主张全民参军参战，并且对人员编制有明确规定，"壮男为一军；壮女为一军；男女之老弱者为一军，此之谓三军也。"③ 三军必须各司其职，不得相互往来走动，以免影响士气。在战争中能斩敌首者，无论贵贱都给予军功："能得爵首一者，赏爵一级，益田一顷，益宅九亩，一除庶子一人，乃得入兵官之吏。"④ 这种厚赏政策在《韩非子》中也有记载："商君之法曰：'斩一首者爵一级，欲为官者为五十石之官；斩二首者爵二级，欲为官者为百石之官。'官爵之迁与斩首之功相称也。"⑤

第二，推行赏罚。商鞅认为，耕战政策的实施，必须以赏罚为推进手段，"国之乱也，非其法乱也，非法不用也。国皆有法，而无使法必行之法。国皆有禁奸邪刑盗贼之法，而无使奸邪盗贼必得之法"⑥。"必行之法"即是赏罚。商鞅主张治国过程中要赏刑并用，且坚持重刑原则和"壹赏""壹刑"政策。

虽然是赏刑并用，但商鞅认为治国还是要先罚，再赏。"刑者，所以禁邪也；而赏者，所以助禁也"⑦，要"刑多而赏少"⑧；惩罚的适用范围应该宽泛，奖励的适用范围应该狭隘，对危害社会的一切邪恶行为，都要重罚，而赏赐却不能轻易发放，要"轻赏""少赏""赏一"，且赏只能给予有功的人。"从六淫，国弱；行四难，兵强。故王者刑于九而赏出一。刑于九，则六淫止；赏出一，则四难行。六淫止，则国无奸；四难行，则兵无敌。"⑨ 国家放任民众做自己喜欢的事，国家实力就会被削弱；奖赏从农战这一个方面出，那么四种畏难的事就能推行，兵力就会强大，

---

① 石磊：《商君书》，中华书局2009年版，第100页。
② 石磊：《商君书》，中华书局2009年版，第100页。
③ 蒋礼鸿：《商君书锥指》，中华书局1986年版，第74页。
④ 蒋礼鸿：《商君书锥指》，中华书局1986年版，第119页。
⑤ 王先慎：《韩非子集解》，中华书局2003年版，第399页。
⑥ 石磊：《商君书》，中华书局2009年版，第152页。
⑦ 石磊：《商君书》，中华书局2009年版，第74页。
⑧ 石磊：《商君书》，中华书局2009年版，第83页。
⑨ 石磊：《商君书》，中华书局2009年版，第59页。

军队就没有敌手。所以能称霸天下的国家，刑罚重而奖赏少。刑罚用的范围广，民众就不会好逸恶劳，国家就没有奸邪；奖赏用的地方少，民众就会奋勇向前，国家就没有敌手。在商鞅看来，对一切危害社会的行为都要实施重刑，只对有利于农战、告奸的行为给予赏赐。"赏仅加于力农、力战、告奸，就是又少又赏。"①

商鞅还主张轻罪重罚，反对重罪重罚、轻罪轻罚。"行刑重其轻者，轻者不生，则重者无从至矣。此谓治之于其治也。行刑重其重者，轻其轻者，轻者不止，则重者无从止矣。此谓治之于其乱也。"② 商鞅认为轻罪重罚才能达到"治"的目的，等量量刑的结果是"乱"。战国时期的社会环境发生了很大变化，儒家所提倡的仁义道德已失去了其社会治理的价值，而刑罚可谓恰逢其时。"吾所谓利者，义之本也。……此吾以杀刑之反于德而义合于暴也。……立君之道，莫广于胜法。胜法之务，莫急于去奸。去奸之本，莫深于严刑。故王者以赏禁，以刑劝，求过不求善，借刑以去刑。"③ 用仁义规范官吏与百姓，只会使社会更混乱；用重刑惩罚官吏与百姓，才能起到杀一儆百的威慑作用，百姓才不敢轻易以身试法，最后就会刑罚无所用。无刑便是至德、大义，才是君主爱护民众的表现，"重罚轻赏，则上爱民，民死上"④，"罚重，爵尊；赏轻，刑威。爵尊，上爱民；刑威，民死上"⑤。当然，商鞅的这种想法带有一定的局限性，他所说的"爱民"，事实上非常有限，赏赐只惠及少数人，未能做到真正意义上的爱护大众。

商鞅认为国家治理应该建立统一的制度、秩序，统一耕战、统一赏罚、统一思想，"故圣王之治也，慎为察务，归心于壹而已矣"⑥，也即变法中实行的"壹赏""壹刑""壹教"政策。《赏刑》曰："圣人之为国也：壹赏，壹刑，壹教。壹赏则兵无敌，壹刑则令行，壹教则下听上。"⑦

---

① 高亨：《商君书注译》，清华大学出版社2011年版，第10页。
② 蒋礼鸿：《商君书锥指》，中华书局1986年版，第37页。
③ 蒋礼鸿：《商君书锥指》，中华书局1986年版，第56—58页。
④ 石磊：《商君书》，中华书局2009年版，第47页。
⑤ 石磊：《商君书》，中华书局2009年版，第56页。
⑥ 蒋礼鸿：《商君书锥指》，中华书局2006年版，第63页。
⑦ 蒋礼鸿：《商君书锥指》，中华书局2006年版，第96页。

"壹赏"，利禄官爵仅奖励给有战功的人；"壹刑"，只适用于不服从王令、违反国禁、破坏制度的人，无论其地位如何，都要给予处罚，也即"刑无等级"；"壹教"，统一教化，无论什么样的人都要统一思想，遵守法令刑罚，听从君主的役使。壹赏、壹刑可谓是从正反两方面推行了"壹教"，达到政令统一和富国强兵的目标。

"壹赏"主要用于战争、农耕以及告奸。圣明的君主治理国家，对内会让民众依附于耕作，对外则勇于作战，"入使民尽力，则草不荒；出使民致死，则胜敌"①。"为国之数，务在垦草；用兵之道，务在壹赏"②，增强国家实力一定要开垦荒地；用兵强兵关键在于实施统一的奖赏。除此之外，告奸也可以获得奖赏，"告奸者与斩敌首同赏"③。商鞅变法中实施了户籍改革制度，五家为伍，十家为什，使百姓相互监督。告发奸人，给予重赏；知情不报，施以腰斩；藏匿奸人，与降敌同罪。商鞅主张官吏之间也需相互监督、相互告发，违法的官吏，必须被处死，而且要三族连坐；告发奸吏的人，可以继承被告发者的官爵与田禄。通过"壹赏"的措施激励和引导民众把心志和精力集中统一于推行的政策，"赏壹则爵尊；爵尊则赏能利矣"④，民众在"壹赏"下不仅能生存和获利，还可以建功立业，获得官爵。"有功者显荣，无功者虽富无所芬华"⑤，有军功的显赫荣耀，没有军功的即使很富有也不会尊贵。英明的君主还特别重视通过"壹赏"获得官爵的人，"明主之所贵，惟爵其实而荣显之"⑥，向上的通道被打开后，民众立功获赏的热情被点燃，"壹赏"的最高境界也将由此而达到，"明赏之尤至于无赏"⑦。

所谓壹刑者，指用统一的刑罚标准要求民众，无等级差别，禁止将功抵罪，执法者犯法加重处罚并连坐，"刑无等级，自卿相、将军以至大夫、庶人，有不从王令、犯国禁、乱上制者，罪死不赦"⑧。除了国君之

---

① 石磊：《商君书》，中华书局2009年版，第69页。
② 石磊：《商君书》，中华书局2009年版，第66页。
③ 司马迁：《史记》，中华书局2008年版，第2230页。
④ 石磊：《商君书》，中华书局2009年版，第105页。
⑤ 司马迁：《史记》，中华书局2008年版，第2230页。
⑥ 石磊：《商君书》，中华书局2009年版，第95页。
⑦ 石磊：《商君书》，中华书局2009年版，第139页。
⑧ 石磊：《商君书》，中华书局2009年版，第142页。

外，其他人在适用法律上一律平等，不会因为地位的差异而在刑法上有所差别。这就否定了奴隶制社会一直沿用的"礼不下庶人，刑不上大夫"①的刑罚原则，将"礼""刑"分开了。奴隶制社会中"礼"主要用来调整贵族内部以及本氏族或本部落成员间的关系，"刑"主要用来镇压奴隶和平民。②商鞅针对秦国的社会乱象，认为法律不能实施下去的主要原因是贵族乱法，"法之不行，自上犯之"③，要树立"法"的威信，必须实施"刑无等级"也即"壹刑"，一反儒家"刑不上大夫""亲亲相隐"的奴隶制传统，将执法矛头直指旧贵族势力。《史记·商君列传》记载了太子犯法其师傅代为受过事件，"卫鞅曰'法之不行，自上犯之。'将法太子。太子，君嗣也，不可施刑，刑其傅公子虔，黥其师公孙贾。明日，秦人皆趋令"④，这在一定程度上实现了"王子犯法与庶民同罪"。"有功于前，有败于后，不为损刑。有善于前，有过于后，不为亏法。"⑤这种功不损刑，善不抵过的刑罚思想，有效遏制了臣子居功自傲、违法乱纪的现象。"忠臣孝子有过，必以其数断"⑥，按罪轻重，当罚则罚，该杀则杀。至于执法官吏有违法行为者，更要严加处罚，"罪死不赦，刑及三族"⑦。"壹刑"则令行，商鞅规定了许多严苛的惩罚政策，尤其是在作战不力方面，"其战也，五人束薄为伍，一人兆而到其四人，能人得一首则复"⑧；"其战，百将、屯长不得首，斩；得三十三首以上，盈论，百将、屯长赐爵一级"⑨；"战及死事，而到短兵。能一首则复"⑩。"陷队之士，知疾斗，不得，斩首。队五人，则陷队之士，人赐爵一级。死，则一人后。不能死之，千人环规，黥劓于城下"⑪，结果是"三军之士，无敢犯禁

---

① 杨天宇：《礼记译注》，上海古籍出版社2004年版，第27页。
② 武树臣、李力：《法家思想与法家精神》，中国广播电视出版社2007年版，第53页。
③ 司马迁：《史记》，中华书局2008年版，第2231页。
④ 司马迁：《史记》，中华书局2008年版，第2231页。
⑤ 石磊：《商君书》，中华书局2009年版，第142页。
⑥ 石磊：《商君书》，中华书局2009年版，第142页。
⑦ 石磊：《商君书》，中华书局2009年版，第142页。
⑧ 石磊：《商君书》，中华书局2009年版，第161页。
⑨ 石磊：《商君书》，中华书局2009年版，第161—162页。
⑩ 石磊：《商君书》，中华书局2009年版，第162页。
⑪ 石磊：《商君书》，中华书局2009年版，第167页。

者"①。通过有罪必刑与重刑，秦国形成了浓烈的务战氛围，"民之见战也，如饿狼之见肉"②，"民见战赏之多则忘死，见不战之辱则苦生"③，"民闻战而相贺也，起居饮食所歌谣者，战也"④。民众意志集中到战争上，全社会形成了尚武、乐战的风气。

商鞅主张"壹教"，教育民众要使之思想上集中统一，所以他反对诗书、辩慧、私教等言谈游学之士。《韩非子·和氏》载，商鞅为了达到思想文化上的专制，要求"燔《诗》《书》而明法令"⑤。商鞅主张"去奸""去虱"，他认为君主不能对喜欢空谈的人授予官职，因为当民众看到空谈都可以得到官爵，就不会再去耕作和征战。商鞅主张"利出一孔"⑥，反对"事商贾，为技艺"，将民众固定和集中在耕作上，不能脱离农业。商鞅"壹教"的目的在于愚民，他认为，如果民众愚昧无知，就不会轻视农业，而会安心务农，减少与外界联系，"民不贵学则愚，愚则无外交。无外交，则国安而不殆。民不贱农，则勉农而不偷"⑦。"壹教"要达到的理想状态是"下听上"⑧，最高境界是"明教之犹至于无教"⑨，它除了让民众专一务农，还可让"民闻战而相贺"⑩。

第三，严格法治。商鞅认为战争频发时，"不贵义而贵法"⑪才是治国的根本。"民本，法也。故善治者，塞民以法，而名地作矣"⑫，"法令者，民之命也，为治之本也，所以备民也。为治而去法令，犹欲无饥而去食也，欲无寒而去衣也，欲东西行也"⑬，只有实行法治并严格法治，国家才能够安定统一，民众才知道何去何从，无法而要达到治理国家的目标

---

① 石磊：《商君书》，中华书局2009年版，第142页。
② 石磊：《商君书》，中华书局2009年版，第150页。
③ 石磊：《商君书》，中华书局2009年版，第181页。
④ 石磊：《商君书》，中华书局2009年版，第145页。
⑤ 张觉：《韩非子译注》，上海古籍出版社2007年版，第127页。
⑥ 石磊：《商君书》，中华书局2009年版，第172页。
⑦ 石磊：《商君书》，中华书局2009年版，第12页。
⑧ 石磊：《商君书》，中华书局2009年版，第138页。
⑨ 石磊：《商君书》，中华书局2009年版，第145页。
⑩ 石磊：《商君书》，中华书局2009年版，第145页。
⑪ 石磊：《商君书》，中华书局2009年版，第158页。
⑫ 石磊：《商君书》，中华书局2009年版，第150页。
⑬ 石磊：《商君书》，中华书局2009年版，第205页。

无异于南辕北辙。严格法治方面，商鞅认为首先要立法，之后是明法，而最终要落实到行法上。

立法。商鞅认为"法"是治国的关键，应实行"重法"，人们的一切行为规范都要用法加以规定。法律条文是民众平时做事、生活的原则和尺度，同时界定着人与人之间的关系，"今法令不明，其名不定，天下之人得议之。其议，人异而无定。人主为法于上，下民议之于下，是法令不定，以下为上也。此所谓名分之不定也"①。商鞅认为，社会上之所以存在"百人追兔"的现象，根本原因不在于民众追逐的对象，而在于国家没有颁布法令规定财产的归属，产权不确定才会引起社会混乱。因此，制止社会动乱、提高民众政治文化素质的根本途径就是立法，实行法治，即所谓的"定分"。商鞅主张君主专制、专权，"国之所以治者三：一曰法；二曰信；三曰权。法者，君臣之所共操也；信者，君臣之所共立也；权者，君之所独制也"②，"法"之确立与"信"之实行，必须由君主和大臣共同完成，但"权"是由君主一人所操控，包括立法权。君主在掌控立法权的同时，也要"立法明分"③"公私之分明"④，不可以恣意妄为地删改法律条文。君主要"为天下位天下也"⑤，而非为了一己之私利；"法"代表的是国家之公利，是"公"，个人利益则是"私"。君主立法、行法，便是立公去私，若废弃法治而行私善，便是以私害法，只有"立法明分而不以私害法"才能达到治的效果。君主立法时还要立足现实，根据"时俗""国本"制定法律，"圣人之为国也，观俗立法则治，察国事本则宜。不观时俗，不察国本，则其法立而民乱，事剧而功寡。"⑥

明法。法是国家意志的体现，人人必须遵守的强制性行为规范，而要人们守法，前提是公布法令，使民众知晓法律，也就是明法，使"天下吏民，无不知法者"⑦，天下的民众都要明白无误地了解、知晓法令，并

---

① 石磊：《商君书》，中华书局2009年版，第205页。
② 蒋礼鸿：《商君书锥指》，中华书局2006年版，第82页。
③ 石磊：《商君书》，中华书局2009年版，第121页。
④ 石磊：《商君书》，中华书局2009年版，第123—124页。
⑤ 蒋礼鸿：《商君书锥指》，中华书局2006年版，第84页。
⑥ 蒋礼鸿：《商君书锥指》，中华书局2006年版，第48页。
⑦ 石磊：《商君书》，中华书局2009年版，第204页。

严格遵守法令，依法办事，达到"使私不害公，谗不蔽忠，言不敢苟同，行不敢苟容，行义不顾毁誉""法必明，令必行"的结果。民众了解法令，以之规范自己的行为，才能避免因违反法令而受到惩罚。商鞅提出了使民众知法明法的两项措施：其一是法令本身必须明白易知，"故圣人为法，必使之明白易知，名正愚知遍能知之"①。中国古代社会，民众的知识水平有限，要使他们明白国家的每一条法令条文，就必须采用通俗易懂的文字和方式，不能过于晦涩难懂，否则就达不到预期的效果。其二是"置法官吏为之师，以道之知"，设置为民众答疑解惑的"法官"，帮助百姓明白、理解法令条文。当然，前提是这些"法官"自身熟知法令，能够宣传、解读法令，做不到的就是失职，也将受到法令条文所规定的处罚。明法能让民众知道自己应该躲避什么和靠近什么，避祸就福然后达到自治，在此基础上天下也会得到很好的治理。

行法。君主制定了法令，民众掌握了法令，之后就是行法。商鞅变法时明确指出，法令的对象是民众，而民众是"好利"的，"民之性：饥而求食，劳而求佚，苦而索乐，辱则求荣，此民之情也"②"民之生：度而取长，称而取重，权而索利"③，民众的这种好利性，用道德说教的方式产生不了好的效果，只能以"法"来治民。"明主之治天下也，缘法而治，按功而赏"④，法治应是"明王"所必备的素质之一，是国家富强、君主统治的根本。在商鞅的法治思想中，行法对象不仅是民众，君主抑或臣子同样是行法对象，"故有明主忠臣产于今世，而欲领其国者，不可以须臾忘于法"⑤。"明主慎法制。言不中法者不听也，行不中法者不高也，事不中法者不为也"⑥，君主制定法律后，就必须严格执行，不能任凭主观好恶去破坏法制，也不能因亲疏远近而妄行赏罚，三王、五霸均是遵守法令的典范，"非私天下之利也，为天下位天下也"⑦。君主尚且要遵守法

---

① 蒋礼鸿：《商君书锥指》，中华书局2006年版，第146页。
② 石磊：《商君书》，中华书局2009年版，第67页。
③ 石磊：《商君书》，中华书局2009年版，第72页。
④ 蒋礼鸿：《商君书锥指》，中华书局2006年版，第130页。
⑤ 石磊：《商君书》，中华书局2009年版，第196页。
⑥ 石磊：《商君书》，中华书局2009年版，第187—188页。
⑦ 石磊：《商君书》，中华书局2009年版，第124页。

令，臣下更应该如此。如果臣下不遵守法令，就会受到惩罚，"守法守职之吏有不行王法者，罪死不赦，刑及三族"①；"各主法令之。民敢忘行法令之所谓之名，各以其所忘之法令名罪之"②；"有敢剟定法令损益一字以上，罪死不赦"③。商鞅的广泛明法，使民众普遍了解了法令的内容，且懂得了如何不犯法，从而免于刑罚，"今境内之民皆言治，藏管、商之法者家有之"④，"今秦妇人婴儿皆言商君之法"⑤。

3. 变法影响

商鞅变法是战国时期秦国的一次较为彻底的改革运动。变法不仅废除了秦国的旧制度，创立了适应社会经济发展的新制度，而且壮大了国力，实现了富国强兵，为秦的统一奠定了基础。且商鞅变法成功地把法家思想带进上层建筑，影响了中华民族两千多年。

秦孝公继位时，正值战国中期，中原诸国实力强大。秦穆公时虽"西霸戎狄，广地千里"⑥，但"中国诸侯以夷翟遇之"⑦。秦国很难有机会参与中原诸侯国的会盟，且又被三晋夺取了不少土地，致使秦孝公发誓要改变"诸侯卑秦，丑莫大焉"⑧ 的局面。这时的秦国虽已进入封建社会，但奴隶制残余还很严重，旧贵族势力仍很强大，而秦国长期与戎狄杂处，受周文化影响不大，保留了相当多的原始社会遗风和落后习俗，可以说其民风、政治文化基础和制度环境与中原诸国都不在一个水平上，秦孝公时还存有"父子兄弟同室内息者"⑨ 的风俗。《史记》中用"六国时"代替战国时期；孔子周游列国时也未到过秦国，这些均说明秦国的地位和影响在商鞅变法前非常一般。

商鞅变法后，秦国的经济和军事实力显著增强，社会变化巨大。特别是耕战政策，为秦国国富民强奠定了充足的物质基础和军事后勤保障。商

---

① 石磊：《商君书》，中华书局2009年版，第142页。
② 石磊：《商君书》，中华书局2009年版，第201页。
③ 石磊：《商君书》，中华书局2009年版，第201页。
④ 王先慎：《韩非子集解》，中华书局2003年版，第451页。
⑤ 刘向：《战国策》，北方文艺出版社2013年版，第33页。
⑥ 司马迁：《史记》，中华书局2008年版，第202页。
⑦ 钱穆：《国史大纲》，商务印书馆1994年版，第74页。
⑧ 司马迁：《史记》，中华书局2008年版，第202页。
⑨ 司马迁：《史记》，中华书局2008年版，第2432页。

鞅死后，燕人蔡泽继任秦相国，他对商鞅变法的成效赞赏有加，"夫商君为秦孝公明发令，禁奸本，尊爵必赏，有罪必罚，平权衡，正度量，调轻重，决裂阡陌，以静生民之业而一其俗，劝民耕农利土，一室无二事，力田蓄积，习战阵之事，是以兵动而地广，兵休而国富，故秦无敌于天下，立威诸侯，成秦国之业"①。司马迁在《李斯列传》中指出："孝公用商鞅之法，移风易俗，民以殷盛，国以富强，百姓乐用，诸侯亲服，获楚、魏之师，举地千里，至今治强。"《商君列传》中有类似记载，"秦民大说道不拾遗，山无盗贼，家给人足。民勇于公战，怯于私斗，乡邑大治"。《战国策·秦策》载，商鞅变法后，秦国"兵革大强，诸侯畏惧"，这得益于商鞅变法实行的军功爵制，且奖惩政策在战争中的诱惑力，带来秦人"闻战，顿足徒裼，犯白刃，蹈炉炭，断死于前者，皆是也。……是故秦战未尝不剋，攻未尝不取，所挡未尝不破"②。商鞅变法改变了秦国的社会面貌，秦国后来居上成了战国七雄之首，并最终吞并了中原六国，实现了中华民族的统一。《过秦论》认为，秦始皇能够"奋六世之余烈，振长策而于宇内"，在很大程度上是商鞅变法的功劳。

当然，秦国的巨变也引起了中原诸国的重视。苏秦、张仪提出的"合纵""连横"均是针对秦国；荀子在秦时看到与商鞅变法前截然不同的景象，赞美与羡慕溢于言表，"观其风俗，其百姓朴，其声乐不流污，其服不挑，甚畏有司而顺，古之民也。及都邑官府，其百吏肃然，莫不恭俭、敦敬、忠信而不楛，古之吏也。入其国，观其士大夫，出于其门，入于公门，出于公门，归于其家，无有私事也；不比周，不朋党，倜然莫不明通而公也，古之士大夫也。观其朝廷，其朝间，听决百事不留，恬然如无治者，古之朝也。故四世有胜，非幸也，数也"③。不难看出，秦国已在诸侯国中产生了强大的影响，其社会形态也被诸侯国所广泛认可。

商鞅变法的成功直接造就了秦国的诞生，也间接结束了数百年来诸侯混战的局面，开启了一个君主专制大一统时代的序幕。商鞅变法中实施的

---

① 司马迁：《史记》，中华书局2008年版，第2422页。
② 王先慎：《韩非子集解》，中华书局2003年版，第4页。
③ 张觉：《荀子译注》，上海古籍出版社2012年版，第227页。

耕战、集中统一、法治等变革，为秦国的中央集权制构建了制度框架。秦始皇统一六国后，继承了商鞅变法时的一系列政策。如，推行"使黔首自实田"，是商鞅废除井田制、奖励开垦，承认土地私有，允许土地买卖政策的发展；"上农除末"是商鞅"重农抑末"政策的延续；推行郡县制，是商鞅推行县制措施的扩展；统一度量衡是商鞅统一法律、货币、度量衡等措施的扩充。之后两千多年中国封建王朝统治的发展，主要是基于商鞅变法过程中的制度设计和制度落实，商鞅变法可谓是奠定了中国中央集权制度的政体形式。

变法运动的支持者秦孝公去世后，商鞅遭到了反对势力的报复，"秦惠王车裂商君以徇……遂灭商君之家"[1]。商鞅虽死，但其变法举措并没有被废止，其生徒和党羽也没有因为商鞅而受到株连，他们依然在秦国主持政事，执行着商鞅变法时的措施。当然，基于变法为秦国带来的巨变，秦国自上而下也不可能骤然间废除新法。且商鞅变法的措施和法令已在秦民心中扎下了根，成为秦国的政治统治模式，"今境内之民皆言治，藏商、管之法者家有之"[2]，韩非子的话清楚地表明商法在秦国的影响之大；"秦自孝公以后是法家（商鞅）的天下，以推行商法为代表的法家主宰了秦国的政治，登上了秦国政治的舞台。"[3]

商鞅变法不仅直接奠定了法家思想在秦国的主导地位，且对以后秦的社会思想产生了重大影响，促成了商君学派的确立。商君学派在秦国乃至整个中华大地有着广泛的影响，随着历史的推进，他们的学说、著作逐渐汇成《商君书》。《汉书·艺文志》载："法家类著录为二十九篇，今存二十六篇，有题无文者二篇，实存二十四篇"。这些除了商鞅亲自撰拟的几篇外，其余均是商君学派的作品，商君学派为商鞅思想的继承和法家理论的发展作出了重大贡献。1975年，湖北云梦睡虎地出土的秦简里有大量秦律，为我们研究秦的法律提供了难得的实物资料。这批秦律就是商鞅变法时以法家理论为指导而制定并逐步完善起来的，有行政法、经济法、诉讼法等。这些仅是秦律的一部分，但通过对它们的研究，应该能对秦的整

---

[1] 司马迁：《史记》，中华书局2008年版，第2237页。
[2] 王先慎：《韩非子集解》，中华书局2003年版，第451页。
[3] 郑良树：《商鞅评传》，南京大学出版社1998年版，第311页。

个法律制度大体有个了解。①

四　吕不韦

　　吕不韦（？—前235年），姜姓，吕氏，名不韦。战国末期著名商人、政治家、思想家，后为秦国丞相。早年的吕不韦因"贩贱卖贵，家累千金"②，后靠其独特的投资眼光和非同寻常的政治敏感，因商投政取得成功，成为中国历史上以个人财富影响政治进程的第一人。关于吕不韦的出生地，因《史记》和《战国策》的记载不同，至今未有定论。《史记·吕不韦列传》载："吕不韦者，阳翟大贾人也"③，认为吕不韦是今河南禹州人。《战国策·秦策五》"濮阳人吕不韦贾于邯郸"，明言吕不韦为卫国濮阳人，是邯郸大商人。究竟孰是孰非？后世学者各据所本，观点不一，还有学者试图融合两种记载。如，东汉高诱《吕氏春秋·训解》序，"吕不韦者，濮阳人也，为阳翟之商贾"④。这应该是结合两种记载衍生出的一种见解。唐代司马贞《史记索隐》：按《战国策》以不韦为濮阳人，又记其事迹亦多，与此传不同。班固虽云太史公采《战国策》，然为此传当别有所闻见，故不全依彼说。或者刘向定《战国策》时，以己异闻改彼书，遂令不与史记合也。⑤ 限于史料有限，吕不韦的出生地本节不再深度考证。鉴于既往史论者，多将吕不韦归为卫人，本节沿用此传统观点。以下介绍吕不韦的传奇投资、政治成就、杂家思想及《吕氏春秋》。

　　1. 传奇投资

　　吕不韦的从商经历，史籍并无过多记载。《吕不韦列传》中仅一句"往来贩贱卖贵，家累千金"⑥，概括了他的经商方式和取得的非凡成就。《战国策·秦策》的一段记载则能让我们合理推测，吕不韦敢于经商并能够取得成功，是和其家庭背景尤其是他的父亲关系很大。"濮阳人吕不韦

---

① 段战平：《商鞅变法及其在历史上的作用》，《西安文理学院学报》2005年第3期，第62页。
② 司马迁：《史记》，中华书局2008年版，第2505页。
③ 司马迁：《史记》，中华书局2008年版，第2505页。
④ 庞慧：《吕不韦与吕氏春秋》，《河北大学学报》2007年第1期，第86—90页。
⑤ 司马迁：《史记》，中华书局2008年版，第2505页。
⑥ 司马迁：《史记》，中华书局2008年版，第2505页。

贾于邯郸，见秦质子异人。归而谓父曰：'耕田之利几倍？'曰：'十倍。''珠玉之赢几倍？'曰：'百倍。''立国家之主赢几倍？'曰：'无数。'曰：'今力田疾作，不得暖余食；今建国立君，泽可以遗世。愿往事之。'"① 从这段问答可知，吕不韦大概出身于一个兼营商业的地主家庭。吕不韦的父亲不仅从事过农业，做过珠宝生意，而且对政治也不陌生。否则，吕不韦不会跑回家向他请教。吕不韦父亲胸有成竹的肯定回答坚定了吕不韦投机政治的信心和信念。吕不韦深知，得珠宝者终为小商，得天下者将是巨贾。为得天下，成为权贵，吕不韦可以散尽手中的钱财。于中城先生认为，吕不韦的做法是商人贪利本性的显现，获取利润是所有商人的愿望，但并不是所有商人都有吕不韦这样的智慧和眼光。我们可以鄙视他的贪婪和野心，但也应该钦佩他的雄心和壮志。②

吕不韦选取的经商地域是其能取得非凡成就的重要因素。史载吕不韦在濮阳、阳翟、邯郸等地从事经商活动，这些都是当时工商业发达、经济富足的地方。史念海先生认为，"濮阳、阳翟皆当时的大都会""邯郸及与其相距不十分过远的中山及郑国，皆以娼妓众多闻于时，娼妓众多是当时都市繁荣的一种现象""洛阳附近的阳翟，其俗多商贾"，其经济地位也有"相当的重要性"③。濮阳还曾是卫国都城，春秋战国时期诸侯经常在此地会盟。且濮阳离陶（今山东定陶）较近，陶是当时的交通枢纽、商品贸易中心，"朱公以为陶天下之中，诸侯四通，货物所交易也"，朱公即陶朱公范蠡，在陶地"三致千金"④。史念海先生的文章中还多次提到吕不韦，"吕不韦就是在赵国经营商业的人物"⑤。

吕不韦以财富影响政治，在于其不仅时时处处观察商机，而且拥有着一般商人所没有的非同寻常的政治敏感。当他在邯郸经商时，遇见了正在赵国做人质的秦国公子子楚，虽然当时的子楚处境窘迫，很不得意，且在

---

① 刘向：《战国策》，北方文艺出版社2013年版，第119页。
② 于中城：《吕不韦虑天下长利拥奇货以居》，《科技文萃》1995年第3期，第217—218页。
③ 史念海：《释〈史记·货殖列传〉所说的"陶为天下之中"兼论战国时代的经济都会》，《河山集》，生活·读书·新知三联书店1963年版，第124—125页。
④ 陈奇猷：《吕氏春秋校释》，学林出版社1984年版，第3257页。
⑤ 史念海：《释〈史记·货殖列传〉所说的"陶为天下之中"兼论战国时代的经济都会》，《河山集》，生活·读书·新知三联书店1963年版，第124—125页。

其父安国君的众多儿子中排行居中，并不受宠爱，但吕不韦还是以其商人的独特视角透过诸多错综复杂的社会关系，看到了子楚身上蕴藏的巨大价值，断定子楚"奇货可居"。因此不惜散尽千金投资子楚以求得到巨额回报。秦昭襄王当时已立安国君为太子，而安国君最宠幸的华阳夫人没有子嗣，吕不韦抓住这点，义无反顾，倾其全力促成子楚得到嗣君之位。他将资产一分为二，一半资助子楚结交宾客，一半用来购置珍宝西入秦国游说华阳夫人，通过华阳夫人说服秦孝文王（安国君）确立子楚为嫡嗣。后来子楚又在吕不韦的帮助下逃归秦国，如愿被立为太子。安国君死后，子楚即位，是为秦庄襄王。为了报答吕不韦，庄襄王"以吕不韦为丞相，封为文信侯，食河南洛阳十万户"①。吕不韦也没有辜负庄襄王的重托，竭尽股肱之力报答知遇之恩。庄襄王在位3年后去世，"太子政立为王，尊吕不韦为相国，号称'仲父'"②。吕不韦由商贾一跃成为秦国丞相、相国。

2. 政治成就

史籍载，吕不韦在秦国当政从秦庄襄王（公元前249年）始，到秦王政十年（公元前237年）被免职，长达12年。他为秦国的稳定、发展、壮大和实现统一作出了突出贡献，其功绩主要表现在以下诸方面。

其一，调整政策，稳定政局。吕不韦在秦国为相的十几年中，大权独揽，几乎所有的事情均由其决定。尽管这期间秦国没有吞并其他诸侯国，但在两任国君相继去世、新君年幼的情况下，可以说是吕不韦稳定了秦国的政局。秦孝文王做太子的时候，吕不韦帮助子楚确立嫡嗣的身份，客观上避免了诸子为夺嫡而发生宫室内乱。秦昭王去世后，孝文王在位仅一年去世，庄襄王继位后三年去世，短短几年间王位数次更迭，秦国都没有发生变故，保持了政局稳定，这在诸侯国中极为少见。吕不韦当政期间通过调整对外战略，建立政治军事制度，秦国保持了对外扩张的势头，加快了统一六国的步伐。公元前249年，吕不韦亲自率军灭掉了东周，仅形式上具有号召力的周天子也不复存在，这是对东方诸侯的一次沉重打击。吕不韦随后派大将蒙骜向东攻打韩国，取得韩国的成皋、巩，将秦国的边界东

---

① 司马迁：《史记》，中华书局2008年版，第2509页。
② 司马迁：《史记》，中华书局2008年版，第2509页。

推到大梁，并在黄河、伊水、洛水之间设置了"三川郡"。次年，又派蒙骜进攻赵国，占领上党、榆次、新城、狼孟、太原等几十座城池，设立太原郡。接着，乘胜攻下魏国的高都、汲等地，设立东郡，并吞六国的规模初步形成。这一连串战争的胜利，大大扩充了秦国的疆域。秦始皇亲政后能很快统一六国，相当一部分功劳应归属于吕不韦。

吕不韦主政下的秦国，不仅尚农，也鼓励工商业的发展。他曾说："凡民自七尺之上，属诸三官：农攻粟，工攻器，贾攻货"①。当时秦国的工商业者"礼抗万乘，明显天下"②，应是吕不韦鼓励工商业的结果。秦国经济的全面提升，为它消灭六国统一天下奠定了丰厚的物质基础。吕不韦为了秦国可谓是尽心尽力，这是任何人都无法否认的，即使在失势之后也从未有人指责他有僭位篡国的企图。嫪毐暴乱事败后，吕不韦作为推荐人受到了牵连，秦始皇虽欲"诛相国"，但仍因吕不韦"奉先王功大"③而迟迟未对他下手。

但终因君权、相权间的矛盾，吕不韦的相国大权被剥夺。秦始皇夺回相权后，并不曾置吕不韦于死地，只让他回洛阳封地以颐养天年。吕不韦虽回洛阳，但余威尚在，拜请他的诸侯、宾客、使者相望于道，这又为秦始皇所不容。秦始皇下诏书责问吕不韦："君何功于秦？秦封君河南，食十万户。君何亲于秦？号称仲父。"④并令吕不韦"与家属徙处蜀"⑤。面对诏书，吕不韦知道秦始皇已恩断义绝，徙蜀后也不能幸免于难，遂饮鸩而死。

其二，收罗人才，招贤纳士。历史上大有作为的君主，其成功的秘诀之一，就是任用人才。孔子运用"人道敏政，地道敏树"⑥来比喻人才的重要性，人才的任用可以迅速制定和推行政策，就像肥沃的土地，可以加快树木的生长一样。吕不韦当政后，继续推行商鞅变法之策以求富国强民，同时大量收罗人才，使其各司其职，为秦国的政治稳定、经济持续发

---

① 张双棣、张万彬、殷国光、陈涛：《吕氏春秋译注》，北京大学出版社2009年版，第778页。
② 司马迁：《史记》，中华书局2008年版，第3260页。
③ 司马迁：《史记》，中华书局2008年版，第2512页。
④ 司马迁：《史记》，中华书局2008年版，第2513页。
⑤ 司马迁：《史记》，中华书局2008年版，第2513页。
⑥ 杨天宇：《礼记译注》，上海古籍出版社2004年版，第700页。

展发挥了智囊作用,这也是战国时期养士之风的表现。据《史记》记载,著名的战国四君子均是以养士之名收罗人才的代表,齐国孟尝君、赵国平原君,各养客数千人,魏国信陵君、楚国春申君各养客3000人。吕不韦仰慕四君子,认为秦国要更强,也需养士,于是"亦招致士,厚遇之至食客三千人"①,"诸侯之士斐然争入事秦"②。吕不韦招募食客,不仅仅是为了编写《吕氏春秋》,更是为秦国能够一统天下进行人才储备,文信侯"招致宾客游士,欲以并天下"③。如,三千宾客中的李斯、甘罗等,是当时极为知名的贤才。李斯后来做了秦始皇的廷尉、丞相,是秦始皇统一六国政治路线和军事战略的执行人,为秦的统一做出了很大贡献。吕不韦被免职后,他招纳的人才大多留了下来,成为秦国各个领域里的骨干力量。《谏逐客疏》中指出了外来人才对秦国的意义,如驱逐外来人才将"使国无富利之实而秦无强大之名也"④。

其三,兴修水利,发展农业。战国时期,秦国疆域包括陕西大部(根据地)、山西西南、河南西部、甘肃东南部、四川部分地区(大后方)。但是,当时的陕西地区多为碱卤之地,粮食产量不高;都江堰修建之前,四川也是地瘠民贫。吕不韦当政之初,失时不雨,又遇到连年灾荒。秦始皇三年"岁大饥",四年十月庚寅"蝗虫从东方来,蔽天,天下大疫"⑤,是时秦人的生活非常困难,当务之急是解决粮食问题。吕不韦认为解决粮食问题的关键在于兴修水利,发展农业。在他的主导下,郑国渠、都江堰等大型水利灌溉工程得以修建。公元前246年,郑国渠开始兴建,修成后长300余里,能灌溉"泽卤之地四万余顷,收皆亩一鐘。于是关中为沃野,无凶年,秦以富强,卒并诸侯"⑥。都江堰于公元前230年完工,此时吕不韦已死。郑国渠、都江堰修成投入使用后,陕西、四川成了秦国的大粮仓,民食军粮等问题得以解决,秦国的经济实力超过山东六国,为秦始皇统一天下奠定了雄厚的经济基础。

---

① 司马迁:《史记》,中华书局2008年版,第2510页。
② 陈奇猷:《吕氏春秋校释》,学林出版社1984年版,第3315页。
③ 司马迁:《史记》,中华书局2008年版,第223页。
④ 司马迁:《史记》,中华书局2008年版,第2542页。
⑤ 司马迁:《史记》,中华书局2008年版,第224页。
⑥ 司马迁:《史记》,中华书局2008年版,第1408页。

吕不韦不仅关心水利事业，也注重农业生产的科学化。《吕氏春秋》中的《审时》《任地》《辨土》《上农》等篇目，涉及了关乎天的物候天象，关乎地的土壤知识、农业环境、生态保护，关乎人的农作技术、经营管理，这些记载抓住了农业生产的关键，为后世农业的发展奠定了基础，也是我们研究战国及其以前农业发展状况的珍贵资料。

其四，提倡"义兵"，加速统一。秦国自商鞅变法后，国势迅速壮大。秦惠王、武王、昭襄王、孝文王时以武力征服的方式，对山东六国形成巨大威胁。特别是商鞅变法时推行"计首授爵""尚首功"，以斩获敌人首级的数量奖赏军功，这项政策有效地提高了秦军的战斗力；但副作用也相当明显，战争时秦军以杀戮为第一要义，甚至不惜实施严重的大屠杀。据不完全统计，从商鞅变法到昭襄王五十一年（公元前354年至前256年），112年中秦军先后展开了18次大屠杀，共杀死1617000人（小杀戮不计）；昭襄王时达到顶峰，先后屠杀14次，共杀1263000人。① 大屠杀引起了山东六国的惊恐和拼命抵抗，使秦统一战争遇到了极大的障碍。② 按当时的情况，若不放弃大屠杀政策，秦统一六国的伟大计划将成为泡影。吕不韦当政期间提倡"义兵"，"入于敌之境，则民知所庇矣，黔首知不死矣。至于国邑之交，不虐五谷，不掘坟墓，不伐树木，不烧积聚，不焚室屋，不取六畜，得民房奉而题归之，以彰好恶，信与民期，以夺敌资"③。"义兵"政策达到了"克其国，不及其民"④"兵不接刃，而民服若化"⑤ 的目的，结束了"计首授爵"政策。吕不韦当政的12年中，很少有大屠杀的记载。后来，尉缭子继续执行此政策，减少了秦统一战争时的阻力，大大加速了秦武力征服山东六国的步伐。

3. 杂家思想及《吕氏春秋》

形成于战国时期的法家是诸子百家中研究国家治理方式的学派，代表

---

① 朱绍侯：《军功爵制研究》，上海人民出版社1990年版，第160—166页。
② 朱绍侯：《秦相吕不韦功过简论》，《河南大学学报》2000年第5期，第26—30页。
③ 张双棣、张万彬、殷国光、陈涛：《吕氏春秋译注》，北京大学出版社2009年版，第172页。
④ 张双棣、张万彬、殷国光、陈涛：《吕氏春秋译注》，北京大学出版社2009年版，第172页。
⑤ 张双棣、张万彬、殷国光、陈涛：《吕氏春秋译注》，北京大学出版社2009年版，第172页。

人物有李悝、吴起、商鞅、慎道、申不害等。此学派提出了富国强兵、依法治国思想，其源头可以上溯至春秋时期的管仲、子产。商鞅是法家的重要代表，他提倡重法，同时监督官吏公开断案，防止罪犯法外求情。商鞅变法实施的法治及耕战政策虽对巩固封建新兴政权意义重大，但其对内的残暴寡恩、严刑酷法，对外的大屠杀，也遭到了国内及山东六国人民的激烈反抗，这对国内政局的稳定及实现统一的计划非常不利。

基于此，当政后的吕不韦不得不采用一种新的思想体系来代替法家思想，这是《吕氏春秋》编著的最初目的。当然，这也是吕不韦对当时天下大势正确分析后认为必须着手的一件事。当时，秦国一统天下的大势已定，六国诸侯已无力阻挡这一历史潮流。吕不韦凭借其政治家的敏感，感到秦国统一天下已经不是难事，而统一后保持江山稳固才是重点，"胜非其难者也，持之其难者也"①。作为相国的吕不韦，必须考虑统一后的秦国实行什么样的政策才能长治久安。吕不韦不同意用商鞅变法后几乎处于独尊地位的法家思想作为治国的指导思想，他想要提出自己的治国纲领，这是《吕氏春秋》编纂的深层次原因。《吕氏春秋》融合了儒家、墨家、道家、法家、兵家、农家、名家、阴阳家等各家学说，故被称为"杂家"。杂家采先秦诸子百家学术思想之精华，并加以融会贯通，糅合加工成了一个新的思想体系。吕振羽先生认为："《吕氏春秋》一书，不惟编列相当严密，其理论亦有其一贯系统，且能充分代表其时地主—商人的政治思想，尤合于不韦的身份。予因以为《吕氏春秋》之作，或系不韦授其意趣而由幕客执笔，或系其幕客体念其政治立场、主张、观点和行动而写的。"② 这是吕不韦有计划、有目的采取各家学派有益的治国方略及学术特长，而让他的宾客集体完成的治国治世的指导书，其历史观、政治主张及各种科学文化知识，在当时来说是先进的和切合实用的。③

恪守相国、"仲父"职责的吕不韦想要编著一部详尽完备的书，作为秦始皇将来建立统一国家后立国的理论和政策基础。但结果却与吕不韦的

---

① 张双棣、张万彬、殷国光、陈涛：《吕氏春秋译注》，北京大学出版社2009年版，第377页。

② 吕振羽：《中国政治思想史》，人民出版社2008年版，第222页。

③ 朱绍侯：《秦相吕不韦功过简论》，《河南大学学报》2000年第5期，第26—30页。

初衷相背离。亲政后的始皇帝想要建立一个专制中央集权政府，明显与吕不韦的"君主无为"说相悖。且此时的吕不韦权高震主，这也是秦始皇不能容忍的。且秦始皇为人"蜂準，长目，鸷鸟膺，豺声，少恩而虎狼心，居约易出人下，得志亦轻食人"①，对于这样的人，吕不韦如不能急流勇退，君权与相权的矛盾早晚爆发。嫪毐的胡作非为，淫乱后宫，给秦始皇打击相权、消灭吕不韦提供了一个最好契机。结果就是上文讲到的吕不韦被迫饮鸩自尽。

吕不韦召集天下名士于公元前239年共同编纂完成《吕氏春秋》一书。该书内容丰富，结构体系完备，保存了许多"神话传说，旧史佚闻，前人遗语，古代的科学知识，以及不少早已湮没的家派学说"②，它"巧妙地兼容了墨学的节俭、道者的自然、杨朱的贵生、儒者的个人伦理与社会理想，甚至还兼容了方技数术中的阴阳之说"③。《吕氏春秋》包含八览、六论、十二纪三部分，"纪"60篇，按春夏秋冬十二个月份分为十二纪；"览"按内容分为八部分，每部分8篇，共64篇；"论"共有六，每论6篇。该书保存有很多其他先秦典籍所没有记载的内容，因此史料价值极高。

《吕氏春秋》具有朴素的唯物主义和辩证法思想，明显是受到了道家影响，但对道家思想进行了较大改造，摒弃了唯心的成分。如，它继承并发挥了唯物主义的精气说，认为宇宙本源是一种极其精微的物质即精气，又叫作太一，或称为道；这种精气的运动和结合产生了千姿百态、性质迥异的天地万物。宇宙万物不断运动，没有终极。事物之间相互依存，"小之定也必恃大，大之安也必恃小。小大贵贱，交相为恃"④。事物之间在一定的条件下可以相互转化。

而其政治思想的基础在于"法天地"，顺应天地自然的本性才能达到清平盛世。如《顺民》强调执政要"顺民心"，"先王先顺民心，故功名成。夫以德得民心以立大功名者，上世多有之矣。失民心而立功名者，未

---

① 司马迁：《史记》，中华书局2008年版，第230页。
② 吕不韦：《吕氏春秋》，岳麓书社1989年版，第2页。
③ 葛兆光：《中国思想史》卷一，复旦大学出版社1998年版，第348页。
④ 张双棣、张万彬、殷国光、陈涛：《吕氏春秋译注》，北京大学出版社2009年版，第322页。

之曾有也"①;"凡举事,必先审民心然后可举"②。《贵公》主张政治公平,"昔先圣王之治天下也,必先公。公则天下平矣。平得于公";"凡主之立也,生于公";"天下非一人之天下也,天下人之天下也"③;这些是儒家民本思想的体现。除了哲学思想、政治思想外,《吕氏春秋》还保存了大量的先秦史料和科学文化方面的珍贵资料,卫生、医学、饮食、运动、音乐、天文、历法、物候、节气等,更有上文提到的关于农业生产技术的资料。《吕氏春秋》可谓是中华民族的一份珍贵遗产,对我们了解战国末期思想、政治、文化、社会等方面的情况,意义重大。

---

① 陈奇猷:《吕氏春秋校释》,学林出版社1984年版,第478页。
② 陈奇猷:《吕氏春秋校释》,学林出版社1984年版,第480页。
③ 陈奇猷:《吕氏春秋校释》,学林出版社1984年版,第44页。

参考文献

安金槐：《谈谈郑州商代瓷器的几个问题》，《文物》1960年第Z1期。

安金槐：《豫西夏代文化初探》，《中国历史博物馆馆刊》1979年第1期。

安阳地区文物管理委员会：《汤阴白营发现一处龙山文化晚期聚落遗址》，《中原文物》1977年第4期。

安阳市文物工作队：《1983—1986年安阳刘家庄殷代墓葬发掘报告》，《华夏考古》1997年第2期。

安阳市文物工作队：《安阳县阜城村战国窑址发掘简报》，《华夏考古》1997年第2期。

安志敏：《河南安阳小南海旧石器时代洞穴堆积的试掘》，《考古学报》1965年第1期。

白寿彝：《中国通史》，上海人民出版社2002年版。

白云翔：《我国青铜时代农业生产工具的考古发现及其考察》，《农业考古》2002年第3期。

班固：《汉书》，中华书局1962年版。

北京大学、河北省文化局邯郸考古发掘队：《1957年邯郸发掘简报》，《考古》1959年第10期。

北京大学历史系考古教研室商周组编著：《商周考古》，文物出版社1979年版。

北京市玉器厂技术研究组：《对商代琢玉工艺的一些初步看法》，《考古》1976年第4期。

蔡锋：《中国手工业经济通史·先秦秦汉卷》，福建人民出版社2005年版。

晁福林：《论周代卿权》，《中国社会科学》1993年第6期。

陈报章、张居中：《河南舞阳贾湖新石器时代遗址稻作遗存的发现及古文化生态学研究》,《徐州师范学院学报》1995年第4期。

陈昌远、陈隆文:《"三监"人物疆地及其地望辨析——兼论康叔的始封地问题》,《河南大学学报》2004年第2期。

陈梦家:《西周铜器断代》,《考古学报》1955年第9期。

陈梦家:《西周铜器断代》,中华书局2004年版。

陈奇猷:《韩非子新校注》,上海古籍出版社2000年版。

陈奇猷:《吕氏春秋校释》,学林出版社1984年版。

陈旭:《关于夏文化的一点认识》,《郑州大学学报》1980年第3期。

陈旭:《商代隞都探寻》,《郑州大学学报》1991年第5期。

陈旭:《夏商考古》,文物出版社2001年版。

陈旭:《夏商文化论集》,科学出版社2000年版。

陈振中:《先秦手工业史》,福建人民出版社2008年版。

陈振中:《殷周的青铜镬》,《农业考古》1986年第1期。

陈志达:《殷墟陶范及其相关的问题》,《考古》1986年第3期。

程俊英:《诗经译注》,上海古籍出版社2006年版。

崔富章:《诗骚合璧》,浙江古籍出版社1995年版。

崔际银:《〈郑〉〈卫〉情诗文化蕴涵阐析》,《天府新论》2001年第6期。

崔志坚:《科学发掘90年,殷墟告诉我们什么》,《光明日报》2018年10月29日第7版。

丁山:《商周史料考证》,国家图书馆出版社2008年版。

丁山:《商周史料考证》,中华书局1988年版。

丁善科:《春秋卫国未能称霸原因探析》,《史学月刊》1991年第2期。

丁善科:《卫国衰亡原因探析》,《殷都学刊》2000年第2期。

杜预:《春秋经传集解》,上海古籍出版社1988年版。

段战平:《商鞅变法及其在历史上的作用》,《西安文理学院学报》2005年第3期。

范文澜:《中国通史简编》,人民出版社1949年版。

方孝廉:《对探索夏文化的一点看法》,《河南文博通讯》1978年第2期。

方酉生:《论汤都西亳——兼论探索夏文化的问题》,《河南文博通讯》1979年第1期。

方酉生:《谈夏文化探索中的几个问题》,《中原文物》1980年第1期。

冯浩菲：《周初所建三监考论》，《山东大学学报》2005 年第 1 期。

傅筑夫：《中国古代经济史概论》，中国社会科学出版社 1981 年版。

高方：《左传女性研究》，黑龙江大学出版社 2010 年版。

高亨：《商君书注译》，清华大学出版社 2011 年版。

葛兆光：《中国思想史》，复旦大学出版社 1998 年版。

耿青岩、李树广：《河南淇县发现一批战国铜币》，《考古与文物》1985 年第 1 期。

顾栋高：《春秋大事表》，中华书局 1993 年版。

顾迁：《淮南子》，中华书局 2009 年版。

郭宝钧：《浚县辛村》，科学出版社 1964 年版。

郭宝钧：《山彪镇与琉璃阁》，科学出版社 1959 年版。

郭宝钧：《一九五〇年春殷墟发掘报告》，《考古学报》1951 年第 00 期。

郭宝钧：《殷周的青铜武器》，《考古》1961 年第 2 期。

郭沫若：《卜辞通纂·考释》，科学出版社 1983 年版。

郭沫若：《两周金文辞大系图录考释》，科学出版社 1957 年版。

郭沫若：《奴隶制时代》，中国人民大学出版社 2005 年版。

郭沫若：《十批判书》，人民出版社 1976 年版。

郭沫若：《希望有更多的古代铁器出土——关于古史分期问题的一个关键》，《文史论集》，人民出版社 1961 年版。

郭沫若：《中国史稿》第一册，人民出版社 1976 年版。

郭霞：《浅析西周、春秋时期卫国的手工业》，《洛阳师范学院学报》2006 年第 1 期。

郭霞：《先秦卫国兴衰历史研究》，硕士学位论文，河南大学，2006 年。

何宁：《淮南子集释》，中华书局 1998 年版。

河北省博物馆、文物管理处：《河北藁城县商代遗址和墓葬的调查》，《考古》1973 年第 1 期。

河北省文管处：《正定南杨庄遗址试掘记》，《中原文物》1981 年第 1 期。

河北省文化局、北京大学邯郸考古发掘队：《1957 年邯郸发掘简报》，《考古》1959 年第 10 期。

河北省文化局文物工作队：《河北邯郸涧沟村古遗址发掘简报》，《考古》1961 年第 4 期。

河北省文物管理处：《磁县界段营发掘简报》，《考古》1974 年第 6 期。

河北省文物管理处：《磁县下潘汪遗址发掘报告》，《考古学报》1975 年第 1 期。

河北省文物管理处，邯郸市文物保管所：《河北武安磁山遗址》，《考古学报》1981 年第 3 期。

河北省文物管理处台西考古队：《河北藁城台西村商代遗址发掘简报》，《文物》1979 年第 6 期。

河北省文物管理委员会：《河北石家庄市庄村战国遗址发掘》，《考古学报》1957 年第 1 期。

河北省文物研究所：《藁城台西商代遗址》，文物出版社 1985 年版。

河南省考古研究所：《辉县孟庄》，中州古籍出版社 2003 年版。

河南省文物考古研究所：《安阳市西高平遗址商周遗存发掘报告》，《华夏考古》2006 年第 4 期。

河南省文物考古研究所编著：《舞阳贾湖》，科学出版社 1999 年版。

河南省文物考古研究所等：《三门峡虢国墓地》，文物出版社 1999 年版。

河南省文物考古研究所：《河南安阳张河固遗址东周墓葬的发掘》，《华夏考古》2000 年第 2 期。

河南省文物考古研究所：《河南温县陈家沟遗址发现的西周墓》，《华夏考古》2007 年第 2 期。

侯外庐、赵纪彬、杜国庠：《中国思想通史》，人民出版社 1957 年版。

胡厚宣：《甲骨学商史论丛初集（外一种）》，河北教育出版社 2002 年版。

黄怀信：《逸周书校补注译》，西北大学出版社 1996 年版。

黄石林：《关于探索夏文化问题》，《河南文博通讯》1978 年第 1 期。

江鸿：《盘龙城与商王朝的南土》，《文物》1976 年第 2 期。

蒋礼鸿：《商君书锥指》，《商君书·靳令》，中华书局 1986 年版。

焦智勤：《耸肩尖足空首布考辨》，《华夏考古》1996 年第 1 期。

康珮：《〈商君书〉与商鞅治道之研究》，台北：花木兰文化出版社 2008 年版。

逯富太：《卫国文化史考》，中州古籍出版社 2013 年版。

雷从云：《战国铁农具的考古发现及其意义》，《考古》1980 年第 3 期。

李殿元、王定璋、杜志国：《论语外编》，四川人民出版社 2001 年版。

李昉：《太平广记》，中华书局1961年版。

李风兰：《辉县吕巷发现一座战国铜器墓》，《中原文物》1981年第1期。

李根蟠、卢勋：《我国原始农业起源于山地考》，《农业考古》1981年第1期。

李济：《安阳》，中国社会科学出版社1990年版。

李家治：《我国古代陶器和瓷器工艺发展过程的研究》，《考古》1978年第3期。

李健：《湖北江陵万城出土西周铜器》，《考古》1963年第4期。

李龙海：《从西周气候的变迁看〈豳风·七月〉的写作时间》，《宝鸡文理学院学报》2005年第5期。

李民、王健：《略论黄河流域东西部落集团融合及其意义》，《中州学刊》1990年第2期。

李民、王健：《尚书译注》，上海古籍出版社2004年版。

李民：《殷墟的生态环境与盘庚迁殷》，《历史研究》1991年第1期。

李民：《豫北是商族早期活动的历史舞台》，《殷都学刊》1984年第2期。

李民：《中原文化大典》，中州古籍出版社2008年版。

李民：《祖乙迁邢与卜辞井方》，《郑州大学学报》1989年第6期。

李乔：《先秦卫国石氏》，《寻根》2005年第4期。

李山：《管子》，中华书局2016年版。

李学勤：《东周与秦代文明》，文物出版社1984年版。

李学勤：《中国传统文化与越文化研究·序言》，《中国传统文化与越文化研究》，人民出版社2004年版。

李学勤主编：《春秋左传正义》，北京大学出版社1999年版。

李学勤主编：《清华大学藏战国竹简》，中西书局2011年版。

李友谋：《试论豫北冀南地区的仰韶文化》，《中原文物》1998年第2期。

李有谋：《我国的原始手工业》，《史学月刊》1983年第1期。

李玉洁：《先秦史稿》，新华出版社2002年版。

梁思永：《后岗发掘小记》，《梁思永考古论文集》，科学出版社1959年版。

梁涛：《孟子》，国家图书馆出版社2017年版。

林甘泉主编：《中国封建土地制度史》，中国社会科学出版社1990年版。

刘宝楠：《论语正义》，中华书局1990年版。

刘国良：《中国工业史（古代部分）》，科学技术出版社1990年版。

刘荷英：《鹤壁市狮跑泉战国窖藏货币研究》，《中州钱币》（五），1995年。

刘起釪：《古史续辨》，中国社会科学出版社1991年版。

刘素霞、牛晓梅、钟莉芹：《鹤壁狮跑泉窖藏战国货币》，《中原文物》2001年第3期。

刘五一：《关于郑、卫婚恋诗的历史思考》，《河南大学学报》2005年第3期。

刘向：《古列女传》，哈尔滨出版社2009年版。

刘向：《战国策》，北方文艺出版社2013年版。

刘新明：《安阳出土战国方足布》，《中国钱币》1993年第2期。

刘知幾：《史通》，中州古籍出版社2012年版。

龙军：《世界稻作农业起源何地？》，《光明日报》2011年11月29日第05版。

吕不韦：《吕氏春秋》，岳麓书社1989年版。

吕振羽：《中国政治思想史》，人民出版社2008年版。

罗平：《河北磁县下七垣出土殷代青铜器》，《文物》1974年第11期。

罗平：《河北邯郸百家村新石器时代遗址》，《考古》1965年第4期。

罗西章：《扶风云塘发现西周砖》，《考古与文物》1980年第2期。

罗振玉：《三代吉金文存》，中华书局1983年版。

马长寿：《北狄与匈奴》，生活·读书·新知三联书店1962年版。

马承源：《中国古代青铜器》，上海人民出版社2016年版。

马承源：《中国青铜器研究》，上海古籍出版社2002年版。

马得志、周永珍、张云鹏：《一九五三年安阳大司空村发掘报告》，《考古学报》1955年第1期。

马洪路：《中国远古暨三代经济史》，人民出版社1994年版。

马克思：《资本论》，人民出版社1975年版。

马骕：《绎史》，中华书局2002年版。

马骕：《左传事纬》，齐鲁书社1992年版。

蒙文通：《古族甄微》，巴蜀书社1993年版。

孟世杰：《先秦文化史》，上海书店1992年版。

庞慧：《吕不韦与吕氏春秋》，《河北大学学报》2007年第1期。

彭邦炯：《商代农业新探》，《农业考古》1988年第2期。

濮阳市文物管理委员会、濮阳市博物馆、濮阳市文物工作队：《河南濮阳西水坡遗址发掘简报》1988年第3期。

濮阳文物景区管理处：《濮阳戚城遗址龙山文化灰坑清理简报》，《中原文物》2007年第5期。

戚桂宴：《董家村西周卫器断代》，《山西大学学报》1980年第3期。

齐思和：《中国史探研》，河北教育出版社2000年版。

钱穆：《国史大纲》，商务印书馆1994年版。

钱穆：《论语新解》，巴蜀书社1985年版。

钱穆：《先秦诸子系年》，中华书局2015年版。

钱逊：《论语》，国家图书馆出版社2017年版。

乔健：《从"重礼义"到"尚功利"——中国君主专制体制形成的一条重要线索》，《社会科学战线》2007年第4期。

秦嘉谟等辑：《世本八种》，中华书局2008年版。

任式楠：《中国史前农业考古的几个问题（摘要）》，《农业考古》2005年第1期。

阮元：《礼记正义》，中华书局1980年版。

阮元：《论语注疏》，中华书局1980年版。

阮元：《十三经注疏》，中华书局1980年版。

沈长云等：《赵国史稿》，中华书局2000年版。

石磊：《商君书》，中华书局2009年版。

石璋如：《第七次殷墟发掘：E区工作报告》，《安阳发掘报告》（第4期）。

石璋如：《殷墟最近之重要发现附论小屯地层》，《考古学报》1947年第2期。

史念海：《河山集》，生活·读书·新知三联书店1963年版。

史仲文、胡晓林：《中国全史》，人民出版社2002年版。

司马光：《资治通鉴》，中华书局2007年版。

司马迁：《史记》，中华书局2008年版。

宋力：《"郑""卫"情诗之比较》，《广西师范学院学报》1992年第4期。

孙常叙：《耒耜的起源及其发展》，上海人民出版社 1959 年版。

孙华：《关于二里头文化》，《考古》1980 年第 6 期。

唐嘉弘：《先秦史新探》，河南大学出版社 1988 年版。

唐兰：《从河南郑州出土的商代前期青铜器谈起》，《文物》1973 年第 7 期。

唐兰：《西周青铜器铭文分代史徵》，上海古籍出版社 2016 年版。

唐兰：《殷虚文字记》，中华书局 1981 年版。

唐云明：《河北邢台柴庄遗址调查》，《考古》1964 年第 6 期。

陶兴华：《"共伯和"与"共和行政"考》，《西北师大学报》2007 年第 3 期。

田昌五：《夏文化探索》，《文物》1981 年第 5 期。

佟伟华：《磁山遗址的原始农业遗存及相关问题》，《农业考古》1984 年第 1 期。

佟柱臣：《夏代和夏文化问题》，《河南文博通讯》1979 年第 3 期。

佟柱臣：《仰韶、龙山文化的工具使用痕迹和力学上的研究》，《考古》1982 年第 6 期。

童书业：《春秋史》，上海人民出版社 2019 年版。

童书业：《春秋左传研究》，中华书局 2006 年版。

童书业：《中国手工业商业发展史》，中华书局 2005 年版。

万丽华、蓝旭：《孟子》，中华书局 2016 年版。

王国维：《观堂集林》，河北教育出版社 2003 年版。

王国维：《观堂集林（外二种）》，河北教育出版社 2001 年版。

王健：《西周卫国为方伯考》，《商丘师范学院学报》2004 年第 4 期。

王健：《周初"三监"性质新探》，《殷都学刊》2003 年第 4 期。

王钧林、周海生：《孔丛子译注》，中华书局 2009 年版。

王聘珍：《大戴礼记解诂》，中华书局 1981 年版。

王天海、杨秀岚：《说苑译注》，中华书局 2019 年版。

王文强：《鹤壁市辛村出土四件西周青铜器》，《中原文物》1986 年第 1 期。

王先慎：《韩非子集解》，中华书局 2003 年版。

王星光：《生态环境变迁与夏代的兴起探索》，科学出版社 2004 年版。

王宇信、杨升南：《甲骨学一百年》，社会科学文献出版社1999年版。

王玉哲：《古史集林》，中华书局2002年版。

王元化：《"子见南子"与前人注疏》，《学术月刊》1992年第9期。

魏源：《诗古微》，岳麓书社1989年版。

文物编辑委员会编：《文物考古工作十年（1979—1989）》，文物出版社1991年版。

吴起：《吴子兵法》，中国社会出版社2005年版。

武树臣、李力：《法家思想与法家精神》，中国广播电视出版社2007年版。

夏商周断代工程专家组：《夏商周断代工程1996—2000年阶段成果报告（简本）》，世界图书出版社2000年版。

肖楠：《试论卜辞中的"工"与"百工"》，《考古》1981年第3期。

肖扬：《春秋邢邑邢城归属考略》，《邢台师范高专学报》1999年第1期。

谢钧祥：《源于卫国始祖的康姓》，《中州统战》2001年第1期。

新乡市文管会、辉县市博物馆：《河南辉县市古共城战国铸铁遗址发掘简报》，《华夏考古》1996年第1期。

新乡市文物工作队：《河南新乡县后高庄东周遗存发掘报告》，《华夏考古》2006年第3期。

徐鉴梅：《西周卫尊》，《江汉考古》1985年第1期。

徐杰令：《春秋战争礼考论》，《东北师大学报》2000年第2期。

徐喜辰：《商殷奴隶制特征的探讨》，《东北师大学报》（自然科学版）1956年第1期。

徐旭生：《中国古史的传说时代》（增订本），文物出版社1985年版。

徐学书：《商周青铜农具研究》，《农业考古》1987年第2期。

徐元诰：《国语集解》，中华书局2002年版。

徐中舒：《耒耜考续》，《农业考古》1983年第2期。

徐中舒：《吴越兴亡》，《四川大学学报》2006年第4期。

许顺湛：《灿烂的郑州商代文化》，河南人民出版社1957年版。

许顺湛：《夏代文化的再探索》，《河南文博通讯》1979年第3期。

许顺湛：《夏代文化探索》，《史学月刊》1964年第7期。

严文明：《中国稻作农业的起源》，《农业考古》1982年第1期。

杨伯峻：《春秋左传注》，中华书局2000年版。

杨伯峻：《论语译注》，中华书局2009年版。

杨朝明、宋立林：《孔子家语通解》，齐鲁书社2009年版。

杨东晨、梅焕钧：《西周晚期"共伯和干王位"新论》，《河南大学学报》2002年第4期。

杨宽：《古史新探》，中华书局1965年版。

杨宽：《西周史》，上海人民出版社2003年版。

杨宽：《战国史》，上海人民出版社2003年版。

杨升南：《商代经济史》，贵州人民出版社1992年版。

杨生民：《中国春秋战国经济史》，人民出版社1994年版。

杨天宇：《礼记译注》，上海古籍出版社2004年版。

杨天宇：《周礼译注》，上海古籍出版社2004年版。

杨锡璋：《安阳洹河流域几个遗址的试掘》，《考古》1965年第7期。

杨锡璋、刘一曼：《1980年以来殷墟发掘的主要收获》，《中国商文化国际学术讨论会论文集》，中国大百科全书出版社1998年版。

杨育彬：《谈谈夏代文化的问题——兼对〈郑州商城即汤都亳说〉一文商榷》，《中原文物》1980年第4期。

杨仲健、刘东生：《安阳殷墟之哺乳动物群补遗》，《考古学报》1949年第4期。

叶史：《藁城商代铁刃铜钺及其意义》，《文物》1976年第11期。

殷玮璋：《二里头文化探讨》，《考古》，1978年第1期。

殷玮璋：《二里头文化再探讨》，《考古》1984年第4期。

银雀山汉墓竹简整理小组编：《银雀山汉墓竹简·壹》，文物出版社1985年版。

于省吾：《商代的谷类作物》，《东北人民大学人文科学学报》1957年第1期。

于省吾：《释庶》，《甲骨文字释林》，中华书局1979年版。

于中城：《吕不韦虑天下长利拥奇货以居》，《科技文萃》1995年第3期。

袁广阔、张相梅、张文延：《河南濮阳发现东周时期卫国都城》，《中国文物报》2006年6月16日第2版。

岳连建：《西周瓦的发明、发展演进及在中国建筑史上的意义》，《考古与文物》1991 年第 1 期。

张光直:《商文明》,辽宁教育出版社 2002 年版。

张广志:《中国奴隶社会研究中的几种常见提法驳议》,《奴隶社会并非人类历史发展必经阶段研究》,青海人民出版社 1988 年版。

张国勇、李恩玮、柴立廷:《邢国始末与邢国遗存》,《邢台学院学报》2014 年第 4 期。

张觉:《荀子译注》,上海古籍出版社 2012 年版。

张磊:《卫国卿族政治》,硕士学位论文,东北师范大学,2008 年。

张双棣、张万彬、殷国光、陈涛:《吕氏春秋译注》,北京大学出版社 2009 年版。

张新斌:《戚城与卫国孙氏研究》,《中原文物》2002 年第 5 期。

张新斌:《周初"三监"与邶、鄘、卫地望研究》,《中原文物》1998 年第 2 期。

张燕婴:《论语》,中华书局 2007 年版。

张应桥:《西周卫国国君康伯懋事迹考》,《文博》2006 年第 6 期。

张永山:《三代文明研究》,科学出版社 1999 年版。

张增午:《河南林县出土古钱币》,《中国钱币》1992 年第 1 期。

张政烺:《卜辞裒田及其相关诸问题》,《考古学报》1973 年第 1 期。

张政烺:《〈利簋〉释文》,《考古》1978 年第 1 期。

赵树文、燕宇:《赵都考古探索》,当代中国出版社 1993 年版。

赵翼:《陔余丛考》,河北人民出版社 1990 年版。

赵芝荃:《二里头考古队探索夏文化的回顾与展望——在〈登封告成遗址发掘现场会〉上的发言》,《中原文物》1978 年第 3 期。

郑杰祥:《二里头文化商榷》,《河南文博通讯》1978 年第 4 期。

郑良树:《商鞅评传》,南京大学出版社 1998 年版。

郑苏淮:《"郑卫之音"述评》,《南昌高专学报》2002 年第 1 期。

郑振香:《近年来殷墟新出土的玉器》,《殷墟玉器》,文物出版社 1982 年版。

《中国大百科全书》,中国大百科全书出版社 1990 年版。

中国科学院考古研究所安阳发掘队:《1958—1959 年殷墟发掘简报》,《考古》1961 年第 2 期。

中国科学院考古研究所安阳发掘队：《1971 年安阳后冈发掘简报》，《考古》1972 年第 3 期。

中国科学院考古研究所安阳发掘队：《1972 年春安阳后冈发掘简报》，《考古》1972 年第 5 期。

中国社会科学院考古研究所安阳工作队：《1969—1977 年殷墟西区墓葬发掘报告》，《考古学报》1979 年第 1 期。

中国科学院考古研究所编：《辉县发掘报告》，科学出版社 1956 年版。

中国科学院考古研究所编辑：《梁思永考古论文集》，科学出版社 1959 年版。

中国科学院考古研究所：《甲骨文编》，中华书局 1982 年版。

中国社会科学院考古研究所编：《新中国的考古发现和研究》，文物出版社 1984 年版。

中国社会科学院考古研究所编著：《殷墟的发现与研究》，科学出版社 1994 年版。

中国社会科学院考古研究所编著：《殷墟妇好墓》，文物出版社 1980 年版。

中国社会科学院考古研究所：《殷墟发掘报告（1958—1961 年）》，文物出版社 1987 年版。

中国社会科学院考古研究所：《中国考古学·夏商卷》，中国社会科学出版社 2003 年版。

周到、赵新来：《河南鹤壁庞村出土的青铜器》，《文物资料丛刊》第 3 辑，文物出版社 1980 年版。

周书灿：《三监人物及其疆地再考察》，《北方论丛》1998 年第 5 期。

朱绍侯：《军功爵制研究》，上海人民出版社 1990 年版。

朱绍侯：《秦相吕不韦功过简论》，《河南大学学报》2000 年第 5 期。

朱熹：《诗集传》，岳麓书社 1989 年版。

竺可桢：《中国近五千年来气候变迁的初步研究》，《考古学报》1972 年第 1 期。

邹衡：《关于探索夏文化的途径》，《中原文物》1978 年第 1 期。

邹衡：《夏商周考古学论文集》，文物出版社 1980 年版。

邹衡：《郑州商城即汤都亳说》，《文物》1978 年第 2 期。